KB093542

한국 사회학의
지성사

4

역사사회학의 계보학

한국 사회학의
지성사

4

역사사회학의 계보학

Genealogy of Historical Sociology in Korea

정수복 지음

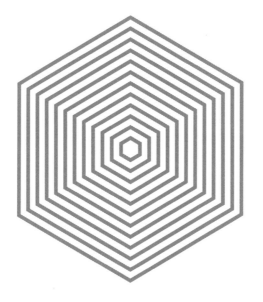

푸른역사

사회학의 새로운 미래와
미래의 새로운 사회를 꿈꾸는 모든 사람들에게

일러두기

1. 이 책의 고유명사 표기는 국립국어원 외래어 표기법을 따랐다. 예를 들어 'Karl Marx'는 '카를 마르크스'로, 'Émile Durkheim'은 '에밀 뒤르켐'으로 적었다. 단, 직접인용문의 경우 원 인용문 표기를 그대로 살렸다.
2. 이 책의 참고문헌은 부별로 정리하였다.

《한국 사회학의 지성사》 1~4권은 한국사회학회와 포스텍 융합문명연구원의 출판 지원을 받아 출간되었다.

책을 펴내며

사회학의 창시자 오귀스트 콩트 이래 사회학은 사회의 질서가 유지되고 진보가 일어나는 기제를 이해하고 설명하는 학문으로 계속되고 있다. 질서의 문제가 물리적 폭력에서 구성원들의 합의에 이르기까지 다양한 방식으로 사회질서를 유지하는 방식을 연구하는 차원이라면 진보의 문제는 그 질서를 이루는 사회적 관계가 시간의 흐름에 따라 변화하는 방식을 연구하는 차원이다.

사회의 변동을 연구하는 과정에서 사회학은 역사학과 밀접한 관계를 갖게 된다. 널리 알려진 역사학자 E. H. 카의 주장대로 "사회학이 풍요한 학문의 장이 되려면 역사학에서처럼 고유한 것과 보편적인 것 사이의 관계에 관심을 기울여야 한다. 그러나 그와 동시에 사회학은 동적인 현상을 연구해야 한다. 그것은 어느 한순간 정지된 상태에 있는 사회가 아니라 변화하고 발전하는 사회의 동학을 연구해야 한다. 그것을 줄여 단순하게 말하자면 역사학이 사회학이 될수록, 그리고 사회학이 역사학이 될수록 역사학과 사회학은 둘 다 더 나은 상태로 발전한다. 그 두 학문 분야 사이의 소통을 촉진하기 위해 역사학과 사회학 사이의 경계를 크게 열어두어야 한다."[1]《사회학에의 초대》라는 책으로 널리 알려진 사회학자 피터 버거는 "대부분의 사회학자들이 어쩌면 기질 때문에 또는 전문적인 특수화 때문에 현재의 사건들에 대해서만 주로 관심을 기울이고 있지만, 역사적 차원에 대한 무시는 사회학적 추리 자체에 대한 모욕이다. 사회학 자체가 역사적 학문이라는 생각은 대부분의 미국 사회학자들에게는 낯설지만 유럽에서는 매우 일반적인 생각이다. 인도주의 사회학humanist sociology은 사회학과 역사학의 공생관계를 당연하게 생각한다"고 지적했다.[2]

***

역사사회학은 한국의 사회학이 서구 사회학을 수입하는 과정에서 잃어버린 우리 사회의 역사적 경험을 다시 찾아 재구성하면서 한국 사회의 특성을 설명하는 사회학의 흐름이다. 한국에서 사회학으로 처음 교수가 된 이상백 자체가 역사사회학자였다. 이 책에서는 한국 사회학에 역사의 차원을 도입한 최재석, 신용하, 박영신 세 사람의 삶과 학문적 업적을 다룬다. 최재석과 신용하는 이상백의 제자로 한국 역사사회학의

1　E. H. Carr, *What is History?*(Harmondsworth: Penguin Books, 1964), p. 66.
2　피터 버거, 한완상 옮김, 《사회학에의 초대》, 현대사상사, 1976, 225쪽에서 일부 수정.

맥을 이었다. 이 책에서 다루지 못했지만 조선 시대 호적 연구를 통해 가족사를 연구한 최홍기나 조선 시대의 신분, 계층, 계급에 대한 사회학적 연구에서 많은 업적을 남긴 김영모도 이상백이 연 역사사회학의 계보에 속한다.

그들과 달리 박영신은 연세대학교 총장을 지냈으며 한국 개신교의 초기 역사를 쓴 백낙준과 이어지지만 미국에 유학하여 스스로 한국 사회의 근대적 사회변동을 연구하면서 자기 나름의 역사사회학의 길을 열었다.

***

사회학이라는 학문을 전공으로 삼아 학문의 길에 입문한 지 40여 년이 지났다. 2012년 '한국 사회학의 지성사'라는 나의 개인적 연구 프로젝트를 시작한 후 열 번째 봄이 지나가고 있다. 대학 밖에서 "자유롭게 부동하는 지식인"으로 살아왔기에 시간의 제한을 받지 않고 긴 세월 동안 하고 싶은 연구 주제에 매달릴 수 있었다. 2002년 서울 생활을 정리하고 파리로 떠나 10년의 세월을 보내고 귀국했다. 그 이후 보낸 또 한 번의 10년은 '계급장' 달린 갑옷 대신 내 취향에 맞는 자유로운 평민 복장으로 '백의종군'한 세월이었다.

이 책은 '한국 사회학의 지성사' 총 네 권 가운데 마지막 책이다. 네 권의 책을 순서대로 다 읽으면 좋겠지만 꼭 그럴 필요는 없다. 마음 가는 대로 자신이 원하는 책을 원하는 순서로 읽어도 무방하다. 한국의 역사사회학자 세 사람을 다루는 이 책이 마지막 책이 아니라 첫 번째

책이 될 수도 있다.

어떻게 보면 '한국 사회학의 지성사' 네 권 모두가 지식과 학문에 대한 역사사회학적 연구라고 할 수 있다. 한 사람을 깊이 알기 위해서는 그 사람 개인의 삶의 궤적뿐만 아니라 최소한 3대의 가족사를 사회사 속에 넣어 이해해야 한다. 오늘날 한국의 사회학자들이 각자 수행하고 있는 연구의 의미와 지향성을 이해하기 위해서도 최소한 자신의 스승과 스승의 스승이 어떤 연구를 했고 그것이 자신에게 어떤 유산을 남겼는가를 알고 있어야 한다. 그래야 전 세대의 긍정적 유산을 계승하고 그 한계를 넘어서면서 자신의 독자적이고 독창적인 학문 세계를 열어갈 수 있다. 젊은 세대 사회학자들이 거의 관심을 갖지 않는 한국 사회학의 역사를 마치 '지식의 고고학'처럼 연구한 까닭이 거기에 있다. 어떤 역사든 최종적인 역사서는 없다. 역사는 늘 새로운 관점과 새로운 자료에 의해 다시 쓰여야 한다. 저자 개인의 한계를 고스란히 안고 있을 이 책이 역사사회학의 역사, 사회학의 역사, 학문의 역사에 관심이 있는 사회학자와 역사학자를 포함하여 인문사회과학이라는 학술장에 관심을 갖는 독자들에게 널리 읽혀 우리 학문의 전통이 만들어지는 일에 조금이나마 기여할 수 있기를 바랄 뿐이다.

2021년 5월 31일 봄의 끝자락에
서귀포에서 한라산을 바라보며
정수복

2부

신용하의
사회사와 민족주의 사회학

3부

박영신의
성찰적 역사사회학

4부

한국 사회학의 사회학
학술장의 역사와 구조변동

1
부
·

최재석의
가족·농촌사회학과
사회사 연구

1.

최재석,
한국 사회학계의
아웃사이더

1. 최재석의 학문적 삶

최재석은 한국인의 사회적 성격, 가족사회학, 농촌사회학, 한국 사회사, 한국 가족사, 한국 사회학사, 한국 고대사, 고대 한일관계사 등 사회학과 역사학을 넘나들며 활발한 저술 활동을 펼친 사회학자다. 그는 오로지 아카데미즘의 정신으로 학문 생활에만 전념하면서 오로지 학문적 기준만으로 선배, 동료, 후배 학자들을 가감 없이 평가하는 학자적 태도를 견지했다. 그 결과 그는 한국 사회학계에서뿐만 아니라 그가 가르쳤던 고려대학교 사회학과에서도 비주류 아웃사이더에 속했다.[1]

---

1 최재석의 제자 김흥주(원광대)와 김철규(고려대)는 "연구 인생 측면에서 최재석은 언제나 주변인이었다"라고 썼다. 김흥주·김철규, 〈최재석 교수의 농촌사회 연구: 궤적과 업적, 그리고 계승〉, 《농촌사회》 27집 1호, 2017, 177쪽.

최재석은 1926년 경북 경산에서 3녀 2남 중 막내로 출생했다.[2] 그의 어린 시절과 가족 배경에 대해서는 알려진 바가 거의 없다. 그가 인생의 말년에 펴낸 회고록에도 학문 생활 50년 동안 경험했던 일들을 기록해놓고 있을 뿐 자신의 아동기나 청소년기의 삶에 대해서는 아무것도 밝히지 않았다.

연보에 따르면 그는 1932년에서 1938년 사이에 경북 경산군 용성면에 있는 용성보통학교를 다녔다. 이후 춘천에서 산림청 공무원으로 근무하던 형님의 조언에 따라 춘천공립농업학교에 입학하여 해방되는 해에 졸업했다.[3] 이듬해인 1946년 서울대학교 공과대학 예과부에 입학했으나 적성에 맞지 않아 1948년 서울대학교 문리과대학 사회학과에 다시 입학해서 1953년에 졸업했다.[4] 대학을 졸업하면서 사회학이라는 학

---

2 경북 경산 출신의 학자로 경성제국대학을 졸업하고 월북한 농업경제학자 박문규 (1906~미상)가 있다. 그는 1933년에 발표한 〈농촌사회 분화의 기점으로서의 토지조사사업에 대하여〉를 비롯하여 토지 문제에 대해 많은 연구를 남겼고 분단 이후 북한의 토지개혁사업에 기여했다. 그러나 최재석의 농촌사회학 저서에는 그에 대한 언급이 한 번도 나오지 않는다.

3 김흥주의 증언에 따르면 최재석은 넉넉한 집안은 아니었지만 고향에서 수재로 유명했다. 김흥주, 〈2019년 2월 8일, 서울시청 시민청 대담자료〉. 이창기(영남대)의 증언에 따르면 최재석은 어려서 부모님을 여의고 큰형과 큰누님의 보살핌을 받으며 자랐다. 큰누님에 대한 애착이 컸고 대구농림학교를 졸업하고 산림청 공무원으로 근무한 형님의 지도를 많이 받았다. 이창기, 〈2019년 11월 2일, 고려대 대담자료〉.

4 1948년 서울대 사회학과를 입학한 최재석의 동기 가운데 학자로 활동한 사람들로는 고영복(서울대), 김대환(이화여대), 이순구(고려대), 유시중(경북대), 정철수(경북대), 최홍기(서울대) 등이 있다.

문에 헌신하기로 작정하고 바로 대학원에 진학했다. 대학원 재학시절인 1954년 이춘계 여사와 결혼했고 1955년부터 1963년까지 중동고등학교에서 교사 생활을 하면서 숙명여대, 이화여대 등에서 강의했다.[5] 1956년에는 서울대학교 사회학과에서 석사학위를 받았다. 석사 논문은 계룡산 부근의 종교집단에 대한 현장 연구였다.[6] 같은 해에 한국사회학회 창립 발기인으로 참여했고 1957년 한국사회학회 제1회 학술대회에서 〈한국인의 사회적 성격〉을 발표했다. 1963년에는 중앙대학교 사회복지학과 교수로 부임했고 1964년부터 고려대학교 사회학과에서 강의를 시작하여 1966년 고려대학교 사회학과 교수로 부임했다. 그해에 하버드대학교 옌칭연구소에 객원교수로 가서 1년 동안 연구했다. 1973년에는 고려대학교에서 한국 가족에 대한 연구로 박사학위를 받았다.[7] 그는 대학교수로 일하면서 보직을 전혀 맡지 않았다.[8] 그러

5　부인 이춘계 여사는 1930년생으로 시조 시인 이태극의 딸이며 동국대학교 가정교육과 교수로 정년퇴임했다. 최재석은 친가보다는 처가와 가깝게 지냈다. 김흥주, 〈2019년 2월 8일 서울시청 시민청 대담자료〉.

6　최재석, 〈충청남도 신도리(계룡산)의 종교집단의 구성〉, 서울대학교 사회학과 석사학위 논문, 1956. 이 논문은 최재석, 〈신앙촌락의 연구〉, 《아세아연구》 2권 1호, 1959, 143~182쪽으로 발표되었다.

7　최재석, 〈한국 가족의 연구─주로 그 구조와 가치의식을 중심으로〉, 고려대학교 대학원 사회학과 박사학위 논문, 1973.

8　한국인의 감투 지향의식을 비판한 최재석은 대학교수들이 저서의 저자 소개에 "총장, 학장, 처장 등의 행정직 명을 대서특필하는 것 등도 모두 이 감투의 권위주의의 반영"이라고 썼다. 최재석, 《한국인의 사회적 성격》, 개문사, 1979, 61쪽. 최재석은 딱 한 번 고려대학교 도서관장이라는 보직을 맡을 뻔했다.

나 학회를 위해서는 일했다. 1971~1973년에는 한국사회학회 부회장, 1973~1974년에는 한국사회학회 회장을 역임했고 1990~1991년에는 한국농촌사회학회 초대 회장 직을 맡았다. 1991년 고려대학교를 은퇴한 이후에도 왕성한 연구와 저술 활동을 계속하다가 2016년 별세했다.

2. 최재석의 스승들

최재석의 학문적 스승으로는 이상백과 김두헌을 들 수 있다. 최재석은 자신의 첫 저서를 간행하면서 김두헌과 이상백 두 사람에게 다음과 같은 감사의 말을 전했다.

> 마지막으로 본서를 공간公刊함에 있어 늘 직접·간접으로 격려해주신 김두헌 박사와 본서의 출간을 주선해주시고도 발간의 기쁨을 함께 나누어 주시지 못하고 서거하신 고 이상백 박사의 학은에 감사드리는 바이다.[9]

---

9 최재석, 《한국 가족 연구》, 민중서관, 1966년, 8쪽. 최재석은 1964년 두 사람의 회갑 기념논문집에 자신의 논문을 실었다. 최재석, 〈한국 가족의 주기〉, 《김두헌 박사 화갑기념논문집》, 어문각, 1964; 최재석, 〈한국 가족의 근대화 과정〉, 《이상백 박사 화갑기념논총》, 을유문화사, 1964. 최재석은 그 밖에도 김재원, 이홍직, 정재각, 성백선, 이해영, 김원룡, 김대환, 고영복, 박성수, 서정범 등을 위한 기념논총에도 논문을 게재했다. 이를 통해 그의 학계 연결망을 짐작할 수 있다.

김두헌(1903~1981)은 전남 장흥 출신으로 대구고보를 졸업하고 일본에 유학하여 1929년 도쿄제국대학에서 윤리학으로 박사학위를 받고 귀국해서 중앙불교전문학교 교수로 가르치다가 해방 후 1945~1950년에는 서울대학교 철학과 교수로 재직했다. 이후 전북대 총장, 숙명여대 총장, 건국대 대학원장을 역임했다.[10] 그의 박사학위 논문은 1949년 을유문화사에서《조선 가족제도연구》로 간행되었고 이후 1969년 서울대학교출판부에서《한국 가족제도연구》로 재간행되었다. 이 책은 최재석이 가족 연구에 관심을 갖는 계기가 되었다. 최재석이 김두헌의 강의를 들었는지는 분명치 않으나 김두헌의 저서《한국 가족제도연구》를 탐독하면서 한국 가족사회학 연구에 몰두한 것은 분명하다.[11] 김두헌이 최재석의 책에 대한 서평을 쓴 것을 보면 두 사람 사이의 지적 교류가 있었음이 확인된다.

최재석의 또 한 사람의 스승은 이상백(1904~1966)이다. 최재석은 서울대학교 사회학과 재학시절부터, 특히 대학원 시절에 이상백의 사회

---

10 김두헌에 대한 비판적 연구로 선우현, 〈김두헌의 가치론적 변증법: 친일 독재정권을 옹호 정당화하는 실천철학적 논변체계〉, 《철학연구》 145집, 2018, 271~296쪽을 볼 것.

11 김두헌, 〈서평: 최재석의《한국 가족 연구》(민중서관, 1966)〉, 《아세아연구》 10권 1호, 1967, 113~117쪽 참조. 김두헌의 연구가 관찬 사료에 의존해서 한국 가족제도에 대한 역사적 서술에 머물렀다면 최재석의 연구는 분재기, 족보, 문중자료 등 다양한 자료를 활용하여 가족 연구를 사회학적 분석으로 발전시켰다. 그런 점에서 최재석의 연구는 김두헌의 연구를 비판적으로 계승한 것이라고 볼 수 있다. 김흥주, 〈2019년 2월 8일 서울시청 시민청 대담자료〉.

사 연구에 영향을 받았다. 그는 이상백과의 사제관계를 이렇게 밝혔다.

대학원에서 사회학의 연구 대상을 횡적인 현재적 측면에서가 아니라 종
적인 역사적 측면에서 바라보는 시각은 이상백 선생님의 영향을 받은
것이다. 나의《한국 가족 연구》(1966), '지주소작관계', '반상관계'와 그
변동을 다룬《한국 농촌사회연구》(1975),《제주도의 친족조직》(1979),
《한국 가족제도사연구》(1983), 그리고《한국 사회사의 탐구》(2009)는 한
국 사회를 종적인 역사적 측면에서 고찰한 것이다.[12]

김두헌과 이상백은 둘 다 일본 유학을 통해 학문에 입문한 사람이었
기 때문에 최재석은 그들에게서 일본 학계에 대해 많은 정보를 얻었고
그것을 숨기지 않고 자신의 연구에 활용했다.[13] 그가 조선 시대 가족 연
구를 위해 한문으로 된 1차 사료를 활용했고 일본 학자들의 연구를 많
이 참조하고 일본어로 여러 편의 논문을 발표한 것을 보면 한문과 일본
어 구사가 자유로웠던 듯하다.[14] 그는 고등학교까지 우리말이 아니라

---

12   최재석,《역경의 행운》, 만권당, 2015, 102쪽.
13   전경수가《한국 인류학 백년》, 일지사, 1999에서 한국 학계가 일제 시대와 해방 전
     후에 선학들이 남긴 작업을 충분히 흡수하지 못했다고 평가했는데 최재석의 작업
     은 예외에 속한다.
14   최재석은 1910년 이후 해방 이전까지 이능화, 이상백, 김두헌, 손진태 등 한국 학자
     들이 일본어로 발표한 논문들을 꼼꼼히 조사했다. 최재석, 〈이만갑 교수의 한국 사
     회학 서술 비판〉,《한국의 가족과 사회》, 경인문화사, 2009, 365~390쪽을 볼 것. 최
     재석은 1926년생인데 1924년생인 노병욱은 수십 년 만에 일본 여행을 할 때 일본

일본어로 교육을 받았기 때문에 아마도 해방 이후에야 우리말로 글을 쓰기 시작했을 것이다. 그가 쓴 글의 뜻이 비교적 명확하게 전달되지만 한자어가 많이 사용되고 다소 어색한 부분이 남아 있는 것은 일본어로 교육받은 세대의 한계이다.

최재석이 해방 후 서울대학교 사회학과에 입학했을 당시 교수진은 이상백을 비롯하여 전원이 일본에서 공부한 분들이었다. 그런 만큼 최재석의 학문은 크게 보면 일본 근대 학문의 틀 속에서 형성된 것이다. 해방 이후 교수가 된 학자들이 일본어 서적을 읽고 활용하면서도 사회 전체의 반일 분위기 때문에 각주나 참고문헌에 그 내용을 밝히지 않았지만 최재석은 일본 학자들의 연구를 정직하게 밝히면서 자신의 학문을 전개했다. 일제 시대에 일본 학자들이 도달한 한국 사회 연구의 수준을 따라잡고 더 높은 수준에 도달하는 것을 자신의 목표로 삼았기 때문이다.

미국 학문이 중요해진 시기에 그것은 시대에 뒤떨어진 태도로 보일 수도 있었다. 한 역사학자가 밝혔듯이 "사실 해방 이후 한국의 지식 엘리트의 지적 기반은 일본문화였지만, 특히 한국전쟁 이후 일본 지식인들의 문헌은 한국 사회에서 사라졌다. 그 대신에 영미 문헌 번역 및 소

어를 자유자재로 구사했다. 노병욱은 사회학자 노명우의 부친이다. 노명우는 이를 보고 "식민통치가 끝난 지 반세기도 넘었는데, 입에서 일본어가 자연스럽게 튀어나오는 걸 보면 아버지에게 일본어는 모국어 같은 외국어였다." 노명우, 《인생극장》, 사계절, 2018, 67쪽.

개 작업이 활발하게 이루어졌기" 때문이다.[15] 해방 이후 식민지 잔재 청산의 일환으로 일본어 사용이 금지되고 일본과의 교류가 단절되면서 한국 학계에서 일본어 서적을 보는 것은 그리 자랑스러운 일이 되지 못했다.[16] 반면 영어, 독일어, 프랑스어 서적을 읽는 것은 세련되게 보였다. 그런 과정에서 일제 시대에 축적된 한국에 관한 연구들이 다음 세대로 전달되지 못하고 사장되었다.

고등학교까지 일본식 교육을 받은 최재석은 한국 가족과 농촌을 연구하면서 식민지 시대에 일본인과 조선인 학자들에 의해 축적된 연구 성과를 감추지 않고 계승했다.[17] 그렇다고 그가 서구 사회학 연구에 무

---

15 이영석, 《삶으로서의 역사—나의 서양사 편력기》, 아카넷, 2017, 64쪽. 1910년대와 1920년대 출생의 학자들이 일본어로 교육받고 일본 서적을 읽으면서 근대 학문의 세계에 눈을 떴다면 1930년대 후반에 태어난 사람들은 한글로 교육받은 첫 세대로서 일본어 대신 영어를 통해 학문의 세계에 입문했다. 1953년 서울대학교 사회학과에 입학한 김일철 교수는 자신도 학생시절 일본어 사회학 책을 읽으며 공부했다고 밝혔다. 2021년 3월 30일 〈김일철 교수 인터뷰 자료〉.

16 일제 시대에 일본어로 교육을 받은 대학교수들은 일본어 서적을 학교 연구실이 아니라 집 서재에 보관했다. 1970년대 말 어느 한국 사학자의 집을 방문했을 때 그의 연구실에서는 볼 수 없었던 일본어 서적이 집 안 중요한 자리를 차지하고 있던 것을 본 기억이 난다. 이와 관련하여 1953년생으로 1970년대에 대학을 다닌 서양 사학자 이영석은 다음과 같이 썼다. "사실 우리를 가르쳤던 선생들은 서양사 분야만 하더라도 지적 소양을 일본 문헌 또는 서구 문헌의 일본어 번역본을 통해 습득했던 것이 분명하다. 그러면서도 그들은 우리 세대에게는 구미 언어로 역사를 공부할 것을 주문하곤 했다." 이영석, 《삶으로서의 역사—나의 서양사 편력기》, 아카넷, 2017, 64쪽.

17 최재석이 발표한 한국 가족에 대한 연구목록은 해방 이전과 해방 이후로 구분되어

지한 것은 아니었다. 그는 하버드대학에 교환교수로 다녀오기도 했고 영어로 된 사회인류학 책을 번역하기도 했다.[18] 중동고등학교에서 독일어 교사를 했던 최재석은 퇴니에스의 《공동사회와 이익사회》 독일어 원전을 직접 읽는 수준이었다.[19] 그는 주로 한국어, 한문, 일본어, 영어 자료와 서적을 읽으며 학문 생활을 전개했다. 평생의 작업으로 30여 권의 저서를 출간한 최재석은 2011년에는 두 권의 영문 저서를 출간하기도 했다.[20] 이는 그가 1966년 하버드대학에서 교환교수로 지낼 때 꿈꾸었던 것을 무려 45년 만에 실현한 것이다.

있는데 해방 이전의 연구목록이 훨씬 길다. 해방 이전의 연구는 대부분 일본인 학자들이 일본어로 발표한 논문과 저서이다.

18 존 비티, 최재석 옮김, 《사회인류학》, 일지사, 1978.

19 최재석은 청계천 중고서점에서 월북 사회학자 신진균의 장서인이 찍힌 퇴니에스의 《공동사회와 이익사회》 독일어 원전을 구입한 사실을 기록해놓았다. 신진균의 사회학에 대해서는 김필동, 〈일제 말기 한 젊은 사회학자의 초상: 신진균론 (1)〉, 《한국사회학》 51집 1호, 2017, 437~489쪽과 김필동 〈강단사회학자에서 맑스레닌주의 이론가로: 신진균론 (2)〉, 《사회와 역사》 118집, 2018, 213~272쪽 참조.

20 Jae Seok Choi, *Ancient Korea-Japan Relations and the Nihonshoki*(Oxford: The Bardwell Press, 2011); *Social Structure of Korea*(Jimmundang, 2011); *Social Structure of Korea*(Jimmundang, 2011).

2.

최재석의
학문하는 태도

1. 끝없는 학구열

최재석은 학문하는 사람의 특성으로 호기심과 자존심 그리고 고독을 즐기는 성향을 들었다.[21] 평소에 술자리와 사교적인 모임을 피하고 연

---

21 최재석은 30여 년간 몇 마리 고양이에게 연속적으로 '보리'라는 이름을 붙여 함께 살면서 고양이의 특성이 호기심, 자존, 독거에 있음을 발견하고 이를 학자의 조건으로 생각하게 되었다. 그는 떠들썩하고 분주하고 복종적인 강아지보다는 호기심이 많고 조용하고 차분하며 혼자 있기를 즐기는 고양이가 학자의 조건을 잘 보여준다고 생각했다. 최재석, 《역경의 행운》, 2015, 271~273쪽. 최재석은 정년기념 논문집 《한국의 사회와 역사》에 논문을 게재한 필자들에게 '猫心(묘심)'이라는 글자를 새긴 도자기 컵을 제작하여 선물하기도 했다. 이창기, 〈2019년 11월 8일, 이메일 자료〉. 고양이 이미지와 관련하여 최재석에게는 "생쥐를 노리는 고양이의 집요함" 같은 학문적 집념이 있었다.

구에 몰두하던 최재석은 "비사교적인 성격의 소유자는 그 특성을 탓할 것이 아니라 오히려 그 점을 장점으로 인식해야 할 것"이라며 학자의 경우에는 "사교적인 성격이 비능률적인 결과를 가져오고 비사교적인 성격일수록 오히려 장점이 된다"고 회고했다.[22] 중동고등학교 교사시절부터 최재석의 제자였던 인류학자 이문웅은 최재석의 학문하는 자세에 대해 다음과 같이 썼다.

철저하게 학문의 길에만 몰두하면서 외길을 걸어온 선생의 생활 태도는 보통 사람들에게서는 비정상적으로 보일 정도였다. 선생의 연구 작업은 차라리 '고군분투'로 표현하는 것이 좋겠다. 문제를 공략하는 과정에서 선생은 동학의 어느 누구와도 의견을 교환하는 법이 없었다. 거의 일생을 통해 동료 학자들과 술자리를 같이하는 경우를 찾아볼 수 없을 정도로 선생은 자신의 학문 세계에만 남아 외로이 투쟁하였다. 선생의 연구 연보에서 볼 수 있는 바의, 상상을 초월할 만한 분량의 논저들은 학문 세계 바깥으로 외도하지 않고 외길만을 파면서 고군분투하던 선생의 학문적 결실을 역력하게 드러내 보여주고 있다.[23]

최재석은 한국 사회학사 연구의 선구자였다. 그는 개화기와 일제강점기의 서양 사회학 도입기에서 시작하여 1970년대까지 한국 사회학

---

22 최재석, 《역경의 행운》, 2015, 273쪽.
23 이문웅, 〈헌정사〉, 최재석 교수 정년퇴임기념논총 간행위원회 편, 《한국의 사회와 역사》, 일지사, 1991, 4쪽.

의 발전 과정을 연구업적을 중심으로 상세하게 연구했다. 그런 연구에 기초하여 그는 한국 사회학이 발전하기 위해서는 한국 사회학계의 풍토가 다음과 같이 바뀌어야 한다고 주장했다.

물론 여러 가지 길이 있겠지만 무엇보다도 첫째, 많은 사회학자가 각기 전공 분야를 갖고, 둘째, 지속적이고도 집중적인 연구(사색, 독서, 조사 연구)를 하여, 셋째, 그 성과를 논저論著로 축적하는 길일 것이다. 이러한 과정을 따를 때만 연구비도 유효할 것이고 학술토론회(각종 세미나, 심포지엄)도 유익할 것이다. 바꾸어 말하면 아카데미즘의 전통의 수립과 계승 이것만이 가장 발전에 첩경일 것이다.[24]

1965년에 출간된 그의 첫 저서 《한국인의 사회적 성격》에서 최재석은 한국인의 가족주의, 감투 지향의식, 상하 서열의식, 친소 구분의식, 공동체 지향의식 등을 비판적인 관점에서 세밀하게 분석했다. 최재석은 한국인의 '사회적 성격'과 '문화적 문법'을 비판적으로 보고 그것을 따르지 않는 삶을 살았다.[25] 그런 삶을 살았기에 역경을 겪지 않을 수 없었을 것이다. 그의 고백을 들어보자.

---

24 최재석, 〈해방 30년의 사회학〉, 《한국사회학》 10집, 1976, 46쪽; 최재석, 〈1960년 대, 70년대의 한국 사회학 연구 태도의 반성―1980년대의 사회학의 발전을 위하여〉, 《한국사회학》 13집, 1979, 91~102쪽도 볼 것.
25 정수복의 《한국인의 문화적 문법》, 생각의나무, 2007은 최재석의 "한국인의 사회적 성격" 연구와 이어져 있다.

학문 생활 50년 동안 내가 겪은 심적 고통을 되돌아보면 학문하는 사람 가운데 나만큼 그러한 고통을 겪은 사람은 많지 않을 것으로 생각한다. 그러나 지금에 이르러서는 그러한 역경이나 고통에 서서히 감사한 마음을 갖게 되었다. 심적 고통을 받을 당시나 그 후에 그러한 고통을 상기할 때마다 나는 더욱 연구에 몰두하게 되었는데 이러한 고통이 없었더라면 그처럼 장기간의 지속적인 연구에 열중할 수 없었을 것이고 따라서 그 결과 나타난 연구업적도 축적되지 않았을 것이다. 다행히도 나에게는 외부로부터 고통을 받으면 압력을 받은 공처럼 일단 우그러지다가 다시 원상복귀함과 동시에 크게 튀어오르는 성질이 있는 것 같다.[26]

학자 생활을 하면서 그가 겪은 고통은 어디에서 비롯된 것일까? 바로 그가 몸담은 대학 사회와 한국 사회의 축소판이라고 할 수 있는 한국 사회학계 내부에서 일어났다. 한국 사회에서는 '문화적 문법'을 따르지 않는 사람을 인격적으로 비판하고 소속 집단에서 주변화시키는 경향이 짙다. 누군가 '바른말'을 자주 하게 되면 "성격이 나쁘다", "인간이 돼먹지 않았다"는 비난과 함께 그를 공동의 사회적 관계에서 은근히 배제시킨다.[27] 최재석은 그렇게 주류에서 배제되고 주변화될수록

---

26 최재석, 《역경의 행운》, 2015, 6쪽. 이러한 성격을 심리학자들은 '회복탄력성 resilience'이라고 개념화했다. 김주환, 《회복탄력성: 시련을 행운으로 바꾸는 마음 근력의 힘》, 위즈덤하우스, 2019 참조.

27 하나의 보기로 문학평론가 정과리는 그런 체험을 다음과 같이 술회했다. "서울대학교 불문과는 내가 처음 과에 진입했을 때 스스로의 선택에 황홀감을 느끼게 했다." 그러나 그가 군 복무를 마치고 복귀한 불문과는 "리버럴한 분위기를 완전히 잃어버

학문 생활에 몰두했다.

최재석이 논문의 양과 질로 승부하겠다는 결의를 다지게 된 특별한 계기가 있었다. 1959년 최재석은 중동고교 독어 교사로 근무하면서 숙명여대에서 강의하고 있었다. 그러던 어느 날 동기생 고영복이 후배 김채윤을 동반하고 숙대로 찾아와서 숙대는 자기가 "먼저 점을 찍었으니 포기하라"는 압력을 넣고 돌아갔다. 이들은 과거에도 최재석이 이상백의 조교가 되는 것을 경계하면서 자신들이 그 자리를 차지했던 적이 있다. 최재석은 이들의 예기치 않은 방문 사건을 "서울대 아닌 다른 대학의 시간강사 자리도 자신들이 차지하겠다는 심산"을 드러낸 것으로 해석했다.[28]

이 사건 이후 최재석은 연구에 몰두하게 된 심정을 다음과 같이 표현했다.

나는 동기와 후배, 두 사람의 뜻밖의 내방에 기분이 착잡했다. 그러나 이것이 나에게는 그 후의 연구논문 발표의 크나큰 자극제가 되었다. 논문 발표(질과 양)로 승부하겠다는 결의를 다지는 계기가 되었던 것이다.[29]

리고 완장 찬 바람이 볼을 씰룩거리며 돌아다니는 황량한 공터로 변해 있었다. 나는 내 의사와 무관하게 새로운 논문 지도체제로 강제로 편입되었고, 그 체제에서는 '사람이 먼저 되어야 해'가 제일의 덕목이 되었으니, 내가 쓴 모든 것들은 '사문난적'으로 지목될 만하였다." 정과리, 《근대소설의 기원에 관한 한 연구─크레티엥 드 트르와 소설의 구성적 원리》, 역락, 2016, 8쪽.

28 최재석, 《역경의 행운》, 다므기, 2011, 105쪽.
29 최재석, 《역경의 행운》, 105쪽.

그는 그 사건 이후 대학교수가 되는 길을 포기하고 고교교사로 근무하면서 연구를 계속하여 좋은 논문을 많이 발표하리라 마음먹었다. 1959년 《아세아연구》에 첫 논문을 게재한 후 매년 한 편의 논문을 발표하다가 1963년에는 한 해에 무려 네 편의 논문을 발표했다. 그해에 우연이 작용하여 중앙대학교 교수로 초청을 받았다. 독일에서 한국 가족에 대해 박사학위 논문을 쓸 때 최재석의 연구업적을 알게 된 임성희 중앙대 총장이 최재석을 초빙한 것이다.

중앙대에서 3년 재직 후 최재석은 고려대학교 사회학과 교수로 자리를 옮겼다.[30] 평탄한 학자로서의 길이 열린 듯했다. 그러나 고려대에서도 최재석은 순탄한 학자 생활을 하지 못하고 또 한 번의 역경을 겪게 된다. 당시 사회학과 동료 교수였던 홍승직(1929~2014)과의 관계가 좋지 않았기 때문이다.[31] 최재석은 사회학과 학과장이었던 홍승직의 관여로 교수 승진심사에 두 번이나 실패하여 위기에 처했다가 세 번째 심사에서 겨우 통과했다. 홍승직은 자신과 친밀한 관계에 있는 당시 고려대

---

30 최재석, 《역경의 행운》, 2011, 106쪽.
31 1970년대 이후 1990년대 초에 이르기까지 고려대학교 사회학과의 주류는 홍승직, 임희섭, 김문조로 이어졌다. 최재석과 이순구는 비주류였으며 양춘이 중간 입장이었던 것 같다. 최재석은 이런 상황을 다음과 같이 표현했다. "임희섭, 김문조는 물론이려니와 양춘 교수조차도 홍 교수의 뜻대로 나의 후임 교수 문제를 꺼내지 않았으며 내가 그런 이야기를 꺼낼 수조차 없는 분위기를 만들었다." 최재석, 《역경의 행운》, 2015, 223~224쪽. 그러나 임희섭에 따르면 최재석의 직계 제자 안호용의 고려대 사회학과 부임은 임희섭의 중재 노력을 통해 이루어진 것이다. 2021년 8월 5일 임희섭 면담자료.

대학원장 채관석과 함께 최재석을 불러 앉혀놓고 "논문은 어떻게 써야 하는지 이야기한 다음에 이번에 제출한 논문은 좀 부실하지만 교수로 진급시켜줄 터니 방학 동안에 공부를 더 해야 한다는 조건을 제시하였다."[32] 그런 모욕을 당하고 나서야 겨우 교수로 승진할 수 있었다. 최재석은 당시 상황을 다음과 같이 증언했다.

나와 같은 과정을 거쳐서 교수로 진급한 사람은 아마 고려대학교 역사상 처음이자 유일무이한 사례일 것이다. …… 전공도 없을 뿐만 아니라 논문 한 편 발표한 일이 없이 부교수가 되고, 교수가 되었고 학과장이 된 홍 씨가 전공을 갖고 그때까지 18편의 논문을 학술지에 발표한 나를 논문의 질이 좋지 않다고 세 번씩이나 교수가 되지 못하도록 방해한 일은 일종의 희극이라 할 수밖에 없을 것이다. 그러나 이 희극으로 말미암아 나는 그 후 85세까지 3백 수십여 편의 논문을 발표할 수 있었다.[33]

이후에도 최재석은 여덟 번에 걸쳐 억울하게 논문 게재를 거부당했으며 고대 한일관계사에 대한 자신의 업적을 제대로 인정받지 못했다.

---

32 최재석, 《역경의 행운》, 2011, 212쪽. 그때 교수 승진심사의 대상이 된 최재석의 논문은 전문가의 심사를 거쳐 《민족문화연구》 2집(1966)에 게재한 〈동족집단의 조직과 기능〉이었다. 참고로 최재석이 홍승직의 저서 《지식인과 근대화》에 대해 쓴 서평도 참조할 것. 최재석, 〈서평: 지식인과 근대화(홍승직)〉, 《한국사회학》 3호, 1967, 87~90쪽. 이 서평에서 최재석은 홍승직이 한국의 지식인들이 외래사상에 대해 갖는 태도를 묻지 않은 것을 지적했다. 최재석, 《역경의 행운》, 2011, 89쪽.

33 최재석, 《역경의 행운》, 2011, 213~214쪽.

그는 그런 일을 당할수록 다른 욕심을 내지 않고 더욱 연구에 정진해서 더 좋은 논문을 쓰기 위해 노력했다. 최재석의 '왕성한 학구열'은 그렇게 비주류 아웃사이더의 길을 걸었기 때문에 가능했다. 최재석은 자신의 회고록 제목을 '역경의 행운'이라고 붙였다. 학자로 살아가면서 어려움을 겪었지만 그랬기 때문에 더 많은 학문적 결실을 맺을 수 있었다는 뜻이 제목 속에 녹아 있다. 그는 학문 생활을 위해 가정 생활에도 거의 신경을 쓰지 않았다. 가정 생활에서 후사가 없었기에 더욱 학문에 정진할 수 있었는지도 모르겠다. 고려대 총장을 역임한 동료 교수 홍일식이 최재석을 두고 "학문과 결혼한 사람"이라고 말할 정도였다. 부인이 거의 모든 가정사를 처리했기 때문에 최재석은 다른 일에 신경 쓰지 않고 학문에 몰두할 수 있었다. 최재석은 살아생전 발간한 마지막 저서의 머리말에 이런 기록을 남겼다.

결혼 후 오늘날까지 50여 년 동안 가정생활을 팽개치고 '미쳐 돌아가는' 나를 인내심을 갖고 용케도 참아준 안사람 이춘계 교수에게 이 자리를 빌어 처음으로 감사하는 마음을 전한다.[34]

이문웅은 최재석의 정년퇴임 기념논총의 헌정사에서 최재석의 왕성한 학구열에 대해 다음과 같이 썼다.

---

34 최재석, 《역경의 행운》, 2015, 7쪽. 이창기 교수의 증언에 따르면 이춘계 여사는 최재석 교수의 학문에 몰두하는 모습을 곁에서 지켜보면서 "대단한 긍지를 가지고 늘 자랑스럽게 생각"했다.

선생은 정년퇴임이 자신의 학문 생활을 마감하는 것으로 받아들이기를 거부하고 있다. 지칠 줄 모르는 학문적 열의와 함께 선생은 자신의 정년퇴임을 아직 못다 한 연구 작업에서 도약을 위한 하나의 새로운 전기로 삼으려 하고 있다. …… 선생은 정년퇴임 후에 착수할 연구과제의 리스트를 자신의 서재에 붙여놓고 이 '해방'을 기쁘게 맞을 준비를 하고 있다. 이 리스트는 앞으로 적어도 10년까지 연차적으로 수행할 연구과제들을 포함하고 있다.[35]

많은 학자들이 회갑 이후에는 연구 활동을 거의 중단하다시피 하는 분위기에서 최재석은 회갑 이후 정년퇴임까지 5년 동안 63편의 논문을 발표했으며 정년퇴임 이후 강의 부담에서 '해방'되면서 더욱 연구에 몰두하여 많은 논문과 저작을 남겼다. 평생 발표한 326편의 논문 가운데 정년까지 발표한 논문이 169편이고 정년 후 발표한 논문이 157편이었다. 저작도 논문과 마찬가지여서, 정년퇴임 후에 영문 저서 두 권과 회고록을 비롯하여 열 권 이상의 저서를 출간했다.[36]

---

35 이문웅, 〈헌정사〉, 최재석 교수 정년퇴임기념논총 간행위원회 편, 《한국의 사회와 역사》, 일지사, 1991, 2~3쪽.

36 최재석은 자신의 지속적인 연구 활동은 1968년에서 2004년까지 지속된 고대 안암산악회 주최 산행에 동참하며 유지한 기초 체력에 의해 뒷받침되었다고 밝혔다. 최재석, 《역경의 행운》, 2015, 146쪽.

2. 자제한 사회참여

최재석이 학문 생활에 열중하여 많은 연구 결과를 산출할 수 있었던 또 하나의 이유는 그가 지식인으로서의 현실참여를 자제하고 학자의 본분에 충실했기 때문이다. 1926년생인 그는 해방, 한국전쟁, 4·19혁명과 5·16군사정변, 유신체제와 광주항쟁 등 한국 현대사의 고비들을 몸소 겪었다. 그 과정에서 비판적 지식인으로 현실참여에 나설 생각이 없었던 것도 아니다. 하지만 스스로 자제하여 자신의 역할을 학자에 한정시켰다. 그는 1966년 펴낸《한국 가족 연구》에서 그런 입장을 다음과 같이 넌지시 밝혔다.

사회과학도가 좀 더 학문적인 열성과 과학적인 연구의 성과를 올리어 이것을 정치의 기초로 삼았던들 해방 후 20년간의 혼란과 고난의 도는 훨씬 줄어들었을 것이다.[37]

1975년 유신체제하에서《한국 농촌사회연구》를 펴내면서 그는 자신의 사회참여에 대한 입장을 다음과 같이 고백했다.

그동안 국제적으로나 국내적으로나 크고 작은 많은 정치적 사건이 일어

---

37   최재석,《한국 가족 연구》, 민중서관, 1966,〈서문〉.

낳으나 이러한 문제에는 개의하지 않고 내가 의도하는 기본적 연구에만 마음을 집중시켜왔다. 4·19의 함성을 창 너머로 듣고도 끓어오르는 충동을 책상머리에서 억제하기도 했다. 사회적 문제에 대해서도 글을 쓰고 싶었던 일이 한두 번이 아니었으나, 솔직히 말해서 그러한 문제는 나보다 모든 점에서 월등한 나 아닌 많은 사람들이 관심을 가지게 될 것이고 또 내가 그러한 문제에 관심을 가지게 되면 내가 의도하는 연구는 중단되거나 지연된다고 믿었기 때문이다. 철저한 '쟁이'정신을 발휘하는 길만이 유산을 남기고 계승하고 사회에 공헌하는 길이라고 생각했던 것이다.[38]

최재석이 한때 관심을 기울였던 퇴니에스가 "들뜬 대중적 성공에 과학적 연구를 희생시키는 속임수에 의문을 던졌듯이" 최재석도 누가 알아주지 않아도 자신이 중요하다고 생각하는 연구 주제에 끈질기게 천착했다.[39]

최재석은 한국 사회학계의 선행 연구에 대한 무관심과 아카데미즘 확립에 대한 의지 결여를 비판했다. 최재석의 스승이었던 이상백은 저널리즘과 아카데미즘 사이의 관계에 대해 다음과 같이 썼다.

---

38 최재석, 《한국 농촌사회연구》, 일지사, 1975, 1쪽. 최재석은 제자들에게 늘 '쟁이 정신'을 가질 것을 권고했는데 이 개념은 밀스C. Wright Mills의 '장인 정신 craftmanship'을 연상시킨다.

39 고영복, 《사회학설사》, 사회문화연구소, 1994, 제5장 1절 '페르디난트 퇴니에스' 참조.

전 국민, 전 계급에게 정신적 영양을 제공하는 만능적 영양소인 '저널리즘'이 우리의 역사적 사회에 공헌함이 크고 그 사명을 다하도록 하기 위하여 아카데미즘의 협력과 협조가 필요할 것이요, 또 이 양자의 협력과 연결은 이데올로기의 하부구조인 역사적 사회의 발전을 위하여 중대한 의의가 있는 것이다.[40]

그러나 이상백은 저널리즘도 중요하지만 먼저 아카데미즘의 정립에 힘을 쏟고 난 다음 기반이 잡히면 저널리즘과 협력할 수 있다는 입장을 폈다. 최재석도 학자라면 신문에 칼럼을 쓰거나 시국성명서를 발표하는 일보다 학술 연구와 저술 활동에 몰두해야 한다고 생각했다. 그래서 사회참여보다는 아카데미즘의 확립에 더 많은 노력을 기울였다. 1980년대 광주항쟁 이후 학생운동과 노동운동을 중심으로 사회개혁 지향의 사회운동이 강화되었을 때에도 그는 동요 없이 학문 연구에 몰두했다.

최재석이 잘 요약했듯이 "해방 이후 1960년대 초반까지 초기 한국 사회학의 주축을 이룬 것은 농촌사회학이었다. 유학파든 국내파든 대부분의 사회학자들이 농촌을 연구하였으며, 이를 통해 한국 사회 고유

40　최재석은 저널리즘보다는 아카데미즘에 충실해야 한다는 이상백의 글 〈저널리즘과 아카데미즘〉에서 큰 영향을 받았다. 이 글은 1953년 서울대학교 《문리대학보》 2호에 처음 실렸고 《이상백저작집 3권》, 을유문화사, 1978, 301~314쪽에 다시 실렸다. 최재석은 학자들이 학문에 전념하는 풍토의 조성은 "꾸준하고도 장시일의 노력을 필요로 하는 작업"이라고 생각했다. 최재석, 〈1960년, 70년대의 한국 사회학 연구태도의 반성―1980년대 한국 사회학의 발전을 위하여〉, 《한국 초기 사회학과 가족의 연구》, 일지사, 2002, 149쪽.

의 특징을 파악하고자 하였다. 그러나 1960년대 중반 이후 농촌의 쇠락과 더불어 사회학자의 학문적 관심이 근대·도시·산업 쪽으로 바뀌게 되면서 농촌사회학은 주변 학문으로 밀리게 되었다. 1980년대에는 노동 문제를 강조한 진보학문의 등장으로 농촌사회학의 위치가 더욱 열악해졌다.[41]

이런 상황에서 최재석은 학문 연구의 전환점을 맞이하게 된다. 그는 정년을 바라보는 50대 후반부터 한국 고대사회사를 연구하다가 고대 한일관계사로 연구 주제를 이동시키게 된다. 정년퇴임 후에는 더욱이 연구 주제에 매달렸다. 뒤에서 다시 논의하겠지만 그것은 고대사를 전공하는 역사학자들과 홀로 싸우는 외로운 투쟁이었다. 그는 고대 한일관계에 대한 자신의 주장을 담은 영문 저서를 발간하여 세계 학계에 알렸고 역사 교과서의 내용을 고치는 일에도 나섰다.[42] 고대 한일관계사 바로잡기운동은 최재석이 학자로서 수행한 일종의 사회참여였다. 1926년생으로 일제 시대 체험세대인 최재석은 만년에 이르러 반일 민족주의 정신으로 사회적 발언을 하기 시작했다. 생애 말기인 2010년에 한 주장이 대표적인 보기이다.

일본 정부는 일본의 한국 강점 100주년을 맞아 그동안 약탈해 갔던 문화

---

41 최재석, 《역경의 행운》, 2011, 139~140쪽.

42 최재석은 "현재 사용하고 있는 중고교 국사 교과서의 고대 한일관계 서술은 모호하고 역사적 사실과 다르므로 시급히 다시 서술해야 한다"고 주장했다. 최재석, 《역경의 행운》, 2011, 203쪽,

재를 반환할 계획을 세우고 있다고 매스컴이 전하고 있다. 그런데 앞에서 본 바와 같이 고대 일본은 한국이 경영한 지역이었음에도 오히려 일본의 현행 국사(일본사) 교과서는 이와 반대로 고대 일본이 한국을 지배하였다고 기술하고 있다. 이 기회에 한국 정부는 모든 일본사 교과서의 고대 한일관계사 왜곡 기술 부분을 조사하고 이를 제시하여서 이것들을 바로잡도록 일본 정부에 강력하게 요구해야 할 것이다. 이에 대한 반응을 보면 그들이 한국 강점 100주년을 맞아 진정으로 반성하고 있는지를 파악할 수 있을 것이다.[43]

아카데미즘의 확립을 추구했던 최재석은 자신의 연구를 바탕으로 "사대주의와 편견으로 가득 찬 학계의 풍토"와 "상식을 벗어난 학계의 부조리"를 줄기차게 비판하고 이를 자신의 회고록《역경의 행운》에 낱낱이 밝혔다. 최재석은 다른 사람들도 회고록을 써서 그 속에 자신이 직접 경험한 사회적 부조리를 밝혀놓으면 "그만큼 사회의 선진화가 촉진될 수 있을 것"으로 생각했다. 그는 자신의 기록 행위를 일종의 '사회적 고발'로 생각했다.[44]

---

43 최재석, 《역경의 행운》, 2015, 73~74쪽.
44 최재석, 《역경의 행운》, 2015, 207쪽. 서울대학교 해양학과 교수로 정년퇴임하면서 자신의 삶과 학문 생활을 비판적으로 회고한 고철환, 《나의 학문과 인생》, 고철환교수 정년퇴임회 준비모임, 2012 참조.

3. 철저한 선행연구 조사와 평가

최재석의 연구는 언제나 자신의 연구 분야에서 축적된 선행 연구를 철저하게 검토하는 일로 시작한다. "문헌목록을 조사하고 발표하는 일은 자기 자신을 위한다기보다는 함께 공부하는 동학자나 후진을 위한 작업이라 할 수 있겠다. 문헌목록 작성은 끊임없는 노력이 뒷받침되지 않으면 이루어질 수 없다. 거기에 대해서 거의 광적인 열의가 없으면 이루어질 수 없다고 생각한다."[45] 그는 한국 가족 관계 문헌목록(1900~1965), 한국 사회학 문헌목록(1945~1965), 한국 농촌 문헌문록(1900~1973), 제주도 친족 문헌목록(1945~1978), 해방 전 한국 무속신앙 연구문헌 등 한국 사회학의 역사, 가족사회학 연구, 농촌사회학 연구와 관련된 문헌목록을 작성했고 이능화 선생 저작 문헌목록, 고구려 5부 문헌목록(1894~1984), 신라 6촌·6부 문헌목록(1927~1981), 신라 골품 관계 문헌목록(1922~1986), 신라 화랑 관계 문헌목록(1928~1986) 등 한국 사회사 관련 연구 문헌목록을 여러 편 작성했다.[46] 그는 선행 연구 문헌목록을 작성하고 그것을 하나하나 읽어나가면서 연구 주제를 찾아내는 방식을 취했다.[47] 그래야 중복 연구를 피하고 부족한 부분을 파고

---

45 최재석, 《역경의 행운》, 2015, 267쪽.

46 최재석, 《역경의 행운》, 2015, 45쪽. 최재석의 연구문헌 목록의 특징은 1945년 해방 이전의 연구물을 포함하고 있다는 점이다.

47 최재석은 다른 학자들에게도 자기 전공 분야의 연구문헌을 끊임없이 수집하여 목

들면서 전체 지도를 그릴 수 있기 때문이다. 그에 따르면 "작성된 문헌목록을 읽으면 어떤 분야는 연구되었고 또 어떤 분야는 전혀 연구가 되지 않았으며, 또 어떤 분야는 연구되었다 하더라도 충분치 않다는 것을 알게 된다."[48]

최재석은 작성된 선행 연구 목록에 나오는 논문과 저서들을 자세하게 검토하면서 자신의 독창적인 연구 성과를 축적하는 일에 모범을 보였다. 한국 사회학의 초기 역사를 연구하면서도 '한국 사회학 관계 문헌목록'을 작성하고 이를 검토하면서 한국 사회학의 초기 역사에 대한 세 편의 글을 발표했다.

최재석은 선행 연구 문헌목록 작성과 더불어 전공 분야별 연구 결과에 대한 소개와 평가, 회고와 전망이 주기적으로 이루어져야 함을 강조했다. 기존 연구 성과를 주기적으로 평가하는 작업이 이루어져야 학문 연구가 올바른 방향으로 누적적으로 발전할 수 있기 때문이다. 최재석은 〈契 집단 연구의 성과와 과제〉, 〈한국 사회학의 회고와 전망〉, 〈한국에 있어서 농촌사회조사의 회고〉, 〈1960·70년대의 사회학 연구 태도의 반성〉, 〈조선 시대 가족제도 연구의 회고〉, 〈가족문화연구의 성과와 방향〉, 〈한국의 가족과 친족: 그 연구 성과〉 등 분야별 기존 연구 성

록을 만들고 모두 독파할 것을 주문했다. 최재석, 〈1960년, 70년대의 한국 사회학 연구 태도의 반성—1980년대 한국 사회학의 발전을 위하여〉, 《한국 초기 사회학과 가족의 연구》, 146쪽.

48 최재석, 《역경의 행운》, 2015, 45쪽.

과를 정리하는 글을 여러 편 발표했다.[49]

4. 자비에 의한 독자적 연구 활동

탁월한 연구를 하기 위해서는 충분한 연구비가 필요하다. 그러나 언제나 그런 것은 아니다. 연구비를 받기 위해 연구와 무관한 일을 해야 하는 경우도 많다. 대학 밖의 정부기관이나 연구재단의 프로젝트 연구비를 얻기 위해서는 여러 사회적 관계와 개인적 자원이 필요하다. 외부의 연구비 지원을 받아 이루어지는 프로젝트 연구는 발주기관의 문제의식과 의도에 맞춰 연구를 진행해야 하기 때문에 연구의 자율성이 침해받고 정해진 기간에 연구를 마감해야 하기 때문에 깊이 있는 연구를 하지 못할 수도 있다는 문제점이 있다.[50] 최재석은 학문 생활 초기인 30대부터 번잡한 신청 서류와 보고서를 작성해야 하고 사회적 관계망을 활용해야 하며 발주기관의 요청에 응해야 하는 외부 프로젝트 연구에 의존

---

49 최재석, 《역경의 행운》, 2015, 268쪽. 미국사회학계는 1972년부터 격월간인 *Contemporary Sociology: A Journal of Review*를 발행하고 있으며 1975년부터는 *Annual Review of Sociology*를 간행하고 있다.

50 자연과학자 고철환은 1997년 금융위기 이후 정부가 대학교수들에게 발주하는 프로젝트의 성격을 다음과 같이 요약했다. "연구자는 불쌍하게도 세세한 문제를 붙들고 평생을 봉사하며 그것도 국가가 요구하는 몫을 연구비와 바꾸면서 혹사당한다." 고철환, 《나의 학문과 인생》, 40쪽.

하지 않고 평생 자비로 현장 연구를 수행하면서 독자적인 연구를 축적
했다. 이와 관련하여 그는 다음과 같은 증언을 남겼다.

20회가 넘는 한국 농촌조사도 나의 봉급 일부를 할애하여 한 조사이다.
조사연구비를 외부기관에 신청해도 반드시 나온다는 보장도 없을 뿐만
아니라, 그 연구비를 믿었다가는 조사연구가 언제 착수될지도 모르기
때문에 마음 편하게 내 돈을 들여 연구한 것이다. 외부 연구비를 기다렸
다가는 연차적으로 계획하고 있는 조사연구를 할 수 없어서 30대부터
마음 편하게 자비로 연구하기로 마음을 굳힌 것이다. 이것이 나의 습관
(연구 전통)이 된 셈이다.[51]

1976년에 발표한 논문에서 그는 자신의 이름을 밝히지 않고 다음과
같은 사례를 소개했다.

여기에 하나 주목할 것은 사회조사에 의한 연구가 행해지기 시작한
1950년대부터 외부의 연구비(외국재단 및 국내연구비)에 의하지 않고 자
비에 의하여 시종일관 연구에 종사한 사람이 존재한다는 사실이다. 조
사비의 출처의 문제는 학문의 주체성과 그리고 학문의 중단없는 발전의

---

51   최재석, 《역경의 행운》, 2015, 95~96쪽. 《한국 초기 사회학과 가족의 연구》,
      336~337쪽에 실려 있는 최재석의 23회에 걸친 현지 연구조사 목록을 볼 것. 그의
      한국 사회 연구 현장은 충남, 경북, 전북, 경남, 강원, 제주 등 전국에 분포했다.

문제와 밀접히 관계되는 것이다.[52]

외부 연구비 지원에 대한 최재석의 태도에 대해 후배 학자 김일철은
다음과 같은 평을 남겼다.

최재석 교수. 이 양반은 외부기관에서 연구비를 받아서 데이타 콜렉션
data collection을 한 것이 아니고, 그런데도 데이타 콜렉션을 많이 했어
요. 가족 관계. 직접 나가서 조사하고. 그 대신 전부 자비로. (웃음) 학생
들. 왜냐하면 연구비를 신청하려면 까다롭잖아요. 스탠더드를 맞춰야
하고, 하고 싶은 것 맘대로 못하고. 시간에 쫓기고. 그러니까 그게 싫다
고. 자기 돈으로 소규모 조사. 농촌가족 조사. 다 자비로. 케이스 스터디
case study야, 말하자면. 말하자면 초기에 우리나라 센서스의 자료 일부를
통계청에서 얻어서 그걸 양적으로 분석해놓은 것도 있어. 그걸 학위논
문으로 썼지. 그런 식으로 돈을 받아 가지고 안 한다니까. 일체 외부의
용역을 안 받은 사람이야. 우리나라에 그런 사람 드물어. 없어. 오히려
외부 용역비를 너무 많이 받아서 탈이지. 의미없는 결과만 내고. 처음에
내세웠던 거창한 목표는 못 따라가고. (웃음) 예산 낭비하는 연구가 많
지. 왜냐하면 이게 1년이다 몇 개월 만에 해야 하잖아. 이게 만만치 않
지. 개인 돈으로 하면 그게 1년이든 2년이든 자기가 하고 싶은 대로 하

---

52 최재석, 〈해방 30년의 사회학〉, 《한국사회학》 10집, 1976, 14쪽. 해양학자 고철환은
    투쟁을 통해 프로젝트 체계를 벗어났다. 그는 "연구 현장에서 나처럼 자유를 확보
    하는 것은 예외적이다"라고 썼다. 고철환, 《나의 학문과 인생》, 40쪽.

면 되니까.[53]

최재석은 여러 기관으로부터 고액의 프로젝트를 많이 따오거나 여러 세미나에 참석하여 주제 발표자나 토론자가 되어야 실력 있는 학자라고 여기는 학계의 잘못된 풍토에 대해 다음과 같이 문제를 제기했다.

세미나나 프로젝트 위주의 학문 풍토가 연구의 주류를 이룬다면 학문의 지속적인 발전은 도저히 이룰 수 없을 것이다. 외부로부터의 연구비의 보조가 어느 정도의 생활의 안정과 연구 진척에 보탬이 되는 것은 부인할 수 없지만 아카데미즘의 기반 조성에는 오히려 역기능을 한다고 보인다. (프로젝트에 의존하는 연구는) 돈을 주는 측의 직접 간접의 간여로 말미암아 방법의 선택이나 결과의 해석에 제한을 가져온다. 이리하여 주체적인 연구를 어렵게 만든다.[54]

프로젝트에 의한 조사 연구는 연구 기간에 제한을 받으므로 오랜 시일을 필요로 하는 연구를 기피하는 풍토를 조성하며 무엇보다 학계 전체에 "돈이 있어야 연구를 한다는 분위기를 조성"한다.[55] 최재석은 외

---

53 김인수, 〈김일철 교수 인터뷰〉, 《서울대학교 사회발전연구소 50년사: 1965~2015》, 한울, 2015, 316~317쪽.
54 최재석, 〈1960년, 70년대의 한국 사회학 연구 태도의 반성—1980년대 한국 사회학의 발전을 위하여〉, 《한국 초기 사회학과 가족의 연구》, 151쪽.
55 최재석, 《한국 초기 사회학과 가족의 연구》, 152쪽.

부 프로젝트에 의존하여 시대 분위기를 따르는 보고서를 양산하는 학계의 풍토를 비판하면서 진정한 아카데미즘의 학풍 수립을 위해 하나의 제도를 제안했다. 그것은 "남의 돈에 의존하지 않고 오랜 시일을 요하는 논저"를 높게 평가해주는 제도를 만드는 것이다.[56] 그런 최재석의 요구에 부응한 것인지는 몰라도 1994년 한국사회학회는 학술상을 제정하여 최재석에게 제1회 학술상을 수여했다. 상패에는 다음과 같은 문장이 새겨져 있다.

한국사회학회 회원들은 선생님의 변함없는 연구의 열정과 진지한 학문적 자세에 경의를 표하면서 이 상을 드려 그 업적을 기리는 바입니다.[57]

---

56 최재석, 《한국 초기 사회학과 가족의 연구》, 152쪽.

57 최재석의 증언에 따르면 당시 한국사회학회의 심사위원회에서는 나이를 기준으로 하여 원로 이만갑에게 제1회 학술상을 수여하자는 의견이 있었으나 한국사회학회 부회장이었던 박영신이 "업적 위주로 해야지 원로가 무슨 상관이냐고 주장하여 나에게 주기로 했다"는 뒷이야기가 남아 있다. 최재석, 《역경의 행운》, 2015, 288쪽.

3.

최재석의
사회학 이론과 연구방법

최재석은 사회학을 경험과학으로 인식하고 경험 연구를 통한 실증을 강조했다. 사회학자는 사실을 바탕으로 현실이 왜 그렇게 되었는가를 설명할 수는 있지만 사회문제를 해결할 수 있는 구체적 방법을 제시하지는 못한다는 입장에 섰다. 사회 문제를 해결하는 개선책의 제시는 "경험과학의 테두리를 벗어난 영역"이라고 생각했다. 그는 자신의 학문 형성기에 한국 학계를 지배한 실증주의적 연구 경향에 대해 별다른 문제 제기를 하지 않았다. 서울대에서 석사학위를, 고려대에서 박사학위를 받고 한국의 가족제도와 농촌사회를 연구한 '토종' 사회학자 최재석은 외국 이론이나 연구방법론 수용에 대해서는 비판적인 태도를 취했다.[58] 연구 대상이 먼저 있고 그것을 제대로 연구하기 위해 적절한

---

58 이한우에 따르면 "최재석은 전형적인 '한국형' 사회학자이다. 그의 전공이 그렇고 연구방법이 그러하며 문제의식 또한 지극히 한국적이다." 이한우, 《한국의 학맥과

연구방법론을 모색하는 것이 올바른 순서임에도 불구하고 한국의 학자들은 외국에서 만들어진 이론부터 일단 수용하고 나서 그것을 한국 사회에 적용한다는 것이다. 그는 여기에서 생기는 문제점을 다음과 같이 지적했다.

물론 한국 농촌을 이해하기 위하여 미국의 커뮤니티Community 이론이나 독일의 게마인데Gemeinde 이론, 혹은 일본의 자연촌自然村 이론에 대한 이해가 필요할 것이다. 그러나 역사적·사회적 배경이 다른 한국의 농촌은 독특한 특성을 가지는 것이며 조사연구 과정에서 한두 가지의 외형적인 유사성이 관찰되었다고 하여 곧 이것을 외국의 어떤 개념과 동일한 내용을 갖는 것이라고 단정해서는 안 될 것이다. 외국에서 형성된 개념 및 이론을 통하여 시사받는 일이 많다고 하여 이것을 곧 한국 농촌에 적용해서는 곤란하다는 것이다.[59]

한국의 사회현실에 접근하지 않은 상태에서 외국 이론을 먼저 공부하고 그다음에 한국 사회를 연구하게 되면 한국의 학자로서 문제의식을 가지고 연구 대상을 결정하지 않고 외국 이론과 연구방법을 적용할

학풍》, 문예출판사, 1995, 189쪽.
59 최재석, 《한국 농촌 사회변동 연구》, 일지사, 1988, 1쪽. 최재석의 뒤를 이어 이기홍도 외국의 선진 이론을 한국 사회에 적용하여 검증하는 작업을 하다 보면 그 이론에서 배제된 한국 현실을 포착하지 못한다고 비판했다. 이기홍, 〈한국 사회과학의 논리와 과학성〉, 《사회과학연구》 제43집, 강원대학교 사회과학연구원, 2004, 54~55쪽.

수 있는 대상을 우선적으로 찾게 된다는 비판이다. 그런 문제점을 지적하면서 최재석은 "한국 사회에만 존재해 있고 미국 사회에는 존재하지 않는 대상에 대한 연구방법을 우리들 스스로 개발해야 할 것"이라고 주장했다.[60] 그렇게 해야 한국 사회학계가 고유의 학문적 전통을 쌓을 수 있고 세계 사회학계에도 공헌할 수 있다고 생각했다. 최재석은 서구 사회학 이론을 피상적으로 연구하는 한국 사회학자들의 풍토를 비판하면서 외국의 사회학 이론에 대한 좀 더 철저한 연구를 주문하기도 했다.

이론의 연구는 후진국에 있어서는 아무래도 선진이론의 체계적, 비판적, 집중적 소개를 뜻한다. 이 과정을 겪고 난 연후에야 한국 사회학의 기반이 형성되는 것이다. 외국 이론의 체계적인 소개나 이해라 하는 것은 단편적이고 피상적인 연구나 구두 발표에 그쳐서는 아니 된다는 것을 의미한다. 일생 동안 그 분야에 집중적으로 연구하여 그 결과가 연구 업적으로 출간되어야 하는 것을 뜻한다.[61]

최재석은 서구 사회학 이론 연구 주제를 첫째, 마르크스·베버·뒤르켐 등 서구의 개인 이론가에 대한 연구, 둘째, 프랑크푸르트학파·시카고학파 등 서구의 특정 학파에 대한 연구, 셋째, 19세기 후반 프랑스 사

---

60 최재석,《역경의 행운》, 2011, 156·160쪽.
61 최재석, 〈1960년, 70년대의 한국 사회학 연구 태도의 반성—1980년대 한국 사회학의 발전을 위하여〉(1979),《한국 초기 사회학과 가족의 연구》, 일지사, 2002, 145쪽.

회학 연구나 20세기 초반 독일 사회학 연구나 1950년대 미국 사회학 연구 등 특정 시대·국가별 연구로 나누고 난 다음 서구 사회학 이론에 관심이 있는 한국의 사회학자라면 그 세 가지 주제 가운데 하나를 선택하고 오랜 시간 연구에 천착한 후 깊이 있는 연구물을 내놓을 것을 주문했다.[62]

1. 인류학적 현장 조사

최재석은 일찍부터 학문 사이를 가르는 불필요한 칸막이를 무시했다. 그는 사회학과 역사학, 사회학과 인류학의 경계를 자유롭게 넘나들며 연구했다. 그래서 그의 연구 성과는 사회학자, 역사학자, 인류학자들로부터 비판을 받기도 하고 때로 무시당하기도 했다. 그러나 최재석은 이

---

62 그로부터 30년 가까이 흐른 2007년 막스 베버와 게오르그 짐멜을 깊이 있게 연구한 김덕영은 이렇게 썼다. "일시적인 호기심과 지적 유희 및 유행으로 남의 이론을 바라보거나 무조건적으로 이를 배척하는 사람은 언제나 남을 따라다닐 수밖에 없다. 남을 제대로 알아야 남의 지배로부터 벗어날 수 있다. 내가 독일에서 공부하고 연구하며 가르치면서 대학교수 자격까지 획득하게 된 가장 커다란 동기 가운데 하나는 모든 서구 사회학 이론을 무차별적으로 수입하면서 이를 철저히 소화하고 실제 연구에 생산적으로 적용하지 못하는 한국 사회학에 대한 근본적인 불만에서 찾을 수 있다." 김덕영, 《게오르그 짐멜의 모더니티 풍경 11가지》, 길, 2007, 20~21쪽.

에 굴하지 않고 비판에는 응답으로, 무시에는 무시로 답하면서 자신이 설정한 학문의 길을 계속 걸어나갔다.

최재석의 지속적 연구 작업은 그의 학문적 자존심의 문제이면서 동료 학자들과의 토론을 통해 학문의 발전을 모색하는 활동이기도 했다.[63] 최재석이 인류학자 이광규의 글을 비판하면서 "본인은 사회학을 전공하면서 동시에 인류학에도 관심이 있다"고 밝혔듯이 그는 인류학자들이 주로 사용하는 현지 연구방법을 즐겨 사용했다.[64] 영국의 인류학자 존 비티John Beattie의 *Other Cultures: Aims, Methods and Achievements in Social Anthropology*(1968)를 《사회인류학》(일지사, 1978)이라는 제목으로 번역 출간하기도 했다.

최재석은 1950년대 중반 대학원생 시절 한국 사회에 대한 현장 연구로 석사학위논문을 썼다. 당시 대학원생들 사이에는 서구 이론 연구가

---

63 인류학자 이광규와 역사학자 김현구, 이병도, 이기백, 이기동, 이종욱, 노태돈 등이 최재석을 비판하거나 아무 대꾸도 하지 않고 무시한 학자들이다. 그러나 최재석의 연구논문들에 나타나는 일관된 논리 전개와 자료 해석은 비판자들이 최재석의 주장을 일방적으로 무시하기 어렵다는 생각을 갖게 한다.

64 최재석, 《한국의 사회와 가족》, 경인문화사, 2009, 311쪽. 최재석이 현장 연구를 실시할 때 한국 농촌사회는 교통이 불편하고 숙식이 어려웠다. 최재석은 "먼 거리를 도보로 이동하고 허름한 여인숙이나 민가의 쪽방에서 기숙"하며 연구를 계속했다. 음식을 가려먹어야 하는 특이 체질 때문에 어려움이 많았다. "현지조사를 다녀온 후 고열과 신경통으로 장기간 입원하기도 하고 한동안 미각과 후각을 상실하기도 하였다." 이창기, 〈최재석 교수의 농촌사회 연구방법〉, 한국 농촌사회학회 발표논문, 2018년 5월 12일, 5쪽.

유행이었다.[65] 그래서 최재석도 한때 퇴니에스의 《공동사회와 이익사회 *Gemeinschaft und Gesellschaft*》를 중심으로 이론 논문을 쓸 생각을 했다. 그러다가 그는 한국에서 사회학 이론 연구는 "결국 서구 사회학자의 논저를 소개하는 것에 불과하다"는 생각이 들었고 그보다는 한국 사회의 현장을 직접 연구해야겠다는 생각이 들었다. 그래서 지도교수였던 이상백의 권유를 받아들여 1955년 계룡산 부근 신도안에서 종교집단에 대한 현지조사를 해서 석사학위 논문을 썼다.[66] 최재석은 이후에도 계속해서 현장 연구에 관심을 기울였다.[67] 그는 현장 연구에 관심을 가지고 연구하면서 뛰어난 제자들을 양성하기도 했다. 인류학자 이문웅은 최재석이 중동고등학교 교사시절부터 가르친 제자이고 전경수는 최재석이 서울대학교 인류학과에 출강하면서 가르친 제자 가운데 한 사람이다.

---

65 이론 연구의 보기를 들자면 서울대학교 사회학과 1호 석사학위 논문인 전명제, 〈Durkheim 사회학의 방법론 비판〉(1950), 2호 논문인 황성모, 〈Ruth Benedict論〉(1955)을 비롯하여 고영복, 〈Durkheim 社會學方法論―社會的 事實의 量化問題〉(1956), 장기선, 〈R. M. MacIver의 多元論的 國家觀에 관한 小考〉(1956) 등이 있다. 최재석, 〈해방 30년의 사회학〉, 《한국사회학》 10집, 1976, 13쪽의 표-1.

66 앞서 밝혔지만 이 석사학위 논문은 1959년 〈신앙촌락의 연구〉라는 제목으로 고려대학교 아세아문제연구소에서 펴내는 《아세아연구》 2권 1호에 발표되었다. 1946년에 서울대학교에 사회학과가 만들어진 이후 사회학과 안에는 인류학적 현장조사에 관심을 갖는 줄기가 형성되었다. 이상백과 이해영은 한국전쟁 이전에 이미 한국의 도서지역을 다니며 현장조사를 실시한 바 있다. 사회학과 출신으로 현장 연구에 관심을 기울인 한상복이 서울대 문화인류학과 첫 교수로 부임했다.

67 최재석은 피에르 부르디외와 마찬가지로 인류학과 사회학 사이를 오갔다. 두 학문 사이의 관계에 대한 최재석의 글 〈사회학과 인류학〉이 그의 저서 《한국 고대사회사 방법론》, 일지사, 1987에 실려 있다.

최재석의 농촌사회 연구는 사회인류학적인 현장 연구에 기반해 있다. 그는 "한국의 농촌사회를 연구함에 있어 전국적인 통계나 조사를 통한 일반화의 방법과 한 자연부락을 대상으로 하여 집중적으로 연구하는 심층적 분석의 두 가지 방법이 모두 타당성을 인정받고 있다"면서 자신은 "지방사의 사료가 부족한 오늘날의 현실을 감안하여 후일 연구를 위한 자료를 보존"하기 위해 자연부락에 대한 현장 연구방법을 선택했다고 밝혔다.[68] 그는 한국 농촌사회 연구를 위해 사회적 규범을 공유하고, 협동이 이루어지고, 성원의식을 가지고 있으며, 공동의 신앙을 가지고 있는 자족적이고 독립적인 '자연부락'을 농촌연구의 기본 대상으로 설정했다.[69] 그의 현장 연구는 문헌 연구, 참여관찰, 면접, 사례 연구를 통해 이루어졌다.[70] 그는 외국 학계에서 빌려온 개념과 이론에 쉽게 휘둘리지 않고 한국의 가족과 농촌사회에 대한 실증적 자료를 수집하고 해석하는 일에 몰두했다. 그의 이런 입장을 다음과 같은 의견 표명에서 엿볼 수 있다.

외국의 역사적·사회적 현상에서 연유한 용어를 한국 사회에 억지로 끼워 맞추려 한 자가 (한국의 자료를 바탕으로 연구하는) 남을 비판한다면 학문의 발전은 더욱 저해될 것이다.[71]

---

68 최재석, 《한국 농촌사회 변동 연구》, 일지사, 1988, 1쪽.
69 최재석의 '자연부락' 개념에 대해서는 최재석, 《한국 농촌사회 변동 연구》, 일지사, 1988, 18~23쪽을 볼 것.
70 최재석이 자연부락 현장 연구에서 활용한 '농촌사회변동 조사항목'은 《한국 농촌사회 변동 연구》, 577~591쪽에 제시되어 있다.
71 최재석, 《한국의 사회와 가족》, 경인문화사, 2009, 268쪽.

외국의 역사적·사회적 현실에서 연유한 용어를 충분한 검토 없이 한국
상황에 적용하는 것은 혼선을 야기할 가능성이 크고 올바른 이해에 도
달할 수도 없을 것이다.[72]

한국 사회를 제대로 이해하기 위한 노력 가운데 하나의 보기로 그가
한국인의 언어 생활에 주의를 기울인 점을 들 수 있다.[73] 그는 일찍이 한
국인의 사회적 성격을 연구하면서 "주로 한국인의 일상생활에서 사용
하는 언어와 일상의 생활태도와 생활양식을 분석"했다.[74] 보기를 들자면

---

72 최재석, 《한국의 사회와 가족》, 311~312쪽.

73 최재석은 1957년 10월 20일 한국사회학회 제1회 연구발표회에서 〈언어생활에서 본
한국인의 사회적 성격의 일 면〉을 발표했다. 《한국사회학》 창간호, 1964, 129쪽. 이
발표문을 요약한 최재석, 〈언어생활을 통해 본 한국인〉, 《사상계》 7권 2호, 1958년 2
월, 262~273쪽을 볼 것. 이 발표문은 《한국사회학》에 투고되었으나 분량이 많다는
이유로 실리지 못했는데, 수정·확장된 원고가 1965년 민조사에서 《한국인의 사회적
성격》으로 출간되어 빛을 보았다. 이 책은 1976년 개문사에서 일부 수정 보완되어 여
러 차례 간행되었다가 1994년 한자를 모두 한글로 바꾸어 현암사에서 재출간되었다.
이 책은 일본어로 번역 출간되기도 했다. 伊藤亞人 譯, 《韓國人の 社會的 性格》, 學生社,
1977.

74 최재석, 《한국인의 사회적 성격》, 개문사, 1979, 201쪽. 이러한 접근을 발전시키면
언어사회학적 접근이 될 것이다. 언어사회학을 전공한 이병혁이 남북 언어 이질화
문제를 언어사회학적으로 다루는 성과를 냈지만 최재석을 이어 한국 사회의 존비
어를 비롯한 일상언어에 대한 체계적 연구를 통해 사회관계 연구로 나아가지 못한
것은 유감이다. 이병혁, 《한국 사회와 언어사회학》, 나남, 1993 참조. 프랑스의 사
회학자 부르디외의 사회적 관계에 대한 언어사회학적 접근으로 피에르 부르디외,
김현경 옮김, 《언어와 상징권력》, 나남, 2014 참조.

상하서열 의식의 언어적 표현으로 윗사람만 쓰는 말과 아랫사람만 쓴 말을 예리하게 구분해냈다. 윗사람의 전용어로는 "버르장머리 없다", "머리에 피도 마르지 않은 자가 ……", "당돌하다", "여봐라!", "까분다" 등의 표현과 "에끼 이놈!", "네 이놈!", "네 이 녀석!" 등의 호통이 있다. 아랫사람만 쓰는 표현으로는 "모시다", "받들다", "섬기다", "시중들다", "몸과 마음을 바치다", "은혜를 갚다", "외람된 말입니다", "뵈옵고 여쭈다" 등이 있다.[75] 최재석은 농촌사회의 반상관계의 변화를 연구하면서도 호칭을 비롯한 언어 생활에 주의를 기울였다. 언어를 통한 한국 사회 이해는 한국의 고유한 문화적·역사적 문맥에 대한 고려를 요구하는 작업이었다. 성별, 연령, 결혼 여부, 친가·외가 등에 따라 호칭이 달라지는 한국의 친족용어 연구는 그러한 연구의 보기가 될 것이다.[76]

2. 사회사적 접근

앞서 말했지만 최재석은 이상백에게서 사회사적 접근의 중요성을 배

---

75 최재석, 《한국인의 사회적 성격》, 현암사, 1994, 87~88쪽.
76 최재석에 따르면 이와 같은 "한국의 친족용어는 한국 사회의 친족의 구조적 성격을 잘 반영하고 있다. 최재석, 《한국의 친족용어》, 민음사, 1988, 10쪽. 호칭과 경어를 비롯한 언어 생활을 중심으로 한국 문화를 분석한 왕한석 등 공저, 《한국사회와 호칭어》, 역락, 2005; 왕한석 편저, 《한국어와 한국사회》, 교문사, 2008; 왕한석 편저, 《한국어, 한국 문화, 한국사회》, 교문사, 2010 참조.

웠고 김두헌으로부터 한국 가족 연구의 기본을 배웠다. 권태환은 2000년 "누구나 우리 사회를 가족주의적인 사회라고 하지만, 우리 가족사에 깊은 관심을 가진 사람은 드물다. 우리 사회 변화의 모습을 가족사의 재구성을 통해 살피려 한다면 유치한 것일까? 가족 연구에서 우리의 체취가 물씬 풍겨 나오기를 바라는 마음이 비과학적인 태도일까?"라고 물었다.[77] 그런 기대에 오래전부터 부응한 사람이 최재석이다.

최재석은 1960년대 한국 사회학자들 사이에 유행하던 조사 연구의 공시적인 접근방법에 점차 한계를 느껴 사회구조의 근원을 역사적으로 거슬러 올라가는 통시적인 접근방법을 취하게 되었다. 현재의 사회를 이해하기 위해 시대를 거슬러 올라가는 장기長期 사회사적인 접근방법을 취하면서 그의 시야는 이전보다 훨씬 더 넓어졌다. 그의 연구는 현대의 가족과 농촌 연구에서 출발했지만 이후 식민지 시대, 조선 시대, 고려 시대, 삼국 시대를 거슬러 올라가게 된다. 그 과정에서 사회사 분야에 속하는 수많은 연구논문을 출간했다. 그는 "한국의 사회사 특히 사료가 매우 빈곤한 고대·중세의 사회사(친족·가족·혼인사) 연구에 적합한 하나의 방법은 주제를 역사적 맥락과 사회적 맥락에서 보는 것"이라면서 가족을 중심으로 하는 사회사 연구에 몰두했다.

그러다가 학자 생활 후기로 가면서 고대 한일관계사에 관심을 갖게 되었다. 1980년대 초반 그의 나이 50대 후반의 일이었다. 이후 최재석은 사회학자라기보다는 역사학자에 가깝게 한일 양국의 사료를 바탕으

---

77 권태환, 〈내가 걸어온 길, 우리가 걸어갈 길〉, 《한국사회학》 34권 1호, 2000, 5쪽.

로 한일관계사 연구에 빠져들었다.[78] 그의 후기, 특히 은퇴 이후의 연구 작업은 고대 한일관계사에 집중되었다.

---

78 이문웅, 〈헌정사〉, 최재석 교수 정년퇴임기념논총 간행위원회 편,《한국의 사회와 역사》, 일지사, 1991, 3쪽.

4.

최재석의
학문적 업적

최재석은 학자로서 풍부한 연구업적을 남겼다. 1959년 33세에 첫 연구논문을 발표한 후 2016년 90세의 나이로 세상을 떠날 때까지 총 326편의 연구논문을 발표했다. 이미 발표한 연구논문을 편집하고 때로 새로 쓴 논문을 추가하여 발간한 저서는 총 25권에 이른다. 그 가운데 한국 사회사 분야가 13권이고 한일관계사 분야가 12권이다. 두 권의 영문 저서도 있다.

그는 평생 한국 사회를 연구한 한국의 사회학자이다. 1966년 하버드 옌칭연구소 방문교수 시절 그곳 도서관에서 중국과 일본 사회에 대한 영문 저서는 풍부한 반면 한국 사회에 대한 연구는 빈약한 것을 보면서 한평생 한국 사회에 대한 연구에 매진하기로 결심했다.[79] 50여 년의

---

79 최재석, 《역경의 행운》, 2015, 276쪽.

학문 생활에서 이루어진 그의 연구 결과는 "한국학 연구의 지평을 넓히고 다지는 데에 기념비적인 공헌"을 했다.[80] 이문웅의 증언에 따르면 최재석은 홀로 연구에 몰두했지만 "일단 자신이 도달한 결론을 다른 사람에게 알리기 위해서는 흥분에 가까울 정도로 열의를 보였다."[81] 그는 정년퇴직 이후에도 저서 출판에 진력하여 2009년에는 그동안 썼던 논문들을 주제별로 편집하여《한국의 가족과 사회》,《한국 사회사의 탐구》를 출간했고, 세상을 떠나기 1년 전인 2015년에도《삼국사기 불신론 비판》과 회고록《역경의 행운》개정판을 출간했다. 최재석이 자신의 연구 결과를 출간하는 과정에서 일지사의 기여를 간과할 수 없다. 최재석이 출간한 25권의 연구서 가운데《한국 농촌사회 연구》(1975),《한국 가족제도사 연구》(1983),《한국 농촌사회 변동 연구》(1988)등 무려 16권이 일지사에서 출간되었으며 그가 쓴 326편의 논문 가운데 60여 편이 일지사에서 펴낸 학술지《韓國學報》에 실렸기 때문이다.[82]

아래에서는 그의 학문적 업적을 분야별로 나누어 정리해본다. 최재석의 정년퇴임 기념논문집은 관심 분야에 따라, 가족, 농촌, 한국 사회

80　이문웅, 〈헌정사〉, 4쪽.
81　이문웅, 〈헌정사〉, 4쪽. 최재석은 여의치 않을 경우 출판사에 출판비를 보조하여 자신의 저서를 출간하기도 했다.《정창원 소장품과 통일신라》, 일지사, 1996과 영문 저서, *Ancient Korea-Japan Relations and the Nihonshoki*(Oxford: The Bardwell Press, 2011)가 그런 경우이다.
82　일지사 다음으로는 경인문화사에서 5권, 집문당과 만권당에서 각각 2권이 나왔다. 최재석의 저서와 연구논문 총목록은 최재석,《역경의 행운》, 2015, 316~335쪽을 볼 것.

사, 한일관계사 네 부분으로 이루어져 있다.[83] 한국 사회학의 역사를 다루는 이 책에서는 그런 분류를 존중하면서도 그의 연구업적을 조금 다르게 소개하려 한다. 먼저 그의 가족사회학 연구를 정리한 후 가족주의 비판과 합리적 개인주의를 비중 있게 소개할 것이다. 이 연구의 중요성이 아직까지 충분하게 부각되지 않았기 때문이다. 그런 다음 그의 농촌사회학 연구와 한일관계사 연구를 정리할 것이다. 이 책이 한국 사회학의 역사를 다루고 있는 만큼 최재석의 한국 사회학사 연구를 따로 떼어내서 소개하는 것으로 그의 학문적 업적 정리를 마무리할 것이다.

1. 가족사회학 연구

최재석은 "한국 사회의 사회학적 이해에는 한국의 가족과 농촌사회가 가장 기본적이고 주요한 연구 대상의 하나"라는 생각에 오랜 세월 그 두 가지 대상에 대한 연구에 전심했다.[84] 그 둘 가운데서도 가족사회학이야말로 최재석 사회학의 본령이라고 말할 수 있다. 최재석은 가족사 연구와 더불어 1950년대 말부터 한국 가족에 대한 체계적 연구를 진행하여 1966년 《한국 가족 연구》를 출간했다.[85] 이 책에서 그는 부자관계

---

83 최재석 교수 정년퇴임기념논총 간행위원회 편, 《한국의 사회와 역사》, 일지사, 1991.

84 최재석, 《한국 농촌사회 연구》, 일지사, 1975, 1쪽.

85 최재석, 《한국 가족 연구》, 민중서관, 1966. 이 책은 1970년에 2쇄, 1982년에 개정

와 효에 대해 논의했고 '집家' 위주의 사상과 그것의 사회로의 확대 과정, 현대사회에 잔존하는 전근대적 가족의식, 해방 후 교과서와 친족법에 나타나는 가치의식, 집으로부터 개인의 분화, 한중일 삼국의 가족 비교 등의 주제를 다루었다.

이후 최재석은 육지와 구별되는 가족 형태를 보이는 제주도의 가족을 연구했다. 1975년부터 1978년 사이에 남제주군 성산면 삼달리를 대상으로 현지조사를 실시하여 1979년《제주도의 친족조직》을 출간했다.[86] 이 책에서 최재석은 장남의 지위, 사후혼, 첩제도, 해녀 가족의 권력관계 등을 주제로 육지와 다른 제주도의 친족조직을 상세하게 연구했다.

최재석의 가족사회학은 역사적·사회인류학적 연구에 머무르지 않고 가족 문제의 현실을 살피기도 했다. 가출, 청소년 비행, 미혼모, 성매매 여성, 이혼, 가족 해체 등의 문제를 구체적으로 다루었다. 1982년에 출간한《현대 가족의 연구》에는 1960년대 이후 가족구조의 변화에 따른 가족 문제 전반을 다룬 연구논문들이 실려 있다. 이 책에서 최재석은 한국 가족은 많은 변화를 겪고 있지만 "아직도 전통적인 가족의식과 가족 유대가 강하게 남아 있어 …… 가까운 장래에 핵가족 문화형의 정립은 어려울 것으로 보인다"고 전망했다.[87]

최재석은 한국 가족의 현재를 분석해서 미래를 전망하는 연구에 만족

판이 나왔다.

86 신행철의 조사에 따르면 최재석의《제주도의 친족조직》은 한국 사회학자가 쓴 제주 관계 저술로 최초의 것이다. 신행철,《제주 사회와 제주인》, 제주대학교출판부, 2004, 507쪽.

87 최재석,《현대 가족의 연구》, 일지사, 1982, 228쪽.

하지 않고 한국 가족제도의 기원을 찾아 들어가는 사회사적 연구를 병행했다. 1960년대의 연구를 통해 현대 한국 가족에 대한 "윤곽이 어느정도 잡혔다고 생각되자 (그의) 지적 욕구는 자연히 과거로 거슬러 올라가게 되었다."[88] 그의 연구는 현대에서 조선 시대를 지나고 고려 시대를 거쳐 신라 시대의 가족 및 친족제도까지 거슬러 올라갔다. 고대사회부터 조선 시대까지 한국의 가족제도를 연구한 김두헌의 선행 연구가 그의 연구의 출발점이 되었고 1970년에 발표한 논문 〈한국 가족제도사〉에서 앞으로 이어질 연구의 큰 그림을 보여주었다.[89] 이후 지속적인 연구를 통해 앞의 논문에서 주장한 바를 대폭 수정하면서 고대에서 조선시대에 이르는 가족제도의 변동을 전체적으로 아우르는 대작을 완성했다.[90] 1983년에 발표한 《한국 가족제도사 연구》가 그 결과물이다.

《한국 가족제도사 연구》는 최재석이 1966년 이후 1983년까지 17년동안 발표한 23편의 논문을 784쪽의 분량으로 집대성한 그의 대표작이다. 이 저서에서 최재석은 적장자로 이어지는 한국의 부계 중심 가족제도가 정착되는 역사적 과정을 집요하게 파고들었다. 최재석은 신라 시대의 왕위계승 문제, 조선 시대의 유교와 관련된 가족제도의 변화, 집단

---

88 최재석, 《한국 가족제도사 연구》, 일지사, 1983, 1쪽.

89 최재석, 〈한국 가족제도사〉, 《한국문화사 대계》 IV권, 고려대학교 민족문화연구소, 1970, 423~530쪽.

90 경북대학교 사학과 교수 권연웅은 최재석의 한국 가족 연구가 "해방 직후에 김두헌이 간행한 《조선 가족제도의 연구》의 수준을 크게 넘지 못했다"고 혹평했으나 최재석은 자신의 연구가 김두헌의 연구를 계승하여 심화·확대·발전시킨 것으로 자평했다. 최재석, 《역경의 행운》, 2015, 154쪽.

내지 조직으로서의 부계 친족집단(문중)의 형성 시기, 장기간에 걸친 상속제도의 변화를 종합적으로 연구하여 다음과 같은 결론에 도달했다.

한국의 가족·친족은 전 시대全時代를 통해서 보면 신라 시대의 부계적 요소와 비부계적 요소, 비단계적非單系的 요소의 공존에서 시대의 경과와 더불어 점차 비부계적(비단계적) 요소는 약화되고 반대로 부계적 요소는 점차로 강화되어 조선 후기에 이르러서는 거의 부계적 색채만을 띠게 된다.[91]

최재석은 이 책에서 조선 중기에 이르러 한국의 가족과 친족제도가 부계제로 구조화되었다는 사실을 밝혔다. 먼저 조선 중기 이전에는 남녀차별 없이 자녀 균분상속을 하다가 이후 장남 우대 상속제도가 성립되었음을 확인했다. 그리고 나서 사위가 결혼 이후 처가에 머무르는 서류부가婿留婦家의 전통이 조선 전기까지도 계속되었는데, 이 전통이 언제 시작되어 언제까지 지속되는가를 추적했다. 연구 결과 고려 시대에는 조선 시대와 달리 서류부가의 전통이 일반화되어 있었음을 확인했다. 고려 시대는 물론 조선 전기에도 재산 상속에서 사위와 외손이 아들, 친손과 똑같이 대우받았다.[92] 친손 장남 위주의 가부장제가 형성되는 것은 조선 중기 이후로 이때부터 아들과 딸, 장남과 차남 사이에 상속 차별이 나타나기 시작했다. 장남은 집안의 제사를 이어받으면서 재산 상속

---

91 최재석, 《한국 가족제도사 연구》, 일지사, 1983, 7쪽.
92 2002년 고교 국사 교과서에는 최재석의 연구 성과를 반영하여 조선 중기까지는 자녀 균분상속이 이루어졌다는 내용이 반영되었다. 최재석, 《역경의 행운》, 2015, 43쪽.

에서도 우대를 받으며 집안의 대를 이어가는 역할을 맡게 되었다.

이런 현상을 자료를 통해 명확하게 입증하기 위해 최재석은 문화 류씨 족보의 변화를 살폈다.[93] 그가 어렵게 찾아낸 1562년에서 1689년 사이에 발간된 문화 류씨 족보는 일단 분량이 10권에서 5권으로 줄어들어 있었다. 조선 시대 초기에는 딸과 외손도 족보에 기록되었으나 중기 이후 점차 아들과 친손만 기록되는 방식으로 바뀌었기 때문이다. 아들이 없을 경우 대를 잇기 위해 다른 집 아들을 입양하는 관행도 1500년 전후로 시작되어 1600년대 즈음에 일반화되었다. 대를 잇는 일이 그만큼 중요하게 인식된 것이다.

17세기 중엽에 이르면 그와 같은 유교의 종법사상이 일반 민중의 가족 생활까지 지배하게 된다. 최재석은 한국 전통 가족에 대한 역사적 연구를 통해 "우리가 지금 전통적인 한국 가족의 특성이라고 생각하는 것은 모두 17세기를 기점으로 하여 형성되어 산업화 이전까지 지속한 것을 의미한다"는 결론에 이르렀다.[94] 가족사회학자 함인희의 평가에 따르면 "최재석의 전통사회의 친족 및 동족집단에 관한 연구는 한국 가족의 역사적 특수성 및 한국 사회를 조직하는 구성원리의 뿌리를 규명

---

93 최재석은 한국 가족제도의 다양한 면모를 연구하기 위해 일찍부터 족보, 분재기, 묘비명 등 다양한 자료를 사용했다. 그는 현장을 다니면서 어렵게 자료를 수집해서 논문을 쓰는 자신의 연구 작업을 "길에 떨어진 참깨 주워 모아 참기름을 짜는 일"에 비유하기도 했다. 그는 어렵사리 수집한 100통 가까이 되는 분재기를 사용해 조선 시대 상속에 관해 쓴 논문에 가장 많은 정이 간다는 소회를 밝히기도 했다. 최재석, 《역경의 행운》, 2015, 42쪽.
94 최재석, 《역경의 행운》, 2015, 24쪽.

하는 데 있어 중요한 함의를 지닌다."[95] "최재석 교수는 1960년대부터 1980년대 초반에 이르기까지 왕성한 활동을 통해 …… 역사학자들이 독점해온 다양한 사료 분석을 통해 조선 시대 중기 이후 상속제도, 양자제도 및 혼인제도 등에서 부계 혈연 중심 가족의 원리가 그 이전 시대에 비해 더욱 강화되어왔음을 체계적으로 논증하고 있다. 아쉬운 점은 최 교수의 연구 이후 이를 반증하거나 확대 발전시키는 논의가 더이상 진전되지 않고 있다는 점이다."[96]

2. 가족주의 비판

최재석의 가족사회학은 한국 가족의 역사적·문화적 특수성을 밝히면서 "한국 사회를 조직화하는 구성원리의 뿌리를 규명"하는 작업이기도 했다.[97] 그는 한국의 가족을 연구하면서 '가족주의'를 학문적 비판의 대상으로 삼았다. 일찍이 1964년에 발표한 글에서 최재석은 다음과 같은 비판적 문제의식을 밝혔다.

---

95 함인희, 〈가족사회학 연구─쟁점의 희소화 영역의 주변화〉, 이화여자대학교 한국문화연구원 편, 《사회학 연구 50년》, 혜안, 2004, 37쪽.

96 함인희, 〈가족사회학 연구 60년: 연구 주제 영역의 변화와 이론적 패러다임의 교차〉, 대한민국학술원, 《한국의 학술연구: 정치학·사회학》, 대한민국학술원, 2008, 507쪽.

97 함인희, 〈가족사회학 연구─쟁점의 희소화, 영역의 주변화〉, 이화여자대학교 한국문화연구원 편, 《사회학 연구 50년》, 혜안, 2004, 322쪽.

가장 근대화하였다는 한국인의 생활태도를 보아도 대개는 관념적인 면과 구체적인 행동 양식의 사이에는 크나큰 불균형이 존재하고 있다. 여기서 우리가 극복할 점은 낡은 결혼제도나 가족제도에 대하여는 어느 정도 전면 공격을 가하면서도 이와 같은 제도의 기반이 되는 효라든가 가부장에 대한 가족원의 예속성에 대하여는 항의는 물론 하등의 불만 표시도 없다는 점이다.[98]

조선 시대 이후 한국인은 "가족을 준거로 한 가치관에 따라 인간 존재의 의미와 사회질서를 이해하며 그 이해를 바탕으로 바람직한 행동 규범 및 삶의 지향점을 모색"해왔다.[99] 그런 가족 중심의 세계관을 '가족주의'라고 부를 수 있다. 가족주의는 가족을 사회의 가장 기초적이고 제일 중요한 구성단위로 보면서 가족 구성원을 개인으로 인정하지 않고 언제나 가족의 구성원으로서만 존재하게 만든다. 뿐만 아니라 가족주의는 가족 내의 불평등한 인간관계를 일반적 사회조직의 원리로 이어지게 한다. 가부장 중심의 가족으로부터 미분화된 인간들이 이루는 상하 수직의 인간관계와 자기 가족의 이익만을 배타적으로 추구하는 행위 양식은 가족의 울타리를 넘어서 다른 사회조직에도 유사한 방식으로 작동한다. 최재석은 '효'라는 가치를 핵심으로 하는 가족주의

---

98 최재석, 〈한국 가족의 근대화 과정〉, 이상백 박사 회갑기념논총 편집위원회, 《이상백 박사 회갑기념논총》, 을유문화사, 1964, 166쪽.

99 함인희, 〈가족사회학 연구─쟁점의 희소화, 영역의 주변화〉, 이화여자대학교 한국문화연구원 편, 《사회학 연구 50년》, 혜안, 2004, 314쪽.

는 서열의식, 감투 지향의식, 친소 구분의식, 공동체로부터 개인의 미분화라는 한국인의 사회적 성격의 근간을 이루고 있다고 진단했다.[100]

최재석의 가족주의 비판은 1980년대 박영신의 일련의 작업을 거쳐 2000년대 정수복에 의해 계승되었다.[101] 심리학자 문은희가 만들어낸 '포함의 논리'도 최재석이 말한 가족주의와 연관되는 개념이다.[102] 한국 경제사를 연구하는 이영훈도 최재석의 한국 가족주의 비판을 다음과 같이 평가했다.

> 1965년 사회학자 최재석은 지금도 읽을 가치가 충분한 《한국인의 사회적 성격》이란 고전을 출간하였다. 이 책에서 그는 한국인의 사회적 행동을 설명하는 기본 원리를 가족주의에서 찾았다. 사회는 가족의 확장 형태였다. 가족생활에서와 마찬가지로 사람들은 예민하게 상호 간의 서열을 의식하면서 높은 지위의 감투를 추구하였다. 가족의 경계가 명확하듯이 사람들은 그의 사회생활에서 친밀한 집단과 소원한 집단을 잘도 구분하였다. 친밀한 집단을 대표하는 것은 동족, 동향, 동창이었다. 가족

---

100 최재석, 《한국인의 사회적 성격》, 개문사, 1979, 23쪽. 최재석은 이 책의 중요성에도 불구하고 자신의 주요 저작으로 꼽기를 주저했는데, 이 책이 엄밀한 학술논문의 형식을 취하지 않았기 때문이었다고 한다. 그러나 그의 제자 김흥주는 이 책을 최재석의 대표작 중 하나로 평가하면서 최재석이 이 주제를 더욱 발전시키지 못한 것을 아쉽게 생각했다. 김흥주, 〈2019년 2월 8일, 서울시청 시민청 대담자료〉.

101 박영신, 《우리 사회의 성찰적 인식》, 현상과인식, 1995; 정수복, 《한국인의 문화적 문법》, 생각의나무, 2007.

102 문은희, 《한국 여성의 심리구조》, 도서출판 니, 2011.

주의 사회에서 자립적 개인이란 범주는 결여되었다. 인간들은 개체로서 독립하기 이전에 그를 보호하고 이끌어줄 집단을 지향하였다. 이는 사회생활의 곳곳에서 공과 사의 혼동, 이성과 감성의 혼동, 그에 따른 분쟁을 일상화하였다.[103]

1965년에 출간된 최재석의 《한국인의 사회적 성격》의 초고는 원래는 1957년 10월에 열린 한국사회학회 제1회 연구발표회에서 발표되었다.[104] 최재석은 《한국인의 사회적 성격》을 발간하면서 '사회학'이라는 학문에 대한 자신의 생각을 다음과 같이 밝혔다.

과거 한국에서는 흔히 사회학은 사회주의나 공산주의를 연구하는 위험한 학문으로나 혹은 공리공론을 일삼지 않으면 통계숫자만을 나열하는 일종의 통계학으로 관념하여 왔던 것이다. 이 편견 내지 오류의 책임은 그 대부분이 他에 있다 하더라도 그 일부분이 한국의 사회학자 자신에 있다는 것도 부인할 수 없을 것이다. 필자는 이와 같은 관점에 서서 누구라도 수긍할 수 있을 정도로 한국의 사회학이 한국 사회에 공헌할 수 있다는 하나의 구체적인 실증을 제시하려고 생각하였던 것이다. 이 논고는 이와 같은 의도에서 시작한 하나의 시도인 것이다.[105]

---

103 이영훈, 《한국경제사 2: 근대의 이식과 전통의 탈바꿈》, 일조각, 2016, 477쪽.
104 최재석, 《한국인의 사회적 성격》, 개문사, 1979, 10쪽.
105 최재석, 《한국인의 사회적 성격》, 9쪽.

분명하게 밝히지 않았으나 가족주의에 대한 최재석의 문제의식은 이상백에게서 비롯한 것으로 보인다. 이상백은 1937년 일본사회학회에서 중국의 효에 대한 논문을 발표한 적이 있는데, 일제 말기였던 1943년에 《춘추春秋》라는 잡지에 그 내용을 간략하게 요약한 글을 발표한 바 있다. 이 글에는 다음과 같은 구절이 나온다.

현재 우리가 보통 말하는 소위 지나 사상의 주류인 유교에 있어서, 충효지도忠孝之道라는 것은 그 실천도덕의 대부분이라고 하기보담 거의 전부라 해도 좋을 만큼 중요한 것이다. 더욱이 충효 중에서도 효도는 충보다 그 기원이 오래고 또 더 중요시하는 것이었다. …… 곧 다시 말하면 부계적인 지나 사회의 가족도덕인 효孝를 유교가 더욱 발전시켜 가족 이외의 사회관계 내지 정치에까지 채용하려 하고 또는 이것으로 모든 인간관계에 질서를 주는 원리로까지 하고, 심지어 천지이법天地理法을 설명하려고 하게까지 되었다.[106]

이상백은 생의 마지막 시기에 한국인의 사회적 행위를 지시하는 사고방식에 관심을 두고 이 작업에 심혈을 기울였다고 하는데, 최재석은 《한국인의 사회적 성격》을 통해 한국인이라면 누구라도 당연시하는 사

---

106 이상백, 〈효도에 대하여: 지나 사상의 사회학〉, 《春秋》 4권 8호, 1943년 9월호, 100
     쪽과 106~107쪽. 《春秋》는 1940년 《동아일보》와 《조선일보》가 폐간된 이후 1941
     년에 창간된 친일 성향의 한글 잡지이다. '지나支那'는 일제강점기에 중국China을
     가리키는 말로 널리 쓰였다.

회적 행위의 규범들을 체계적으로 제시함으로써 한국인의 사회적 성찰성을 높이려고 했다.[107] 최재석은 많은 사람들이 한국인의 파벌주의를 문제로 지적하지만 "이것이 어디서 연유하는 것인지를 의식하지 못하고 있다"면서 그 뿌리를 찾아 들어간다.[108] 그는 분석을 통해 파벌주의의 연원이 "소위 미풍양속의 하나인 효도, 조상숭배, 동족조직, 보은의 가치관" 등에서 유래했음을 명확하게 보여준다.[109] 그러나 한국인은 자신들의 행위를 '미풍양속'이라고 정당화하면서 그것이 불러오는 "역기능적 측면을 있는 그대로 보려하지" 않는다. 그래서 각자 자연스럽게 연고를 찾고 파벌을 형성한다. 그러면서도 타인들의 파벌주의를 비판한다. 최재석은 다른 사람들에게 "한국인은 당파 때문에 망한다"는 말을 하는 사람은 많이 보았지만 "자기 자신이 당파를 형성하였다고 말하는 사람은 아직 보지 못했다"고 말했는데, 이것은 한국인의 자아성찰과 자기비판 능력이 그만큼 결핍되어 있음을 드러내는 것이다.[110]

효라는 가치를 근간으로 하는 부자관계를 뿌리째 비판하는 최재석

---

107 이상백, 〈한국인의 사고방식의 연구방법론〉, 《한국사회학》 2호, 1966, 9~20쪽. 강신표, 《한국문화연구》, 현암사, 1985. 강신표의 문화문법 연구도 이상백의 작업을 이어받은 것이다.

108 최재석, 《한국인의 사회적 성격》, 개문사, 1979, 157쪽.

109 최재석, 《한국인의 사회적 성격》, 156~157쪽.

110 최재석, 《한국인의 사회적 성격》, 159쪽. 한국인은 자기 자신은 버젓이 연고주의에 따라 움직이면서 다른 사람이 그런 행동을 하면 비난하는 모순적 태도를 보이고 있는데 최재석은 이런 모순적 태도의 기원을 부자관계를 중심으로 하는 가족주의에서 찾았다. 《한국인의 사회적 성격》, 170쪽.

의 가족주의 비판은 한국 사회학계에서 쉽사리 받아들여지지 않았다. 최재석은 1957년 한국사회학회를 비롯하여 몇몇 학회에서 효라는 가치를 중심으로 하는 가족주의가 일방적인 주종관계임을 비판하고 가족 구성원들이 '동일한 인격을 소유한 주체'의 위치에서 상호 존중하는 관계를 대안으로 제시했다가 커다란 저항과 비난에 직면했던 상황을 다음과 같이 증언했다.

필자는 50년대에 부자관계를 '평등한 인격에 있어서의 인간관계이어야 한다'고 발설하여 주위의 사람으로부터 입에 담지 못할 불효막심한 불경의 언사라고 비난을 받은 일이 한두 번이 아니었다. 그들은 언제나 주종관계에 가치를 가加하여 이 속에서 자라나고 교육을 받아왔기 때문에 인격의 평등이라는 사상은 이해하지 못하고 있는 듯하다. 좀 더 정확히 말한다면 부자관계는 엄격한 주종관계이지만 그들은 이 관계만은 주종관계로 의식치 않고(주종관계라는 어휘를 사용하는 것조차 혐오한다) 이것과는 관련이 없이 하나의 아름다운 이상적인 인간관계의 모델이라고 의식하고 있다. …… 그들은 자식이 아무리 나이를 먹어도 부모 앞에서는 미성년이며 독립적인 인격의 소유자라고 보지 않는 것이다.[111]

---

111 최재석, 《한국인의 사회적 성격》, 26쪽. 최재석은 가족주의를 근본적으로 비판했지만 자신 역시 한국인으로 살아가기 때문에 그 영향을 받지 않을 수 없었다. 그는 연구에 몰두하여 살아가면서 "친족의 일원으로서는 물론 가족의 일원으로서도 그 역할을 거의 하지 못했으나 또 하나의 책이 나오게 되니 죄책감의 일부는 덜어지는 느낌이다"라고 썼다. 최재석, 《한국 농촌사회 연구》, 일지사, 1975, 1쪽.

《한국인의 사회적 성격》은 한국인의 사회적 행위의 특성 가운데 계승해야 할 장점보다는 개선해야 할 문제점을 제시하고 있기 때문에 많은 사람의 비판을 받았다. 최재석은 자신의 책에 쏟아진 비판에 대해 이 책의 재판 서문에서 사회학과 인류학의 지식을 빌려 나름대로 분석한 자신의 연구를 "상식적인 수준이나 국수주의적인 감정에서 비평하면 곤란하다"면서 "진정으로 사회와 국가를 사랑하고 싶으면 추악한 면은 빨리 찾아내어 개선하도록 노력하여야 될 줄로 안다"고 답변했다.[112] 결론에서는 "자기에 대한 객관적인 비판은 발전의 기초가 될 것이다. 자학도 금물이지만 자화자찬도 좋지 않다. 둘 다 발전의 저해요소가 될지언정 발전요인은 되지 못할 것이다"라고 썼다.[113] 최재석은 이미 반세기 전에 한국인의 사회적 성격이 바람직한 방향으로 고쳐지지 않는다면 "그 역기능이 강화되어 사회통합과 민주적 사회질서 확립의 길은 더욱 멀어질 것"이라고 예견했다.[114]

1950년대 말 1960년대 초 근대화와 민주화라는 시대적 과제를 염두에 두고 쓴 이 책에서 최재석은 자신의 주장을 세 가지로 요약했다. 첫째, 상하 신분관계나 서열관계 대신 평등한 계약관계에 기초하여 사회질서를 만들어가야 한다. 둘째, 아버지, 지도자, 두목, 왕초 등 특정한 '윗사람'에 충성을 다하기보다는 모든 사람이 동의하고 공유하는 정당한 규칙을 만들고 준수해야 한다. 셋째, 가족이나 동향, 동창 등 좁은

---

112 최재석, 《한국인의 사회적 성격》, 5쪽.
113 최재석, 《한국인의 사회적 성격》, 202쪽.
114 최재석, 윗글, 170쪽.

집단의 일원으로 자기 집단의 이익을 비합리적이고 배타적으로 추구하지 않고 사회와 넓은 집단의 일원으로서 보편적 원칙에 따라 행위하도록 가정 교육과 학교 교육의 내용과 방향을 개선해야 한다.[115] 한국인의 "사회적 성격은 고정적인 것이 아니라 가정 훈련, 사회적 훈련을 통해서 변할 수 있기" 때문이다.[116] 최재석은 가정 교육에서부터 상호 존중하는 평등한 인간관계를 배워야 사회 생활에서도 상하 서열관계를 벗어나 인격적으로 상호 존중하는 사회적 관계를 만들 수 있다고 생각했다.[117] "부자관계이든 상사부하 관계이든, 이것은 하나의 사회관계이므로 사회관계의 상대방이 아랫사람이라 할지라도 윗사람이 자기의 개인적인 희로애락의 감정(특히 노여움의 감정)을 나타내어 그들 아랫사람과의 관계에 영향을 미쳐서는 안 된다"고 생각했다.[118] 최재석은 윗사람에 대한 아랫사람의 정당한 주장을 불손한 행위로 인식하는 사고방식의 뿌리는 한국인의 불합리한 부자관계에서 비롯된 것임을 다음과 같이 분석했다.

---

115 최재석, 윗글, 5~6쪽.

116 최재석, 윗글, 6쪽.

117 평등한 관계의 형성을 위해서는 존비를 가리지 않는 평등한 언어 생활이 필요하다. 우리말에서 상위자와 하위자에 대한 호칭은 발달해 있으나 평등한 관계의 호칭이 발달하지 못한 것은 종적인 상하관계를 중시하는 반면 횡적인 친화관계는 경시했기 때문이다. 최재석, 《한국인의 사회적 성격》, 82쪽. 성별과 연령, 결혼 여부, 친가·외가의 차이에 따른 한국인의 호칭에 대해서는 최재석, 《한국인의 친족용어》, 민음사, 1988도 참조.

118 최재석, 《한국인의 사회적 성격》, 124쪽.

부모가 자식을 어릴 때부터 자율적이고 독립적인 행동을 할 수 있도록 요구하지 않고 매사에 있어 부모의 지시나 명령에 의해서만 행동하도록 요구하고 또 부모의 개인적 신변의 잡일까지도 기꺼이 잘 시중들도록 엄격한 훈련을 쌓고 있으니 그들이 자라나서 어떠한 형의 인간이 되리라는 것은 설명을 요치 않는다. 이와 같이 하여 자라난 아이들은 결국 선악을 자기의 힘으로 판단하여 행동하지 못하는 인간이 되고 마는 것이다. 그들은 항상 부모의 말을 거역하지 않고 그 뜻을 받들어야 하므로 행동의 기준은 자기에 있는 것이 아니라 부모에 두게 되는 것이다. …… 이와 같은 인간은 성장한 후에도 자립적인 생활은 할 수가 없고 반드시 어떤 이에 매여 사는 예속적인 인간이 되는 것이다. 그렇기 때문에 그들은 부모가 아니더라도 각 분야에서 자기가 의지하고 자기의 행동의 기준이 될 윗사람을 가져야만 생활을 할 수 있다.[119]

최재석은 가족 중심적인 한국인의 사회적 성격이 민주주의 실현의 걸림돌이 되고 부정부패나 비합리적 조직 운영으로 이어질 가능성이 큼을 일찌감치 예견했다. 한국인들은 "'나'라는 인격을 가족이라는 집단 속에 매몰시키는 경향이 있다. 따라서 가족보다 더 큰 사회집단이나 국가 사회에 대한 일체감이나 충성심의 앙양은 강한 가족 중심적 생활구조로 말미암아 더 넓은 사회에 대한 관심이나 충성심은 발달되지 못하고 오직 가족집단에의 충성으로만 그치고 마는 것 같다."[120] 우리

---

119   최재석, 《한국인의 사회적 성격》, 106쪽.
120   최재석, 윗글, 175쪽.

나라의 가정 교육에서는 "입신출세라는 지상목표 때문에 개성의 존중이라든가 적절한 생활의 영위라는 측면은 거의 무시되고" 있으며 학교 교육은 입신출세의 수단으로 여겨지기 때문에 "자신의 능력을 발견하여 이것을 발휘해서 삶을 즐긴다는 생각은 없는 것이다."[121] 최재석은 그렇게 힘든 입시와 고시의 과정을 통과해 감투를 쓴 사람들의 정당하지 않고 비합리적인 행위가 '한국의 근대화'를 저해하는 요인이 되고 있다는 점도 지적했다. 그는 감투 지향의식이 부자관계와 연결되어 있다고 보았다. 관존민비 의식에서 '관'은 부모에 비유되고 '민'은 자식에 비유되면서 상하서열 관계가 형성된다는 것이다. 그래서 시민은 으레 관의 간섭과 지배를 받는 것으로 생각하여 국가와 관료체계로부터 독립적인 시민의식이 형성되기 어렵다는 것이다.[122] 그렇다면 최재석은 한국인의 강력한 가족주의의 원인을 어떻게 설명하는가? 그의 설명은 다음과 같다.

오랫동안 외적의 침입으로 인하여 결국은 국가도 나를 확실하게 보호해주는 것은 못 되며 오직 확실하게 나를 보호해주는 것은 '핏줄'로 이어진 가족집단뿐이었다는 민족의 역사가 가져온 필연적인 결과이었던 것인지도 모른다.[123]

---

121 최재석, 윗글, 63~64쪽.
122 최재석, 《한국인의 사회적 성격》, 75쪽.
123 최재석, 윗글, 175~176쪽.

그러나 가족주의의 더욱 근본적인 원인은 유교사상의 효의 정신에 있고 효라는 가치가 가족을 통해 대대로 전해지고 있기 때문에 가족주의가 사라지지 않고 힘을 발휘한다는 설명이 뒤따른다. 한국인은 그렇게 "어릴 때부터 좁은 집단인 가족이나 친족의 한 사람으로서 교육을 받아왔을 따름이고 넓은 집단인 사회의 일원으로 교육이나 훈련은 거의 방임"되고 있다.[124] 가족관계 속에서 "일방적인 예속만을 아는 가족도덕은 국민의 권리의식을 자각한 근대적인 시민으로 성장하지 못하도록 하는 데 결정적인 역할"을 하고 있다.[125] 최재석은 한국 사회의 가족주의 극복의 필요성을 주장하기 위해 한국의 상황을 미국 사회의 자녀 양육 방식과 학교의 시민 교육 그리고 자발적 결사체 활동과 대비시켰다.

(미국 사회에서는) 가정에서부터 양친이 어떻게 하면 그들의 자녀를 자주적 인간으로 만들 것인가, 좁은 집단의 일원으로서가 아니라 넓은 사회집단의 일원으로 행동할 것인가, 그리고 가정에서 시작하여 각급 학교의 무수한 클럽활동을 통하여 봉사와 협동에 관한 훈련을 쌓을 것인가에 관심이 있는데, 한국에서는 누차 말한 바와 같이 어떻게 하면 부모를 포함한 윗사람 말을 잘 듣는 인간으로 만들 것인가, 부모, 형제, 친척, 제사에 대한 의무를 강조하여 넓은 사회집단의 일원으로보다는 자기가 속해 있는 좁은 집단의 일원으로서의 의무를 주입시킬 것인가에 큰 관심

---

124 최재석, 윗글, 143쪽.
125 최재석, 《한국인의 사회적 성격》, 107쪽.

이 있는 것이다. 또 가정에서 시작하여 국민학교부터 중고등학교를 거쳐 대학에 이르기까지 그들이 행하는 각종 클럽의 활동을 처음부터 관여하고 억제하여 자유롭고 자율적인 봉사와 협동의 훈련은 거의 시키지 않고 있다. 윗사람의 끝없는 간섭과 감시 그리고 봉사와 협동에 대한 훈련이 결여되어 있으므로, 그들은 성장한 후에도 적대심이나 욕구불만의 감정 없이 타인과의 판단이나 의견의 차이를 명백히 할 수도 없고, 또 다수의 의견에 유쾌한 마음으로 따를 수도 없게 되는 것이다.[126]

3. 합리적 개인주의

최재석은 사회구성의 기초 단위를 개인으로 보지 않고 '집家'으로 보는 한국 사회의 가족주의를 비판하면서 신분관계와 상하서열 의식에서 벗어난 자유롭고 평등하고 존엄성을 지닌 개인의 존재를 있는 그대로 존중하는 개인주의를 주장했다. 그가 볼 때 근대사회란 각자 자신의 내면적 자주·자율정신에 근거하여 자신의 감정과 생각, 주의·주장을 자유롭게 표현할 수 있는 개인을 존중하는 사회를 뜻한다. 그는 한국 사회의 전근대성을 다음과 같이 분석했다.

---

126 최재석, 윗글, 145~146쪽.

근대사회에서는 요컨대 사회의 질서나 발전은 자유롭고 평등한 개인 간이나 집단 간의 계약이나 토의에 의해 이루어지는 것이지만 한국인은 이와는 달리 신분서열의 철저한 자각에 의해서만 유지되는 것으로 알아왔던 것이다.[127]

그러나 한국인들은 "어떤 사람이든 똑같이 인간의 존엄성과 자유를 가진 독립된 개인으로 대우하는 것이 아니고" 상대방이 어떤 사람인가를 파악하여 거기에 맞춰 대우한다.[128] 한국인은 개인을 평가할 때도 그 사람 자체를 평가하지 않고 그가 속해 있는 가족과 가문을 평가 대상으로 삼는다. 한국 사회에는 누구에게나 똑같이 적용되는 하나의 보편타당한 생활 원리가 존재하지 않는다. "요컨대 한국인은 인간을 모두 상하, 존비, 귀천, 원근의 범주로 분류하고 여기에 대응하여 각기 차원이 다른 생활 원리를 적용하고 있는 것이다."[129] 서양의 '에티켓'이 평등의 윤리에 터한 넓은 사회의 윤리라면 한국의 '예의'는 상하서열에 기초한 좁은 집단 내의 윤리라는 것이다. 한국인의 예의는 "시종일관 누구에 대하여서도 적용되는 하나의 생활 원리"가 아니다.[130] 한국인은 알

---

127 최재석, 《한국인의 사회적 성격》, 113~114쪽.

128 최재석, 윗글, 161쪽.

129 최재석, 《한국인의 사회적 성격》, 163쪽.

130 최재석, 윗글, 166쪽. 1996년 그러니까 최재석의 책이 출간된 지 30년 이상이 지난 시점에서 한국에서 오래 살면서 한국인의 사회관계를 관찰한 호러스 언더우드는 〈한국인의 위계질서와 인간관계〉라는 발표문에서 다음과 같이 말했다. "한국에 온 외국인은 한국인이 '매우 공손하다'는 인상과 더불어 '매우 거칠다'는 모순

지 못하는 사람, 나이가 적은 사람, 직위가 낮은 사람에 대해서는 예의를 차리지 않는다. 한국 사회에는 상하의 신분서열을 떠난 개인의 관념이 발달되어 있지 않다. "모든 인간을 상하, 존비, 귀천의 이가적二價的으로 해석하는데 이것은 인격이라는 내면적 문제가 아니라 가문, 재산, 학벌, 직위, 성별 등의 외면적인 요인에 권위를 부여하기 때문이다. 이 권위는 인격의 자유와 평등을 모르는 권위인 것이다."[131]

최재석은 상하서열적 인간관계의 비합리성을 날카롭게 지적했다. 그가 볼 때 한국인들은 "모든 인간관계는 대등한 인간의 합리적인 계약관계라고 생각하지 않고 항상 한 쪽은 특별한 은혜에 의한 보호라 의식하고 다른 쪽은 이 은혜에 대한 봉사나 보답이라고 생각한다. 또한 그들은 모든 인간이 인격에 있어 대등하다고 의식하지 않고 언제나 귀천존비의 양극으로 서열지어 평가하고" 있다는 것이다.[132] 한국 사회에서 인간은 "상하신분의 계층으로 서열되어 태어나는 것이지 자유롭고 대등한 개인으로 태어나는 것이 아니다. …… 항시 신분의 차이가 있는

된 인상을 받는다." 그가 볼 때 한국인은 '아는 사람'과 '모르는 사람'을 철저하게 구별한다. 그래서 아는 사람에게는 '동방예의지국'이지만 모르는 사람에게는 '동방무례지국'이 된다. 그는 "한국인이 위계질서를 중시하고 정직보다는 충성심을 더 우위에 두며, 이상에 대한 충성보다는 인물에 대한 충성을 더 중시"하는 모습을 관찰했다. 1950년대 후반 최재석의 관찰과 민주화 이후 1990년대 후반 언더우드의 관찰은 정확하게 일치한다. 이상수, 〈외국인이 본 한국 민주주의·인권 토론회〉, 《한겨레》 1996년 6월 18일 자.

131 최재석, 《한국인의 사회적 성격》, 94쪽.
132 최재석, 윗글, 89~90쪽.

본처의 자식이나 혹은 소실의 자식으로, 양반의 아들이나 상민의 아들로 태어나는 것이지 대등한 인격의 소유자로 태어나는 것은 아니다. 상점주와 점원의 관계도 그러하고, 주인과 하인의 관계도 그러하고 기업주와 고용인의 관계도 그러하다. 따라서 손윗사람은 항시 손아랫사람보다 인격적으로 우월하고 손아랫사람은 전소인격적으로 예속적 지위에 서게 되는 것이다."[133] 상하서열의 인간관계는 인간의 존엄성을 이중 삼중으로 위축시킨다. "이러한 현상은 현대적인 관료기구 속에서도 현저히 나타나고 있다. 상관과 부하의 관계는 각자의 기능의 분담에서 연유하고 직무에 관계되는 범위 내에서 직무상의 상하관계이어야 할 것이지만 실지로는 항상 전인격적인 손윗사람과의 상하관계인 것이다. …… 그러므로 아랫사람은 직무 시간 중에도, 직무 시간 밖에도 윗사람의 사적인 일에도 종사하게 되는 것이다."[134]

최재석이 볼 때 한국인은 "언제나 위로부터의 전제專制(외면에는 자애慈愛로 보이지만)와 아래로부터의 공순恭順 때문에 민주주의니 평등이니 하는 어휘를 사용하기는 하나 인격의 자유와 평등의 의미를 이해하지 못하고 있다. 추상적인 자유나 민주주의에 대해서는 어느 정도 알고 있지만 구체적인 자유나 민주주의에 대해서는 거의 모르고 있는 것처럼 보인다."[135] 일상의 민주주의를 중시한 최재석은 한국인들이 "윗사람의 전제專制에 안주의 땅을 발견하여 여기에 심복心腹하고 이것을 하등 불

133 최재석, 윗글, 91쪽.
134 최재석, 《한국인의 사회적 성격》, 92쪽.
135 최재석, 윗글, 120~121쪽.

합리하다고 의식하지 않는 이상, 참다운 인간의 존엄성이나 자유사상은 도저히 이해되기 힘들 것이다"라고 진단했다.[136]

그렇다면 상하 수직관계의 근거는 어디에 있는가? 최재석은 그것을 '효'라는 가치에서 찾는다. 한국인은 효라는 가치를 중심 가치로 삼아 상하 수직적 지배관계 속에서 오랜 세월 살아왔기 때문에 민주적인 제도가 마련되어도 그 제도를 제대로 활용하지 못한다. 모든 개인이 동등한 위치에서 자유롭게 토론하고 이해관계를 조정하여 합의에 도달하는 과정의 중요성을 모르기 때문이다. 그리고 그런 능력은 하루아침에 배양되지 않기 때문이다. "다 같이 개인으로서 인격을 존중하고 각기 자기의 주장을 자유로이 발표하여 합리적인 방법에 의하여 통합을 가져오는 훈련을 쌓지 않는다면 한국의 전근대적인 인습은 도저히 없어지지 않을 것이다."[137]

모든 개인을 자유롭고 평등한 존재로 보는 최재석의 개인주의는 전통사회의 유교적 가족 구성 원리의 산물인 남존여비 사상을 떨쳐버리는 남녀평등 사상으로 자연스럽게 이어졌다. 그는 한국 사회가 근대사회로 진입하고 민주화를 이룩하기 위해 '인격의 평등'을 전제로 한 '자주 독립적인 인간'의 형성이 필수적이라고 생각했다.[138] 60여 년 전 이루어진 최재석의 한국 사회 분석은 오늘날에도 거의 그대로 적용 가능

---

136 최재석, 윗글, 87쪽.
137 최재석, 《한국인의 사회적 성격》, 169쪽.
138 최재석, 윗글, 26~27쪽.

하다.[139] 한국 사회의 비합리적 가족주의를 비판한 최재석의 개인주의를 '합리적 개인주의'라고 부를 수 있을 것이다.

4. 농촌사회학 연구

최재석은 해방 직후 대학을 다녔고 1950년대 중반부터 사회학 연구를 시작했다. 그는 1959년 첫 논문을 발표한 후 1960년대 들어 본격적인 연구 활동을 시작했다. 당시 한국 사회는 기본적으로 농촌·농업 중심의 사회였기 때문에 한국전쟁 이후 본격화된 한국 사회 연구의 초점은 농촌사회에 집중되었다. 1960년대와 1970년대 한국 사회학자들의 연구 주제 중에서 농촌사회학 분야는 가장 많은 연구 성과를 산출했다.[140] 그런 상황에서 최재석도 가족과 더불어 농촌사회를 주요 연구 대상으로 삼았다.

---

139 장경섭은 2018년에 나온 저서에서 한국의 신자유주의는 개인이 아니라 가족이 단위가 되어 움직이는 '가족자유주의'라고 본다. 장경섭, 《미래의 종언?: 가족자유주의와 사회재생산 위기》, 집문당, 2018. 장경섭의 주장은 최재석의 논의와 하나의 맥을 이룬다.

140 김경동의 조사에 따르면 1960년대에 발표된 235편의 논문 가운데 20.8퍼센트가 농촌사회학 연구였고 1970년대 총 720편의 논문 중 16.9퍼센트가 농촌사회학 분야 연구였다. 이문웅·김홍주, 〈최재석 교수의 농촌사회학연구〉, 《농촌사회》 2집, 1992, 11~35쪽.

최재석의 연구논문 목록을 보면 그의 연구 주제가 변화하는 과정이 나타난다. 그는 가족과 친족 연구에서 시작하여 농촌사회 연구로 나아갔다. 그의 연구는 "넓게는 사회구조, 좁게는 가족과 친족이라는 전형적인 사회학적 연구에서 출발하였다. 사회구조의 성격을 밝히는 작업은 우리의 농경사회의 전통이라는 더 넓은 틀 속에서 찾아야 한다는 점에 부닥치게 되면서 선생의 연구 관심은 농촌사회 연구로 돌려지게 되었다."[141] 사실 최재석의 가족 연구와 농촌 연구는 아래의 인용문에서 보듯이 가족과 농촌이라는 두 개의 연구 영역으로 분리되기보다는 그 둘의 상호보완적 연결로 이루어져 있다. 최재석은 이에 대해 다음과 같이 썼다.

한국 농촌의 사회구조를 파악하기 위하여는 그 기본적 사회조직의 단위로서 가족과 친족에 대한 이해가 선행되어야 한다는 점을 고려한다면 변동과정에 놓여 있는 한국 농촌의 구조적 파악에는 가족의 성격과 그 변화에 대한 이해가 요구된다.[142]

최재석은 농촌사회를 연구하면서 "도시와 농촌의 이분법적 이해의 타당성이 거부되고 있는 오늘날 사회학계의 견지에서 본다면 농촌사회의 변동의 문제를 다루는 것은 한국 사회 전반을 이해하는 첩경이 된

---

141 이문웅, 〈헌정사〉, 최재석 교수 정년퇴임기념논총 간행위원회 편, 《한국의 사회와 역사》, 일지사, 1991, 3쪽.
142 최재석, 《한국 농촌사회 변동 연구》, 일지사, 1988, 125쪽.

다"고 생각했다.[143] 최재석의 농촌사회 연구는 《한국 농촌사회 연구》 (1975)와 《한국 농촌사회 변동 연구》(1988)에 집약되어 있다. 《한국 농촌 사회 연구》는 1950년대 후반에서 1970년대 초에 아직 "그다지 변화되 지 않은, 말하자면 전통적인 요소가 많이 남아 있는" 농촌사회를 연구 한 결과이다. 이 책에서 그는 대대적인 이농·이촌 현상이 일어나기 이 전 한국 농촌사회의 성격을 연구했다. 농촌사회를 경험적으로 연구한 이 저서에서 최재석은 농촌 이해의 기본이 되는 농촌가족의 권력구조, 역할구조, 기능, 문중·종친회 등 동족과 친족집단의 조직, 기능, 특징 등을 연구하고 두레, 품앗이, 계, 리와 동 단위의 협동조합, 농사개량 클럽, 생활개선 클럽, 4H 클럽, 수리조합 등의 조직에서 농민들이 유지 하는 사회적 관계를 연구했다. 그런 연구를 바탕으로 해방 이전과 이후 를 구분하여 농가별 토지 소유 형태, 경영 규모, 소유 규모를 기준으로 삼아 농촌의 계층구조 변화를 연구했다. 가족과 공동체 수준에서 이루 어지는 권력관계와 의사결정 과정을 대표권, 관리권, 결정권으로 구별 하여 살폈으며 농지개혁을 전후하여 이루어진 지주-소작관계의 변화, 반상관계의 변화·유지, 동네 어른, 마름, 머슴 등의 지위 변화를 두루 살폈다. 양반과 상민 사이에 경어법과 하대어를 구분하는 언어 생활, 주거, 의복, 두발, 제사 양식, 담뱃대 길이, 안경 착용 등 반상을 구별하 는 구체적인 지표들을 미시적으로 관찰하기도 했다.[144]

---

143 최재석, 《한국 농촌사회 변동 연구》, 1쪽.

144 이와 같은 최재석의 인류학적 관찰은 부르디외의 '아비투스habitus' 연구를 연상 시킨다. 부르디외가 인류학과 사회학을 오갔듯이 최재석도 사회학과 인류학 사

최재석은 한국 농촌사회를 연구할 때 "현재의 모습을 기술하는 데 그치지 않고 일제강점기의 계층구조나 지주—소작관계, 조선 시대의 신분제에 대한 검토를 바탕으로 현재의 모습을 시계열적으로 이해하는 통시적 분석에 충실하였다."[145] 그런데 해방 직후 한국 사회의 최대 정책 과제는 농지개혁이었다. 최재석은 농지개혁이 불러온 사회변동을 구체적인 현장에서 연구했다.

그의 연구에 따르면 농지개혁 이전 한국의 농촌사회는 지주와 소작인으로 양극화를 이루고 있었다. 소작인은 계약상의 의무만이 아니라 시시때때로 물품 증여, 무상노역 등을 통해 예속적 주종관계를 유지했다. 식민지 시기에는 지주에 의한 소작인의 수탈이 더욱 강화되었고 신분적 예속도 지속되었다. 그러나 1950년 유상 몰수—유상 분배의 원칙으로 농지개혁이 실시되면서 지주층은 몰락하여 대거 농촌을 떠났다. 그 결과 지주와 소작인 간의 전근대 예속관계가 약화되고 농촌사회의 계층구조가 재편되었다.[146] 그러나 농지개혁은 농민들의 실생활에는 큰 영향을 미치지 못했다. 그들은 "아직도 자신들의 지위를 개선하려는 동기를 거의 가지고 있지 않았으며 살아나가기 위한 목전의 일에 급급하고 있었다."[147]

이를 오갔다. 정수복, 〈거울 앞의 사회학자—피에르 부르디외의 사회학적 자기분석〉, 《응답하는 사회학》, 문학과지성사, 2015, 172~226쪽 참조.

145　이창기, 〈최재석 교수의 농촌사회 연구방법〉, 한국 농촌사회학회 발표논문, 2018년 5월 12일, 5쪽.

146　최재석, 《한국 농촌사회 연구》, 일지사, 1975, 391~392·422~424쪽.

147　최재석, 윗글, 517쪽.

최재석은 해방 이후 교육을 통해 민주주의 사상, 합리적 생활태도 등
이 보급되면서 공식적인 신분차별은 없어졌지만 혼인을 위한 배우자
선정에는 반상관념이 지속되고 있으며 특히 전통적인 반촌에는 여전히
뿌리 깊은 반상의식이 곳곳에 남아 있음을 밝혔다.[148] 최재석의 연구에
따르면 농지개혁은 대지주를 사라지게 했지만 한국 농촌의 구조를 근
본적으로 바꾸지 못했고 소작인들의 경제적 생활수준을 상승시키지 못
했다.[149] 농지개혁 이후 크게 변한 것이 있다면 이촌이 급격히 증가했다
는 점이다.[150]

최재석이 1975년에 펴낸《한국 농촌사회 연구》가 전통적 요소가 많
이 남아 있는 농촌사회를 연구한 것이라면 1988년에 내놓은《한국 농
촌사회 변동 연구》는 1960년대 초부터 본격화하기 시작한 산업화와 도
시화의 결과 농촌사회의 전통적 사회구조가 어떤 변화를 경험했는지를
실증적으로 연구한 현지조사 작업의 결과이다.[151] 1960년대에서 1980
년대에 이르는 20여 년 동안 일어난 농촌사회 변화의 핵심은 산업화와
도시화로 인한 이촌현상이다. 최재석은 이 책에서 농촌사회 변동 연구
의 범위를 다음과 같이 설정했다.

물론 이촌현상 그 자체도 농촌사회의 구조적 변화의 일부일 수 있고 또

---

148 최재석, 윗글, 517쪽.
149 최재석, 윗글, 527쪽.
150 최재석, 윗글, 525쪽.
151 최재석,《한국 농촌사회 변동 연구》, 1~2쪽.

한 그것에 미치는 사회·경제·문화적 요인의 의의도 크리라고 생각한다. 그러나 필자는 연구의 효율성과 체계성을 고려하여 이촌으로 인한 농촌 사회의 구조 변화에 범위를 한정함과 아울러 이러한 이촌현상이 변동의 결과이기보다는 외부로부터 주어진 외생적 변화요인으로 보고 이로 인해 발생하는 촌락사회의 구조적 변동에 연구의 초점을 맞추기로 하였다.[152]

《한국 농촌사회 변동 연구》에서 최재석은 1960년대 중반 이후 대량 이촌과 그로 인해 발생한 농촌사회의 변화를 한 자연부락에 대한 현장 조사를 통해 구체적으로 연구했다. 최재석은 농촌을 떠난 사람들뿐만 아니라 다시 농촌으로 들어오는 사람도 연구했으며, 이촌으로 인한 가구 유형의 변화와 가족 역할구조의 변화를 연구했다. 가족의 유형 변화를 조사하면서 오늘날 많이 논의되고 있는 노인 1인 가구의 증가현상을 밝히기도 했으며 생산 활동에서 여성의 역할이 증가하면서 성별 분업이 약화되고 여성의 지위가 상승하는 측면을 관찰했다. 또한 통혼권의 확대, 배우자 선택 과정, 결혼 관행 등의 변화를 추적했고 미혼여성들의 이촌으로 말미암아 농촌에 남은 총각들이 겪게 되는 혼인난을 다루기도 했다.[153] 또한 적장자를 우대하는 재산 상속 관행의 변화, 제사

---

152 최재석, 윗글, 2쪽.
153 농촌 총각들의 결혼난은 이후 다문화가족의 형성으로 이어진다. 부르디외도 일찍이 최재석과 마찬가지로 농촌에 남은 청년들의 결혼 문제에 대해서 연구한 바 있다. Pierre Bourdieu, "Célibat et condition paysanne", Études rurales, No. 5/6,

상속을 위한 양자 입양 관행의 약화, 장남 중심의 제사 상속의 변화, 문중 조직의 약화 등을 통해 가부장제적 가족과 친족구조가 약화되면서 혈연보다 지연적 요소가 부각되는 모습을 확인하기도 했다.[154]

장기 사회사의 관점을 취한 최재석은 '자연부락'에 대한 현장 연구의 결과를 바탕으로 17세기 이후 한국 사회에서 강화되고 지속되어온 전통이 약화되고 해체되고 있음을 확인했다. 가족관계의 변화를 추적하면서 출가한 여자가 부모와 맺는 관계의 변화, 이촌한 자녀와 부모 사이의 관계 변화를 조사했고, 계와 품앗이 등 농민들의 사회적 관계의 변화를 조사했다. 농지 소유와 임대차 관계의 변화로 인해 농촌의 계층구조가 과거와 달라진 모습을 심층적으로 분석했으며 청장년층의 이촌으로 인해 발생한 인력난과 농업노동력의 대체 과정, 농업 생산성의 변화, 생산성 향상과 생활환경 개선을 위한 농촌사업, 소득 증대사업 등의 과정과 결과를 샅샅이 살폈다. 농촌개발과 농촌지도자의 성격을 다루면서 중앙집권적·하향적 접근으로 기획된 농촌개발계획이 농촌의

1966, 32~136쪽. 부르디외는 자신의 고향 마을에서 1962년, 1971년, 1989년 세 차례에 걸쳐 농촌사회의 위기를 연구한 결과를 《독신자들의 무도회》라는 제목으로 출판했다. Pierre Bourdieu, *Le bal des célibataires: Crise de la société paysanne en Béarne*(Paris: Seuil, 2002). 프랑스 농촌사회의 구조와 변동에 대해서는 Henri Mendras, *Les Société Paysannes*(Paris: Armand Colin, 1976) 참조.

154 최재석은 농촌가족의 변화를 다루면서 고황경, 이효재, 이만갑, 이해영, 이광규, 권태환 등의 선행 연구를 소개했고 조상 숭배와 제사 관행의 변화를 다루면서 로저 자넬리Roger Janelli와 임돈희, 전경수, 최길성, 이광규 등의 선행 연구를 제시했다. 최재석, 《한국 농촌사회 변동 연구》, 88쪽.

최소 단위인 자연부락에서는 인적 자원의 부족으로 실효를 거두지 못하고 있음도 밝혔다. 또한 농업 경영의 영세성과 농산물 저가정책으로 농촌의 해체가 앞으로도 더욱 심화될 것으로 예상했다.[155]

최재석은 '자연부락'을 한국 농촌 연구의 고유한 연구 단위로 설정하고 농촌사회에 대한 광범위한 '사실'을 수집했다. 그는 이를 토대로 일본이나 중국과 구별되는 한국 농촌의 특수성을 밝히려고 했다. 한국 농촌에서 동족집단의 결합 범위, 동족집단의 조직과 기능 등을 중국이나 일본의 경우와 비교해보면 한국의 동족집단은 '생활집단'이라기보다는 사회적 지위의 유지를 위한 '제사집단'의 성격이 강하다는 것을 찾아냈다.[156] 자연부락을 단위로 하는 한국 농촌사회의 결합 원리인 혈연의 원리와 지연의 원리, 그리고 신분의 원리를 밝혀놓은 최재석의 연구는 후학들이 한국 농촌사회의 고유한 구성 원리를 연구하는 데 초석이 되었다.[157]

---

155 최재석, 《한국 농촌사회 변동 연구》, 553쪽. 최재석의 이러한 예측은 이후 현실로 확인되었다.

156 김흥주·김철규, 〈최재석 교수의 농촌사회 연구: 궤적과 업적, 그리고 계승〉, 《농촌사회》 27집 1호, 2017, 204쪽.

157 이문웅·김흥주, 〈최재석 교수의 농촌사회학 연구〉, 《농촌사회》 2집, 1992, 30~31쪽.

5. 고대 한일관계사 연구

최재석은 학문 생활 후반기에 접어들어 고대 한일관계사 연구에 몰두하여 이 주제에 관해 140여 편의 논문과 10여 권의 저서를 출간했다. 거기에는 영문 저서도 한 권 포함되어 있다. 특히 1991년 정년퇴임 후에는 자유로운 마음으로 고대 사회사 연구에 집중했다. 신라, 백제, 고구려의 왕위계승, 복지제도 등을 연구하고 미술사와 불교 관계사를 포함한 고대 한일관계사를 파고들었다. 이는 이전 시기와 구별되는 제2의 학문 생활이라고 볼 수 있다.

사회학자였던 최재석은 어떻게 해서 역사학의 분야인 고대사 연구에 몰두하게 되었을까? 최재석은 한국의 가족제도사를 연구하다가 조선 시대와 고려 시대를 넘어 신라 시대의 왕위계승 과정을 연구하게 되었다. 그가 신라 시대의 골품제도를 연구하기 위해 《삼국사기》를 분석하던 중 일본인 학자들이 《삼국사기》 가운데 신라와 백제의 초기 역사에 관련된 내용을 위작僞作이라고 판단하고 있음을 알게 되었다. 일본 학자들은 고대 한국이 일본의 식민지였다고 주장하고 있었다. 그런데 한국의 역사학계는 일본 학자들의 그런 주장을 묵인하고 있었다.

최재석은 일본이 삼국 시대부터 한반도 남쪽에 임나가야를 만들어 식민지로 운영했다는 일본 학자들의 주장을 받아들일 수 없었다. 이런 엄청난 역사 왜곡을 두고 이병도, 이기백, 김철준, 이기동 등 국내 역사학자들이 무비판적인 자세로 일관하는 것을 보면서 최재석의 학자적 양심에 불이 붙었다.[158] 그래서 최재석은 자신의 학문 생활의 후반부를 한일 고대사의 수수께끼를 풀어나가는 작업에 바치게 되었다.

1985년 최재석은 이 문제에 관한 첫 번째 논문을 《한국학보》에 발표했다.[159] 이후 일본 학자들의 《삼국사기》 조작설을 하나하나 파헤쳐 그들의 주장을 조목조목 반박하는 한편 백제의 일본 경영설을 주장했다. 고대사 전공의 국사학자들은 최재석의 주장을 받아들이지 않았다. 최재석은 한국의 고대사 연구자들이 사회학자인 자신의 고대사 연구에 대해 "한 사람이 두 전공을 할 수 없다"는 이유로 외면했다고 해석한다.[160]

전공 불가침의 법칙과 더불어 우리 학계에는 원로학자의 경우 다른 학자의 비판을 모른 척하고 무시하는 관행이 널리 퍼져 있다. 학문적 비판에 학문적으로 응답하는 진지한 학문적 토론이 거의 없다. 최재석은 자신의 연구 결과에 대한 한국 고대사학계의 침묵에 대해 다음과 같

---

158 이문웅, 〈헌정사〉, 최재석 교수 정년퇴임기념논총 간행위원회 편, 《한국의 사회와 역사》, 일지사, 1991, 3쪽. 재야 사학자인 이덕일은 최재석의 입장을 지지하면서 한국 주류 역사학계의 식민주의 사관을 비판했다. 이덕일, 《우리 안의 식민사관》, 만권당, 2018.

159 최재석, 〈삼국사기 초기 기록은 과연 조작된 것인가: 소위 '문헌고증학'에 의한 삼국사기 비판의 정체〉, 《한국학보》 38집, 1985.

160 최재석, 《역경의 행운》, 2015, 122쪽. 한국 학계의 "전공불가침의 법칙"에 대해서는 강성민, 《학계의 금기를 찾아서》(살림출판사, 2004), 15~22쪽 참조. 서양사학자 전진성은 독일과 일본 한국의 도시 문제를 다루다가 "영역 침범을 죄악시하는 (건축)학계의 차가운 반응이 필자의 충천하던 사기를 꺾어놓았다"고 토로했다. 전진성, 《상상의 아테네, 베를린·도쿄·서울》, 천년의상상, 2015, 〈서문〉. 자기 전공 이외에 타 학문 영역을 침범하면 전공자들에게 "아마추어, 딜레탕트, 사이비, 비학구적"이라는 비난을 듣기 쉽다. 최재석, 《역경의 행운》, 2015, 175쪽.

은 의견을 밝혔다.

내가 그들의 학문에 대하여 비판을 가하였다면 의당 '나의 비판이 타당한지 부당한지' 대답이 있어야 할 텐데도 그로부터 25년이 지난 지금(2010년)까지도 아무런 응답이 없다. 이병도(1989년 작고), 이기백(2014년 작고), 김철준(1989년 작고) 교수는 나의 비판에 응답하지 않고 세상을 뜨고 말았지만 내 나이 이기동 교수보다 20세 정도 연상이니 내 사후가 아니라 생존 시에 나의 비판에 답을 주기 바란다. 내 생전에 침묵을 지키다가 사후에 이러쿵 저러쿵 해서는 안 될 것이다. 자기 학문에 대한 비판이 나왔으면 그것에 대해 인정을 하든 반박을 하든 자신의 견해를 밝히는 것이 학문하는 사람의 도리 아니겠는가?[161]

최재석은 한국 고대사 연구자들이 자신의 연구를 인정하지 않고 있지만 결국에는 자신의 학설이 수용될 것이라고 낙관했다. 그는 한국 학계의 무관심에 실망하여 자신의 연구 결과를 오히려 해외 학계에 알리기 위해 자신의 저서 《고대 한일관계와 일본서기》를 영역하여 영국에서 출판하기도 했다.[162] "종래의 왜곡된 한일관계사의 인식을 바로잡으려

---

161 최재석, 《역경의 행운》, 2015, 191쪽. 최재석의 주장에 대한 국사학계의 직접적인 대응은 아니지만, 가야의 역사를 보는 관점을 근대 국민국가의 일국사—國史 체계를 넘어서 한·중·일을 넘나드는 동아시아 지역사적 관점, 트랜스내셔널 관점으로 이동시키자고 주장하는 고대사 전공의 국사학자 윤선태, 〈가야伽耶, 우리 안의 오리엔탈리즘〉, 노태돈 교수 정년기념논총 간행위원회 엮음 《한국 고대사 연구의 시각과 방법》, 사계절, 2014, 366~388쪽을 참고할 것.

162 Jae Seok Choi, *Ancient Korea-Japan Relations and the Nihonshoki*(Oxford: The

면 아무래도 역사적 사실을 영문으로 저술한 저서를 영국이나 미국에서 간행하지 않으면 아니 되겠다는 생각에 미치게 되어 영국에서 책을 간행하게 된 것이다."[163] 일본 측 사료인《일본서기》에 나오는 내용으로 뒷받침된 영문 저서를 간행한 후 그는 이제 "세계 학계가 올바른 고대 한일관계사를 받아들이는 것은 시간문제"라고 생각했다.[164]

6. 한국 사회학사 연구

최재석은 앞서 이야기했듯이 어떤 주제를 연구하든 그 분야에서 이루어진 선행 연구를 철저하게 조사하여 목록을 만드는 작업으로 시작했다. 그는 한국 사회학계에서 한국 사회학의 역사에 대한 연구를 처음 시작한 선구자였다. 한국 사회학이 발전하려면 한국 사회학의 역사에 대한 올바른 인식이 있어야 한다고 판단한 그는 1964년에 나온 한국사회학회의 공식 학술지《한국사회학》창간호에 1945~1964년 사이에 발표된 한국 사회학자들의 연구논문과 저서목록을 발표했다.[165]

Bardwell Press, 2011).

163 최재석,《역경의 행운》, 2015, 73~74쪽.

164 최재석,《역경의 행운》, 2015, 97쪽

165 최재석, 〈사회학 관계 문헌목록(1945~1964)〉,《한국사회학》제1권, 1964, 115~126쪽. 최재석은 이 목록에 1964~1965년 문헌목록과 1966~1969년 문헌목록을 덧붙여《한국 초기 사회학과 가족의 연구》, 일지사, 2002에 부록으로 실었다.

이어서 그는 한국 사회학의 역사에 대한 네 편의 논문을 발표했다. 1974년에는 〈한국의 초기 사회학: 구한말~1945〉을 발표했고 이어서 1976년에는 〈해방 30년(1945~1975)의 사회학〉, 1977년에는 〈1930년대의 사회학 진흥운동〉, 1979년에는 〈1960년대, 1970년대 한국 사회학의 반성〉을 발표했다.[166]

최재석의 한국 사회학사 연구는 주류 사회학자들의 한국 사회학의 역사 서술에 대한 비판의식에서 시작된 측면이 있다. 그는 이만갑이 미국을 비롯한 해외에서 영문으로 발표한 한국 사회학의 역사를 서술한 논문을 읽고 문제점을 발견했다. 그래서 그에 대해 비판하는 글을 쓰고는 간직하고 있다가 뒤늦게 발표했다.[167] 이만갑은 해방 이전에는 한국 사회학의 연구 성과가 거의 없었으며 있었다 하더라도 그것이 해방 이후 거의 영향을 미치지 못했다고 평가했는데 최재석은 일제강점기에 이루어진 백남운, 하경덕, 김현준, 한치진, 이상백, 김두헌, 손진

---

166 최재석, 〈한국의 초기 사회학: 구한말~해방〉, 《한국사회학》 9집, 1974, 5~29쪽; 〈해방 30년(1945~1975)의 사회학〉, 《한국사회학》 10집, 1976, 7~46쪽; 〈1930년대의 사회학 진흥운동〉, 《민족문화연구》 12호, 1977, 169~202쪽; 〈1980년대 한국 사회학의 발전을 위하여: 1960, 70년대의 사회학 연구 태도 반성〉, 《한국사회학》 13집, 1979, 91~102쪽. 최재석이 한국 사회학의 역사에 대해 쓴 네 편의 글은 《한국 초기 사회학과 가족의 연구》, 일지사, 2002에 재수록되었다.

167 최재석은 "같은 사회학 전공의 선배의 글을 비판하는 것은 삼가야 한다는 의견도 있었지만 이것이 나의 결심을 바꾸지는 못하였다"고 썼다. 최재석, 〈이만갑 교수의 한국 사회학 서술 비판〉, 《한국의 가족과 사회》, 경인문화사, 2009, 366쪽. 한국 학계의 스승이나 선배 비판 금기에 대해서는 강성민, 《학계의 금기를 찾아서》, 살림출판사, 2004, 6~14쪽 참조.

태 등의 강의와 저서를 구체적으로 제시하며 이만갑의 견해를 반박했다.[168] 최재석은 이만갑이 1956년 미국 연수에서 돌아와 조사방법을 중심으로 하는 '새로운 사회학New Sociology'을 소개한 것을 한국 사회학의 역사에서 중요한 분수령으로 강조하기 위해 아전인수 격으로 사실을 왜곡했다면서 1956년 귀국 후 자신이 미국의 새로운 사회학을 소개한 작업에 의미를 부여하려면 "적어도 미국 사회학의 내용을 심도 있게 연구한 역저 한 권 정도는 세상에 내놔야 했을 것이다"라며 일침을 가했다.[169]

최재석에 이어 1976년 신용하가 한국 사회학의 역사를 개괄한 논문을 발표했고 1980년대에 김경동이 '이만갑의 사회학'에 대한 수량적 분석을 비롯하여 한국 사회학의 사회학에 대한 몇 편의 논문을 발표했

---

168 최재석, 〈이만갑 교수의 한국 사회학 서술 비판〉. 최재석과 달리 김경동은 이만갑의 사회학을 긍정적으로 평가했다. 김경동, 〈이만갑 교수의 사회학의 세계〉, 서울대학교사회학연구회 편, 《한국 사회의 전통과 변화: 이만갑 교수 화갑 논총》, 서울: 범문사, 1983, xv~xxv쪽.

169 이만갑은 1956년 귀국 이후 서울대학교 사회학과에서 사회조사방법론을 개설했고 이후 당시 대학원 학생이었던 김경동, 임희섭, 강신표, 오갑환, 이근무, 한상복, 안계춘 등의 도움을 받아서 1963년 자신의 이름으로 《사회조사방법론》(민조사)을 출간했다. 그에 앞서 이만갑은 니콜라스 티마셰프Nicolas Timasheff의 *Sociological Theory: Its Nature and Growth*(1957)를 《사회학이론》(수도문화사, 1961)으로 번역 출간했다. 최재석의 비판에도 불구하고 이만갑은 서울대학교 사회학과에서의 강의와 조사방법론과 사회학 이론에 대한 두 권의 책을 출판함으로써 미국 사회학을 국내에 소개하는 자기 나름의 임무를 수행한 셈이다. 이만갑의 사회학 연구 전반에 대해서는 《한국 사회학의 지성사》 2권 3부 참조.

다.[170] 1980년대에는 강신표, 박영신, 김진균 등이 각자 자신의 관점에서 한국 사회학의 역사를 반성하고 미래를 전망하는 글을 내놓았다.[171] 1994년 한국사회학회는 한국 사회학자들이 각 분야에서 이룩한 연구 성과를 점검하는 한국사회학대회를 개최했다. 그 이후 몇 번에 걸쳐 분과별 연구 성과가 점검되었고 2015년 이후 경상대학교에서 '한국 사회학의 사회학'이라는 주제로 한국사회학대회가 열리는 등 한국 사회학의 역사에 대한 연구가 새롭게 이루어지고 있다. 이런 한국 사회학사 연구의 원점은 최재석의 연구에서 찾아볼 수 있다.

---

170 신용하, 〈한국 사회학의 반성과 방향〉, 《사회과학논문집》 제1집, 서울대학교, 1976, 43~60쪽: 김경동, 〈1960년대와 1970년대 한국 사회학계 동향의 수량적 고찰〉, 《한국사회학연구》 제4집, 1980, 1~48쪽; 김경동, 〈이만갑 교수의 사회학의 세계〉, 서울대학교 사회학연구회 편, 《한국 사회의 전통과 변화: 이만갑 교수 화갑기념 논총》, 법문사, 1983, pp. xv~xxv쪽; 김경동, 〈한국 사회학의 사회학〉, 《현대사회학의 쟁점》, 법문사, 1983, 335~380쪽.

171 강신표, 《한국 사회학의 반성》, 현암사, 1984; 박영신, 〈사회학 연구의 사회학적 역사〉, 《현상과 인식》 9권 1호, 1985년 봄호, 9~28쪽; 김진균, 〈80년대 한국 사회과학의 과제〉, 《산업사회연구》 제1집, 1985, 7~22쪽.

5.

한국 학계를 위한
최재석의 제안

1. 건전한 비평문화와 연구윤리

최재석은 평생 올곧은 연구 태도로 사회학, 인류학, 역사학 분야에서 다른 학자들의 글에 대한 날카로운 비판의 글을 썼다. 학문의 발전은 학자들 사이의 정당한 비판과 그에 대한 응전을 통해 이루어진다고 생각했기 때문이다. 아래 인용문들에는 동료들의 연구 결과에 대한 비평이 학계의 발전을 위해 중요하다는 그의 생각이 잘 나타나 있다.

비단 가족 연구뿐만 아니라 그 밖의 모든 과학에서 연구자 간의 활발한 비판은 연구를 발전하게 하는 하나의 촉진제가 될 것이라는 것은 상식이다. 그러나 타당한 근거 없이 비판하는 것은 비판을 안 하는 것만 못하

며 오히려 연구의 발전을 저해한다.[172]

많은 사람이 서평은 많을수록 좋다고 생각하고 있는데도 서평, 특히 국내 전문서적의 서평 쓰기를 꺼리고 있다. 이것은 학문과 현실적인 인간관계를 혼동한 데서 나오는 결과가 아닐까? 더욱 강하게 표현하면 학문과 인간관계를 동일시하는 데서 나오는 소치가 아닐까? 서평은 칭찬만 하여도 아니 되고 그렇다고 부당한 혹평만을 하거나 또는 전혀 무시해서도 안 된다. 문제 되는 저서에 대한 정당한 서평이 나와야 한다. 진정한 서평 출현의 풍토가 이루어질 때 비로소 한국 사회학의 발달은 본궤도에 오를 것이라고 생각한다. 바꾸어 말하면 한국 사회학 발전의 기반 조성 측정의 기본적인 바로미터는 객관적이고 올바른 서평 수의 다과에 있을 것이다.[173]

최재석은 대학 밖의 사회적 활동을 자제하고 홀로 연구실에서 대부분의 시간을 보냈지만 동료 학자들의 글을 꼼꼼하게 읽고 잘못된 부분이 발견되었을 경우에는 구체적인 증거와 일관된 논리로 비판하는 비평문을 썼다. 최재석은 강준만이 수행한 이른바 '성역 없는 실명 비판'을 학계 차원에서 일찍부터 수행했다.[174] 그는 츠다 소키치津田左右

172　최재석, 《한국의 가족과 사회》, 경인문화사, 2009, 267~268쪽.
173　최재석, 《한국 초기 사회학과 가족의 연구》, 일지사, 2002, 153~154쪽.
174　최재석은 타인의 연구 결과를 비판할 때에는 "구체적으로 이름을 들고 이와 함께
　　　그 학자를 비판하는 근거를 제시해주면 좋겠다"는 의견을 표명했다. 최재석, 《한

帯를 비롯한 일본의 고대사 연구자 30여 명과 에드윈 라이샤워Edwin Reishauer와 존 홀John W. Hall 등 영미권 학자, 독일의 불교미술사학자 디트리히 세켈Dietrich Seckel에 대한 비평문을 썼고 한국의 사회학자 이만갑, 최홍기, 홍승직, 임희섭, 인류학자 이광규, 역사학자 이종욱, 이기동, 노태돈, 김현구 등의 논문이나 저서에 대한 비평문을 발표했다.

최재석은 자기 연구 분야의 연구문헌 목록 작성 작업과 주기적인 연구업적 리뷰의 필요성을 주장했다. 이 두 가지 작업에는 기존의 연구성과에 대한 정당하고 정직한 평가와 인정이라는 연구자의 윤리가 함축되어 있다. 최근 표절이 큰 문제가 되고 있지만 최재석은 일찍부터 학문적 표절의 문제를 지적했다. 하나의 보기로 최재석은 스위스 출신으로 영국 런던대학에서 한국학 교수를 지낸 마르티나 도이힐러Martina Deuchler가 자신의 연구와 거의 유사한 연구 결과를 발표하면서 자신의 저서를 인용하지 않은 것을 발견하고 그것을 '표절' 행위라고 비판했다.[175] 최재석은 마르티나 도이힐러의 저서 *The Confucian Transformation of Korea*(1992)가 자신의 주요 저서 《한국 가족제도사 연구》(1983)를 거의 그대로 베껴서 영역한 것이라고 주장했다.[176] 최재석은 1966~1983

국의 가족과 사회》, 경인문화사, 2009, 311쪽.

175 최재석, 〈M. Deuchler의 한국 사회사 연구 비판: 선행 연구와 관련하여〉, 《사회와 역사》 67권, 2005와 Jae-Seok Choi, "A Criticism of M. Deuchler's *The Confucian Transformation of Korea* with Reference to Preceding Studies", *The Review of Korean Studies*, Vol. 8, No, 4, 2005 참조.

176 최재석, 《역경의 행운》, 2015, 47쪽. 경북대학교 사학과 교수 권연웅은 도이힐러의 저서가 "사료와 기왕의 연구에 대한 철저한 검증을 수반한 '체계적인 연구방법'을

년까지 17년 동안 사회사적 관점에서 한국 가족제도의 변화를 연구한 23편의 논문을 모아 《한국 가족제도사 연구》라는 저서를 1983년에 일지사에서 긴행했다.[177] 이 책은 1993년에 장지연상을 받았고 2001년에는 용재학술상을 수상했기 때문에 이 분야 연구자들에게는 널리 알려져 있었다. 그러나 한국의 주류 학계와 소통하던 마르티나 도이힐러는 최재석의 기여를 제대로 인정하지 않았다. 최재석은 도이힐러가 자신의 저서를 "송두리째 베껴" 쓰면서도 자신의 연구업적을 완전히 무시한 사실에 격분했다.[178] 최재석은 이훈상과 권연웅 등 국내 학자들이 도이힐러를 칭송하는 글을 읽고 국내 학자들이 보인 사대주의적인 학문 태도를 다음과 같이 비판했다.

한국 학자들이 도이힐러의 저서가 최재석의 저서를 송두리째 표절한 것인 줄도 모르고 그의 저서를 극찬한 것은 국내 저서는 읽지도 않으면서 서양 학자가 한국 학자보다 앞서 있다는 사대주의적인 인식에 기인하는

사용했다"고 극찬하면서 최재석의 저서에 대해서는 김두헌의 《조선 가족제도 연구》 수준을 크게 넘지 못했다고 혹평했다. 최재석, 《역경의 행운》, 2015, 154쪽.

177 최재석, 《역경의 행운》, 2015, 153쪽.

178 마르티나 도이힐러가 최재석의 연구 결과를 완전히 무시한 것은 아니다. 도이힐러의 저서 *The Confucian Transformation of Korea: A Study of Society and Ideology*(1992)의 참고문헌Select Bibliography(382~383쪽)에는 최재석의 《한국 가족제도사 연구》(1983)를 비롯하여 14개 항목이 제시되고 있고 그 이후에 발표한 *Under the Ancestors' Eyes: Kinship, Status and Locality in Premodern Korea*(2015) 참고문헌(546쪽)에는 《한국 가족제도사 연구》(1983)를 비롯하여 6개 항목이 제시되어 있다.

것이다. 자기 나라 학자의 연구물을 송두리째 베낀 외국인의 책을 최고의 저서로 인식함과 동시에 표절당한 자기 나라 학자를 폄훼까지는 하지 않더라도 격하시키는 나라가 세상에 한국 말고 또 어디에 있는가?[179]

또 하나의 보기를 들어보면 최재석은 서울대 인류학과 교수였던 이광규가 자신의 이전 연구를 많이 참조하고 거의 비슷한 내용을 발표하면서도 참고문헌이나 각주에 아무런 언급도 하지 않거나 일부만 밝히는 등 연구윤리에 어긋난 행위를 하면서도 자신의 연구를 근거 없이 비판한 점을 조목조목 밝히기도 했다.[180]

오늘날 등재학술지의 경우 논문 심사가 필수적으로 되면서 2~3명 동료 학자들의 익명 비판이 널리 일반화되었다. 최재석은 평생에 걸쳐 300편이 넘는 학술논문을 발표했는데 학술지에 논문 게재를 여덟 번 거부당한 체험을 이야기하면서 학술지 게재논문 심사의 정당성에 대해 문제를 제기하기도 했다. 그는 자신의 초기 저서《한국인의 사회적 성격》에서 정당한 학문적 비판이 이루어지지 못하는 이유를 다음과 같이 분석했다.

---

179 최재석, 《역경의 행운》, 2015, 154~155쪽.

180 최재석, 《역경의 행운》, 2015, 162쪽. 이광규와 최재석 두 사람 모두 세상을 떠난 뒤에 서울대학교 비교문화연구소 한국인류학 총서 1권으로 나온 정향진 외,《한국 가족과 친족의 인류학》(서울대학교출판문화원, 2018)도 1부 〈이광규의 가족과 친족 연구〉, 2부 〈이광규 이후: 한국 가족과 친족 연구의 방향 제안〉으로 구성되어 있으며 최재석에 대한 언급은 전혀 없다.

과거의 이름있는 학자의 업적을 기리는 학술행사에도 학회나 연구소나 사회단체가 이 사업의 중심이 되기보다는 그 후손들이 문중이나 출신 지역의 유림들이 주도하게 된다는 것이다. 이 경우 그 후손들을 의식하여 그 학자에 대한 객관적 연구는 하기 힘들고 침묵이나 무비판적 칭찬으로 끝나는 수가 종종 있다는 것이다. …… 학교나 회사나 조합 등의 여러 기능집단의 포말formal한 회합에서 흉금을 털어놓고 진지하게 토의가 되지 않고 형식적으로 흐르게 되는 것은 이 때문이며, 학문상의 논쟁을 하고 싶어도 뒷탈을 염려하여 좀처럼 감행하지 못하는 것도 이 때문이다.[181]

최재석이 볼 때 한국인은 "이성적인 생활과 감정적인 생활을 혼동하고 있다. 한국에서 가장 지성인이라고 자처하고 있는 학자 세계에서도 이와 같은 측면을 많이 볼 수 있다"는 것이다. 그래서 서평에도 "개인 감정이 작용하는데 자기와 친한 윗사람의 저서, 논문에 대하여는 무조건 인용, 호평을 가하면서 자기와 알지 못하는 사이든가 반대의 입장에 서는 사람의 것에 대하여는 이에 대한 언급을 회피하거나, 이를 악평하는 경향이 있다. 객관화된 논문 자체는 엄격히 그 사람 자체에 대한 감정과 구별되어야 함에도 불구하고 이 양자를 혼동하고 있는 것이다. 또 결함 많은 논문이라도 무조건 인용하고 호평을 가하게 되면 그 사람 자체에 대한 우호 내지 존경의 표시가 되고, 반대로 정당한 평이라 할지

---

181   최재석, 《한국인의 사회적 성격》, 개문사, 1979, 189쪽과 190쪽.

라도 그 결함을 지적하게 되면 그 사람 자체에 대한 적대행위로 간주한다."[182] 최재석은 이런 관행을 비판하면서 건전한 비평문화를 만들기 위해 솔선수범했다. 한일 고대관계사 문제를 두고 노태돈이 "최 교수의 주장에는 인정하기 어려운 부분이 많다. 다만 학계의 원로이기 때문에 직접적인 비판은 피하고 싶다"고 한 말에 대해 "그럴 필요 없다. 나를 정식으로, 직접적으로 비판해주기 바란다. 만일 이 글을 보고도 비판하지 않는다면 먼저 한 말을 나를 폄훼하는 말로 받아들이겠다"라고 응답했다.[183]

2. 최재석의 관점으로 본 한국 사회학계

최재석은《한국인의 사회적 성격》에서 한국인이 살아가는 방식을 거리를 두고 비판적으로 분석했다. 그에 따르면 다른 한국인들이 살아가는 방식에 무리 없이 동조하며 살아가는 사람들은 혈연, 지연, 학연에 따라 자기가 속한 집단의 이익을 배타적으로 추구한다. 최재석이 그런 연고주의를 비롯하여 한국인들이 당연한 것으로 생각하는 '문화적 문법'을 근대화와 민주화를 지연시키는 부정적 요인으로 봤음은 이미 앞에서 언급한 바 있다. 그는 자신이 분석한 한국 사회의 발전에 부정적인

---

182 최재석,《한국인의 사회적 성격》, 191쪽.

183 최재석,《역경의 행운》, 2015, 195쪽.

효과를 자아내는 '사회적 성격'과 '문화적 문법'을 따르지 않았다. 그는 "세상사람 다 그런데 당신 혼자 고집한들 무슨 소용이 있느냐"라는 말에 설득당하지 않고 줄곧 자신의 신념을 지켰다.[184] 그런 과정에서 그가 속해 있는 한국 사회학계와 고려대학교 사회학과에서 점차 비주류 아웃사이더가 되었다. 한국사회학회에서는 이만갑을 중심으로 하는 주류에 의해 배척당했고 고려대학교 사회학과에서는 홍승직을 중심으로 하는 주류에 의해 주변화되었다.[185] 최재석은 학계 안팎에서 자신의 연구업적에 걸맞은 정당한 대우를 받지 못했다. 대한민국학술원에 네 번이나 후보로 올랐으나 회원이 되지 못한 것이 그 하나의 보기이다. 최재석은 학문적 업적이 충분하지 않은 사람들이 학술원 회원으로 선임되는 학계의 상황을 비판했다.[186] 이런 상황과 관련하여 그는 이미 오래

---

184 최재석, 《한국인의 사회적 성격》, 178쪽.

185 최재석에 따르면 홍승직은 고려대 사회학과의 주류를 형성했고 그와 연대한 후배 교수들이 최재석에게 무례한 행동을 하기도 했다. 최재석, 〈상식을 벗어난 학계의 부조리〉, 《역경의 행운》, 2015, 207~264쪽 참조. 최재석의 일방적 주장에 대한 검증을 위해 고려대 사회학과 주류에 속하는 교수 한 분에게 이메일로 이 원고의 검토를 요청했으나 답을 받지 못했다.

186 최재석은 대한민국학술원 회원 선거에 네 번이나 후보로 올랐는데 모두 낙선한 후 사회학 전공으로 회원이 된 학자들의 실질적인 연구업적 목록을 만들어 제시하면서 대한민국학술원에 대한 자신의 주관적 판단을 다음과 같이 밝혔다. "대한민국학술원의 명실상부한 권위를 세우려면 적어도 장기간 연구에 열중하여 그 결과 훌륭한 업적을 낸 사람만이 회원이 되어야 한다고 생각한다. 그래야만 외국에서도 우리나라의 학문 수준과 학술원의 권위를 인정할 것이다. …… 생각하건대 우리나라에서 가장 후진성을 띤 부분이 대한민국학술원이 아닌가 한다." 최재석, 〈대한민국학술원의 정체〉, 《역경의 행운》, 2015, 233~243쪽. 인용은 241쪽. 현재까지

전에《한국인의 사회적 성격》에서 다음과 같이 썼다.

훌륭한 능력의 소유자일지라도 양반집 자손이 아니면 인정을 받지 못하듯이 대학교수에 있어서도 아무리 훌륭한 연구업적을 쌓는다 하더라도 ○○대학 교수가 아니면 정당한 사회적 인정을 받을 수 없는 것이다. 이른바 세상이 알아주지 않는 것이다. 똑같은 실력의 학자라고 할지라도 일류 대학에 취직하면 그 개인의 사회적 지위 내지 서열은 그와 동시에 상승하고, 반대로 비일류 대학에 취직을 하게 되면 같은 사람이건만 곧 그의 사회적 지위는 하락되고 마는 것이다.[187]

한국 사회학사 연구를 개척한 한국 사회학계의 증인인 최재석(1926~2016)은 이해영(1925~1979), 황성모(1926~1992), 최홍기(1927~ 2016), 고영복(1928~2011), 김대환(1928~2006) 등과 더불어 서울대에 사회학과가 만들어진 후 1950년대에 석사학위를 받은 초창기 세대에 속한다. 이들 가운데 최재석은 고려대 교수를 역임했고, 이해영, 황성모, 고영복, 최홍기는 서울대 교수를, 김대환은 이화여대 교수를 역임했다.

초창기 학자들의 학자 경력에는 이상백과의 관계가 중요하다. 그가 사회학계의 중심적인 인물이었기 때문에 사회학계에 진입하기 위해서

사회학자로서 대한민국학술원 회원으로 선출된 사람은 이상백, 고황경, 이만갑, 홍승직, 임희섭, 김경동, 신용하, 임현진이다.

187　최재석,《한국인의 사회적 성격》, 183쪽.

는 이상백과 신뢰관계를 맺어야 했다.[188] 최재석은 1946년 서울대학교에 입학하여 석사학위를 받기까지 이상백의 지도를 받았다. 이상백이 최재석에게 조교를 제안한 것을 보면 이상백은 최재석을 상당히 신임했던 듯하다. 그러나 최재석은 이를 정중하게 거절했다. 학부 때부터 이상백의 주변을 맴돌던 동기생 고영복과 후배 김채윤이 "이상백 선생님 근처에 오지 말라"는 심리적 압박을 주었기 때문이다.[189] 그러나 최재석은 이상백과 학문적 관계를 계속하여 그의 주선으로 1966년 당시로서는 획기적인 의미를 갖는 《한국 가족 연구》를 출간했다."[190] 1966년 이상백이 예상치 않게 일찍 세상을 떠나자 서울대 사회학과에서는 연령상으로는 제일 윗자리였던 이만갑과 인구 및 발전문제연구소를 중심으로 실질적인 권한을 가지고 있던 이해영 두 사람이 중심적인 역할을 하게 되었다.

---

188 한완상의 증언에 따르면 경성제대 예과를 나오고 서울대 사회학과에 입학한 동기생 이해영과 황성모 가운데 이상백의 신뢰를 얻은 사람은 이해영이었다. 그래서 이해영은 이상백의 후원으로 미국 연수를 다녀온 후 박사학위 없이 서울대 교수로 부임했고 황성모는 독일에서 박사학위를 받고 귀국하여 이화여대를 거쳐 뒤늦게 서울대 교수가 되었다고 한다. 〈한완상 인터뷰 자료〉, 2016년 1월 16일.

189 1950년대 초반 고영복과 김채윤은 이상백의 주변을 맴돌면서 최재석이 한 학기에 한두 번 정도 이상백의 연구실을 찾아가면 "왜 왔느냐?"고 묻곤 했다. "후에 이 두 사람은 학과 조교가 되었으며 상당한 시일이 지난 후에 두 사람 모두 사회학과에 전임이 되었다." 최재석, 《역경의 행운》, 2015, 104~105쪽.

190 이 책의 서문에는 "본서의 출간을 주선해주시고도 발간의 기쁨을 함께 나누어주시지 못하고 서거하신 고 이상백 박사의 학은에 감사드리는 바이다"라는 문장이 나온다. 최재석, 《한국 가족 연구》, 8쪽.

사회학계에서 최재석은 언제부터인가 이만갑의 견제를 받게 된다. 이만갑과 최재석 두 사람 사이의 갈등이 언제 어떻게 시작되었는지는 분명하지 않다. 최재석의 증언에 따르면 1965년 일본 도쿄에서 열린 세계가족학회에서 일어난 일이 시발점으로 보인다. 최재석은 이 국제학회에서 한·중·일 삼국의 가족제도를 비교한 논문을 발표했다. 이 모임에 일반 참가자로 참석했던 이만갑은 최재석의 발표를 듣고 나서 한국의 제주도에는 부계가 아니라 모계가 강하다는 주장을 하면서 최재석의 발표에 이의를 제기했다. 최재석으로서는 외국 학자들 앞에서 한국의 가족제도에 대해 논의하는 자신의 발표에 이만갑이 예외적 사례인 제주도의 사례를 들어 반박하는 것을 이해할 수 없었다.[191] 이후 최재석은 이만갑의 반론을 마음에 두고 있다가 1975년과 1976년에 제주도 현지조사를 했고 그 연구를 바탕으로 1979년《제주도의 친족조직》을 출간함으로써 이만갑의 반론에 저서로 답변했다.

최재석은 1973년 서울대 사회학과에서 박사학위를 받기 위해 당시 대학원장 이숭녕과 사회학과 교수였던 이해영을 방문하여 학위논문 제출 가능성을 타진해서 승낙을 받았다. 그러나 며칠 뒤 이해영에게서 전화가 왔다. 다른 사람이 박사학위 논문을 제출하기 때문에 최재석의 논

---

191 최재석, 〈제9회 국제가족세미나(1965) 회고〉, 《역경의 행운》, 2011, 245~246쪽. 이만갑은 자신이 도쿄제국대학교 사회학과 출신이라는 자부심과 1959년 제주도 종합학술조사단의 일원으로 사회학 분야를 담당했던 경험 등을 바탕으로 당시 최재석의 발표에 대해 비판적인 질문을 한 것으로 보인다. 이만갑이 1959년 제주도 종합학술조사단에 참여한 사실에 대해서는 김인수, 〈한상복 교수 인터뷰〉, 《서울대학교 사회발전연구소 50년사: 1965~2015》, 한울, 2015, 296쪽 참조.

문을 심사할 수 없다는 번복의 말이었다.[192] 최재석이 서울대가 아닌 고려대에서 〈한국 가족의 연구〉라는 논문으로 박사학위를 받은 숨은 이유이다.

최재석은 한국사회학회의 운영과 관련해서도 일화를 남겼다. 최재석은 1978년 이만갑이 한국사회학회를 한국사회과학협의회의 하위조직으로 만들고 그 이름으로 외부에서 연구비를 받아 자신의 개인 연구비로 사용했다는 사실을 기록으로 남겼다. 최재석은 한국사회학회 차원에서 한국사회과학협의회 가입을 4년이나 반대했다. 그럼에도 이만갑은 자신의 제자인 김채윤이 한국사회학회 학회장이 되자 한국사회학회를 사회과학협의회에 가입하도록 하여 자신의 목적을 달성했다는 것이다.[193]

그러나 그런 에피소드보다 중요한 것은 학술적 업적이다. 이만갑은 1960년에 《한국 농촌의 사회구조: 경기도 6개 촌락의 사회학적 연구》를 출간했고 1963년에는 고황경, 이효재, 이만갑, 이해영의 공저로 《한국 농촌가족의 연구》가 출간되었다. 1973년에는 1960년에 출간한 저서에 그 이후에 일어난 농촌사회 변동 연구를 덧붙여 《한국 농촌사회의 구조와 변화》를 출간했다. 1981년에는 흩어져 있는 글을 모아 《한국

---

192 최재석, 〈학위논문을 면전에서는 승낙하고 전화로 거절한 서울대〉, 《역경의 행운》, 2015, 225~226쪽.

193 최재석, 〈한국사회학회장(1980년도)에게 보낸 서한〉, 《역경의 행운》, 2011, 242~245쪽. 이 에피소드는 2015년에 만권당에서 나온 《역경의 행운》 개정판에는 빠져 있다.

농촌사회 연구》(다락원)를 펴냈고 1984년에는 새마을운동에 관한 연구를 포함한 《공업 발전과 한국 농촌》을 출간했다. 1960년대와 1970년대에는 농촌사회가 사회학의 주요 연구 대상이었기 때문에 이만갑은 한국을 대표하는 사회학자가 되었다.

최재석은 이만갑에 이어 한국 농촌사회를 연구했다. 1975년에는 《한국 농촌사회 연구》를 발표했고 1988년에는 《한국 농촌사회 변동 연구》를 출간함으로써 한국 농촌사회 연구에 크게 기여했다. 최재석은 이만갑이 1981년 《한국 농촌사회 연구》라는 제목의 책을 펴내면서 1975년 자신이 발표한 같은 제목의 《한국 농촌사회 연구》에 대해 아무런 언급을 하지 않은 점에 대해 문제를 제기했다. 본문은 물론 각주나 참고문헌에도 최재석의 저서에 대한 언급이 전혀 나오지 않는다. 그렇다면 이만갑의 농촌사회 연구를 최재석에 의해 이루어진 농촌사회 연구와 비교해볼 필요가 있다.[194]

앞서 언급했지만 최재석은 이만갑의 한국 사회학의 역사 서술에 대해서도 비판적 입장을 표명했다. 최재석은 이만갑이 한국 사회학계를 대표하여 외국에서 발표한 "Development of Sociology in Korea"(1970)에

---

194 최재석은 《한국 농촌사회 변동 연구》, 13쪽의 각주에 이만갑의 농촌사회 연구서 세 권과 더불어 김영모, 양회수, 왕인근 등의 연구를 소개하고 있지만 특별한 평가는 하지 않았다. 그러나 김흥주의 증언에 따르면 최재석은 대학원 농촌사회학 시간에 학생들에게 자신의 연구와 이만갑의 연구, 왕인근의 연구를 읽고 세 연구 사이의 차이점을 찾아낼 것을 요구했다고 한다. 최재석은 이만갑의 저서는 보고서이며 왕인근의 연구는 정책 제안서이지 본격적인 학술 저서가 아니라고 보았다고 한다. 김흥주, 〈2019년 2월 8일, 서울시청 시민청 대담자료〉.

대해 오래전에 써두었던 비평논문을 2009년에 가서야 발표했다.[195] 최재석은 이 글에서 이만갑의 한국 사회학사 해석을 두 가지 점에서 비판했다. 첫째, 이만갑이 해방 이전 한국 사회학의 연구 성과가 거의 없었다는 평가에 대해 최재석은 1930년대에 이루어진 사회학 연구를 구체적으로 제시하면서 이만갑의 견해를 반박했다.[196] 둘째, 최재석은 이만갑이 1957년 한국사회학회의 출범이라는 사회학계 전체의 중요한 사건보다 자신이 개인적으로 미국에 교환교수로 다녀온 1956년을 중요한 기점으로 잡은 점을 비판했다.

---

195 최재석, 〈이만갑 교수의 한국 사회학 서술 비판—San Francisco 국제회의 발표논문을 중심으로〉, 《한국의 가족과 사회》, 경인문화사, 2009, 365~387쪽.

196 1930년대의 사회학에 대한 실증적 연구로는 최근에 이루어진 김필동의 연구를 참조할 것.

6.

최재석 사회학의
비판과 계승

최재석은 정계나, 언론계, 학내 보직 등에 전혀 관심을 갖지 않고 오직 학문에만 전념한 학자의 전형이다. 최재석의 스승 격인 김두헌은 최재석의 학자로서의 자질을 일찍부터 알아보았다. 그는 최재석의 《한국 가족 연구》에 대한 서평에서 이렇게 썼다.

그의 학구생활에 있어서 그다지 순조로운 환경이 아니었다. 그러나 그는 모든 난관을 이겨내고 갖은 애로를 타개하면서 오직 학구 이념으로 연찬에 매진해온 것이다. 이제 보람 있는 그의 업적을 높이 찬양해 마지 않는다.[197]

---

197 김두헌, 〈서평: 최재석의 《한국 가족 연구》(민중서관, 1966)〉, 《아세아연구》 10권 1호, 1967, 113쪽.

최재석의 초창기 제자 이창기는 최재석의 학문 세계를 학문에 대한 열정과 집념, 연구 주제의 일관성, 연구를 위한 사전 준비의 철저함, 장기적 연구 계획의 수립, 주체적인 연구 태도, 충실한 현지조사, 현재 이해를 위한 역사적 조명, 도제식 제자교육, 자비 연구 등 9가지로 요약하면서 다음과 같이 썼다.

최 교수가 범인으로서는 엄두도 내기 어려운 초인적인 연구업적을 축적할 수 있었던 것은 이러한 장기계획을 수립하고 소주제를 하나하나씩 단계적으로 쉬지 않고 연구해 온 학문적 열정과 집념의 소산이라고 할 수 있다.[198]

최재석의 후기 제자 김흥주와 김철규가 썼듯이 "최재석은 삶과 학문을 일치시키려는 진솔함, 삶과 학문 양쪽에 스며들어 있는 열정과 집념, 역경과 고난을 새로운 기회로 만들어가는 확고한 신념, 딴짓에 눈 돌리지 않고 오로지 학문에만 파고든 학문적 고집을 보여준 진정한 학자였다."[199] 아래에서는 그의 학맥을 간단히 살피고 이어서 그의 사회학을 비판적으로 계승하는 방향을 모색한다.

---

198 이창기, 〈최재석 교수의 농촌사회 연구방법〉, 한국 농촌사회학회 발표논문, 2018
      년 5월 12일, 1쪽과 5~6쪽.
199 김흥주·김철규, 〈최재석 교수의 농촌사회 연구: 궤적과 업적, 그리고 계승〉, 《농촌
      사회》 27집 1호, 2017, 177쪽.

1. 최재석의 학맥

최재석의 사회학은 그가 도제식으로 키운 직계 제자들에 의해 이어졌다. 최재석은 "학문 연구를 해보겠다"는 학생이 나타나면 "기쁨과 관심을 가지고 학문 연구 자세와 방식에 대해 몇 가지를 말해주었다. 첫째, 학문 연구를 하는 사람은 돈이나 명예 등 다른 것들에 신경을 쓰지 말고 오로지 공부에 몰두할 수 있어야 한다. 둘째, 내 연구실에 자주 들러 내가 어떻게 연구하는지 몸소 보고 배워라. 도제식 공부방법이야말로 연구방법을 전수 받는 최고의 방법이다. 셋째, 넓고 얕게가 아니라 좁고 깊게 공부하라. 자기 연구 영역 밖의 것은 넓고 얕게 하되 전공 분야는 좁고 깊게 공부해야 한다는 것 등을 일러주었다."[200] 최재석의 학구적 태도에 감동한 여러 학생들이 제자가 되기 위해 그의 연구실 문을 두드렸지만 최재석은 제자가 많은 편은 아니다. 그의 학문적 기준이 엄격했기 때문이기도 하지만 따뜻하게 제자들을 돌보는 성격도 아니었고 사회학계에서 비주류였기 때문이다.

최재석이 "손때를 묻혀" 도제식으로 양성한 직계 제자로는 이창기, 안호용, 김홍주 등이 있다. 이창기는 최재석의 제주도 친족제도 연구를 이어서 후속 연구를 했으며 최재석과 함께한 현장 연구 경험을 바탕으로 경상북도 해안 지역의 반촌과 어촌을 연구했다.[201] 최재석의 인류

---

200 최재석, 《역경의 행운》, 2011, 142쪽.
201 이창기, 《제주도의 인구와 가족》, 영남대학교출판부, 1999; 이창기, 《영해 지역의

학적 현장 연구는 직계 제자인 이창기뿐만 아니라 서울대 인류학과 출신인 이문웅과 전경수의 작업으로도 이어졌다.[202] 1989년 〈조선 전기의 상제의 변화와 그 사회적 의미〉라는 제목으로 고려대학교에서 박사학위를 받은 안호용은 최재석의 뒤를 이어 고려대 사회학과에서 사회사의 전통을 계승했다.[203] 최재석의 지도를 받아 1994년 〈한국 농민가족의 변화에 대한 연구〉로 박사학위를 받은 김흥주는 원광대에서 농촌사회학 연구를 이어가고 있다.[204] 최재석의 가족제도사 연구는 이효재, 박미해 등에 의해 조선 시대 가부장제 연구로 계속되었고 생활과학대학에서 가족학을 연구하는 학자들에 의해 많이 참조되었다.[205] 최재석의 한일 고대사 연구는 서울대 국민윤리학과에서 박사학위를 받은 일본인 연구자인 세키네 히데유키關根英行와 일본인 고대사 연구자 이시와타

반촌과 어촌》, 경인문화사, 2015.

202 전경수는 최재석의 제주도 연구, 오키나와 연구 등을 이어가고 있다. 전경수,《탐라 제주의 문화인류학》, 민속원, 2010;《일본열도의 문화인류학》, 민속원, 2011 참조.

203 최재석은 1991년 정년퇴임 이후 3년간 자신의 후임이 결정되지 않는 상황에서 많은 괴로움을 겪었다. 그는 "솔직히 후사는 없어도 참을 수 있으나 학문의 후계자 없이는 도저히 참을 수 없을 것 같았다. …… '실의에 빠진다'는 것의 뜻이 어떠한 것인가를 나이 70에 이르러서야 처음으로 그 진정한 뜻을 알았다"라고 썼다. 다행히 홍일식 총장의 결단으로 1995년에 안호용이 최재석의 후임으로 결정되었다.

204 김흥주는 최재석이 1975년《한국 농촌사회 연구》로 일단락을 맺은 농촌사회에 대한 연구 열정을 일깨워준 제자이며 1988년 간행된《한국 농촌사회 변동 연구》의 공동 현장 연구자이기도 하다. 최재석,《역경의 행운》, 2015, 223~225쪽, 139쪽.

205 이효재,《조선조 사회와 가족—신분 상승과 가부장제 문화》, 한울, 2003; 박미해, 《유교 가부장제와 가족, 가산》, 아카넷, 2010.

리 신이치로石渡信一郎의 작업으로 연결되었다.[206]

인생은 유한하고 모든 일에는 처음과 끝이 있다. 최재석은 학자 생활 50년간 매년 평균 6편의 논문을 집필하면서 나이를 의식하지 못하고 살았다. 그러나 2010년 80대 중반에 이르러 "난생처음으로 무료함을 느끼게 되었다." 자신이 계획한 연구를 모두 끝마치자 체력이 급속히 떨어지면서 "지난 50년간 지속적으로 논문을 써 온 것이 꿈만 같이 느껴졌다." 이제 더 이상 새로운 논문을 쓰겠다는 의욕도 사라지고 기력도 쇠퇴했다. 그는 인생의 끝자락에서 이렇게 썼다. "의욕 상실과 기력 쇠퇴가 이렇게 빨리 올 수 있는가? 85세가 나의 한계란 말인가?"[207]

2016년 최재석이 세상을 떠난 후 그의 부인 이춘계 여사는 살아생전 남편과 합의한 대로 그가 남긴 재산의 반을 고려대 사회학과 학생들을 위한 장학기금으로 조성했고 나머지 반을 한국사회사학회에 연구기금으로 기증했다.[208]

---

206 최재석을 잇는 일본인 학자 두 사람의 연구업적에 대해서는 최재석, 〈경원대 일문학과의 세키네 히데유키 교수〉; 〈일본의 획기적인 사학자 이시와타리 신이치로 씨〉, 《역경의 행운》, 2015, 116~122쪽 참조.
207 최재석, 《역경의 행운》, 2015, 312~313쪽.
208 정지영, 〈고려대 故최재석 교수 장학기금 조성〉, 《동아일보》 2017년 2월 28일 자. 2017년 4월 12일에는 고려대학교 문과대학 307호에서 '최재석·이춘계 강의실' 명명식이 있었다. 한국사회사학회는 2020년 11월 3일 '제1회 최재석 학술상' 시상식을 거행했다.

2. 최재석 사회학의 비판적 계승

한 학자의 작업은 후학들에 의해 비판적으로 계승되어야 한다. 여기서 후학은 직계 제자를 넘어서 한국의 사회학자 전체를 포함한다. 한 학자의 업적을 비판적으로 계승하는 작업에는 시대적 한계와 개인적 한계를 극복하는 일이 포함된다. 사회학 연구가 역사학 연구와 구별되는 지점은 사회학이 개념화와 이론화를 지향한다는 점이다.[209] 그러나 사회학 연구가 이미 구성된 추상적 이론에 기대어 거기에 맞는 사실을 찾아내는 작업에 머문다면 그것은 학문이라기보다는 이데올로기의 정당화 작업이 되기 쉽다. 최재석은 실증 연구를 강조하면서 어떤 이데올로기도 수용하지 않았다. 한국 사회에 대한 사회학 연구가 축적되지 않은 1950년대에 연구를 시작한 최재석은 일단 풍부한 경험적 연구를 축적하고 난 다음에야 한국 사회에 대한 포괄적 이해를 모색할 수 있다고 생각했다.

궁극적으로는 한국 사회에 대한 전체적 포괄적 파악에 도달해야 되겠지만 현 단계에서는 아무래도 가족, 계층, 인구, 농촌사회, 도시사회 등 한국 사회의 어떤 특정 대상에 대한 연구가 지속적으로 행해져야 할 것으

---

209 사회사/역사사회학의 이론과 방법에 대한 논의로 김백영 외, 《사회사·역사사회학》, 다산출판사, 2016. 특히 2부에 실린 강진연, 〈구조분석과 거시사 연구〉, 110~141쪽과 채오병·전희진, 〈인과성, 구조, 사건〉, 142~168쪽 참조.

로 생각한다.[210]

이 같은 최재석의 주장은 사회학자들이 각자 자기 전공 분야에서 경험 연구를 축적하고 나면 그것들을 종합하여 한국 사회를 포괄적·전체적으로 이해할 수 있다는 소박한 이론적 견해를 담고 있다. 그러나 여러 분야에서 축적된 연구를 활용하여 한국 사회에 대한 포괄적 이해에 도달하려면 개별 연구들을 엮고 배치하기 위한 이론적 관점이 필요하며 그에 따라 의미 있는 문제를 제기하고 적합한 사실들을 수집하여 분석해야 한다.

최재석의 연구에서는 이론적 관심을 찾아보기 어렵다. 그는 이론 연구와 경험 연구의 관련성을 진지하게 생각하지 않은 듯 보인다. 결과적으로 최재석의 사회학은 현장 연구에 치중한 나머지 이론적 천착이 부족하다. 사회학 연구는 사실의 묘사나 기술을 넘어서기 위해서는 이론에 의해 인도되어야 하는 측면도 있다. 이론적 탐조등을 활용해 빛을 비춤으로써 지금까지 보이지 않던 의미 있는 사회적 사실들을 조명할 수 있게 된다. 현장 밀착적인 미시적 관찰과 조사 연구가 중심이 된 최재석의 농촌사회 연구에는 이론적 문제의식이 잘 드러나지 않는다. 연구자의 관심에 따라 의미 있는 사실을 수집하는 작업은 그 자체로 가치가 있다. 그러나 거기서 한걸음 더 나아가 수집한 사실들을 서로 연결시키면서 설명하는 이론적 작업도 필요하다.

---

210 최재석, 〈1960년, 70년대의 한국 사회학 연구 태도의 반성―1980년대 한국 사회학의 발전을 위하여〉,《한국 초기 사회학과 가족의 연구》, 146쪽.

최재석은 미시적 주제에 대한 실증적 연구를 지속했다. 가족사회학이나 농촌사회학, 가족제도사 연구에서 볼 수 있듯 그의 연구는 경험적 조사나 역사적 자료의 검토를 통해 몰랐던 사실이나 감추어져 있던 사실을 발견하는 연구이거나 고대 한일관계사 연구의 경우처럼 왜곡된 해석을 바로잡는 연구였다.[211] 최재석의 실증적 접근에 대한 집착은 아마도 김두헌과 이상백의 영향을 받으면서 일제 시대에 이루어진 선행 연구들을 섭렵하는 과정에서 만들어진 것 같다.

최재석은 일본 학자들의 연구를 넘어 한국 사회의 고유한 특성을 찾아내기 위한 연구를 지속했지만 방법론적으로 일본 학자들이 만들어 놓은 실증사학의 틀에 갇혀버린 듯하다. 현재의 시점에서 비판적 거리를 두고 보면 "일제 식민주의는 제국의 통치에 가히 자연과학적 법칙성을 부여하고 이를 누구도 거역할 수 없는 보편진리로 승화"시키려고 했다.[212] 일제는 통치의 과학성을 입증하기 위해 현지조사에 기초한 수많은 조사 연구 결과를 산출했다. 실증주의는 과학적 법칙성을 주장하는 인식론적 근거였다. 일제는 "실증적 조사를 바탕으로 통계를 산출하는 과학적 방법론"을 사용하여 가치중립적 지식을 생산하고 그것에 근거한 통치를 합리적 지배로 정당화하려 했다.[213] 하나의 객관적 현실

---

211 최재석은 세상을 떠나기 1년 전 자신의 회고록 개정판 머리말에서 자신이 "규명하여 찾아낸 중요한 몇 가지 사실"을 한국 사회사 분야에서 5가지, 고대 한일관계사 분야에서 7가지로 정리하여 제시하였다. 최재석, 《역경의 행운》, 2015, 8~10쪽.

212 전진성, 《상상의 아테네, 베를린·도쿄·서울》, 천년의상상, 2015, 579쪽.

213 "이른바 가치중립성이라는 근대과학 특유의 가치는 권력자의 횡포나 정복자의 성상 파괴적 충동과는 거리를 두는 대신 지역 고유의 역사와 정체성에 대한 무자비

이 존재한다는 가정, 이론적 성찰의 부재, 사회적 갈등의 은폐, 기존의 제도나 행태를 변화시키는 행위 주체의 부재 등은 식민지 시대에 만들어진 실증적 연구방법이 지닌 한계이다.

그러한 한계에도 불구하고 최재석은 후속 연구자들이 비판적으로 계승하여 심층적으로 연구해야 할 연구 영역을 개척했다. 먼저 최재석의 가족제도 연구는 과거의 가족을 연구한 것이지만 오늘날의 시점에서 보았을 때 여성학자들에게도 많은 시사점을 제공한다.[214] 장기간에 걸친 여성의 지위 변화에 관한 연구가 그 보기이다. 최재석은 한국 가족제도를 역사적으로 연구하면서 〈신라 시대 여자의 토지소유〉(1985), 〈고려조에 있어서 토지의 자녀 균분상속〉(1981), 〈농촌여성의 사회·경제적 지위와 의식의 변화추세〉, 〈사회사에서 여女, 서婿, 외손外孫의 사회적 지위와 변화〉(1985), 〈조선 중기 이전 가족에 있어서의 여자의 지위〉(1986) 등의 논문에서 확인할 수 있듯 여성의 지위가 고정된 것이 아니라 시대에 따라 변화를 겪었으며 남성 중심의 가부장제는 조선 후기에 와서 형성된 그리 오래된 전통이 아니라는 것을 실증적으로 보여주었다.[215]

앞에서 비교적 자세하게 다루었지만 최재석의 한국인의 '사회적 성

한 인식론적 폭력을 자행한다." 전진성, 《상상의 아테네, 베를린·도쿄·서울》, 천년의상상, 2015, 461쪽.

214 이효재는 이미 자신의 저서 《조선조 사회와 가족—신분 상승과 가부장제 문화》, 한울, 2003에서 최재석의 연구를 중요하게 언급하고 있다.

215 부부관계를 비롯하여 젠더 연구의 관점에서 16세기 이후 유교 가부장제를 탐구한 박미해, 《유교 가부장제와 가족, 가산》, 아카넷, 2010을 볼 것.

격' 연구와 사회윤리 연구 또한 앞으로도 계속되어야 할 중요한 두 번째 연구 주제이다. 최재석의 '한국인의 사회적 성격' 비판과 한국 가족제도에 대한 사회사적 연구는 그 자체로 탁월한 연구였다. 그러나 한국인의 사회적 행위에 대한 비판적 문제의식이 가족사회학 연구와 분명하고 이론적인 방식으로 연결되지 못했다는 점에서 아쉬움을 남겼다.[216] 최재석은 한국인의 사회적 성격이 "국가적 차원에서는 끊임없는 외침과 외침의 위협, 사회의 차원에서는 대개가 농업에 종사하는 전 산업형 사회의 지속, 그리고 일차적 집단의 차원에서는 빈곤한 수많은 가족의 존재, 이 세 가지 요인에 기인된다"고 보았다.[217] 이 관점에서라면 1960년대 중반 이후 농업 위주의 농업사회에서 산업사회로 변화하고 빈곤한 가족이 줄어드는 과정에서 한국인의 사회적 성격도 변화해야 한다. 그러나 가족주의를 비롯한 한국인의 사회적 성격은 오늘날에도 여전히 변하지 않는 사회적 성격으로 남아 있다. 이것을 어떻게 설명할 것인가?

최재석이 한 사회의 문화의 근저를 구성하는 종교와 사회적 성격을 연관지었더라면 단순한 예시와 묘사를 넘어 사회학적 설명에 도달할 수 있었을 것이다.[218] 그럼에도 불구하고 그가 발표한 〈한국가족의 전

---

216 최재석은 농촌사회의 문중조직을 연구하면서 문중의 도시 이전에 관심을 기울였는데 문중조직이 서울, 부산, 대구 등 대도시에 건물을 짓고 이전하여 활동을 계속한 현상을 체계적으로 연구했더라면 가족주의에 대한 연구를 확장 심화시킬 수 있었을 것이다. 김흥주, 〈2019년 2월 8일, 서울시청 시민청 대담자료〉.

217 최재석,《한국인의 사회적 성격》, 개문사, 1979, 200쪽.

218 최재석은 다음과 같은 문장으로 책을 마쳤다. "끝으로 본인은 이 졸고가 자극이

통적 가치의식〉(1964), 〈현대사회에 있어서 전근대적 가족의식〉(1964), 〈한국인의 가족의식의 변용〉(1965), 〈한국 사회의 윤리규범 문제〉(1972), 〈한국 가족제도의 문제점〉(1973), 〈동서양 가족제도의 장단점〉(1973), 〈변천하는 부자유친〉(1974), 〈한국 사회윤리와 그 사회적 배경〉(1974) 등의 논문에는 한국의 가족윤리와 사회윤리에 대한 그의 문제의식이 심화되고 있다. 사회학이 도덕적 차원을 담고 있다는 뒤르켐 전통을 따른다면 최재석의 가족윤리와 사회윤리 연구는 한국 사회의 심층적 구성 원리를 다루는 도덕과 가치의 사회학으로 발전할 수 있는 가능성을 안고 있다.[219]

최재석의 사회학에서 후학들이 계승할 세 번째 주제는 비교사회학 연구이다. 한국 가족제도사 연구가 더 큰 의미를 갖기 위해서는 "한국 사회 가부장제의 역사적 성격을 규명하고, 이를 비교사회학적으로 검토해 보는 노력"이 필요하다.[220] 최재석은 가족과 친족 분야의 연구에

되어 금후 한국인의 사회적 성격 내지 민족적 성격에 관하여 더욱 진지한 연구가 이루어지기를 기대하면서 이 논고의 마지막 붓을 놓고자 한다." 최재석, 《한국인의 사회적 성격》, 개문사, 1979, 202쪽. 한국의 종교 전통과 문화적 문법 사이의 관계를 연구한 정수복의 《한국인의 문화적 문법》(생각의나무, 2007)은 최재석의 연구와 이어져 있다.

219 민문홍, 《사회학과 도덕과학》, 민영사, 1994.
220 박미해, 《유교 가부장제와 가족, 가산》, 아카넷, 2010, 7쪽. 한국의 가부장제가 "서구와 다른 점은 가부장적 지배구조에서 공순恭順이 조선 사회에서는 부모와 자녀, 상전과 노비의 관계에서 나타났으며, 때로는 공순이 농경사회에서의 의리를 바탕으로 한 상호부조의 형태로 전유되고 있다는 데 있다." 박미해, 《유교 가부장제와 가족, 가산》, 296쪽.

서 일찍부터 한국, 중국, 일본을 비교하는 논문을 발표했다. 1964년 《한국사회학》 창간호에 발표한 〈한·중·일 동양 삼국의 동족 비교〉와 〈한국의 친족집단과 유구琉球의 친족집단: 주로 그 유사점과 전파를 중심으로〉(1969)가 대표적이다.[221] 그러나 후기로 가면서 그의 연구는 한국에 고정되었고 비교사회학적 관점을 발전시키지 못했다. 한국, 중국, 일본은 비슷하면서도 서로 다른 세 나라로서 비교사회학의 중요한 연구 대상이다.[222] 한·중·일 동아시아 세 나라가 서로를 잘 이해하고 상호 협력의 길을 모색하기 위해서도 최재석이 시작한 세 나라의 비교사회학적 연구는 가족을 포함하여 다양한 연구 주제에서 풍부하게 이루어져야 할 것이다.

---

221 〈한·중·일 동양 삼국의 동족 비교〉는 일본어, 영어, 프랑스어로 번역되었다. 〈한·중·일 동양 삼국의 동족비교시론(일문)〉, 《기타노 세이이치 박사 고희 기념 논문집》; "A Comparative Study on the Traditional Families in Korea, Japan and China", Reuben Hill & René König eds., *Families in East and West: Socialization Process and Kinship Ties*(Paris: Mouton, 1970); "Etude comparative sur la famille traditionnelle en Corée au Japon et en Chine", *Revue de Corée*, 7권 2호, 1975 참조.

222 함인희의 평가에 따르면 한국 가족사회학 연구에서 "한국 가족의 특수성을 규명하는 이론과 방법론"이 결여되어 있는데 한·중·일 가족 비교 연구는 하나의 방법이 될 것이다. 함인희, 〈가족사회학 연구 60년: 연구 주제 영역의 변화와 이론적 페러다임의 교차〉, 대한민국학술원, 《한국의 학술연구: 정치학·사회학》, 대한민국학술원, 2008, 517쪽.

2부
·

신용하의
사회사와 민족주의 사회학

1
.

신용하 사회학의 기본틀[1]

1. 민족이라는 문제의식

한국의 사회학은 20세기 초 일본에서 수입된 서양 학문이다. 1930년대
에는 하경덕, 한치진, 김현준, 공진항 등 미국, 독일, 프랑스 등에서 공
부하고 귀국하여 활동한 사회학자들도 있었다. 그러나 해방 후 이들의
연구가 계승되지 못하고 일본에서 공부한 학자들에 의해 사회학의 제
도화가 이루어졌다. 한국전쟁 이후 한국 사회학의 역사는 미국에 유학
한 학자들이 미국의 사회학 이론과 연구방법을 배우고 귀국하여 그 이
론과 연구방법을 교육하고 적용한 수입 학문의 역사라고 할 수 있다.
1970년대에 이르면서 한국 사회학계 일각에서 서구 학문의 토착화라

---

1   필자와의 인터뷰에 응해주시고 주요 저서와 연구업적 목록을 제공해주신 신용하 교
   수께 감사드린다.

는 문제가 제기되었고 학문의 현실적합성 문제가 논의되기도 했다.

한국 사회학의 과제가 우리의 문제의식에서 출발하여 우리 나름의 이론과 연구방법을 개발하여 주체적이고 자율적이며 독자적인 한국 사회학을 정립하는 일이라고 한다면 신용하의 사회학에 주목하지 않을 수 없다. 신용하는 1975년 서울대학교 사회학과에 자리잡은 후 줄곧 한국 근현대사의 흐름을 사회사의 관점에서 연구하면서 독창적인 한국 사회학의 정립을 위해 노력했기 때문이다. 1980년대 이후 이런 신용하의 학문적 지향성에 공감한 젊은 후학들이 한국사회사학회를 중심으로 꾸준한 연구 활동을 전개하고 있다. 이를 통해 신용하가 이끈 한국 사회사 연구의 흐름이 한국 사회학계에서 중요한 부분을 구성하고 있음을 확인할 수 있다.

한 학자의 학문적 업적을 이해하기 위해 가장 먼저 살펴볼 것은 그의 문제의식이다. 신용하는 1990년대 초 자신의 문제의식을 이렇게 이야기한 바 있다.

나의 학문 연구의 관심사는 일관되게 '민족문제'에 있어왔다. 나는 소년 시절에 8·15해방, 6·25전쟁 등을 겪고 관찰하면서 '우리 민족은 왜 일본의 식민지가 되었나? 우리 민족은 왜 남북으로 분단되었는가? 우리는 왜 같은 민족끼리 동족상잔의 전쟁을 하였는가?' 등의 의문을 풀지 못하고 간직한 채 성장하였다.[2]

---

2 신용하, 〈나의 학문, 나의 저작, 《독립협회 연구》 이후 나의 민족운동 연구〉, 《사회평론》, 1991년 10월호, 128쪽.

그는 이런 문제의식을 가지고 대학에 진학했다. 그의 막연한 문제의 식은 대학에 들어와 다음과 같이 구체화되었다.

학생 시절 나는 8·15 이전의 민족문제는 민족 해방과 독립국가 건설의 문제라고 생각했으며, 8·15 이후의 민족문제는 민족 재통일의 문제라고 생각했었다. 그리고 대학원에 진학하여 연구에 종사하기 시작하게 되자, 오늘의 민족문제를 학문적으로 심층에서 연구하고 구명하면서도 적어도 역사적으로 19세기 열강의 한반도 침입 전후부터 연구해야 한다는 사실을 절감하게 되었다. 이렇게 해서 한국 근현대사에서의 민족문제가 나의 연구 관심 영역이 된 것이다.[3]

학문 활동의 만년에 이르러서도 신용하는 자신이 사회학과에 진학한 이유는 민족 문제의 이해에 있었다고 반복하여 말하고 있다. "회고해 보면, 저자는 열세 살 소년시절에 한국전쟁의 참혹함을 경험하면서, 한국 민족은 왜 동족상잔의 전쟁을 하게 되었는가 하는 의문을 처음 갖게 되었고, '민족'을 공부하여 그에 대한 해답을 얻으려고 사회학과에 진학하였다."[4] 이후 그는 학문의 길에 들어서서 "교수가 되어 주로 '근대 민족'을 공부하는 사이에 어느덧 정년을 넘기게 되었다"고 회고했다.[5] 이렇게 신용하는 민족 문제에 관심을 가지고 사회학과에 진학한 후 민

3   신용하, 〈나의 학문, 나의 저작,《독립협회 연구》 이후 나의 민족운동 연구〉, 129쪽.
4   신용하,《한국 민족의 기원과 형성 연구》, 서울대학교출판문화원, 2017, ⅴ쪽.
5   신용하,《한국 민족의 기원과 형성 연구》, ⅴ쪽.

족 문제를 연구하는 학자가 되어 평생 민족 문제 연구에 몰두하면서 수많은 저작을 남겼다.

2. 신용하의 학문적 스승들

많은 경우 한 학자의 형성 과정에는 그에게 학문적인 영향을 미친 지적 스승이 있다. 신용하의 경우는 어떠했을까? 1957년 사회학과에 입학해보니 예상과 다르게 주로 일본과 미국과 독일 사회학의 내용을 가르치고 있었다. 그러다가 대학교 2학년 때 최문환 교수의 민족주의와 사회사상 강의를 듣게 되었다. 이후 그는 최문환의 지도와 편달을 받으며 학문의 길에 들어섰다. 그러나 그에게는 또 한 사람의 스승이 있었다. 한국의 사회사 연구를 개척한 이상백이다.[6] 신용하는 훗날 "이상백 교수님은 민족 문제나 사회 문제를 공부할 때도 반드시 역사적 고찰을 해야 심층 연구를 할 수 있다고 가르쳐 주셨습니다"라고 회고했다.[7] 1975

---

6 최문환의 사회학에 대해서는 정일준, 〈최문환과 한국 사회학의 문제틀: 민족주의와 자본주의를 넘어〉, 《한국사회학》 51집 1호, 2017, 399~453쪽을 참조하고 이상백의 사회학에 대해서는 정수복, 〈이상백과 한국 사회학의 성립〉, 《한국사회학》 50집 2호, 2016, 1~39쪽. 또는 《한국 사회학의 지성사》 2권 1부를 볼 것.

7 신용하·서울대 기초교육원, 《지구시대 민족을 말하다—사회학자 신용하의 삶과 학문》, 생각의나무, 2009, 15쪽. 박명규에 따르면 이상백은 "계층과 신분, 집단과 권력이라는 사회학적 문제의식을 역사적인 맥락에 적용한 뛰어난 사회사 관련 연구를

년 상과대학에서 사회학과로 자리를 옮겨 사회사를 가르치게 되면서 그에게 이상백의 존재는 더욱 중요해졌다.[8] 신용하는 최문환과 이상백이 자신의 학문적 스승임을 다음과 같이 증언했다.

나는 민족공동체의 공부가 사회학의 분야인 것으로 알고 사회학과에 진학하였다. 당시 서울대학교 사회학과에는 마침 최문환 교수께서 민족주의론과 사회사상사를 강의하셨는데 그분의 민족주의 사상과 이론에 심대한 영향을 받았다. 지금도 스승의 강의 내용을 거의 그대로 기억하여 외우고 있을 정도이다. 또 사회학과에는 이상백 선생님이 계셔서 역사적 고찰의 중요성을 배우게 되었다.[9]

그는 현재까지 62권으로 구성된 자신의 저작집을 엮으면서 이렇게 쓰기도 했다.

일찍부터 발표했다." 박명규, 〈한국 사회학과 사회사 연구〉, 대한민국학술원, 《한국의 학술연구: 정치학·사회학》, 대한민국학술원, 2008, 468쪽.

8 신용하는 1978년 을유문화사에서 세 권으로 엮어 나온 《이상백저작집》의 편집을 주도했다.

9 신용하, 〈나의 학문, 나의 저작, 《독립협회 연구》 이후 나의 민족운동 연구〉, 128쪽. 신용하, 〈이상백 선생과 한국 사회사 연구〉, 《東亞文化》 14집, 1978, 17~32쪽도 볼 것. 이한우는 신용하가 최문환과 이상백에게 '학문하는 정신'을 배웠지만 전공 분야와 관련해서는 직접 배운 바가 없고 "스스로 자기 영역을 개척해 온 것이다"라고 썼다. 이한우, 《한국의 학맥과 학풍》, 문예출판사, 1995, 190쪽.

저작집을 엮다 보니, 학문의 어려운 길을 가르쳐주신 최문환, 이상백 선생님을 비롯한 여러 스승님들의 엄격하신 교훈과 학은에 깊은 감사와 함께 그리움이 솟구침을 억제하기 어렵다.[10]

신용하는 자신이 이룩한 학문적 업적의 뿌리를 드러내기 위해 자신의 저서 가운데 사회사상사 책은 최문환에게, 한국 사회사 책은 이상백에게 헌정하기도 했다.

이 책을 사회사상사를 가르쳐주신 스승 최문환 선생님의 영전에 삼가 바칩니다.[11]

이 책을 한국 사회사를 가르쳐주신 스승 이상백 선생님의 영전에 삼가 바칩니다.[12]

신용하에게 최문환과 이상백이 대학에서 만난 스승이라면 홀로 책을 읽으면서 만나게 된 스승이 두 사람 있다. 신채호와 김구가 그가 사숙한 스승들이다.[13] 그는 신채호와 김구의 정신적 유산을 이어받아 민족주의 정신과 독립운동사에 대해 끈질기게 연구했다. 그가 볼 때 "한국

---

10 신용하,《한국 민족의 형성과 민족사회학》, 지식산업사, 2001, 4쪽.
11 신용하,《한국 근대 사회사상사 연구》, 일지사, 1987, 4쪽.
12 신용하,《한국 근대 사회사 연구》, 일지사, 1987, 1쪽.
13 정수복,〈신용하 면접 자료: 2017년 11월 15일, 프레스센터〉.

민족이 근대에 이르러 외세의 끊임없는 침략 속에서 나라와 겨레를 지키며 자유롭고 독립된 삶을 영위하기 위하여 정립한 이념이 한국의 근대 민족주의이며 한국의 근대 민족주의는 열강의 끊임없는 침략 속에서 한국 민족의 생존과 자주독립과 자유의 길을 지켜준 제일차적인 정신적 원동력이다."[14]

신용하는 1984년에《신채호의 사회사상 연구》를 펴냈고 2004년에는 이 책의 증보판을 출간했다. 증보판 서문에서 그는 신채호에 대해 이렇게 썼다.

단재 신채호는 우리들이 모두 아는 바와 같이 우리나라가 낳은 20세기 최고의 위대한 애국계몽사상가이고 역사학자이며, 조국과 민족의 자유 해방을 위하여 일본제국주의에 완강하게 항쟁한 위대한 독립운동가이고 민족혁명가였다. 그는 자기를 낳아준 나라와 겨레의 자유와 해방을 위하여 여순감옥에서 순국할 때까지 자기의 모든 것을 다 바친 참으로 위대한 민족혁명가였다.[15]

신용하는 민족혁명가로서의 신채호만이 아니라 위대한 학자로서의 신채호를 자신의 사표로 삼았다. 그는 "단재 신채호의 민족사학을 배우고 계승, 발전시키는 것을 학문 연구의 임무의 하나로 생각하면서 공부해왔다"고 밝히면서 이렇게 썼다.

---

14 신용하,《한국 근대 민족주의의 형성과 전개》, 서울대학교출판부, 1987, iii쪽.
15 신용하,《증보 신채호의 사회사상 연구》, 나남, 2004, 7쪽.

단재 신채호는 뿐만 아니라, 구한말에서 일제강점기에 걸쳐 목숨이 다하는 날까지 일본제국주의의 어용사가들이 한국 역사에 대한 날조 왜곡과 일제 초기 식민주의 사관을 철저하게 비판하면서 과학적으로 우리나라의 근대민족사학을 수립하고 위대한 학문적 업적을 창조한 대학자였다.[16]

신채호에 이어 김구 또한 그의 정신적 사표였다. 그는 일제강점기 한국 민족사를 다룬 저서를 김구에게 헌정하면서 이렇게 썼다.

조국과 민족의 자유 해방 독립 통일에 모든 것을 다 바치신 백범 김구 선생님과 그를 겨레의 큰 스승으로 배우는 모든 국민들에게 삼가 이 작은 책을 바칩니다.[17]

2003년에 펴낸 《김구의 사상과 독립운동》의 서문에서 신용하는 김구의 독립정신에 대한 존경심을 다음과 같이 표현했다.

이 책이 캄캄한 어둠의 시대에 백절불굴의 투지로 조국과 민족의 자유 해방과 독립 그리고 통일을 위하여 분투한 백범 김구 선생의 생애, 사상, 활동을 밝히고, 또한 김구 선생의 나라 사랑, 겨레 사랑, 세계 인류 사랑의 정신을 이해하고 학습하는 데 조금이라도 기여하기를 간절히 희

---

16 신용하, 《증보 신채호의 사회사상 연구》, 7~8쪽.
17 신용하, 《일제강점기 한국민족사 (상)》, 서울대학교출판부, 2001, iii쪽.

망한다.[18]

3. 사회학자 신용하의 형성 과정

신용하는 1937년 제주시 동쪽 끝에 위치한 화북동의 평범한 가정에서 4남매 가운데 장남으로 태어났다.[19] 신용하가 초등학교에 입학한 1945년 초여름 일본군 3개 사단이 제주도에 주둔하면서 제주도가 미군과 일본군의 격전지가 될 가능성이 커지자 일제는 제주 해안 지역 주민들에게 소개령을 내렸다. 이에 풍수지리와 정감록에 조예가 깊던 아버지의 판단에 따라 신용하의 가족은 지리산 아래 전라북도 남원시 동쪽에 위치한 운봉으로 이사를 했다. 그곳에서 편찮으시던 어머니의 건강이 호전되었다. 그러나 몇 년 후 한국전쟁이 터지고 인근 지리산에서 빨치산들의 활동이 활발해져서 이를 피해 계룡산 자락의 신도안으로 이주했다.[20] 그곳으로 이주한 지 얼마 안 되어 어머니가 돌아가셨다. 이

---

18 신용하, 《백범 김구의 사상과 독립운동》, 서울대학교출판부, 2003, iv쪽.

19 신용하의 호 화양和陽은 화북和北에서 온 것이다. 고대 한문에서 北과 陽은 같은 의미로 쓰였다. 정학섭·유승무 외, 〈화양 신용하 교수와의 대담: 민족 연구와 한국 사회학의 성립을 중심으로〉, 《사회사상과 문화》 19권 3호, 2016, 4쪽.

20 1950년대 중반 신도안에서 현지조사를 한 최재석에 따르면 신도안 주민 대다수는 그곳이 수도가 된다고 믿고 이주한 사람들로서 이주 후 생활에 대한 구체적인 계획이나 대책이 없어서 매우 빈곤하게 생활했다. 최재석, 《역경의 행운》, 만권당,

후 아버지는 풍수지리에 몰두하면서 가정을 제대로 돌보지 않았다. 장남인 신용하는 아버지를 대신하여 동생들을 보살피며 집안 생활을 꾸려나갔다. 그 때문에 수석으로 입학한 중학교도 다니지 못하게 되었다. 훗날 신용하는 그 시절을 이렇게 회상했다.

학교와 공부를 향한 갈망은 경험해보지 않은 사람은 도저히 이해할 수 없는 목마름입니다. 이 시기에 나는 책방에서도 사고, 아버지의 책도 닥치는 대로 꺼내고, 빌리기도 해서, 책을 잡히는 대로 닥치는 대로 읽어댔는데, 그중 김구 선생의 《백범일지》가 있었습니다. 당시 이 책이 저에게 준 감동은 독립운동 부분이 아니라 극도의 불우한 환경에 떨어진 절망 속에서도 공부에 대한 열망으로 난관을 극복해나가는 농촌 소년 백범의 투지였습니다.[21]

신용하가 훗날 교수 생활을 하면서 아침 7시 반에 연구실에 나와서

2015, 20쪽.

21 신용하·서울대 기초교육원, 《지구시대 민족을 말하다―사회학자 신용하의 삶과 학문》, 생각의나무, 2009, 12~13쪽. 신용하는 "우리는 원체 어려운 시기에 태어나서 공부를 했기 때문에 가난이나 탄압에 전혀 굴하지 않는 체질을 기를 수 있었습니다"라고 말하기도 했다. 《지구시대 민족을 말하다―사회학자 신용하의 삶과 학문》, 21쪽. 백범 김구는 열네 살 때 집안이 가난하여 산에 나무하러 다니면서 "동네 서당에서 책 읽는 소리를 들을 때면 말할 수 없는 비애를 느꼈다"고 썼다. 김구, 도진순 엮어 옮김, 《쉽게 읽는 백범일지》, 돌베개, 2005, 27쪽. 아마도 이 구절이 신용하에게 동병상련의 깊은 감동을 주었을 것이다.

밤 11시가 넘어서 귀가하는 '목숨을 건' 연구 생활을 지속할 수 있었던 힘은 중고등학교 시절 겪은 그의 개인적 체험과 무관하지 않은 듯하다.[22] 우여곡절 끝에 제주상고 졸업장을 손에 쥔 그는 민족 문제를 공부하겠다는 일념으로 1957년 서울대학교 사회학과에 입학했다.[23] 그의 사회학과 진학 결정에는 와세다대학에서 공부했던 친척 어른의 조언이 크게 작용했다. 그 어른은 신용하에게 '국가'를 공부하려면 정치학과를 가고 '민족'에 대해 공부하려면 사회학과에 가라고 조언했다.[24] 민족 문제에 관심이 있던 신용하는 당연히 사회학과를 선택했다.[25]

---

22 신용하는 중고등학교 시절에 대해 이야기하기를 꺼린다. 이에 대해 그는 "여러분들은 우리 세대가 겪은 고통과 고생을 잘 몰라요. 지금 말하면 넋두리같이 들릴까봐 거의 대학 생활 부분만 말하고 자꾸 제가 이야기를 피하는 이유는 이해받을 수 없다고 생각하기 때문입니다"라고 해명했다. 신용하·서울대 기초교육원,《지구시대 민족을 말하다—사회학자 신용하의 삶과 학문》, 생각의나무, 2009, 92쪽. 혹시 앞으로 그가 자서전을 쓴다면 이 부분이 소상하게 밝혀지길 기대한다.

23 〈신용하가 걸어온 길: 민족과 함께 한 젊은이〉,《대학신문》2005년 3월 21일 자. 신용하,《한국의 독도 영유권 연구》, 경인문화사, 2006, 597~598쪽에 재수록.

24 정학섭·유승무 외, 〈화양 신용하 교수와의 대담: 민족 연구와 한국 사회학의 성립을 중심으로〉,《사회사상과 문화》19권 3호, 2016, 5쪽. 신용하의 집안 어른의 인식과 달리 한국의 정치학자로서 민족주의를 연구한 것으로 차기벽,《한국 민족주의의 이념과 실태》, 까치, 1978; 차기벽,《민족주의 원론》, 한길사, 1991; 진덕규,《한국의 민족주의》, 현대사상사, 1976; 진덕규,《현대 민족주의의 이론구조》, 지식산업사, 1983 등이 있다.

25 당시 민족 문제에 대해서는 김두헌,《민족 이론의 전망》, 을유문화사, 1948; 김두헌, 〈민족과 국가: 민족적 도의국가론 서설〉,《학풍》10호, 1950, 1~38쪽을 참조할 수 있었다. 이후 1958년 최문환의 저서가 나왔다. 최문환,《민족주의의 전개 과정》,

신용하의 문제의식은 4·19 체험으로 더욱 심화되었다. 그는 대학 4
학년 때 일어난 4·19혁명에 열성적으로 참여했다. 당시 신용하는 한국
사회를 선진국으로 만들고 통일을 이루기 위한 주체세력을, 부패하고
무능한 '위'도 아니고 미성숙한 '밑'도 아닌, '옆'으로부터 나오는 지
식인과 청년세력으로 보았다.[26] 대학원에 진학한 신용하는 '후진국사
회연구회'와 '문리대 경제학회'에서 활동하면서 "학교에서 과목이 없
던 마르크스의 저서들, 페이비언 사회주의, 농촌·농민 문제, 후진국개
발론 등을 열심히 공부하고 토론"했다.[27] 신용하는 1964년에서 1965년

백영사, 1958. 이후 김대환이 이론 차원에서 신용하에 앞서 '민족사회학'을 추구했
다. 김대환, 〈민족사회학의 전개와 그 과제 (1)〉, 《한국사회학》 7호, 1972, 5~19쪽;
김대환, 〈민족사회학의 전개와 그 과제 (2): 한국 민족주의의 사상사적 고찰〉, 《한국
사회학》 21집, 1987, 21~43쪽. 김대환은 "민족과 국가, 민족과 계급을 '민족사회
학의 전개와 그 과제 (2)'에서 다루고 '민족사회학의 전개와 그 과제 (3)'에서는 개
인주의, 민족주의, 국제주의, 결론 등으로 논문 전체를 매듭지을 예정"이라고 밝혔
으나 그 내용을 다 포괄하지 못한 채 두 번째 글로 마감했다. 김대환, 〈민족사회학
의 전개와 그 과제 (2): 한국 민족주의의 사상사적 고찰〉, 1972, 19쪽. 참고로 김대
환은 1980년 국가보위입법회의 입법위원으로 참여했다.

26 신용하의 이런 판단에는 최문환 교수의 가르침이 작용했다. 정학섭·유승무 외, 〈화
양 신용하 교수와의 대담: 민족 연구와 한국 사회학의 성립을 중심으로〉, 6쪽.

27 신용하·서울대 기초교육원, 《지구시대 민족을 말하다―사회학자 신용하의 삶과
학문》, 생각의나무, 2009, 16~17쪽. 당시 신용하는 박현채, 안병직과도 친분이 있
었지만 그들이 마르크스주의와 계급 문제만을 이야기한 반면 자신은 마르크스주
의뿐만 아니라 막스 베버에 대해서도 이야기했고 계급뿐만 아니라 민족에 대해 이
야기했다는 점에서 그들과 달랐다고 회고했다. 정수복, 〈신용하 면접 자료: 2017년
11월 15일, 프레스센터〉.

사이에 한일협정에 반대한 6·3세대 학생운동가들에게 이론적·정신적으로 많은 영향을 미친 것으로 알려져 있다. 그 무렵 신용하는 다음과 같은 결심을 하게 된다.

우리는 '우리의 학문'이 없음을 통탄했습니다. 전부 미국, 일본, 독일 등 남의 것만 배웠습니다. 제일 많은 것이 일본 거였고 그다음이 미국 것이었습니다. 만일 우리가 학자가 되고 교수가 되는 날이 오면 반드시 우리 민족, 민족문화, 민족역사, 우리 학문을 창조해내자고 다짐하고 또 다짐했습니다.[28]

동기생이었던 김진균과 마찬가지로 신용하의 학자로서의 정체성 구성에도 4·19세대로서의 경험이 매우 중요하게 작용했다. 그는 자신이 4·19세대임을 이렇게 밝혔다.

저자는 4·19세대에 속한다. 우선 4·19세대는 대학 시절에 커다란 민족적 꿈을 기르며 자랐다. 한국전쟁 직후 우리의 현실은 참으로 비참했지만, 우리 세대들이 거름이 되어 반드시 민족통일을 실현하고 우리 조국을 세계 선진국의 하나로 올려놓겠다는 꿈이 있었다. 우리들은 강의실 안팎에서 당시 후진국인 우리 조국을 어떻게 하면 탈脫후진국으로 만들 것인가에 대한 국가적 개발계획 수립을 다투어 역설하기도 했고, 잃어

---

28 신용하·서울대 기초교육원, 《지구시대 민족을 말하다—사회학자 신용하의 삶과 학문》, 22~23쪽.

버린 역사를 찾아 복원시켜야 한다고 울분을 토하기도 하면서, 부정과
부패와 억압과 정체의 늪에 빠져버린 조국의 현실을 통탄하였다. 우리
세대는 1960년 4월 민주혁명으로 마침내 민족의 미래를 어둡게 가두고
있던 부정부패와 독재의 상징, 이승만 정권을 타도하고 우리 한국 민족
에게 새로운 발전의 시대를 열었다. 우리들의 민주주의와 발전의 염원
을 직접 수용한 당시 민주당 정권은, 1960년 후반부터 부흥부에서 제1
차 경제개발 5개년계획을 수립하고 발전의 준비를 갖추었다. 그러나
1961년 박정희 장군 일파가 5·16군사정변을 일으켜 민주정권을 붕괴시
키면서 경제개발계획도 찬탈하여 그들이 집행하려 하였다. 아직도 많은
이들이 한국 발전의 본격적 시작을 1962년부터라고 잘못 알고 있는데,
사실은 1960년 4월 혁명으로부터 시작된 것이며, 5·16군사정변은 이를
찬탈한 것이었다.[29]

신용하는 사회학과를 졸업하고 사회학과 대학원에 진학했다가 최
문환이 사회학과를 떠나 상과대학 학장으로 자리를 옮기자 그의 지도
를 받기 위해 경제학과 대학원에 재입학하여 1964년 봄 석사학위를 받
았다. 신용하가 교수 생활을 하면서 학문에만 전념한 배경에는 그 시

---

29 신용하, 《21세기 한국과 최선진국 발전전략》, 지식산업사, 1995, 3~4쪽. 그는
   "4·19혁명은 한국 사회에 독창적인 사회학적 해석이 시도되는 계기가 되었지만
   …… 현실 적합성을 충분히 확보한 사회학적 분석과 이론을 정립하기에는 우리의
   힘이 턱없이 부족했다"고 보고 4·19 정신을 구현하기 위해 평생 학문 연구에 정진
   했다고 밝혔다. 신용하, 〈독창적 한국 사회학의 발전을 위한 제언〉, 《한국사회학》,
   28권 3호, 1994, 3쪽.

절 스승 최문환과의 약속이 중요하게 작용했다. 신용하가 학문의 길에 입문하는 과정에서 최문환은 신용하에게 "너는 공부도 열심히 하고 민족에 대한 정열도 많지만, 정열이 너무 많아서 내 말을 안 들으면 감옥에 가서 죽을 가능성이 많다"면서 막스 베버의《직업으로서의 학문》을 읽고 와서 자신과 토론할 것을 요구했다. 신용하는 이 책을 열 번 정도 거푸 읽으면서 스승과 대담을 했다.[30] 그 과정에서 최문환은 신용하에게 "학문을 하려면 반드시 일생을 걸고 해야 하는데, 정치로 나가려면 학문을 해서는 안 된다"고 충고했다. 그러면서 학문의 길에 들어서려면 평생 학문에만 전념하겠다는 약속을 요구했다. 마지막으로 최문환은 "역사는 인간의 도살장"이라는 헤겔의 말을 인용하면서 신용하에게 "네가 생각하는 통일과 민족 융성의 문제는 너의 다음 세대에서나 이루어질 것이다. 그 도살장에서 죽지 않아야 네 학문이 살 수 있다"고 충고했다. 신용하가 훗날 '스승과의 약속'을 지켰다고 말할 때 그 약속은 그 시절 최문환과 한 약속을 뜻한다.[31]

신용하는 1964년 〈한국 자본주의 성립과정의 연구〉라는 논문으로 서울대 상과대학에서 경제학 석사학위를 받고 최문환의 후원으로

---

30 박명규는 신용하의 네 가지 학자적 품격 가운데 하나로 '절제된 열정'을 들고 있는데 이는 신용하의 내적 수련을 통해 얻어진 특성임을 알 수 있다. 박명규, 〈신용하교수론: 학자의 열정과 실사구시〉,《사회사상과 문화》19권 3호, 2016, 44~48쪽.

31 정학섭·유승무 외, 〈화양 신용하 교수와의 대담: 민족 연구와 한국 사회학의 성립을 중심으로〉, 36쪽. 신용하가 '목숨을 걸고' 공부한 이유 가운데 하나로 1960년대 인혁당 사건 등 여러 공안 사건에 연루되어 처형되거나 오랜 감옥 생활을 한 동료들에 대한 부채감을 들 수 있다.

1965년 서울대학교 상과대학 전임강사가 되어 경제사를 가르치기 시작했다. 1967년에는 하버드대학 옌칭연구소에서 장학금을 받아 1년 동안 연구했다.[32] 그때 하버드대학 경제학과의 사이먼 쿠즈네츠Simon Kuznets 교수와 접촉하여 경제학과 박사 과정 진학 가능성을 타진했다. 쿠즈네츠는 경제학과 박사 과정에 등록하게 되면 통계학을 비롯한 수학 과목 훈련 과정이 엄격하므로 한문과 일본어 문서를 해독할 수 있었던 신용하를 '동아시아 역사와 언어History and Far Eastern Languages' 과정의 책임자 존 페어뱅크John Fairbank 교수에게 소개했다. 신용하는 그곳에서 2년 동안 페어뱅크와 라이샤워Edwin Reischauer의 과목을 포함하여 총 16개 과목을 이수하고 박사 과정을 마쳤다.

박사학위논문은 처음에는 한국의 기독교에 대해 쓰려다가 기존 연구가 많아서 그만두고, 서재필에 대해 쓰려고 했는데 이미 인도 사람이 쓴 논문이 있었다. 그래서 범위를 넓혀 독립협회운동을 연구 주제로 결정했다. 그러나 당시 "국립대학 교수는 해외 체재 기간이 2~3년이어서 미국에 계속 있으려면 서울대학교에 사표를 내야 하는 상황"이었고 하버드대학 측에서는 한국에 가서 논문을 마무리한 후 보내도 좋다고 배려해주었다.[33] 당시의 상황을 잘 아는 김채윤의 회고에 따르면, 신용하

---

32 신용하는 전임강사가 된 다음 해인 1966년에 정혜련 여사와 결혼했고 1967년과 1970년 사이의 미국 체류시절에 장녀와 장남이 출생했다. 잘 이야기하지 않지만 한 학자의 학문 생활에 가정 생활이 지대한 영향을 미친다는 점을 고려할 때 신용하는 평화롭고 안정적인 가정 생활을 유지한 듯하다. 김채윤, 〈賀書〉, 화양 신용하 교수 정년기념논총 간행위원회 편, 《한국 사회사 연구》, 나남, 2003 참조.

33 정학섭·유승무 외, 〈화양 신용하 교수와의 대담: 민족 연구와 한국 사회학의 성립

는 "한국에서 논문이 발표되어야 한국 업적이 되는 것이 아니냐. 자신은 한국 학계에 기여하고 싶다"며 하버드대학에서 박사학위 논문을 쓰지 않고 귀국했다고 한다.[34] 신용하 자신의 증언에 따르면 당시 사회학과의 이해영 교수가 서울대학교도 새로 박사제도를 도입하여 세계적인 대학을 지향하는데 하버드대학에서 박사 과정 이수한 것을 인정할 터이니 박사학위 논문은 서울대학교에 제출하고 서울대학교 박사가 되기를 권고했다고 한다. 그래서 1970년에 귀국한 신용하는 1975년 2월 서울대학교에서 〈독립협회의 사회사상의 사회학적 연구〉라는 논문으로 박사학위를 받았다.[35]

학자로서 신용하의 정체성 구성에 자주적 학문 추구가 중요하다고 할 때 하버드대학 박사를 거부하고 서울대학교 박사가 되었다는 점은 중요하다. 독립협회에 대한 연구를 영어논문으로 써서 박사학위를 받아보았자 당시 한국에 대해 거의 관심이 없었던 미국 학계에 그 논문이 미칠 영향은 매우 미미했을 것이다. 물론 하버드대학 박사학위는 한국에 귀국하면 높이 평가받을 수 있는 사회적 인정과 출세의 수단일 수 있었지만 신용하는 민족주의 학자로 민족을 위해 학문적으로 기여하겠다는 생각에 귀국하여 서울대학교에서 한글로 박사학위 논문을 썼

을 중심으로〉,《사회사상과 문화》19권 3호, 2016, 7쪽.

34 김채윤,〈賀書〉, x쪽.

35 당시 심사위원은 한우근, 이만갑 등이었고 문학박사학위를 받되 전공을 사회학 또
는 역사학 둘 중의 하나를 선택할 수 있었는데 신용하는 당연히 사회학을 선택했다
고 한다. 정수복,〈신용하 면접 자료: 2017년 11월 15일, 프레스센터〉.

다. 민족주의 학자로서 그의 정통성은 여기에서부터 만들어졌다고 볼 수 있다. 신용하가 서울대학교에서 박사학위를 받자 김채윤은 신용하를 "애국적 사상에 근거한 국민경제학"을 담당할 학자라고 칭찬했는데, 당시 사회학과 교수였던 이해영도 이에 동의했다고 한다.[36] 김채윤의 이러한 찬사는 당시 학계의 지적 분위기를 잘 보여준다. 당시에는 민족주의가 중요한 가치였고 자립적인 민족경제의 수립이 지상의 과제였다. 당시 신용하는 서울대학교 상과대학의 조교수였으므로 '국민경제학'의 담당자가 될 수 있다는 기대를 받았던 것이다. 1966년 서울대 총장이 되어 정력적으로 활동하던 최문환은 1970년 뇌출혈로 쓰러져 1975년에 사망했다. '국민경제학자' 신용하는 최문환의 유일한 지적 후계자가 되었다. 그러나 1975년 상과대학이 없어지고 사회과학대학으로 개편되는 과정에서 신용하는 사회학과 교수로 자리를 바꾸었다. 이후 신용하는 자신의 학문적 정체성을 사회사 또는 역사사회학으로 정하고 연구에 몰두하게 된다. 그가 훗날 자신의 연구 생활을 되돌아보는 글의 제목을 〈나의 학문, 나의 저작, 《독립협회 연구》 이후 나의 민족운동 연구〉로 붙인 것에서도 알 수 있듯 1975년 독립협회 연구로 박사학위를 받고 사회학과 교수로 자리잡은 이후의 민족운동 연구는 신용하의 본격적인 사회학 연구 작업이었다.

---

36 김채윤, 〈賀書〉. 참고로 신용하가 하버드대학에서 박사학위를 받지 않은 것이 아니라 받기 어려운 상황이었다는 하버드대학 사회학과 졸업생들의 증언도 있다.

4. 학문적 업적

1975년 서울대학교 사회학과에 부임한 신용하는 학부와 대학원에 각각 '한국 사회사'와 '한국 사회사 연구'라는 강좌를 개설했다. 그는 사회사를 "사회가 형성되고 변동하고 발전하여 온 과정을 사회학적 이론과 관점에 의거하여 분석하고 해석한 역사"로 정의하고 특히 사회구조의 역사, 구조변동의 역사, 일상 사회생활사를 한국 사회사의 3대 부문으로 설정했다. 구체적으로는 "지식과 학문의 사회사"를 비롯하여 36개 연구 대상을 제시하기도 했다.[37] 이후 그는 연구에 몰두하여 엄청난 양의 연구 성과를 쌓아 올렸다. 1991년 그는 자신의 학문 생활을 다음과 같이 중간 결산했다.

그간 나의 학문 활동을 정리해 보니 1991년 8월 15일 현재까지 17권의 저작과 151편의 연구논문을 썼다. 나의 학문 방법론은 엄격하게 '실사구시'의 방법과 사회학적 해석에 의거하고 있다. (앞으로도) 대학원 입학 때 스승께 약속드린 바와 같이 일생을 오직 학문에만 전심전력할 생각이다.[38]

37　신용하, 〈한국사의 대상과 '이론'의 문제〉, 신용하 편, 《사회사와 사회학》, 창작과비평사, 1982, 561·566·577~579쪽.

38　신용하, 〈나의 학문, 나의 저작, 《독립협회 연구》 이후 나의 민족운동 연구〉, 《사회평론》 1991년 10월호, 139쪽. 여기에서 '스승'은 앞에서 언급한 최문환이다. 신용

그는 이후에도 연구에 집중하여 2021년 5월 현재 그의 연구업적은 저서 70권, 논문 288편에 달한다.[39] 그의 정년을 맞이하여 그의 후학들은 그가 "뛰어난 기억력과 예리한 분석력, 창의적인 종합력 및 이를 정확하게 표현하는 문장력에 이르기까지 타의 추종을 불허하는 천품과 이를 갈고 닦아 완성한 수련의 내공을 지닌" 한국 사회사 연구의 분야에서 타의 추종을 불허하는 업적을 이룩했다고 치하했다.[40] 또 다른 후학들은 "일평생 변함없이 연구자의 자세와 품격을 지켜 오신 화양 선생은 우리 시대 학자의 전범으로 손색이 없는 분이시다"라고 존경의 뜻을 표했다.[41]

하는 오로지 학문에만 전심전력했지만 딱 한 번 서울대 총장 출신 이수성 교수가 대통령 선거 출마 의지를 밝혔을 때 측면에서 지원하는 역할을 담당하기도 했다. 신용하는 구체적인 활동은 없었고 오래전부터 알고 지낸 이수성의 요청에 마지못해 참여한 것이라고 밝혔다. 〈신용하 면접 자료: 2017년 11월 15일, 프레스센터〉.

39 임현진은 신용하가 "구미 학계의 틸리C. Tilly, 스카치폴T. Skocpol, 앤더슨P. Anderson 등에 비견할 만한 석학"이라고 말했다. 신용하·서울대 기초교육원, 《지구시대 민족을 말하다―사회학자 신용하의 삶과 학문》, 58쪽. 연구업적의 양으로만 보자면 신용하는 틸리, 스카치폴, 앤더슨 세 사람 모두를 능가한다. 다작으로 알려진 찰스 틸리(1929~2008)는 평생 600편의 논문과 51권의 책을 남겼다. Wikipedia, 'Charles Tilly' 항목 볼 것. 틸리의 논문은 분량이 짧은 반면 신용하의 논문은 대체로 장편이다. 따라서 양적인 면에서 보면 신용하의 저작은 틸리의 업적을 능가했다는 평가가 가능하다. 틸리가 한창 때 50여 명의 연구조교의 도움을 받았다는 점을 고려한다면 신용하의 연구업적은 양적인 면에서 거의 초인적이다.

40 화양 신용하 교수 정년기념논총 간행위원회 편, 〈간행사〉, 《한국 사회사 연구》, 나남, 2003, xcv쪽.

41 정학섭·유승무 외, 〈화양 신용하 교수와의 대담: 민족 연구와 한국 사회학의 성립

교수 재임시절에 이미 '한국 학계의 거목'으로 자리잡은 그는 정년 퇴임 후에도 "지칠 줄 모르는 학문적 열정을 불태우고 있는 모습"으로 많은 후학들에게 존경을 받고 있다.[42] 한국 근대사를 전공하는 역사학자 주진오의 평가에 따르면 신용하는 "한국 근대사는 물론 다양한 주제에 대한 수많은 저작을 가지고 있는 한국의 대표적 사회사학자로서 연구범위의 방대함과 저작의 분량에 있어서 어느 역사학자도 따라가지 못하고 있다."[43] 서울대학교 사회학과에서 한국 사회사 연구의 전통을 계승한 박명규는 스승이 보여준 학자로서의 자세를 귀감으로 받아들였다. "진지한 연구만이 역사와 현실의 정교한 엇물림의 구조를 이해하고 밝혀낼 수 있을 것으로 볼 때 밤낮없이 역사적 진실을 밝히려는 학자적 노력에 충실함으로써 우리 시대 연구자의 전범이 되고 있는 그(신용하—필자)의 자세는 참으로 귀한 것이라 할 것이다."[44]

신용하는 한국 민족의 근대적 발전 과정이라는 연구 주제를 중심으

을 중심으로〉, 1쪽.

42 주진오, 〈사회사상사적 독립협회 연구의 확립과 문제점—신용하, 《독립협회연구》를 중심으로〉, 《한국사연구》 149집, 2010, 348~349쪽. 신용하는 연민 이가원의 저서에 대한 서평에서 "우리 학계는 물론이고 전 세계 학계가 교수직을 정년 하는 60세 또는 65세이면 연구를 포기하고 유람하는 것이 보통이다"라고 쓴 바 있다. 이가원만이 아니라 신용하도 정년 후에 연구를 계속하여 많은 저작을 남겼다. 신용하, 〈연민 선생 《조선문학사》 독후감〉, 《연민학지》 제7집, 1999, 346쪽.

43 주진오, 〈사회사상사적 독립협회 연구의 확립과 문제점—신용하, 《독립협회연구》를 중심으로〉, 321쪽.

44 박명규, 〈머리말〉, 한국사회사학회 엮음, 《한국 현대사와 사회변동》, 문학과지성사, 1997, vi~vii쪽.

로 늘 새로운 사료를 발굴하여 자신의 기존 연구를 확장·보완·수정하고, 미국과 일본, 중국과 러시아 등 한반도 주변 상황의 변화에 주의를 기울이면서 때로 한국 사회의 현실에 개입하는 학자로서의 삶을 계속하고 있다. 신용하는 자신의 주요 연구업적을 정년을 두 해 앞둔 2002년부터 '신용하 저작집'으로 정리하고 있다. '신용하 저작집'은 이미 출간된 저서들을 한데 모아 한 출판사에서 새로 편집해 전집을 내는 방식이 아니라 지식산업사, 일조각, 일지사, 문학과지성사, 나남출판, 서울대학교출판문화원 등 여러 출판사에서 분산되어 나온 저서들에 순서를 정해 번호를 부여하는 방식으로 이루어지고 있다. 현재까지 총 62권으로 정리되어 있는 신용하 저작집의 순서는 다음과 같다.

□ 신용하 저작집 62권 목록

1.《한국 민족의 형성과 민족사회학》, 지식산업사, 2001.

2.《조선 후기 실학파의 사회사상 연구》, 지식산업사, 1997.

3.《초기 개화사상과 갑신정변 연구》, 지식산업사, 2000.

4.《신판 동학과 갑오농민전쟁 연구》, 일조각, 2016(1993).

5.《신판 독립협회 연구(상)》, 일조각, 2006(1976).

6.《신판 독립협회 연구(하)》, 일조각, 2006(1976).

7.《한국 근대사와 사회변동》, 문학과지성사, 1980.

8.《한국현대사와 민족문제》, 문학과지성사, 1990.

9.《박은식의 사회사상 연구》, 서울대학교출판부, 1982.

10.《증보 신채호의 사회사상 연구》, 나남출판, 2004(1984).

11. 《조선토지조사사업 연구》, 지식산업사, 1982(1979).

12. 《한국민족독립운동사 연구》, 을유문화사, 1985.

13. 《한국 근대 민족주의의 형성과 전개》, 서울대학교출판부, 1987.

14. 《한국 근대 민족운동사 연구》, 일조각, 1988.

15. 《한국 근대 사회사상사 연구》, 일지사, 1987.

16. 《한국 근대 사회사 연구》, 일지사, 1987.

17. 《한국 근대사회의 구조와 변동》, 일지사, 1994.

18. 《한국 근대의 선구자와 민족운동》, 집문당, 1994.

19. 《세계체제 변동과 현대 한국》, 집문당, 1994.

20. 《한국 근대의 민족운동과 사회운동》, 문학과지성사, 2001.

21. 《독도의 민족영토사 연구》, 지식산업사, 1996.

22. 《독도 보배로운 한국 영토》, 지식산업사, 1996.

23. 《독도 영유권 자료의 탐구 (1)》, 독도연구보전협회, 1998.

24. 《독도 영유권 자료의 탐구 (2)》, 독도연구보전협회, 1999.

25. 《독도 영유권 자료의 탐구 (3)》, 독도연구보전협회, 2000.

26. 《독도 영유권 자료의 탐구 (4)》, 독도연구보전협회, 2001.

27. *Korea's Territorial Rights to Tokdo*(Seoul, Tokdo Research Association, 1997).

28. *Modern Korean History and Nationalism*(Seoul, Jimoondang, 2000 (1989)).

29. *Essays in Korean Social History*(Seoul, Jisik-Sanup, 2003).

30. 《21세기 한국과 최선진국 발전전략》, 지식산업사, 1995.

31. 《21세기 한국 사회와 공동체문화》, 지식산업사, 2004.

32.《한국 근대 사회변동사 강의》, 지식산업사, 2000.

33.《백범 김구의 사상과 독립운동》, 서울대학교출판부, 2003.

34.《갑오개혁과 독립협회운동의 사회사》, 서울대학교출판부, 2001.

35.《동학농민혁명운동의 사회사》, 지식산업사, 2005.

36.《한말 애국계몽운동의 사회사》, 나남출판, 2003.

37.《의병과 독립군의 무장독립운동》, 지식산업사, 2003.

38.《독도영유권에 대한 일본 주장 비판》, 서울대학교출판부, 2002.

39.《한국과 일본의 독도 영유권 논쟁》, 한양대학교출판부, 2003.

40.《한국 근대지성사 연구》, 서울대학교출판부, 2005.

41.《일제 식민지정책과 식민지근대화론 비판》, 문학과지성사, 2006.

42.《독립협회와 개화운동》, 세종대왕기념사업회, 1976.

43.《3·1운동과 독립운동의 사회사》, 서울대학교출판부, 2001.

44.《史的 解明 獨島》(일본어판), インター 出版, 1997.

45.《한국의 독도 영유권 연구》, 경인문화사, 2006.

46.《한국 항일독립운동사 연구》, 경인문화사, 2006.

47.《한국 원민족 형성과 역사적 전통》, 나남출판, 2005.

48.《신간회의 민족운동》, 독립기념관 한국독립운동사연구소, 2007.

49.《일제강점기 한국민족사(상)》, 서울대학교출판부, 2001.

50.《일제강점기 한국민족사(중)》, 서울대학교출판부, 2002.

51.《일제강점기 한국민족사(하)》, 미간.

52.《한국 근현대사와 국제환경》, 나남출판, 2008.

53.《고조선 국가형성의 사회사》, 지식산업사, 2010.

54.《한국 개화사상과 개화운동의 지성사》, 지식산업사, 2010.

55. 《독도 영유의 진실 이해: 16포인트와 150문답》, 서울대학교출판문화원, 2012.

56. 《사회학의 성립과 역사사회학: 오귀스트 콩트의 사회학 창설》, 지식산업사, 2012.

57. 《한국민족의 기원과 형성 연구》, 서울대학교출판문화원, 2017.

58. 《고조선 문명의 사회사》, 지식산업사, 2018.

59. 《독도 영토주권의 실증적 연구》(상), 동북아역사재단, 2020.

60. 《독도 영토주권의 실증적 연구》(중), 동북아역사재단, 2020.

61. 《독도 영토주권의 실증적 연구》(하), 동북아역사재단, 2020.

62. 《민족 독립혁명가 도산 안창호 평전》, 지식산업사, 2021.

위의 저작집의 순서는 발행연도별도 아니고 주제별도 아니고 출판사별도 아니다.[45] 그러나 잘 들여다보면 복합적인 논리를 발견할 수 있

---

45 저작집 62권을 발행연도별로 보면 1970년대 4권, 1980년대 8권, 1990년대 15권, 2000년대 25권, 2010년대 6권, 2020년대 4권이다. 1970년대 이후 2000년대까지 출판한 책의 권수가 지속적으로 상승하다가 2010년대에 와서 완만해졌다(개정증보나 신판의 경우 초판 발행연도를 기준으로 했음). 출판사별로 보면 지식산업사 17권, 서울대학교출판부 12권, 독도연구보전협회 5권, 일조각, 문학과지성사, 나남출판사 각 4권, 일지사 3권, 동북아역사재단 3권, 경인문화사, 집문당 각 2권 등이다. 한 학자의 학문적 작업의 사회적 영향력과 관련하여 출판사와의 관계가 중요하다. 에밀 뒤르켐과 Alcan출판사, 탈코트 파슨스와 Free Press출판사, 피에르 부르디외와 Minuit출판사의 관계가 그 보기이다. 신용하는 지식산업사의 김경희, 일지사의 김성재, 일조각의 한만년, 문학과지성사의 김병익 등의 지지로 지속적으로 책을 펴낼 수 있었으며 서울대학교 교수로서 서울대학교출판부를 적극적으로 활용했다.

다. 저작집 1권《한국 민족의 형성과 민족사회학》은 그의 학문 생활 전체를 아우르는 표현으로 마지막 저작인 62권《민족 독립혁명가 도산 안창호 평전》으로 이어지면서 수미일관한 관심을 담은 제목이다. 저작집 2권에서 8권까지는 자신의 근현대사 연구업적을 시대별로 배열한 것이다. 이후에는 이렇게 기본이 짜인 연구 프로그램을 확장·보완·수정하면서 발간한 저서들을 박은식과 신채호의 사회사상의 경우처럼 한 쌍을 이루거나 독도 연구, 영문 저서, 21세기 한국을 위한 연구처럼 동일 범주에 들어가는 저서에 연이어 순서를 부여하고 있다. 저작집의 순서를 부여한 2002년 이후에는 발간연도 순서로 번호가 부여되어 있다. 2012년에 나온 저작집 55권《독도 영유의 진실 이해: 16포인트와 150 문답》은 27권이나 47권으로 될 수도 있지만 기존에 확정된 번호를 유지하기 위해 55권이 되었다.

저작집 목록에서 보듯 신용하는 어떤 주제의 연구를 완결 짓고 다음 주제로 나아가는 방식이 아니라 동일한 연구 주제를 반복하면서 심화·확장·수정·체계화하는 방식으로 연구를 진행했다. 오랜 세월 연구를 지속하여 완결판을 내는 것이 아니라 단계적으로 연구를 진전시키면서 논문을 발표하고 그것을 편집하여 저서를 출간했기 때문에 저작집 가운데 반복되는 주제와 중복되는 내용도 존재한다. 신용하는 동일한 주제로 여러 편의 논문을 발표하고 그것들 가운데 중요한 논문을 선별하고 편집하는 방식으로 저서를 출간했다. 때로는 새로 쓴 원고를 덧붙이기도 했다. 1984년에 펴낸《신채호의 사회사상 연구》를 확장하고 수정하여 2004년《증보 신채호의 사회사상 연구》로 펴내기도 했지만 자신의 1976년 대표작《독립협회 연구》를 2006년《신판 독립협회 연구》로

퍼낼 때나 1993년 펴낸《동학과 갑오농민전쟁 연구》를 2016년《신판 동학과 갑오농민전쟁 연구》로 펴낼 때는 한자만 한글로 바꾸었을 뿐 증보하거나 수정한 부분이 없다.[46]

신용하의 저서 가운데는 하나의 일관된 주제로 쓴 논문을 모아 모노그래프로 발간한 저서도 있다.《신간회의 민족운동》(2007)이 대표적이다. 기존 연구를 한 권의 저서로 종합한 책으로는《한국 개화사상과 개화운동의 지성사》(2010)를 들 수 있다. 신용하는 학술논문 중심의 저작활동을 하다가 후기로 가면서 연구서와 교양서를 겸하는 저서를 발간하기도 했다.《일제강점기 한국 민족사》(2001/2002)를 보기로 들 수 있다. 이미 발표한 논문들을 엮어 저서로 내는 과정에서 서로 다른 주제의 논문들을 부部로 나누어 정리하고 있는데 때로 완전히 다른 주제의 논문들이 한 권의 책에 다소 무리하게 묶인 경우도 있다. 보기를 들어《한국 원민족 형성과 역사적 전통》(2005)에는 고대 민족사에 대한 네 편의 학술논문이 1부로, 조선 후기 실학에 대한 연구 논문들이 2부로, 삼성그룹의 정신교육 교재로 쓴 근대 민족사 통사가 3부로 구성되어 있다. 때로는 30년이라는 긴 시간의 흐름 속에 발표된 논문들이 한 권의 책으로 묶이기도 했다.《한국 근현대사와 국제환경》(2008)에는 1980년대, 1990년대, 2000년대에 쓴 학술논문과 미간행 학회 발표 논문들이

---

46 《신판 독립협회 연구》가 초판 발행 이후 30여 년 동안 발표된 비판적 연구 성과들을 전혀 반영하지 않은 사실에 대해 아쉬움을 표현한 주진오, 〈사회사상사적 독립협회 연구의 확립과 문제점―신용하,《독립협회연구》를 중심으로〉,《한국사연구》149집, 2010, 336쪽을 볼 것.

함께 실려 있다.

아래에서는 신용하 저작집 62권에 대한 위의 주제별 분류를 참조하여 신용하의 학문적 업적을 간략하게 정리해본다.

2.

신용하의
학문 세계

1. 독립협회 연구: 경제사 연구에서 사회사 연구로

신용하는 서울대학교 사회학과를 졸업하고 사회학과 대학원에서 공부하다가 도중에 경제학과로 옮겨 경제학으로 석사학위를 받았다. 상과대학 전임강사로 임명받고 난 후에는 경제사 연구에 매진했다. 일제의 조선토지조사사업 연구나 도지권 연구, 영국의 산업혁명에 대한 연구 등은 그가 상과대학 전임강사 시절에 수행한 연구들이다.[47] 1967년 이후 1970년까지 미국 하버드대학 동아시아학과와 옌칭연구소에서 연구하고 귀국한 신용하는 1975년 서울대학교 사회학과에서 독립협회운동 연구로 박사학위를 받았고 같은 해에 사회학과 교수로 부임했다. 독립

---

[47] "저자는 연구 생활의 첫 출발을 농촌사회경제사, 농민사의 공부로부터 시작하였다." 신용하, 《조선토지조사사업연구》, 지식산업사, 1982, ix쪽.

협회 연구는 그가 경제사에서 사회사로 전환하는 분수령이 되었다.

그가 독립협회 연구에 혼신의 힘을 기울이게 된 이유는 일본의 진보적 한국사 연구자들의 통설에 동의할 수 없었기 때문이다. 일본인 학자들은 한국의 근대사에서 저항 민족주의는 강렬했으나 시민적 민족주의로서의 자유민권사상과 민권운동이 없었기 때문에 근대적 국가를 형성하지 못하고 일본의 식민지가 되었다고 주장했다. 신용하의 독립협회 연구는 그런 논리에 대한 반박으로 제출된 것이다. 그는 독립협회 연구를 통해 한국 근대사에서 뚜렷하게 존재했던 시민적 민족주의와 자유민권운동의 실재를 입증했다.[48]

1976년 박사학위 논문을 저본으로 삼아 일조각에서 출간된 《독립협회연구》를 2006년 신판으로 펴내면서 신용하는 다음과 같이 썼다. "1976년 발간 당시에는 독립신문, 독립협회, 만민공동회는 등한시되고, 오히려 일제가 관여한 갑오개혁을 한국 근대사의 정점으로 보는 일제 식민주의자들의 견해가 지배하고 있었다. 이러한 상황에서 필자는 학문적 사명의식을 갖고 독립협회 연구에 몰두했다."[49] 신용하는 독립협회 연구가 갖는 의미를 다음과 같이 요약했다. "한국 근대사회의 형성과 발전 과정에서 독립신문, 독립협회, 만민공동회가 수행한 역할과 사회적 영향은 참으로 매우 컸다. 그러므로 독립신문, 독립협회, 만민공동회는 한국 근대사, 한국 근대 사회사, 한국 근대 민족운동사에서

---

48 주진오, 〈사회사상사적 독립협회 연구의 확립과 문제점—신용하, 《독립협회연구》를 중심으로〉, 《한국사연구》 149집, 2010, 323쪽.

49 신용하, 《신판 독립협회연구》, 일조각, 2006, 5~6쪽.

언제나 새롭게 조망하고 연구되어야 할 영원하고 귀중한 주제이다. 특히 제국주의 열강이 한반도를 식민지화하려고 침략하던 시기에 한국 민족이 민족의 자유와 독립을 수호하려고 반제국주의 투쟁을 전개하면서 퇴행하지 않고 전향적으로 시민·민중을 주체세력으로 하여 현대국가 건설과 민권, 민주주의, 의회주의를 실현하려고 분투한 사실은 획기적인 일이었다고 볼 수 있다."[50]

신용하의 독립협회 연구는 사회학계보다는 역사학계에서 더 큰 환영과 인정을 받았다.[51] 당시 한국의 사회학이 역사적인 차원에 관심을 기울이지 않는 몰역사적인 상태에 있었기 때문이다. 신용하의 사회사 연구는 사회학 연구에 역사의 차원을 도입하는 계기가 되었다. 최재석은 1976년에 발표한 〈해방 30년의 사회학〉에서 신용하의 연구가 갖는 의미에 대해 다음과 같이 썼다.

사회학자들은 현실 문제와 관련된 의도적 변동에 대해서는 대체로 지대한 관심을 경주하고 있으나, 변동 현상의 일반이론 내지 한국 사회의 역사적 변동에 대한 연구는 상당히 소홀히 하고 있다. 그러나 발전 문제가 제기된 70년대에 와서 나온 한 연구는 약 1세기에 걸친 기간 동안의 한국 사회가 어떤 발전가치를 가지고 있었는가를 논구하고 있다. 그에 의

---

50 신용하, 《신판 독립협회연구》, 5쪽.
51 역사학계의 독립협회 연구에 대한 평가로는 김용섭, 〈서평: 《독립협회연구》(신용하 저)〉, 《한국사연구》 12호, 1976, 151~156쪽과 주진오, 〈사회사상사적 독립협회 연구의 확립과 문제점―신용하, 《독립협회연구》를 중심으로〉, 321~352쪽을 참조할 것.

하면 1850년부터 1973년 사이에 우리 사회가 개화, 독립, 민주화, 경제 성장, 사회발전의 다섯 가지 발전가치로 이어져 오고 있다고 주장한다.[52]

신용하의 학문적 업적은 크게 '사회사'라는 틀 안에 모두 넣을 수 있지만 그것을 삼분하여 한국 사회사, 사회사상사, 민족사회학으로 나누기도 한다.[53] 아래에서는 신용하의 학문적 업적을 사회사, 사회사상사, 사회운동사와 민족운동사, 일본 경계론과 식민지근대화론 비판, 독도 연구, 민족사회학 등의 범주로 분류하여 간략하게 살펴본다.

2. 사회사 연구

신용하는 자신의 학문을 '사회사'라고 명명하고 한국 사회의 근대적 변동 과정을 연구했다.[54] 사회학자로서 신용하는 한국 사회학의 역사에

---

52 최재석, 〈해방 30년의 사회학〉,《한국사회학》 10집, 1976, 45쪽.

53 한국사회학회,《2012 한국사회학회 회원명부》, 81쪽에 신용하의 주 전공이 한국 사회사, 민족사회학, 사회사상사로 나와 있다. 참고로 신용하의 정년기념논총은 한국 사회사, 한국 사회사상사, 한국 민족운동사, 한국 사회발전이라는 네 가지 주제로 구성되어 있다.

54 신용하와 박명규에 이어 서울대 사회학과의 사회사 연구 전통을 계승한 김백영은 '사회사'라는 명칭이 우리 학계의 독자적인 전통이나 유럽 학계로부터 받은 지적 영향을 강조하는 반면 '역사사회학'이라는 명칭은 미국 학계의 영향을 고려하면서

대한 무관심을 비판하면서 한국 사회의 역사를 바탕으로 하지 않는 한국 사회학의 정립은 불가능하다고 생각했다.

> 사회학적 현재는 역사 속의 현재이다. …… 사회학의 진정한 방법은 역사적 성찰을 빼고는 성립될 수 없다. 콩트August Comte는 '역사가 없으면 사회학도 없다'라고 이 사실을 설파했다.[55]

신용하는 자신의 학문을 엄격하게 '실사구시實事求是' 방법을 사용하여 분석하고 거기에 '사회학적 해석'을 내리는 사회사 연구라고 정의했다.[56] 그가 말하는 사회사는 "사회학적 이론과 관점에 의거하여 해석한 역사"로서 사회학과 역사학 "두 학문 상호 간의 협동과 재결합"에 의해 이루어지는 학문 영역이다. 그래서 사회사는 "한 면에서 보면 사회학이 되고, 다른 면에서 보면 역사학으로 간주되는" 특성을 갖는다.[57] 신용하는 사회사 연구를 통해 역사학계의 이론 부재와 사회학계의 몰역사성을 동시에 극복하고, 궁극적으로는 한국 학계의 학문적 자율성

사회학 내의 분과 영역이라는 점을 강조하는 것이라고 구별하고 있다. 김백영, 〈한국 사회사/역사사회학의 토착화를 위하여〉, 김백영 외, 《사회사·역사사회학》, 다산출판사, 2016, xii쪽.

55 신용하, 《일제 식민지정책과 식민지근대화론 비판》, 문학과지성사, 2006, 15쪽.
56 신용하, 〈나의 학문, 나의 저작, 《독립협회 연구》 이후 나의 민족운동 연구〉, 《사회평론》, 1991년 10월호, 139쪽.
57 신용하, 〈한국사의 대상과 '이론'의 문제〉, 신용하 편, 《사회사와 사회학》, 창작과비평사, 1982, 563쪽.

과 독자적 이론을 모색했다. "역사 연구의 이론화, 역사적 사실에 근거한 사회학 이론의 비판과 재구성"을 통한 '학문적 주체성'의 확립이야말로 신용하가 한국 사회사 연구를 통해 추구한 궁극적 목표였다.[58]

신용하는 지속적으로 방대한 사료를 발굴하고 그것들을 꼼꼼하게 읽고 해석하며 한국 사회의 근대적 변동을 장기적이고 거시적 관점에서 조망하는 논문과 저서를 줄기차게 발표했다. 그의 연구는 정치사, 경제사, 사회사, 문화사로 구별된 역사 연구 가운데 사회적 차원만 다루는 '부분 사회사'가 아니라 경제사와 정치사와 문화사를 포괄하는 '전체 사회사'를 추구했다. 신용하는 개별적으로 서로 분리되어 보이는 현상들이 구조적으로 상호 연관되어 서로 긴밀하게 상호작용하고 있음을 보여주는 구조사적 시각의 사회사를 모색했다.[59] 그의 저술 가운데 '사회사'라는 용어가 의도적으로 들어간 저서로는 《한국 근대 사회사 연구》(1987)에서 시작하여 후기 저작 가운데 《갑오개혁과 독립협회운동의 사회사》(2001) 《동학농민혁명운동의 사회사》(2005), 《한말 애국계몽운동의 사회사》(2004), 《고조선 국가형성의 사회사》(2010) 등이 있다.[60]

사회학이라는 학문이 시작되면서 그 바탕을 이룬 연구 주제는 이전

---

58 박명규·김필동, 〈화양 신용하 교수의 학문 세계〉, 화양 신용하 교수 정년기념논총 간행위원회 편, 《한국사회사연구》, 나남, 2003, xvii~xcvviii쪽.

59 박명규·김필동, 〈화양 신용하 교수의 학문 세계〉, xxxv쪽.

60 신용하의 전체 저서들 가운데는 사회사로 분류될 수 있는 저서들이 주종을 이루지만 후기에 이루어진 독도에 관한 실증적 연구를 사회사 연구라고 보기는 어렵다.

사회와 구별되는 특징을 갖는 새로운 사회의 출현을 설명하는 일이었다. 그것은 군사형 사회에서 산업형 사회로의 이동이기도 했고, 봉건제 사회에서 자본주의 사회로의 이행이기도 했으며, 기계적 연대의 사회에서 유기적 연대의 사회로의 변동 과정이기도 했고, 공동체 사회에서 이익사회로의 변화이기도 했으며, 마술에서 풀려나 합리성이 증가하는 과정이기도 했다. 크게 볼 때 신용하의 사회사 연구는 그런 사회학 전통에 따라 한국 사회의 근대적 사회변동의 과정을 면밀하게 검토하고 서술하는 작업이었다. 신용하 스스로가 분명하게 밝히고 있듯 "사회사 연구에서 가장 중요한 주제의 하나는 전근대사회로부터 근대사회로의 이행과 변혁과 발전의 문제이다."[61]

신용하는 콩트, 스펜서, 마르크스, 베버, 퇴니에스, 뒤르켐 등 고전사회학자들의 문제의식을 따라 한국 사회가 전근대사회에서 근대사회로 전환하는 과정을 사회사상과 사회운동과 사회변동의 관점에서 연구했다. 그가 서양 고전사회학의 문제의식을 수용했다고 해서 서구 사회학 이론을 맹목적으로 추종한 것은 아니다. 그의 한국 근대사회사 연구는 제2차 세계대전 이후 1950년대 미국에서 만들어진 근대화 이론에 대한 비판적 대응이기도 하다. 신용하는 서구에서 비서구사회로 수출된 근대화 이론은 서구의 경험을 바탕으로 만들어졌기 때문에 비서구 사회의 경험을 제대로 설명하지 못한다고 비판하면서 한국 사회의 근대화 과정을 주체적인 시각에서 자료를 바탕으로 실증적으로 연구했다.

---

61 신용하, 《신판 동학과 갑오농민전쟁 연구》, 일조각, 2016, 7쪽.

그러다 보니 그의 연구는 19세기 후반에서 20세기 전반기에 일어난 한국 사회의 변동에 초점을 맞추지 않을 수 없었다. 그의 사회사 연구는 19세기 말 이후 신분제의 해체, 근대적 토지소유제도의 수립, 상업자본주의의 발흥과 국민경제 성립의 기초 형성, 공화제적 민주주의 형성, 국민국가 수립운동, 한글 사용과 교육을 통한 문화적 변동, 근대적 민족의식의 형성과 발전 등을 실증적으로 구명하는 작업으로 전개되었다. 사회사 연구를 시작하면서 독립협회운동을 한국 사회가 전근대 민족에서 근대 민족으로 변화하는 전환점으로 본 그는 이후 그에 앞서 전개된 개화사상의 형성과 개화운동을 연구하고 동학사상과 갑오농민혁명을 거쳐 위정척사사상과 의병운동, 애국계몽운동으로 연구의 지평을 넓혔다. 대한제국 시기의 개혁 시도를 연구하고 한일병합 시기의 국제관계에도 관심을 기울였고 병합 이후 3·1운동, 무장·비무장 독립운동 등 민족운동을 열정적으로 연구했다.

3. 사회사상사 연구

신용하는 스승 최문환에게서 '민족사회학'과 '사회사상사'라는 두 개의 연구 영역을 계승했다. 그는 1978년 박명규와 함께 루이스 코저 Lewis Coser가 12명의 서양 근현대 사회학 이론가들을 다룬 저서를 《사회사상사》라는 제목으로 번역 출간했고 2012년 콩트의 사회이론에 대한 저서를 출간했다. 그러나 그의 사회사상사 연구의 주된 대상은 한국 근현대 시기의 사상가들이었다.[62] 대부분의 한국 사회학자들이 서구의 사상가나 이론가 연구에 힘쓰는 분위기에서 신용하는 근현대기 한국의 사상가들 연구에 많은 힘을 기울였다. 이는 한국 상황에 맞는 독창적 한국 사회학을 만들겠다는 그의 신념과 어울리는 작업이었다. 신용하는 근대 시기를 살았던 한국 지식인들의 사상 연구를 축적하여 한국 근대 사회사상사를 구성했다. 그의 사상사 연구 작업의 배경에는 "지식인의 적절한 역할 없이는 강렬한 민중적 에너지도 바람직한 결과를 가져올 수 없다"는 그의 지식인론이 녹아 있다. 그는 3·1운동을 연구하면서 사상사적 접근이 필요함을 다음과 같이 주장했다.

3·1운동의 사상, 이념, 정신 등에 관한 사상사적 연구가 절실히 요청된다. 종래의 연구는 주로 운동 과정에 대한 실증적 연구가 중심이 되었다. 이것은 당연한 것이긴 하지만, 이것만으로는 3·1운동 연구의 폭과 깊이에서 여전히 부족한 것이다. 3·1운동을 주도하고 이에 참가한 민족 성원들의 사상, 이념, 집단의식을 추출하고 분석하여 3·1운동의 장기적 지향이 반드시 밝혀져야 3·1운동 연구가 크게 진전된다고 할 수 있다.[63]

---

62 신용하는 1977년부터 사회사상사 강의에 루이스 코저의 *The Masters of Socio-logical Thought*(1975)를 교재로 사용했고 1978년 이 책을 박명규와 함께 번역 출간했다. 루이스 코저, 신용하·박명규 옮김, 《사회사상사》, 일지사, 1978 참조. 이 번역판은 시그마프레스 판(2003)을 거쳐 코저의 원저 2판을 번역하여 현재는 한길사 판으로 나와 있다. 신용하의 콩트에 대한 저서는 《사회학의 성립과 역사사회학: 오귀스트 콩트의 사회학 창설》, 지식산업사, 2012으로 출간되었다.

63 신용하, 《3·1운동과 독립운동의 사회사》, 서울대학교출판부, 2001, 287쪽.

신용하는 "조선 후기 실학의 민족적 대각성을 한국 근대 민족주의의 맹아"로 본다.[64] 그가 볼 때 한국의 근대 사회사상사는 실학에서 시작하여 "19세기 중엽 한국인들이 형성한 대표적 3대 사회사상"이라고 할 수 있는 개화사상, 동학사상, 위정척사사상으로 이어진다.[65] 신용하는 한국 사회가 근대사회로 이행하기 위해서는 근대사회에 대한 청사진을 제시하는 사상가들이 있어야 한다는 전제하에 이익, 박지원, 박제가, 정약용 등의 실학자들, 오경석, 유대치, 박규수, 김홍집, 김옥균, 신채호, 박은식 등의 개화사상가들, 최제우, 최시형 등 동학 지도자들의 사상에 이어 윤치호, 서재필, 이승만, 주시경 등의 독립협회 지도자들의 사상, 안창호, 안중근 등 독립운동가들의 사상을 광범위하게 연구했다. 1994년에 펴낸《한국 근대의 선구자와 민족운동》에서는 오경석, 유홍기, 김옥균, 최제우, 최시형, 전봉준, 서재필, 남궁억, 지석영, 안창호, 양기탁, 이준, 안태국, 주시경, 박은식, 신채호, 장지연, 안중근, 박승환, 김좌진, 홍범도, 김구, 윤봉길, 안희제, 여운형 등 25인의 사상과 행적을 서술했다.[66] 2005년에 펴낸《한국 근대 지성사 연구》에서는 오경석, 최제우, 김옥균, 지석영, 서재필, 이상재, 황현, 박은식, 신채호, 조소앙 등 10명의 사회사상을 다루었다.[67] 그는 박은식, 주시경, 안창호, 신채호, 한용운, 조소앙, 여운형, 안재홍, 김구의 사상을 연구한 논문들

64   신용하,《한국 근대사회사상사 연구》, 일지사, 1987, 3쪽.

65   신용하,《한국 근대사회사상사 연구》, 3쪽.

66   신용하,《한국 근대의 선구자와 민족운동》, 집문당, 1994.

67   신용하,《한국 근대 지성사 연구》, 서울대학교출판부, 2005.

을 편집하여 펴낸 책의 서문에서 한국의 근현대 사회사상 연구의 의미와 중요성을 다음과 같이 밝히기도 했다.

어느 나라 어느 민족에게나 자기의 조상과 선배의 사상을 배우고 아는 것은 자기 문제를 해결하기 위하여 반드시 필요한 일일 것이다. 특히 우리나라, 우리 겨레와 같이 근대와 현대에 이르러 복잡하고 어려운 문제를 안고 있는 곳에서는 우리의 조상과 선배들이 자기 문제를 해결하기 위하여 창조해낸 사상들을 아는 일이 매우 중요하다고 할 수 있다. 왜냐하면 적어도 우리 문제에 관한 한 세계의 어떠한 대사상가보다도 우리의 조상과 선배가 더 직접적으로 이에 대결하여 고뇌하고 모색하였기 때문이다. 그럼에도 불구하고 우리는 적어도 사회사상과 정치사상에 관한 한 우리 선배들의 사상과 고뇌를 등한시해 온 것이 아닌가 하는 반성을 하지 않을 수 없다.[68]

신용하는 '사상사'라는 용어와 함께 '지성사'라는 용어를 쓰기도 했다. 오경석, 최제우 등 10명의 사회사상을 다룬《한국 근대 지성사 연구》(2005)와 1853~1904년 사이의 지식인운동, 지성사를 연구한《한국 개화사상과 개화운동의 지성사》(2010) 등이 그 보기이다.《한국 근대 지성사 연구》에서 그는 "한국 근대 지성사는 단순히 공부, 사상, 연구의 축적이 아니라, 밖으로는 사나운 외세의 침략과 안으로는 낡은 불합리

---

68 신용하 편,《한국 현대 사회사상》, 지식산업사, 1984, 5쪽.

의 중압에 맞서서 선구적 지성인들이 생명을 건 지적 싸움을 하며 발전시켜온 역사이다. 따라서 선구적 지성인들을 통해 지성사를 고찰하는 것은 한계만 있는 것이 아니라 살아있는 지성사를 추체험하는 큰 장점이 있다"고 지성사 연구의 의의를 밝혔다.[69] 신용하는 이 책에서 다룬 10명의 "근대 한국의 선구적 지성이 이룩한 참으로 위대한 개척과 업적들이 바로 오늘에 사는 현대 한국 지성세계의 원류"라고 보면서 "한국 근대 지성사의 큰 특징은 예리한 선각적 지성의 흐름이 참으로 감동적인 찬란한 애국적 지성과 헌신적인 민주·민권의 도도한 지성의 합류임을 누구나 알게 될 것이다"라고 덧붙였다.[70] 《한국 개화사상과 개화운동의 지성사》에서는 실학에서 개화사상을 거쳐 갑오개혁, 독립협회운동, 대한제국 성립, 애국계몽운동에 이르는 시기의 사회사상을 지성사적 관점에서 일관되게 정리했다.

신용하의 저작 가운데 '사회사상'이라는 제목이 붙은 저서가 많지만 그것이 의미하는 바는 포괄적이고 불분명하다. 정치사상, 경제사상, 교육사상, 민족사상 등을 포함하는 넓은 의미의 '사상' 앞에 사회사를 전공하는 사회학자로서의 정체성을 드러내기 위해 '사회'라는 말을 붙여 '사회사상'이라는 용어를 사용하고 있는 듯하다. 그의 사회사상사 연구에는 《박은식의 사회사상 연구》(1982), 《신채호의 사회사상 연구》(1984), 《한국 근대 사회사상사 연구》(1987), 《한국 근대 민족주의의 형성과 전개》(1987), 《안중근 유고집》(1995), 《조선 후기 실학파의 사회사

---

69 신용하, 《한국 근대 지성사 연구》, v쪽.
70 신용하, 《한국 근대 지성사 연구》, v~vi쪽.

상 연구》(1997), 《초기 개화사상과 갑신정변 연구》(2000), 《증보 신채호의 사회사상 연구》(2004), 《한국 근대 지성사 연구》(2005), 《한국 개화사상과 개화운동의 지성사》(2010), 《민족 독립혁명가 도산 안창호 평전》(2021) 등이 포함된다.

4. 사회운동사와 민족운동사 연구

신용하는 지식인들이 주도하는 사회사상의 형성도 중요하지만 일반 민중의 지지와 참여 없이는 어떤 사회사상도 현실화되기 어렵다고 생각했다. 그는 위로부터 만들어진 사회사상은 밑으로부터 올라오는 사회운동과 만나야 현실에 영향을 미칠 수 있음을 개화사상을 보기로 들어 다음과 같이 설명했다.

개화사상은 당시 세계의 진보 발전의 추세에 보조를 같이한 과학적 선진적 사상이었기 때문에, 이를 제대로 실천할 수만 있다면, 열강의 침략을 막아내고 나라를 자주 부강하게 발전시켜 나라와 겨레와 백성을 구할 수 있는 사상이었다. 그러나 개화사상은 소수의 선진적 지식인의 사상이었고 아직 이를 실천할 수 있는 사회적 기반과 민중의 지지가 취약

했기 때문에, 그 실천과정에는 많은 문제점이 나타나게 되었다.[71]

사회운동이 일어나기 위해서는 사회구조적 배경과 운동의 이념이 필요하지만 무엇보다도 운동 주체가 형성되어야 한다. 그가 갑오농민전쟁을 연구하면서 "갑오농민전쟁의 주체 세력과 사회신분"을 연구한 것은 이 때문이다.[72] 신용하는 민족운동과 사회운동 관련 저서의 서문에서 운동 주체의 중요성을 다음과 같이 밝혔다.

사회와 역사는 인간이 만드는 것이다. 일부 사회과학자는 사회의 역사는 그 자체가 역사법칙과 사회발전 법칙에 따라 자연스럽게 진보 발전한다고 설명하기도 하지만 그것은 결과론적인 피상적인 관찰이고, 그 속을 들여다보면 수많은 선각적 인간과 인간 집단들이 보다 나은 삶의 상태를 위해 피와 땀을 흘리며 운동을 전개하여 성취한 결과임을 알 수 있다. 인류의 역사는 인간과 인간집단의 자유, 해방, 독립, 발전을 위한 운동의 역사라고 생각한다.[73]

사회운동은 민족운동, 노동운동, 농민운동, 여성운동, 사회주의운

---

71 신용하, 《갑오개혁과 독립협회운동의 사회사》, 서울대학교출판부, 2001, iii쪽. 개화사상과 개화운동의 전개에 대해서는 신용하, 《한국 개화사상과 개화운동의 지성사》, 지식산업사, 2010을 볼 것.
72 신용하, 《신판 동학과 갑오농민전쟁 연구》, 일조각, 2016, 91~159쪽.
73 신용하, 《한국 근대의 민족운동과 사회운동》, 문학과지성사, 2001, 6쪽.

동, 종교운동 등을 포괄하는 일반적 개념이다. 신용하의 사회운동사 연구의 줄기는 근대 민족운동의 역사이다. 그의 연구는 개화파와 갑신정변, 동학과 갑오농민전쟁, 독립협회와 만민공동회운동, 의병운동, 애국계몽운동, 3·1운동, 무장독립운동으로 이어진다.[74] 신용하의 독립협회운동 연구와 더불어 또 하나의 축을 이루는 연구가 동학농민운동 연구이다. 두 운동은 한국 사회가 전근대 사회에서 근대사회로 이행하는 데 결정적으로 중요한 계기였다. 그가 볼 때 "동학과 결합되어 1894년에 일어난 갑오농민전쟁은 누천년 묶어온 우리나라의 중세적 전근대사회를 해체시키고 새로운 근대사회로 가는 길을 넓게 열어주었다."[75] 1894년에 일어난 "동학농민혁명운동은 한국 사회가 전근대 사회에서 근대사회로 이행하는 대변혁의 정점에 있는 위대한 민족민중운동이었다."[76] "저자는 이 운동의 100주년을 기념하여 그때까지 쓴 연구논문들을 종합하고 정리하여 1993년에 단행본으로 간행했다. 《동학과 갑오농민전쟁 연구》가 그것이다. 이후에도 동학농민혁명운동에 대한 연구를 계속하여 2005년에 발간한 책에는 1993년 저서 발간 이후 "학계에서 새로

---

74 신용하 《한국 근대민족주의의 형성과 전개》, 서울대학교출판부, 1994에서 실학에서 시작하여 개화사상과 갑신정변, 동학과 갑오농민운동, 독립협회와 만민공동회운동, 한말 의병운동, 한말 애국계몽운동을 거쳐 3·1운동에 이르는 한국 민족주의 운동의 형성과 전개를 다루었다. 《한국 근대의 민족운동과 사회운동》, 문학과지성사, 2001에서는 3·1운동 이후 해방 이전까지 민족운동과 사회운동의 역사를 다루었다.

75 신용하, 《신판 동학과 갑오농민전쟁 연구》, 일조각, 2016, 7쪽.

76 신용하, 《동학농민혁명운동의 사회사》, 지식산업사, 2005, 3쪽.

발굴된 자료들을 소화해서 서술에 흡수했고, 동학농민혁명운동에 대한 사회학적, 사회사적 해석을 대폭 강화"했다. 그래서 책 제목을《동학농민혁명운동의 사회사》라고 붙였다.[77]

신용하의 근대 한국 사회운동사 연구는 민족운동사와 독립운동사 연구로 이어진다. 독립운동사는 사회운동사이면서 동시에 주권을 상실한 시기에 전개된 한국 민족운동사이기도 하다. 19세기 말 이후 한국의 사회운동은 한국 사회 내부에서 근대적 개혁을 지속하고 외세로부터 독립을 쟁취하는 두 가지 과제를 지니고 있었지만 1905년 이후에는 국권 회복이 우선적인 운동의 과제가 되었다. 신용하의 사회운동사 연구도 그런 틀 안에서 이루어졌다. "1905~1945년의 한국 민족의 역사는 국권회복운동 독립운동이라고 부르는 민족해방투쟁사가 그 골간이 되어야 한다고 저자는 생각한다. 이 시기의 정치는 바로 민족해방투쟁 그 자체이었을 뿐 아니라, 사회생활과 문화까지도 역사에 기록할 가치가 있는 것은 모두 민족해방투쟁과 관련하여 발전해서 오늘에 이어지고 있다. 따라서 이 시기의 독립운동사를 밝히지 않고는 일반사와 정치사는 물론이요 이 시기의 사회사와 경제사와 문화사까지도 제대로 밝혀지지 않는 것이라고 말할 수 있다."[78]

신용하는 1945년 해방을 설명할 때 일본의 패망에 의해 주어진 수동적 측면보다 한국 민족의 독립운동이라는 주체적 측면을 강조한다. 식민지 시대 내내 독립운동이 지속적으로 전개되었기 때문에 그 힘으로

---

77 신용하,《동학농민혁명운동의 사회사》, 4쪽.
78 신용하,《한국 민족독립운동사 연구》, 을유문화사, 1985, 3쪽.

1945년 일제 패망 이후 한국 민족의 역사가 이어질 수 있었다는 것이 그의 주장이다. 그가 볼 때 한국 민족은 "비록 한때 주권을 상실하기는 했지만, 이 시기의 자주독립과 자주적 근대화를 위한 민족적 투쟁이 민족사회와 민족 성원을 혁신시키고 민족 역량을 증대시켜 1945년 이후의 자유와 독립과 발전의 원동력이 된 것이었다."[79]

한국 독립운동의 역사는 1919년 3·1운동 이전과 이후로 구분된다. 3·1운동은 "신분과 계급, 지역과 종파, 사상과 이념, 남녀노소를 막론하고 전 민족이 일치단결하여" 일어난 민족운동의 최고봉이었다.[80] 신용하의 민족운동사 연구에서 3·1운동 연구는 중심적인 자리를 차지한다. 그는 3·1운동의 사회경제적 배경, 1910년대의 독립운동, 3·1운동의 구체적 원동력, 국내적 요인과 국외적 요인, 3·1운동의 기획과 전국적 전개과정, 주체세력, 비폭력 방법의 사회적 배경과 사회적 조건, 전 세계 약소민족 해방운동사에서 3·1운동이 차지하는 위치와 역사적 의의 등을 종합적으로 검토했다.[81] 그의 독립운동사 연구는 상해임시정부의 독립운동과 신간회운동 연구로 이어졌다. 신간회운동 연구에서 신용하는 신간회가 "국내의 민족독립운동 노선에 혼란과 교란을 가져오던 각종의 자치론과 내정참정론과 자치운동을 철저히 분쇄하고 '완

---

79 신용하, 《한국 근대사회의 구조와 변동》, 일지사, 1994, 4쪽.
80 신용하, 《3·1운동과 독립운동의 사회사》, 서울대학교출판부, 2001, 222쪽.
81 신용하, 《3·1운동과 독립운동의 사회사》; 신용하, 《일제강점기 한국민족사(상)》, 서울대학교출판부, 2001; 신용하, 《일제강점기 한국민족사(중)》, 서울대학교출판부, 2002 등 참조.

전 독립', '절대 독립'의 민족독립운동 노선을 확고부동하게 정립"하고 "국내의 비타협 민족주의자들과 사회주의자들이 사상과 이념의 차이에도 불구하고 더 큰 목표를 위해 대동단결하여 좌우합작에 의한 전 민족 최고기관으로서 단일민족 협동전선을 수립하는 데 성공한 것"으로 평가했다.[82] 신용하는 독립운동사를 연구하면서 봉오동 전투와 청산리 전투, 윤봉길의 상하이 훙커우공원 의열투쟁, 건국동맹의 독립운동, 광복군의 독립운동 등도 고찰했다. 3·1운동 이후 비폭력투쟁보다 무장투쟁이 중요해졌기 때문이다. 신용하는 당시의 민족운동에서 무장투쟁이 필요했던 이유를 다음과 같이 밝혔다.

물론 독립운동에는 무장독립운동만 중요한 것이 아니라 비무장 독립운동도 마찬가지로 중요하였다. 실제로 한국 민족 독립운동은 비무장 독립투쟁과 무장투쟁이 서로 유기적 연관 통합과 끊임없는 인과관계의 고리로 연결되면서 거대한 독립운동으로 발전해 왔다. 그러나 일본제국주의의 한국 침략과 식민지배는 일제의 군사적 무력에 의한 것이 특징이었기 때문에, 일제를 타도하고 민족의 자유 해방 광복을 쟁취하기 위한 독립운동은 군사적 무장투쟁을 필수적으로 요청하였다.[83]

구한말 의병전쟁과 독립군의 항일 무장투쟁에 관해 발표한 논문들을 편집하여 펴낸 《의병과 독립군의 무장독립운동》(2003)의 19장에서는

---

82 신용하, 《신간회의 민족운동》, 독립기념관 한국독립운동사연구소, 2007, 318~319쪽.
83 신용하, 《의병과 독립군의 무장독립운동》, 지식산업사, 2003, 3쪽.

충칭의 대한민국임시정부와 광복군, 연안의 조선독립동맹과 조선의용군, 국내의 조선건국동맹이라는 3대 독립운동 세력의 해방 직전 활동, 그들 사이의 연대와 연합전선 형성의 가능성을 실증적으로 고찰하여 "3대 독립운동 세력이 상호경쟁하면서도 조국 해방의 최종 작전에 모두 상호협동하고 협력하여 민족연합전선을 형성해서 국내 진입작전을 추진했음"을 밝히기도 했다.[84] 신용하의 독립운동사 연구는 《한국 민족독립운동사 연구》(1985)에서 시작하여 《3·1운동과 독립운동의 사회사》(2001), 《일제강점기 한국민족사(상, 중)》(2001, 2002), 《백범 김구의 사상과 독립운동》(2003), 《의병과 독립군의 무장독립운동》(2003), 《한국 항일독립운동사 연구》(2006) 등을 거쳐, 《신간회의 민족운동》(2007)으로 이어졌다.

5. 일본 경계론과 식민지근대화론 비판

1960년 4·19에서 시작하여 1965년 한일협정 반대투쟁 이후 신용하는 지속적으로 일본을 경계하는 입장을 취했다. 그의 학문 활동과 현실참여도 변함없이 일본 경계론으로 지속되었다.[85] 그것은 그의 굳은 신념

---

84 신용하, 《3·1운동과 독립운동의 사회사》, 서울대학교출판부, 2001, 593쪽.

85 신용하는 자신의 입장이 '일본 경계론'이 아니라 '일제 경계론'이라고 수정을 요구했다. 자신은 일본을 싸잡아 경계하는 것이 아니라 일본의 제국주의적 멘탈리티와

이었다. 1990년대 중반에도 그는 일본 경계론의 필요성을 다음과 같이 표현했다.

최근의 세계 정세는 우루과이라운드 협정을 골간으로 하여 제3차 자본주의 세계체제가 형성 개편되면서 이에 편승하여 일본이 아시아를 일본 경제권으로 개편하려는 패권주의 정책이 강력하게 대두하고 있는 것으로 관찰된다. 이에 수반하여 한국에 대한 일본의 경제적 문화적 종속화 정책이 교묘하게 추진되어 강화되고 있다. 만일 우리 한국 민족이 정신을 제대로 차리어 적극적이고 적절한 대응책을 강구하지 못하면, 우리나라가 이번에는 완전히 식민지는 되지 않는다 할지라도 일본의 실질적 종속국의 위치에 떨어질 위험이 매우 큰 것이다.[86]

신용하에 따르면 "만일 한국이 세계체제 변동의 도전을 받아 이겨내지 못하여 실패해서 중진국 상태에 주저앉아버리게 되면 현재 세계 최대의 채권국가이며 1년에 무역흑자만도 1천 억 달러씩 누적시키고 있고, 한국을 속속들이 알고 있으며, 한국을 아시아 최대의 좋은 상품시장으로 간주하고 있는 나라 일본의 경제적·문화적 종속국이 될 커다란 위험이 도사리고 있는 것이다."[87]

아베 신조로 대표되는 극우 정권을 비판하는 것이라고 말했다. 정수복, 〈신용하 면접 자료: 2017년 11월 15일, 프레스센터〉.

86   신용하, 《한국 근대의 선구자와 민족운동》, 집문당, 1994, 3~4쪽.
87   신용하, 《세계체제 변동과 현대 한국》, 집문당, 1994, 3쪽.

2000년대에 들어서도 신용하는 일본에 대한 경계 태세를 풀지 않고 "한국이 경제적·문화적으로 일본에 종속당할 위험은 항상 도사리고 있다. …… 일본의 50대 정치인들은 다수가 21세기에 아시아를 일본권으로 개편할 것을 대 아시아 정책으로 설정하고 아시아 제패를 추구하고 있음을 직시해야 한다"고 주장했다.[88] 2005년 그는 특히 일본 대중문화에 대한 경계심을 다음과 같이 표현했다. "한국과 일본이 활발하게 문화교류를 할 필요는 있습니다. 고급문화와 학술문화, 양국의 민족문화, 과학기술, 첨단산업 교류는 활발해질수록 상호 호혜적이지요. 하지만 대중문화의 교류는 주의해야 합니다. 우선 일본 대중문화는 그 퇴폐성과 폭력성이 우리의 상상을 초월할 정도로 극단적인 경우가 많습니다. 또 대중문화는 산업과 직결되는데 일본에 비해 우리 대중문화산업의 자본력은 아직 취약합니다. 때문에 한일 대중문화 교류에는 지성인과 문화인의 여과 과정이 필요합니다."[89]

---

88 신용하, 《일제 식민지정책과 식민지근대화론 비판》, 문학과지성사, 2006, 486쪽.

89 신용하, 《한국의 독도 영유권 연구》, 경인문화사, 2006, 572쪽. 신용하의 일본 경계론은 서울대학교에 일어일문학과를 설치하는 것을 강력하게 반대한 사실로도 드러난다. 신용하는 서울대학교에 일어일문학과가 생기려면 도쿄대학에도 한국어한국문학과가 설립되어야 한다고 주장했다. 〈신용하 면접 자료: 2017년 11월 15일, 프레스센터〉. 현재 서울대학교에는 '아시아언어문명학부'에 '일본언어문명' 전공 과정이 설치되어 있다. 서울대 홈페이지에서 이 과정을 소개하는 글에는 신용하의 '일본 경계론'을 의식한 듯 교육의 목표를 "객관적이고 균형 잡힌 시각을 지니고 감정에 치우치지 않는 자세를 지닌 일본 전문연구자의 육성"으로 설정하고 "외국이 아닌 한국 사회가 필요로 하는 주체적 일본학을 지향한다"는 입장을 밝히고 있다. 다른 한편 서울대학교 일본연구소는 국제대학원에 소속되어 있다. 신용하의

1982년《조선토지조사사업 연구》로 시작하여 일제가 한민족을 침탈한 과정을 끈질기게 연구한 신용하는 민족의 정체성과 자부심, 민족의 이익을 지키기 위한 민족의식과 애국심을 고취시키는 구체적 활동을 전개했다. 그의 현실참여 활동은 독립기념관 건립 사업, 일본 대중문화 조기 개방에 대한 비판적 여론 형성, 국민학교라는 이름을 초등학교로 바꾸기, 중앙청으로 사용하다가 국립박물관으로 쓰이던 총독부 건물 철거 작업, 이완용 명의의 토지재산 처리 문제에 대한 의견 제시, 독도 영유권 문제에 대한 사료에 기반을 둔 연구와 여론 형성, 독립유공자 심사, 징용과 일본군'위안부' 피해자 지원을 위한 여론 형성[90] 등 다양한 주제와 영역에서 전개되었다. 1982년 일본의 역사 교과서 왜곡 문제로 전국에서 항의집회가 잇따른 후 정부가 독립기념관 건립을 결정하자 건립기획위원으로 참여했고 독립기념관 부설 독립운동연구소 초대 소장을 역임했다.[91]

신용하의 한국 사회사 연구는 한국 민족이 주체적으로 근대사회를 이루어가는 과정을 실증적으로 밝히는 것을 목적으로 했다.《한국 근대사회의 구조와 변동》(1994)의 서문에서 밝혔듯이 그의 문제의식은 19세기 중엽부터 1945년까지 한국 민족이 "열강의 침략으로부터 자주

'반일 민족주의'에는 동북아연대를 위해 일본과 바람직한 관계 맺기를 위한 대안과 제언이 없다는 한계가 보인다.

90 신용하,《일제 식민지정책과 식민지근대화론 비판》, 문학과지성사, 2006, 13장과 14장을 볼 것.

91 신용하,《한국의 독도 영유권 연구》, 경인문화사, 2006, 590~591쪽.

독립을 지키고 자주적으로 근대 국민국가와 시민사회를 수립하기 위해 어떠한 피땀 어린 활동과 투쟁을 전개했는가를 밝히려 한 것이다."[92] 그렇기 때문에 1990년대 들어 등장한 이른바 '식민지근대화론'은 신용하의 학문적 지향성에 정반대되는 입장이었다. 안병직, 이영훈 등 경제사 연구자들이 대표하는 식민지근대화론자들은 식민지 시기에 일제는 항만, 철도, 도로, 전기, 통신 등 한국에 사회간접자본을 건설하고 근대적 법, 금융, 재정, 행정, 교육체제를 도입함으로써 그들의 의도와 상관없이 결과적으로 한국인들이 근대적 역량을 배양하는 데 기여했다고 주장했다. 식민지근대화론에는 1960년대 이후 이루어진 한국의 눈부신 경제성장의 역사는 이러한 식민지 시대의 경험과 어떤 방식으로든 이어져 있다는 주장이 함축되어 있다.[93]

신용하는 식민지근대화론이라는 '사이비 학설'을 사실을 바탕으로 검증하고 '사회학적 가치평가와 판단'에 의거하여 강도 높게 비판하는 작업에 나섰다.[94] 그는 "일본제국주의가 1910~1945년의 식민지 강점기에 수행한 식민지정책이 한국을 '근대화'시키고 '개발'시켜주었다는 소위 '식민지근대화론'은 역사적 '진실'이 아니며, 과거 일제 조선총독

---

92 신용하, 《한국 근대사회의 구조와 변동》, 일지사, 1994, 3쪽.

93 도면회, 〈옮긴이의 글: 탈민족주의 관점에서 바라본 식민지 시기 역사〉, 신기욱·마이클 로빈슨, 도면회 옮김, 《한국의 식민지 근대성—내재적 발전론과 식민지 근대화론을 넘어서》, 삼인, 2006, 6~7쪽.

94 신용하, 《일제 식민지정책과 식민지근대화론 비판》, 문학과지성사, 2006, 16쪽. 이 책의 개정판, 신용하, 《일제의 한국민족 말살·황국신민화 정책의 진실》, 문학과지성사, 2020 참조.

부와 일본제국주의자들이 식민지 강점기에 선전하던 거짓된 '식민지 홍보정책'이다. 이 '허위'가 자본력을 붙여서 한국에 수출되고 일부 한국 연구자들까지 이에 가담하기 시작하니, 이것은 그냥 넘겨버릴 수 없는 심각성을 갖고 있다고 생각한다."[95]

신용하가 볼 때 식민지근대화론은 일본의 보수 학계가 "과거 식민주의 사관을 부활시켜 일종의 신식민주의사관을 정립해서 학술교류라는 형식을 빌미로 우리나라에 수출한 것이다. 우리나라 학계의 일부에서는 이를 받아서 일본제국주의가 식민지 통치 시기에 착취를 좀 했지만 객관적·실증적으로 볼 때 그보다는 우리나라를 '개발', '근대화'시켜온 면이 많았으므로 이제는 과거 민족주의적 시각을 탈피해서 새로이 일제가 '개발', '근대화'시켜준 사실을 인정해야 한다는 식의 주장을 전개하기 시작했다"는 것이다.[96] 그러나 그가 볼 때 그런 주장은 근거가 없다. 왜냐하면 "일제 식민정책의 본질이 수탈정책이라는 사실을 증명해주는 자료"가 넘쳐나기 때문이다. 그가 볼 때 식민지근대화론자들이 제시하는 "통계와 사료는 일제 통계와 사료의 어떤 특정 조각을 전체로 일반화"하는 오류를 범하고 있다.[97] 신용하는 식민지근대화론자들을 향해 "'참 사실', '진리'를 탐구하는 것이 '학문'이고 '학술연구'이지 외국에서 누가 이런 말을 하고 이러한 주장들이 대두하니까 우리도 그에 따르라고 하는 것은 진리 탐구의 자세가 아니다"라고 비

---

95 신용하, 《일제 식민지정책과 식민지근대화론 비판》, 문학과지성사, 2006, 6~7쪽.
96 신용하, 《일제 식민지정책과 식민지근대화론 비판》, 479~480쪽.
97 신용하, 《일제의 한국민족 말살·황국신민화 정책의 진실》, 문학과지성사, 2020, 6쪽.

판했다.[98] 그가 볼 때 "한국 민족사에서 일본제국주의 침략자들이 한국 인들에게 가한 살인 만행, 착취와 고통은 붓과 말로 다 표현하기 어려운 정도이며, 한국의 근대화와 발전을 근원적으로 저지한 폐해는 이루 다 열거하기 어려울 정도이다."[99] 신용하는 오늘날 한국 민족이 겪는 고통의 근원이며 발전의 가장 큰 장애물인 남북 분단의 원인도 따지고 보면 일제의 식민지 시기에 비롯된 것으로 본다.

광복 이후의 역사만이 아니라 오늘날 우리에게 온갖 불행과 고통의 원인이 된 일제강점기 역사에 대한 과학적 고찰이 필수적이다. 광복 후 한국 사회의 구조를 거시적으로 짓눌렀던 남북분단, 미군정통치, 한국전쟁, 군부 독재정치, 남북대립, 혁신세력 학살, 친일세력 재대두, 일본의 영토(독도) 침탈 시도와 한국 역사 왜곡, 과거사 청산 문제, 민족통일 문제 등 전 국민의 가장 큰 관심 문제가 일제강점기에 대한 사회학적 고찰을 하지 않고서는 조금도 제대로 이해될 수 없는 것이다.[100]

신용하는 식민지 시기에 한국의 근대화가 이루어졌다는 주장을 결코 받아들이지 않는다. 한국 민족의 정치적·사회적·문화적·경제적 차원에서 "자주적 근대화는 그것을 저해, 저지하고 있던 일본제국주의를 한반도에서 몰아내고 일제 식민지정책을 폐지, 박멸, 청산한 후에야 가

---

98 신용하, 《일제 식민지정책과 식민지근대화론 비판》, 477쪽.

99 신용하, 《일제 식민지정책과 식민지근대화론 비판》, 6쪽.

100 신용하, 《일제 식민지정책과 식민지근대화론 비판》, 15~16쪽.

능할 수 있었다. 그러므로 한국 민족의 진정한 '근대화'는 1945년 8·15 광복·해방 이후에야 가능하게 되었다"는 것이 신용하의 견해이다.[101]

일제 식민지시대에는 사회경제의 근대화는 본질적으로 이루어지지 않았을 뿐만 아니라 오히려 저지된 것이다. 한국 사회의 근대화는 1945년 8·15 해방과 더불어 일본제국주의를 몰아낸 독립국가를 건설함으로써 비로소 급속히 진전되기 시작하였다.[102]

신용하의 일제강점기 연구의 한계를 지적하는 논의도 있다. 신용하의 민족주의적 역사 서술은 일제의 식민지 지배가 한국인의 근대화 노력을 파괴, 왜곡시켰다고 전제하기 때문에 "식민주의, 근대성, 민족주의라는 세 요소 사이에 존재하는 복합적인 상호관계를 포착하지 못한다"는 비판이다.[103] 신용하의 저작에 나오는 "일제 식민정책으로 저지당한 한국 근대화"라는 표현에서 볼 수 있듯이 그의 입장에 서면 근대성은 애초부터 민족주의와만 이어지지 식민주의와는 이어질 수 없는 것이다.[104] 그런 전제 아래서는 일제의 정치적 억압과 경제적 착취, 민

---

101 신용하, 《일제 식민지정책과 식민지근대화론 비판》, 27쪽.

102 신용하, 《일제 식민지정책과 식민지근대화론 비판》, 180쪽.

103 도면회, 〈옮긴이의 글: 탈민족주의 관점에서 바라본 식민지 시기 역사〉, 신기욱·마이클 로빈슨, 도면회 옮김, 《한국의 식민지 근대성—내재적 발전론과 식민지 근대화론을 넘어서》, 삼인, 2006, 9쪽.

104 신용하, 《한국 근현대사와 국제환경》, 나남출판, 2008, 449~466쪽; 신용하, 《한국 원민족 형성과 역사적 전통》, 나남출판, 2005, 420~422쪽.

족문화 말살이라는 측면의 외부는 애초부터 볼 수 없게 된다.[105] 식민지 시대 연구는 제국주의와 식민주의를 근대화로 정당화시키는 논리를 경계하고 비판하되 그러한 역사적 경험이 오늘의 현실에 작용하는 영향력을 비판적 거리를 두고 분석 대상으로 올려놓을 수 있어야 한다.[106]

---

105 신용하가 일제 시기를 일방적 착취와 억압적 지배의 시기로 보는 반면에 이영훈은 일제 시대를 근대의 도래와 전통의 지속, 근대적 제도와 문물의 도입, 복고적 양반 문화의 지속, 재편성, 강화가 이루어지는 혼종의 시대로 보고 있다. 이영훈, 《한국 경제사》 1·2권, 일조각, 2016 참조. 이영훈은 일제의 토지조사사업의 수탈성을 주장하는 신용하의 《조선 토지조사사업 연구》, 지식산업사, 1982에 대한 반론을 제시하기도 했다. 이영훈, 〈토지조사사업의 수탈성 재검토〉, 김홍식 외, 《조선 토지조사사업의 연구》, 민음사, 1997, 505~548쪽.

106 식민지 근대성은 오늘날 한국인이 삶을 영위하는 데 작용하는 역사적 구조의 중요한 부분을 구성하고 있으며 한국인의 일상적 삶을 규정해온 틀이다. 그것이 지금 여기 우리들의 삶에 어떻게 작용하고 있는가를 비판적으로 분석해야 한다. 그러한 연구의 보기로 김진균·정근식 편, 《근대 주체와 식민지 규율 권력》, 문화과학사, 1997; 공제욱·정근식 외, 《식민지의 일상: 지배와 균열》, 문화과학사, 2006; 강영심·곽승미 외, 《일제시기 근대적 일상과 식민지 문화》, 이화여자대학교출판부, 2008; 최병택·예지숙, 《경성리포트: 식민지 일상에서 오늘의 우리를 보다》, 시공사, 2009; 한석정, 《만주 모던: 60년대 한국 개발체제의 기원》, 문학과지성사, 2016 등을 들 수 있다.

6. 독도 영유권 연구

신용하의 일본 경계론은 한일 간의 독도 영유권 논쟁에서 강렬하게 불타올랐다. 그는 일본 정부의 독도 침탈 의지에 비해 한국 정부의 독도를 지키려는 정책과 노력이 미흡한 것으로 판단하고 이 문제에 대한 학문적 연구를 심화시켰다. 그는 오랫동안 민족운동과 독립운동사를 연구한 학자답게 독도 문제의 민감성을 다음과 같이 주장했다.

> 대한민국은 민주공화국으로서 국가의 주인은 국민이다. 국가의 주인인 국민들은 일본 정부의 독도 영유권 주장이 대한민국의 주권과 국민을 깔보고 재침략을 시도해오는 것임을 명확히 인식하고 당파와 계급과 사상과 지역을 넘어 전 민족이 굳게 단결해서 오늘날 일본 정부의 '독도' 침탈 시도라는 신제국주의적 침략을 철저히 분쇄하고, 다시는 조국과 민족의 주권, 영토와 국민의 자유를 침해하지 못하도록 나라를 굳게 지키면서, 모든 세계 이웃들과 친선 평화를 발전시켜 나아가야 할 것이다.[107]

신용하는 일찍부터 일제 침략에 대한 자료를 수집하던 중 일제의 한반도 강점이 1905년 독도 침탈로부터 전개되었다는 사실을 발견했다. 이러한 인식을 바탕으로 신용하는 1990년대 중반 이후 독도 문제를 집

---

107   신용하, 《독도 영유권에 대한 일본 주장 비판》, 서울대학교출판부, 2001, 362~363쪽.

중적으로 조명하기 시작했다. 그의 독도 연구는 삼국 시대부터 고려 시대와 조선 시대를 거쳐 식민지 시대와 해방 이후 오늘날에 이르기까지 무려 15세기 동안에 걸친 독도 영유권 문제를 한국과 일본 양측의 실증 자료를 발굴하여 엄밀하게 분석한 결과이다.

일본 측은 독도가 원래 무주지였으나 1905년 자기 영토로 편입한 섬이며 1951년 연합국과의 강화조약에서 일본 영토로 간접 승인받아 일본의 영토가 된 섬이라고 주장했다.[108] 신용하는 이와 같은 일본 측의 주장에 대해 "진실과 진리를 탐구하는 학문의 원리에 비추어서도 천만 부당한 것이며, 학문적으로도 반드시 철저하게 비판되어야 할 것"이라면서 "학문은 진실과 진리를 탐구하고 밝히는 작업이므로, '독도 영유권 논쟁'에서 어느 쪽 주장이 진리인가"에 관심을 갖고 연구를 계속했다. 그는 한일 양측의 장기간의 실증자료들을 정밀하게 수집하고 엄밀하게 분석해서 독도가 한국의 영토임을 분명하게 드러냈다.[109] 신용하는 삼국 시대였던 512년 자료에서 시작해서 고려 시대와 조선 전기를 거쳐 18세기, 19세기에서 20세기 초에 이르기까지 구체적인 사료들을 증거로 제시하면서 독도가 한국의 고유 영토임을 증명했다. 1905년 강제로 일본에 편입되었지만 1945년 광복 이후 샌프란시스코 강화조약을 통해 독도가 다시 한국에 반환되는 과정을 검토하면서 국제법상 합법적인 연합국가기관으로서 1946년 '연합국 최고사령부 지령 제677호'와 1950년 '연합국의 구 일본 영토 처리에 관한 합의서'에 의해 국

---

108 신용하, 《한국과 일본의 독도 영유권 논쟁》, 한양대학교출판부, 2003, 3쪽.
109 신용하, 《독도의 민족영토사 연구》, 지식산업사, 1996, 18쪽, 17쪽.

제법상 독도는 대한민국 영토로 공인받았음을 입증했다. 이어서 1952
년 이후 1970년대에 이르는 한일 양국의 독도 관련 외교문서의 내용을
분석하여 일본 정부의 독도 영유권 주장을 조목조목 반박하고 비판했
다.[110]

그가 발표한 독도 영유권에 관한 연구는 실증적인 전문연구서, 알
기 쉽게 쓴 국민 교양서, 연구자를 위한 독도 관련 자료집 등 총 15권
에 이른다. 《독도의 민족영토사 연구》(1996)와 《독도 보배로운 한국 영
토》(1996)에서 시작한 그의 독도 관련 저서는 *Korea's Territorial Rights
to Tokdo*(1997), 《史的 解明 獨島》(일본어판, 1997) 등을 거쳐 《독도 영유
권 자료의 탐구(1)》(1998), 《독도 영유권 자료의 탐구(2)》(1999), 《독도 영
유권 자료의 탐구(3)》(2000), 《독도 영유권 자료의 탐구(4)》(2001)로 이어
지고 《독도 영유권에 대한 일본 주장 비판》(2002), 《한국과 일본의 독도
영유권 논쟁》(2003), 《한국의 독도 영유권 연구》(2006)를 거쳐 《독도 영
유의 진실 이해: 16포인트와 150문답》(2012)으로 종합되었다. 1990년
대에서 2010년대까지 지속된 신용하의 독도 영유권 관련 저서들에는

---

110 신용하는 자신의 독도 연구를 외국에 널리 알리기 위해 일본어와 영어 번역판을
   출간하기도 했으며 독도 문제 연구자들을 위해 네 권의 자료집을 출간하기도 했
   다. 1권은 삼국시대에서 19세기 전반(조선 철종 시기)까지 한국 측 자료, 2권은 19
   세기 후반부터 20세기 초반(고종·순종 시기)까지 한국 측 자료와 전 역사 시기의
   일본 측 자료, 제3권은 대한제국 시대 한국 측 자료, 연합군최고사령부의 관계자
   료와 한일 간 독도 영유권 논쟁을 둘러싼 외교문서, 고지도, 4권은 일본 측 자료와
   한일 외교문서와 구술서를 수록하고 있다. 신용하, 《독도 영유권 자료의 탐구 1-4
   권》, 독도연구보전협회, 1998~2001.

"사용된 자료와 해설의 중복이 나타나지만 연구 자료의 발굴과 변화하는 상황에 대응하여 새로운 주장들이 첨가되기도 했다."[111] 2020년에는 기존의 연구를 정리하여 동북아역사재단에서 《독도 영토주권의 실증적 연구》를 세 권으로 펴냈다.

그는 실증자료 검토를 통해 독도가 한국 영토임을 명확하게 밝히고 독도 문제에 대한 국민들의 의식을 고취시키기 위해 쓴 책의 맨 앞 장에 "우리나라 동쪽 끝 막내 땅 독도가 우리의 주권과 영토의 일부임을 잘 알고 독도 수호에 노력하는 모든 국민들에게 삼가 이 작은 책을 바칩니다"라는 헌사를 쓰기도 했다.[112] 일본이 독도 문제로 한국을 자극할 때마다 신용하는 언론매체, 정부기관, 정당 등을 방문하여 문제의 민감성을 알리면서 독도 지키기 운동을 펼쳤다. 그에게 독도를 지키는 일은 '국방의 의무'와 같은 것이었다. 그래서 '독도지킴이'라는 별명을 얻기도 했다.[113] 1996년에는 15개의 독도 관련 단체가 참여하는 '독도보전연구협회'를 창립해서 2005년까지 회장직을 맡기도 했다. 독도 문제에 관한 그의 '사회참여 활동'은 앞으로도 계속될 것이다.[114]

---

111 신용하, 《한국의 독도 영유권 연구》, 경인문화사, 2006, iv쪽.

112 신용하, 《독도 영유권에 대한 일본 주장 비판》, 서울대학교출판부, 2001, iii쪽.

113 〈신용하가 걸어온 길: 민족과 함께 한 '젊은이'〉, 《대학신문》 2005년 3월 21일 자.
     신용하, 《한국의 독도 영유권 연구》, 경인문화사, 2006, 597~598쪽에 재수록.

114 신용하는 자신의 독도 지키기 활동을 자신의 "사회참여 활동의 하나"라고 말했다.
     신용하·서울대 기초교육원, 《지구시대 민족을 말하다—사회학자 신용하의 삶과 학문》, 생각의나무, 2009, 53쪽.

7. 민족 형성의 사회학

신용하가 스스로 밝혔듯이 그의 사회학은 민족에 대한 문제의식으로 시작했다.[115] 그는 '민족'이라는 연구 주제가 한국 사회학의 중요한 연구 대상임에도 불구하고 서구 사회학의 흐름을 따라 민족 문제를 연구 대상으로 삼지 않는 한국 사회학계의 상황을 비판했다. 한국의 사회학자라면 한국의 역사적 경험을 염두에 두고 연구해야 하는데 서구 학문을 생각 없이 따르다 보니 민족 문제를 경시하게 되었다는 것이다. 서구의 근대 사회과학 이론에 따르면 '민족'은 자본주의 발흥과 더불어 근대에 들어서 형성된 인간 공동체로서 '실재하는 공동체'가 아니라 '상상의 공동체'이다.[116] 그러나 이러한 민족 이론은 한국 민족의 경우에는 적용되지 않는다. 그가 볼 때 서구 사회과학의 민족 이론은 유럽과 남북 아메리카 일부 지역에만 해당될 뿐 한국, 중국, 일본을 포함하는 동아시아 사회에는 적용되지 않는 제한된 이론이다.[117] 그럼에도 불구하고 한국의 학자들이 서구의 제한된 이론을 보편적 이론으로 착각

---

115 신용하의 민족사회학에 대한 논의로 유승무·최우영, 〈신용하의 민족사회학: 독창적 한국 사회학의 전범〉, 《사회사상과 문화》 19권 3호, 2016, 61~89쪽을 볼 것.

116 이런 견해를 대표하는 저서로 베네딕트 앤더슨, 윤형숙 옮김, 《상상의 공동체: 민족주의의 기원과 전파에 대한 성찰》, 나남, 2002 참조.

117 신용하, 〈'민족'의 사회학적 설명과 '상상의 공동체론' 비판〉, 《한국사회학》 40집 1호, 2006, 32~58쪽 참조.

하고 있다는 것이다.[118] 그가 말하는 "민족은 생물학적·유전학적 인간 집단인 인종race과는 전혀 다른 별개의 실체이자 개념이다. 사회학적으로 민족nation은 인간이 객관적으로 언어의 공동, 지역의 공동, 혈연의 공동, 문화의 공동, 정치의 공동, 사회경제생활의 공동, 역사의 공동 등으로 공고히 결합되고, 그 기초 위에서 주관적으로 민족의식이 형성됨으로써 더욱 공고하게 결합된 역사적 범주의 인간공동체"이다.[119]

신용하의 학문적 문제의식은 민족에서 시작해서 민족으로 초지일관했다. 1990년대 들어 민족주의가 진보적 사상이 아니라 "오히려 시대착오적 국수주의로 전락할 위험성을 띤 것으로 간주되기 시작했다."[120] '민족주의는 반역이다'라는 책의 제목이 보여주듯 민족주의의 폐해를 지적하고 탈민족주의를 주장하는 입장이 힘을 얻어가는 시대에도 신용하의 민족주의 관점은 흔들리지 않았다.[121] 오히려 서구 학자들의 민족주의 이론을 비판하고 자기 나름의 민족 형성 이론을 제시하면서 한국 민족의 기원과 형성에 대한 연구로 나아갔다. 신용하가 1984년에 발표한 〈민족형성의 이론〉이라는 논문은 이후 그의 한국 민족의 기원과 형성 연구에 바탕이 되었다.[122] 그는 이 글에서 서구 민족주의 이론에

---

118   신용하, 《한국 민족의 기원과 형성 연구》, 서울대학교출판문화원, 2017, 243~245쪽.
119   신용하, 《한국 민족의 기원과 형성 연구》, 4쪽.
120   김백영, 〈사회과학과 역사학 사이의 한국학: 한국사회사학회, 역사문제연구소〉, 권보드래 외, 《지식의 현장, 담론의 풍경: 잡지로 보는 인문학》, 한길사, 2012, 317쪽.
121   임지현, 《민족주의는 반역이다: 신화와 허무의 민족주의 담론을 넘어서》, 소나무, 1999.
122   신용하, 〈민족형성의 이론〉, 《한국사회학연구》 제7집, 서울대학교 사회학연구회,

서 말하는 '근대 민족modern nation'과 구별되는 '전근대 민족premodern nation'을 논의하고 그보다 시간적으로 훨씬 더 앞서는 '원민족proto nation'이라는 개념을 설정한 후 한국 민족의 기원과 형성에 대해 다음과 같은 논리를 전개했다. 한국 민족은 고대에 '원민족'으로 형성되어 민족 형성을 위한 객관적 요소들을 지니고 있었으며 '전근대 민족' 시기를 거치면서 강화된 민족의 객관적 구성요소 위에서 근대 민족으로 형성되었다. 한국의 근대 민족 형성 과정은 근대 민족 형성을 저해하는 전근대적 요소들을 소멸시키고 근대적 민족의식을 강화시켜서 '근대 민족'으로 전환시킨 연속적 과정이었다. 유럽의 경우와 달리 한국의 경우에는 '원민족'과 '전근대 민족'이 이미 형성되어 있었기 때문에 '전근대 민족'에서 '근대 민족'으로의 전환이 비교적 단기간에 이루어질 수 있었다.[123]

신용하는 한국 원민족의 기원을 한강 유역의 '한' 부족으로 잡고 '한' 부족과 '맥' 부족과 '예' 부족이 결합하여 동아시아 최초의 고대 국가인 고조선을 형성했다고 본다. 그가 제창한 '한강문화 패러다임'에 따르면 한반도의 역사는 어떤 부족이 외부로부터 한반도에 들어와 이루어진 것이 아니라 한강을 중심으로 형성된 '한' 부족이 중심이 되어 고대 국가와 원민족을 형성하고 이후 그 세력이 외부로 뻗어나간 역

1984, 7~53쪽. 이 글은 신용하 편, 《민족 이론》, 문학과지성사, 1985, 13~58쪽과 신용하, 《한국 민족의 형성과 민족사회학》, 지식산업사, 2001, 315~364쪽에 다시 실렸다.

123 신용하, 《한국 민족의 기원과 형성 연구》, 서울대학교출판문화원, 2017, ix쪽.

사이다. 그는 한국 원민족 형성의 근거로 고조선 시대에 이미 정치, 언어, 지역, 생활문화, 혈연, 신앙과 종교, 천손의식, 생산기술과 사회경제생활, 군사문화와 무기, 기마문화, 궁사문화, 축제문화와 경기문화, 민속문화와 예술문화의 차원에서 일정한 정도의 특성을 공유하고 있었음을 실증적으로 밝히려고 노력했다. 한국 민족의 원민족인 고조선 민족은 고조선 국가가 해체되면서 흩어졌으나 삼국통일을 거쳐 전근대 민족으로 형성되었다. 근대 들어 우리 민족 내부에서 자생적으로 사회 신분제 해체, 자본주의 발흥, 민주주의 발흥, 신교육의 보급과 문화적 성장으로 근대 민족으로 발전하고 있었으나, 지배층의 무능으로 일제에 의해 식민지화되었다. 그러나 3·1운동을 통해 강력한 근대적 민족의식이 형성되었고 해방 이후 일제에 의해 저지당하던 근대국가를 형성했다는 것이 신용하의 한국 민족 형성론의 기본 줄거리이다.

신용하는 젊은 시절부터 "우리 민족은 어디서 기원하여 어떻게 형성되었는지 그 뿌리를 알고 싶어서 해답을 구하여 주로 고대사학계를 방청했으나 해답을 얻지 못하였다."[124] 1967년 하버드 옌칭연구소 방문교수 시절에는 국어학자 김완진에게 우랄 알타이어족의 기원이 한국어라는 사실을 전해 듣고 고조선 문명에 관심을 갖게 되었다. 이후 그는 학자 생활의 만년에 이르러 직접 고조선 시대에 대한 고고학 등 여러 학문 분야의 연구 결과를 참조하여 한민족의 뿌리를 밝히는 종합적 작업을 진행했다. 2000년대 초 중국의 '동북공정'은 이러한 연구에 자극제

---

124   신용하, 《한국 민족의 기원과 형성 연구》, 서울대학교출판문화원, 2017, v쪽.

가 되었다.

신용하는 고조선 문명 연구에 프랑스 '아날학파'의 연구방법론을 도
입하여 기후 변화, 지리적 조건, 인구 구성, 사회경제, 지식, 신앙, 사
유방식 등을 검토하기 위해 고고 유물·유적, 고미술, 전설, 신화, 언어,
민담, 관습 등을 문헌자료와 함께 사용했다.[125] '고조선 문명'이라는 새
로운 패러다임을 가설로 설정하고 이를 설명하기 위해 고고학, 언어학,
사회사학, 미술사학, 정치사학, 경제사학, 민속학, 신화학 등에서 이루
어진 발굴 자료와 연구 성과를 활용하고 역사학, 사회학, 민족학, 문화
인류학 분야의 연구 성과도 참조했다. 고조선 연구는 분과학문의 벽을
넘어서는 "협동적 통합 연구방법에 의해서만" 학문적 진전을 이룰 수
있기 때문이다.[126]

신용하는 자신의 고대사 연구가 단지 한국 민족의 기원에 대한 연구
일 뿐만 아니라 한국 민족의 미래와도 연결된 문제라고 보았다.

어느 나라 어느 민족에게나 자기 민족의 기원과 최초의 고대국가 형성
을 밝히는 일은 매우 중요한 연구 작업이다. 한국 민족의 최초의 국가는
'고조선'이다. 고조선을 과학적으로 밝혀야 한국 민족의 역사와 문화를
정확히 밝힐 수 있다. 이 작업은 한국 민족의 과거 역사뿐만 아니라 현재
와 미래에도 직결되어 있는 일이다.[127]

---

125 신용하,《고조선 문명의 사회사》, 지식산업사, 2018, 8~9쪽.

126 신용하,《고조선 국가형성의 사회사》, 지식산업사, 2010, 7쪽.

127 신용하,《고조선 국가형성의 사회사》, 4쪽.

그는 자신의 민족 형성 패러다임이 정약용, 박지원, 신채호, 박은식, 정인보 등 조선 시대와 일제 시대에 우리나라 고대사를 연구한 우리 학계의 연구 성과에 기초하여 구성되었으며 콩트, 스펜서, 뒤르켐, 베버 등 사회학의 창시자들이 모두 인류사회와 인류문명의 기원에 큰 관심을 갖고 있었다는 사실을 언급하면서 자신의 민족 연구가 학문적 계보가 있으면서도 '독창적인 한국 사회학'을 구성하는 작업임을 암시하고 있다.[128] 신용하는 정년을 몇 해 앞두고 이 주제의 연구에 집중하여 2001년《한국 민족의 형성과 민족사회학》을 펴냈고, 정년퇴임 후 2005년에는《한국 원민족 형성과 역사적 전통》을 출판했다. 이후에도 계속 한국 민족의 기원에 대한 연구를 계속하여 2010년에는《고조선 국가형성의 사회사》를 출간했고, 2017년에는 민족의 기원에 대한 연구와 그 이전에 했던 근대 사회사 연구를 종합하여《한국 민족의 기원과 형성 연구》를 출간했다. 이 책에서 그는 자신이 제시한 민족 형성 이론을 바탕으로 한국 민족의 기원과 형성을 포괄적으로 서술했다. 그는 지금까지 민족 형성에 관한 저서를 네 권 출간했다. 신용하 저작집 1권은《한국 민족의 형성과 민족사회학》(2001)이고 57권은《한국 민족의 기원과 형성 연구》(2017)이다. 이러한 저작집 배열은 신용하의 연구가 민족에서 시작해서 민족으로 끝남을 암시하는 듯하다. 2018년 신용하는《고조선 문명의 사회사》를 출간함으로써 고조선 연구 3부작을 마감했다. 이 책에서 그는 5천여 년 전 고조선 문명이 황하문명 이전에 존재한 문

---

128 신용하,《고조선 국가형성의 사회사》, 지식산업사, 2010, 5~6쪽.

명으로서 흔히 말하는 세계 4대 문명 혹은 7대 문명과 비견할 수 있는 문명임을 입증하려고 했다.[129] 고조선 문명에 대한 그의 과감한 논의는 앞으로 국내외 학계의 후속 연구를 통해 비판·보완·반증·입증되어야 할 것이다.

---

129   신용하, 《고조선 문명의 사회사》, 지식산업사, 2018, 5~7쪽.

3.

신용하의
현실참여

1. '절제된 열정'과 역사교육

4·19세대에 속하는 신용하는 1960년대에는 비판적 지식인 역할을 담당했고 한일회담을 반대한 6·3세대 학생운동권 주동자들 사이에서 이론가 역할을 맡았다. 그러나 그 이후에는 정치적인 활동을 자제하고 학문 연구에 몰두했다.[130] 그래서 1970년대 민주화운동 시기와 1980년대 학생운동과 노동운동이 급진화하는 시기에도 정치권력 비판이나 현실

---

130 신용하는 1960년대 초 경제학과 대학원에 진학한 후 주위에서 정치적인 지하 서클에 참여하라는 권유를 일관되게 거부했다. 그것은 오직 학문에만 전념하겠다는 스승 최문환과의 약속을 지키기 위해서였다. 그 결과 그는 1960년대 중후반의 인혁당 사건 등 여러 공안 사건에 연루되지 않고 학문 생활을 계속할 수 있었다. 정수복, 〈신용하 면접 자료: 2017년 11월 15일, 프레스센터〉.

사회운동권과는 거리를 유지했다.[131] 그 기간 동안 그는 줄곧 민주화를 위한 지식인운동, 학생운동, 노동운동 등에 침묵했고 일제 시대의 사회주의운동, 제주 4·3항쟁 등의 국가폭력, 독재체제 비판 등과 관련된 실천적 지식인의 역할도 자제했다. 신용하는 한국 민족 문제의 핵심인 민족의 분단과 통일이라는 문제에 대해서도 큰 관심을 보여주지 않았다.[132] 1970년대 이후 민중사관과 분단시대의 역사학이 논의될 때에도 한완상이나 김진균과 달리 신용하는 흔들리지 않고 실증주의 민족사학의 입장에서 자신의 연구를 계속했다. 한국 사회운동사 연구에 있어서도 사회주의 계열의 독립운동에 관한 연구는 뒤늦게 시작했다.[133] 신용하는 지식인으로서의 사회참여와 실천에 대해 이렇게 말했다.

---

131 75학번인 김필동에 따르면 "선생님은 학생들이 데모에 참가하는 데 대해서는 엄격하게 나무라셨다. 본인뿐만 아니라 사회학과에 큰 위해가 된다는 것이었다." 이에 대해 학생들은 불만이 있었지만 밤 늦게까지 연구실의 불을 밝히며 한국 사회사 건설에 몰두하여 많은 연구 결과를 내고 있는 신용하의 "카리스마 때문에 감히 대들 생각은 할 수 없었다." 김필동, 〈75학번의 수업시대〉, 서울대학교 사회학과 60년 편집위원회, 《다시 출발선에 서서: 동문들이 쓰는 사회학과 60년》, 선인, 2006, 295쪽.

132 그러나 그의 제자 박명규가 언급했듯이 "한국의 민족문제의 핵심은 민족 통일의 문제이다. 그리고 이 점은 냉전체제하에서나 탈냉전시대에 있어서나 마찬가지이다." 박명규, 〈민족사회학—국제화시대의 민족과 민족문제〉, 한국사회학회 엮음, 《21세기의 한국사회학》, 문학과지성사, 1994, 377쪽.

133 2001년에 펴낸 책의 서문에서 그는 "민족주의 계통의 운동뿐만 아니라 사회주의 계열의 운동도 편견 없이 실증적으로 정확하게 위치 설정하여 고찰하려고 노력했다"고 밝혔다. 신용하, 《한국 근대의 민족운동과 사회운동》, 문학과지성사, 2001, 6~7쪽.

저는 학자는 엄격하게 학문으로 대답하는 것이 학자의 실천이라고 생각해요. 구체적으로 말하면 사회학자의 역할은 첫째가 연구입니다. 그다음이 교육입니다. 그다음에는 사회에 대한 비판과 봉사를 해야 되겠죠. 사회학도들이 해야 할 바는 각자의 취향에 따라서 선택할 수밖에 없다고 생각합니다.[134]

신용하는 연구에 충실하게 전념하면서 교양 대중을 위한 역사 교육자로서 현실 문제에 개입했다. 그는 《독립협회와 개화운동》(1976), 《한국 근대 민족주의의 형성과 전개》(1987), 《한국 근대사회변동사 강의》(2000) 등의 저서를 통해 교양시민과 대학생, 청년들에게 올바른 역사의식을 전달하기 위해 노력했다. 보기를 들어 1850~1910년 사이의 한국 근대사를 다루고 있는 《한국 근대사회변동사 강의》는 "한국 근대사와 한국 근대사학을 일반 국민들과 대학생들이 쉽게 이해할 수 있도록 교양도서로 쓴 것이다."[135] 이 책의 대상을 대학생에서 '일반 국민'으로 넓힌 이유를 신용하는 이렇게 밝혔다.

우리 민족이 21세기에 열강과 어깨를 나란히 한 최선진국이 됨과 동시에, 종래의 열강과는 달리 진정으로 전 세계 약소민족들, 후진국 국민들, 전 세계 인류의 번영과 복지와 세계평화에 기여하려면, 적어도 19세기

---

134 정학섭·유승무 외, 〈화양 신용하 교수와의 대담: 민족연구와 한국 사회학의 성립을 중심으로〉, 《사회사상과 문화》 19권 3호, 2016, 36쪽.
135 신용하, 《한국 근대사회변동사 강의》, 지식산업사, 2000, 3쪽.

부터의 우리 근대사를 먼저 잘 알아야 할 것이다. 자기의 근대사를 모르고는 미래를 제대로 개척할 수 없다. 이 책에서는 이러한 문제의식에서 누구나 읽으면 우리나라 근대사 전개의 인과과정을 쉽게 이해할 수 있도록 노력하였다.[136]

앞서 밝혔지만 그는 민족주의의 입장에서 일본 경계론을 주장하고 일제 잔재 청산에 대해 구체적인 방안들을 제시하기도 했다. 또 1990년대 중후반부터는 일제 잔재 청산과 독도 수호라는 이슈에 대해 사회적 발언을 지속했다. 2000년대부터는 고조선 문명에 관한 연구를 계속하고 있다. 신용하의 이러한 활동의 저변에는 민족 주체성의 보전과 확장, 한국 민족의 최선진국화라는 자신의 비전이 담겨 있다.[137]

2. 21세기 한국 사회 구상

신용하가 과거에 초점을 맞추는 근현대 한국 사회사를 전공으로 삼았

---

136 신용하, 《한국 근대사회변동사 강의》, 3쪽.
137 신용하는 일본을 경계하면서 중국의 패권주의도 비판한다. "우리가 살길은 일본의 군사대국화를 비판하면서 중국의 패권정책에도 반대하는, 독자적 독립노선을 갖는 길밖에 없다"는 게 그의 주장이다." 신용하, 《한국의 독도 영유권 연구》, 경인문화사, 2006, 574쪽.

지만 한국 사회의 현실과 미래 전망에 대해 무관심한 것은 아니었다. 그는 "사회학의 임무 가운데에는 과거의 사회문화 전통을 비판 계승하고 미래의 더 나은 사회를 준비해서 현재의 사회적 과제 해결을 과학적으로 탐구하는 일이 포함되어 있다"면서 "기회가 있을 때에는 피하지 않고 21세기의 한국 사회 발전에 관한" 생각을 정리하여 논문과 저서로 발표하였다.[138]

그는 "한국 사회사학은 물론이요, 사회학 및 사회과학 전반이 실사구시의 방법으로 학문적 자주성과 독창성을 갖고 자기 사회의 현실 문제와 역사 문제와 대결해야 한다는 문제의식"을 가져야 한다고 주장했다.[139] 그의 이런 문제의식은 그가 청년시절에 경험한 4·19혁명과 한일회담 반대투쟁에서 비롯된 것이다.[140] 1996년에 펴낸 《21세기 한국과 최선진국 발전전략》의 서문에서 그는 자신의 오래된 뜻을 이렇게 밝혔다.

박정희 정권이 일제의 침략과 식민지 착취, 우리 겨레의 학살에 대한 정당한 배상도 받지 못한 채 굴욕적 한일회담을 추진하자, 민족권익을 지키기 위한 투쟁 과정에서 4·19세대의 직접적 영향과 계승으로 6·3세대가 탄생하였다. 비록 4·19처럼 6·3은 성공하지 못했지만, 4·19세대와 6·3세대는 우리 조국의 자유와 민주와 발전을 지키는 형제가 되었다.

---

138 신용하, 《21세기 한국 사회와 공동체문화》, 지식산업사, 2004, 3쪽.
139 신용하, 《한국 민족의 형성과 민족사회학》, 지식산업사, 2001, 4쪽.
140 조동일의 "촌스럽다"는 표현이 말해주듯 신용하는 1960년대의 반일 애국주의적 감수성을 거의 그대로 유지한 듯하다.

우리들(4·19세대와 6·3세대들)은 그 후 35년간 참으로 열심히 일하면서도 온갖 영욕을 모두 경험하게 되었다. 많은 친우들이 군사정권에 가담하기도 하고, 또 많은 친우들이 이를 반대하며 민주주의를 주장하다가 옥고를 치르기도 하였다. 이 기간에 저자는 대학교수의 길을 걸었다. 그러나 연구실 속에서도 언제나 대학시절의 꿈을 간직해왔으며, 아직도 간직하고 있다. 이 책은 그 꿈을 기록한 것이다.[141]

이미 1966년 신용하는 임종철, 이창렬, 박희범, 이규동 등이 참여한 '중산층의 소멸과 육성'을 주제로 한 지상 토론에서 두 번에 걸쳐 한국 경제의 미래 구상에 대해 자신의 견해를 밝힌 바 있다. 그는 중소기업의 생산적 개편을 주장하면서 한국 경제의 근대화를 위해서는 정부와 대기업이 주도하는 중화학 수출산업과 중소기업이 담당하는 방직공업 등 일반 소비재 산업을 분리하여 상호 간에 영역 침범을 하지 못하도록 하는 규제정책이 필요하다는 의견을 제시했다.[142] 그러면서 전반적으로는 한국 경제의 종속 탈피와 대기업 독점에 대한 규제가 필요하다는 의견을 덧붙였다. 당시 종속 탈피의 중요성에 대한 그의 주장은 다음과 같다.

---

141 신용하, 《21세기 한국과 최선진국 발전전략》, 지식산업사, 1995, 4쪽.

142 신용하의 이러한 견해는 인도 경제학자 마하라노비스P.C. Mahalanobis의 견해를 참작한 것이다. 네루 총리의 측근이었던 마하라노비스는 1956년부터 시작된 인도의 제2차 경제개발 계획의 기본 모델을 제시했다. 이것은 소비에트 모델을 인도식으로 변화시킨 발전전략이다. 그는 장기적으로 고도성장을 하기 위해서는 일단 국가 주도로 중공업 분야에 집중 투자해야 한다는 견해를 제시했다.

우리나라의 중소기업과 대기업은 외국자본에의 종속성을 하루속히 탈피하여 그 독자적 주체성을 확립하여야 하나, 이것은 중소기업보다 대기업에서 더욱 문제되는 것이다. 우리나라의 기업이 외국자본에 종속되면 그것은 산업자본의 근대화 추진력을 박탈하고 외국 상품의 판매와 가공을 위임받는 상업자본의 기능수행을 강요당하게 된다. 그러므로 우리나라의 기업이 근대화를 추진하는 본래적 민족산업자본으로 되기 위해서는 외국자본에의 종속과 의존을 탈피하는 '개편'이 선결적으로 수행되어야 한다. 이렇게 되면 근대화는 가장 자유롭게 가속적으로 추진될 수 있을 것이다.[143]

다른 한편 신용하는 독점규제의 필요성을 다음과 같이 주장했다.

자본의 집중에 따른 독점의 폐해는 집중형 부문 전반을 국가계획위원회의 직접 간접 통제하에 두어 국민경제개발계획의 틀 안에서 대자본가들이 독점이윤을 취득함이 없이 평균이윤율 보장의 기구를 통하여 투자행위를 하도록 규제하는 것이다. 물론 이 경우에도 반독점 입법조치가 필요함은 재언을 요하지 않는다.[144]

---

143 신용하, 〈한국 근대화와 중산층의 개편〉, 손세일, 《한국논쟁사》 3권(정치·경제·법률편), 청람출판사, 1976, 479쪽. 이 글은 원래 《정경연구》 1966년 4월호에 실렸다.

144 신용하, 〈독점 형성과 중소기업의 위치〉, 손세일, 《한국논쟁사》 3권, 541쪽. 이 글은 원래 《청맥》 1966년 8월호에 실렸다.

이를 읽다 보면 신용하가 박정희 정부의 경제개발 5개년 계획은 4·19 이후 민주당 정부 시절 이미 마련되어 있던 기본안을 군사정부가 찬탈한 것이라고 주장하는 근거를 짐작하게 한다.[145] 신용하는 1970년대와 1980년대를 거치면서 현실 정치와 거리를 유지하며 학문적 연구에 몰두했다. 그러나 1990년대 후반에 들어서면서 측면에서나마 현실 정치에 관여하게 된다. 사회사를 연구하던 신용하가 한국 사회를 최선진국으로 만들기 위한 비전과 전략을 제시하는 연구를 진행했는데 이는 서울대학교 총장과 국무총리를 역임하고 정계에 입문한 이수성과 관련되어 있다.[146] 1997년 이수성은 국무총리를 퇴임하고 신한국당 대선후보 경선에 참여했다. 이때 신용하는 이수성의 참모 가운데 한 사람으로 한국 사회 미래 비전과 전략에 관한 연구를 담당했다. 경선 패배 후 이수성은 2000년에 민주국민당을 창당하여 대선에 출마했으나 낙선했다. 이후 신용하는 더 이상 현실 정치에 관여하지 않았다.

신용하는 1996년에 펴낸 《21세기 한국과 최선진국 발전전략》에 이어 2004년에는 《21세기 한국 사회와 공동체문화》를 발표했다. 이 책에서 그는 〈21세기 한국 발전의 비전과 전략〉, 〈21세기 한국의 영세중립국화 통일론〉, 〈21세기 한일관계의 전망과 과제〉 등 한국 사회의 미래

145　신용하의 국가와 대기업 주도의 중화학공업 육성정책은 박정희 정부의 경제개발 5개년 계획을 연상시키고 종속 탈피, 독점 규제 주장은 박현채의 '민족경제론'을 연상시킨다.

146　두 사람 사이의 친구관계는 아마도 1960년대 초부터 계속되었다. 1960년대 초 신용하는 최문환 교수의 수제자였고 이수성은 최문환 총장의 비서 역할을 했다.

를 위한 전반적 틀을 제시했다. 또한 〈IMF사태의 원인과 21세기 한국의 진로〉라는 글에서는 부정부패 척결, 지역주의 청산, 일확천금 한탕주의 극복, 퇴폐 향락의 청소, 세계화에 대한 대책, 사회 대원칙의 붕괴 방지 등을 통해 통일된 최선진 민주국가로 가는 길을 제시했다.[147]

신용하는 한국 사회의 미래를 위해 한국의 좋은 전통을 계승 발전시키자는 입장을 취했다. 그래서 《21세기 한국 사회와 공동체문화》의 2부에서 한국 가족제도의 장점을 계승하는 방안을 논의했다. 신용하는 "세계화와 신자유주의 정책과 더불어 물밀듯이 밀려오는 서양의 향락주의, 퇴폐주의, 이기주의와 '가족해체'의 급류 속에서 한국인이 어떻게 아름다운 민족문화와 세계에서 가장 아름다운 한국 가족제도의 장점을 잘 보전하고 더욱 발전시켜서 21세기의 행복한 사회와 가족제도를 만들 것인가를 탐구"했다.[148] 〈두레와 농악의 사회사〉를 비롯해 '두레'에 관한 여러 편의 논문을 쓰기도 한 신용하는 서구의 향락적 개인주의와 대비되는 우리 고유의 긍정적 제도와 문화를 '공동체문화'라고 불렀다.[149]

---

147 신용하, 《21세기 한국 사회와 공동체문화》, 지식산업사, 2004.

148 신용하, 〈21세기 한국의 가족과 공동체문화〉, 《21세기 한국 사회와 공동체문화》, 161~301쪽. 이 책에서 그는 바람직한 가족관계, 효의 가치, 가정 교육, 가족공동체, 문화 발전 방안 등을 논의했다.

149 신용하, 《공동체이론》, 문학과지성사, 1985 참조.

4.

신용하의
'독창적 한국 사회학'

1. 사회 이론 모색

신용하는 1970년대 초에 산업혁명 초기 시기의 영국의 철강산업에 대한 거센크론A. Gerschenkron과 로스토우W. W. Rostow의 연구를 비판적으로 검토한 논문을 썼고 파슨스의 수제자 닐 스멜서Neil Smelser의 영국 산업혁명 시기 면방직 공업과 사회변동 관련 저서에 대한 긴 서평을 발표하기도 했다.[150] 이는 영국의 산업혁명과 사회변동에 대한 이론적

---

150 Yong-Ha Shin, "On the Process of the Growth and the Role of the Iron Industry in the British Industrial Revolution",《경제논집》9권, 2호, 서울대학교 상과대학 한국경제연구소, 1970, 15~82쪽: 신용하, 〈서평: Neil J. Smelser 산업혁명에 있어서의 사회변동─랑카셔 면방직 공업에의 이론의 적용〉,《한국사회학》제7집, 1972, 103~108쪽.

탐구에서 무언가를 배워보려는 노력의 일환이었다. 그러나 이후 신용하는 서구의 경험을 근거로 만들어진 사회이론을 한국 사회에 적용하는 연구 방향을 버리고 광범위한 일차적 사료를 직접 검토하면서 독자적인 이론을 모색하는 방향으로 나아갔다.

한국 근대 사회사를 연구하는 과정에서 그는 일제의 식민사관을 극복하고 한국 민족의 역사가 외부의 힘에 의해 움직이는 타율적인 역사가 아니라 내부적 동력과 내재적 계기에 의해 발전하는 주체적 역사임을 보여주려고 했다. 그러다 보니 그의 작업은 역사학과 가까워졌다. 1976년 박사학위 논문을 책으로 펴낸 《독립협회 연구》 초판 서문에서부터 그는 "이 작은 논문들이 우리나라 근대사를 밝히는 데 조금이라도 기여를 하고 국사와 사회과학의 협동 연구에 조금이라도 격려가 된다면 그 이상 큰 다행이 없겠다"라고 썼다.[151]

이후 그는 줄곧 역사학과 사회학 사이에 다리를 놓기 위해 애썼다. 1987년에 펴낸 《한국 근대사회사 연구》 서문에서는 "우리 시대의 새로운 과학으로서의 사회사학은 종래 역사를 잃어버렸던 사회학과 사회과학에 역사를 불어넣어 주고, 종래 이론과 과학을 소홀히 했던 역사학에 과학성을 심어주면서 실로 놀라운 연구업적을 내고 있다"며 역사학과 사회과학 사이의 활발한 상호작용을 기대했다.[152] 1994년에 펴낸 《한국 근대사회의 구조와 변동》에서도 신용하는 사회사 연구의 진전을 위해서는 "사회과학의 협동이 절실히 필요하다"면서 "특히 사회변동과 근

---

151 신용하, 《독립협회 연구》, 일조각, 1976, iv쪽.
152 신용하, 《한국 근대사회사 연구》, 일지사, 1987, 3쪽.

대사는 사회과학이 없이는 깊이 연구될 수 없는 분야"라고 주장했다.
왜냐하면 "사회과학이 바로 근대사회의 이론이기 때문이다." 그러므로
"근대 사회변동과 근대사 연구자들은 사회과학의 기초 위에서 과학으로서의 한국 근대 사회변동과 근대사를 주체적으로 정립하고 체계화해야 할 것이다"라고 주장했다.[153]

2001년에 펴낸《3·1운동과 독립운동의 사회사》에서도 신용하는 3·1운동에 대한 실증적 연구를 넘어 사회과학적 분석과 해석으로 나아가야 한다고 주장했다.

3·1운동의 전 과정에 대한 사회과학적·종합적 연구가 진전되어야 할 것이다. 3·1운동에 대한 실증적 연구는 현재 다른 부분의 독립운동보다는 상대적으로 많이 진전되어 축적되어 있다고 볼 수 있다. 따라서 이후에는 실증적 연구와 병행하여 그것을 사회과학적으로 잘 해석하는 연구가 동시에 진행되어야 할 필요가 절실한 것이다. 3·1운동은 일종의 정치운동이며 사회운동이기도 한 것이기 때문에 현대 정치학과 사회학을 비롯한 사회과학 이론과 관점을 응용하여 3·1운동을 역사학과 사회과학이 협동해서 종합적, 다각적으로 분석하고 해석할 필요가 절실한 것이다.[154]

신용하는 "가용 자료원의 망라적이고 체계적인 이용"을 통해 사실을 밝히는 "철저하게 실증주의적 입장을 견지"하고 있지만 다른 한편

153 신용하,《한국 근대사회의 구조와 변동》, 일지사, 1994, 3쪽.
154 신용하,《3·1운동과 독립운동의 사회사》, 서울대학교출판부, 2001, 287쪽.

"서구 사회사 방법론을 비판적으로 수용하고 이를 한국 사회사 방법론으로 재정립"하기 위해 노력했다.[155] 그는 사회사를 연구하는 사회학자로서 이론적 사유를 촉진하기 위해 1980년대에 여러 책을 번역하고 편집하는 작업을 게을리하지 않았다. 편역한《사회사와 사회학》, 번역한 루이스 코저의《사회사상사》와 필립 아브람스의《역사사회학》등이 그 보기이다.[156]

2003년 정년퇴임 이후 2012년에는《사회학의 성립과 역사사회학: 오귀스트 콩트의 사회학 창설》을 출간하여 콩트로부터 시작된 사회학이 애초부터 역사사회학임을 보여주고 자신의 작업이 콩트를 계승하는 작업임을 간접적으로 시사했다.[157] 이는 이상백이 1950년 6월《학풍》의

---

155 김필동, 〈서평: 신용하,《한국 근대사회사 연구》,《한국학보》50집, 1988, 326쪽, 323쪽.

156 루이스 코저, 신용하·박명규 공역,《사회사상사》, 일지사, 1978; 신용하 편역,《사회사와 사회학》, 창작과비평사, 1982; 신용하 편역,《혁명론》, 문학과지성사, 1984; 신용하 편역,《공동체이론》, 문학과지성사, 1985; 신용하 편,《민족 이론》, 문학과지성사, 1985; 신용하 편역,《아시아적 생산양식론》, 까치, 1986; 필립 아브람스, 신용하 옮김,《역사사회학》, 문학과지성사, 1986.

157 책의 제목에 '역사사회학'이라는 말이 들어가는데 저자는 자신의 사회학이 콩트의 사회학과 어떤 관련성을 갖는지는 설명하지 않고 스스로 썼듯이 "콩트의 저술 내용을 요약만 하여 전달"하고 있다. 신용하,《사회학의 성립과 역사사회학: 오귀스트 콩트의 사회학 창설》, 지식산업사, 2012, 6쪽. 신용하는 이 저서에서 루이스 코저가《사회사상사》에서 콩트를 다루면서 콩트가 제창한 인류교를 폄하한 반면 콩트가 당대의 다른 유럽학자들과 달리 유럽의 제국주의, 식민주의, 노예제도를 비판한 것을 논의하지 않았다고 비판했다. 그러나 신용하가 자신의 저서 끝에 제시한 프랑스어 참고문헌을 얼마나 참조했는지는 의문이다. 신용하가 이 책의 28

'사회학 특집호'에 발표한 〈질서와 진보〉라는 글을 잇는 작업이기도 하다.[158]

신용하의 학문적 여정에서 1994년은 매우 중요한 해였다. 그해에 그는 한국사회학회 회장으로 취임하여 〈독창적 한국 사회학의 발전을 위한 제언〉이라는 회장 취임 강연을 했고 그 원고가 《한국사회학》에 실렸다.[159] 이 강연에서 그는 그동안 축적해온 사회사 연구를 바탕으로 한국 사회학의 미래에 대한 자신의 생각을 밝혔다. 그는 지금이야말로 한국 사회학의 질적 도약이 필요한 시기라고 진단하고 "사회적으로는 현실

쪽과 29쪽에서 튈르리Tulerie궁을 '추이루이궁'으로, 탕플Temple탑을 '담블탑'으로 표기하고 있는 것을 보면 그가 일본어 저서를 참조했음을 추정할 수 있다. 그러나 참고문헌에는 일본어 저서는 한 권도 나오지 않는다. 신용하가 대학생 시절 "학교에 들어가는 길목 종로5가에 고서점이 몇 개 있었는데, 일본책·서양책 등 좋은 책들이 참 많았습니다. 점심 두세 끼만 굶으면, 그 책들이 쌌으니까, 내 손안에 들어왔습니다"라고 쓴 것을 보면 일본책을 잘 읽었음을 알 수 있다. 신용하·서울대 기초교육원, 《지구시대 민족을 말하다—사회학자 신용하의 삶과 학문》, 생각의나무, 2009, 21~22쪽.

158 이 글은 《이상백저작집》 3권, 을유문화사, 1978에 수록되어 있다. 이상백의 콩트에 대한 논문도 프랑스어 원저가 아니라 일본어 번역본이나 해설서를 참조하여 쓴 것으로 추정된다. 한국 학계에서는 1960년대까지도 일본어 책을 참조하고 안 본 척하는 것이 관행이었다. 콩트의 저서를 프랑스어로 읽고 우리말로 쓴 논문으로는 민문홍, 〈실증철학강의/콩트〉, 김진균 외, 《사회학의 명저》, 새길, 1994, 9~26쪽을 볼 것. 뒤르켐 이후 프랑스 사회학계에서도 콩트에 대한 연구는 매우 희소했다. 콩트에 대한 프랑스 학자의 연구로는 Pierre Arnaud, *Sociologie de Comte*(Paris: Presse Universitaire de France, 1969)가 있다.

159 신용하, 〈독창적 한국 사회학의 발전을 위한 제언〉, 《한국사회학》 28집, 1994, 1~15쪽.

적합성을 보다 증대시켜" 한국 사회의 문제 해결에 기여하고 학문적
으로는 "전 세계에 내놓을 만한 독창적 이론들을 창출하자"고 제안했
다.[160] 그런 독창적인 한국 사회학을 정립하기 위해 일단 학문적 자주성
과 주체성, 독자성과 독립성을 확립해야 한다고 주장했다.[161]

2. 미완의 독창적 이론

신용하의 사회사 연구와 관련하여 그가 생각하는 사회학 이론이 무엇
인가에 대해 질문을 던져볼 수 있다. 그는 여기저기에서 다음과 같은
방식으로 사회학 이론, 지식사회학, 사회과학적 관점, 사회학적 해석
등의 표현을 사용했다.

a) 이 책은 고조선 국가형성을 사회학적 이론과 관점에 의거하여 밝힌

160　신용하, 〈독창적 한국 사회학의 발전을 위한 제언〉, 1쪽.

161　신용하의 이러한 학문적 입장은 정인보의 정신과 이어져 있다. 정인보는 "조선학
　　은 학문적 관점 및 방법론에서 주체성을 가져야 한다"면서 "중국문화, 서구문화,
　　그리고 그 대리자인 일본문화를 모방하는 것은 주체적인 민족의식 확립에 장애가
　　된다는 점을 지적하는 가운데 조선 정신과 역사에 대해 강조했다." 연세대학교 문
　　과대학, 《연세대학교 문과대학 100년, 2: 학술사, 인물》, 연세대학교출판문화원,
　　2015, 202쪽.

연구 작업의 하나이다.[162]

b) 지식사회학의 관점과 방법으로 동학 형성의 사회적, 개인적, 지적 배경을 고찰하고 ……[163]

c) 사회과학적 관점에서 보면 한국의 초기 개화파는 선각자들이었고 선구자들이었다.[164]

d) 독립협회의 사회사상을 자주독립사상, 자유민권사상, 개혁자강사상이라는 세 요소로 요약하고 이 세 요소를 각각 민족주의 사상, 민주주의 사상, 근대화 사상으로 해석했다. 이러한 해석을 독립협회 사회사상의 '사회학적 해석'이라고 불렀다.[165]

e) 동학농민혁명운동에 대한 사회학적, 사회사적 해석을 대폭 강화했다.[166]

f) 저자는 사회사학社會史學 분야를 공부하면서, 우리나라 근대사회의 역사에 대한 사회학적 연구에 종사해왔다. 이 때문에 이 책에 수록된 논문들은 실증적 연구를 하면서도 사회학적 관점에서 분석된 것들이

---

162 신용하, 《고조선 국가형성의 사회사》, 지식산업사, 2010, 4쪽.

163 신용하, 《한국 근대사회사상사 연구》, 일지사, 1987, 3쪽. 이때 신용하가 말하는 '지식사회학적 접근'이란 루이스 코저Lewis Coser가 *Masters of Sociological Thought*에서 한 사상가의 사상을 요약하고 그 개인적, 지적, 사회적 배경을 논의한 것을 말한다. 루이스 코저, 신용하·박명규 옮김, 《사회사상사》, 한길사, 2016 볼 것.

164 신용하, 《초기 개화사상과 갑신정변 연구》, 지식산업사, 2000, 3쪽.

165 신용하, 《신판 독립협회 연구 (하)》, 일조각, 2006, 720~818쪽.

166 신용하, 《동학농민혁명운동의 사회사》, 지식산업사, 2005, 4쪽.

다.[167]

g) 패러다임 변환에는 편견을 거부하고 사회학의 객관적 과학주의적 제
안이 매우 유용하기 때문이다.[168]

h) 저자는 지금까지 일관되게 사실을 이론에 선행시키면서 변증법적 상
호작용과 검증을 발전시키는 실사구시의 사회학과 사회과학을 주장
해왔다.[169]

위의 인용문들에서 신용하가 이론, 관점, 해석, 과학 등의 용어를 사
용하고 있고, 이론과 사실의 변증법적 상호작용을 이야기하고 있지만
실사구시라는 그의 연구방법론은 사실의 확인에 기초한 역사 서술의
단계를 크게 벗어나지 않았다. 신용하는 1987년에 출판한《한국 근대
사회사 연구》서문에서 실사구시의 원칙으로 이론과 사실의 관계를 다
음과 같이 정리한 바 있다.

서울대학교가 1975년에 관악캠퍼스로 이전함에 당하여, 사회학과의 학
부와 대학원에 정식으로 '한국 사회사', '한국 사회사 연구'의 과목을 신
설하자 동료와 학생들로부터 '한국 사회사'란 어떠한 문제의식과 방법
을 가진 어떠한 학문인가에 대하여 수많은 질문을 받아왔다. 저자가 생
각하는 한국 사회사의 학문적 성격은 조선 후기의 '실학'을 계승하는

---

167 신용하, 《신판 동학과 갑오농민전쟁 연구》, 일조각, 2016, 7쪽.
168 신용하, 《고조선 국가형성의 사회사》, 지식산업사, 2010, 6쪽.
169 신용하, 《한국 민족의 형성과 민족사회학》, 지식산업사, 2001, 3쪽.

'실사구시'의 과학이다. 저자는 먼저 사회적·역사적 사실에서 이론을 도출하고, 이론에 의거하여 사실을 조명하며, 다시 사실에 의하여 이론을 검증해서 옳고 그름과 그 정도를 판별하고, 사실을 모두 조명하지 못하는 부분을 이론이 모두 조명하도록 사실에 의하여 끊임없이 이론을 수정하고 발전시켜서, 사실과 이론의 이 변증법적 과정이 언제나 사실을 선행시키면서 진행되어 '참사실' '진실'을 찾아내는 학문이 될 것을 기대한다. 그리하여 한국 사회사학이 조선 후기의 '실학'을 계승 발전시키는 '현대적 실사구시의 과학'이 되어 한국 민족사 연구에 새로운 지평을 개척하고, 한국의 사회학과 사회과학이 자기의 역사와 사회에 뿌리를 깊이 내리어 학문적 주체성을 확립하는 데 크게 기여하는 학문이 되기를 기대한다. 그리하여 '지성의 맑은 흐름'이 굳어진 고정관념 때문에 고여서 썩는 일이 없고 밖으로부터 휘몰아치는 모래바람에 길을 잃는 일이 없도록 우리들의 맑은 지성과 사고와 학문을 세우고 진전시켜 나가게 도와줄 것을 기대한다.[170]

신용하는 늘 "한국의 사회현실과 역사에 바탕을 둔 실사구시적 연구"를 강조했다. "그런 연구라야만 생명력을 가지면서 외국 학문에 종속됨이 없이 자주적일 수 있다는 것이었다."[171] 그렇다면 학문 생활의 만년에 이르러 신용하는 자신의 사회사 연구를 통해 한국 사회학을 학

---

170   신용하, 《한국 근대사회사 연구》, 일지사, 1987, 3~4쪽.
171   화양 신용하 교수 정년기념논총 간행위원회 편, 〈간행사〉, 《한국 사회사 연구》, 나남, 2003, xxvi쪽.

문적 종속 상태를 벗어나 '독창적인 이론'을 제시하는 단계로 올려놓았는가? 신용하의 저서는 국사학자들에게는 널리 읽히고 존경을 받고 있으나 사회사 전공자를 벗어나면 거의 읽히지 않는다. 대다수의 사회학자들이 신용하의 연구가 사회학보다는 역사학에 가까운 연구라고 생각하기 때문이다. 신용하는 연구의 처음부터 끝까지 '실사구시'라는 원칙을 내세우면서 사실을 이론에 앞세웠다. 그는 1976년 김용섭의 《한국 근대농업사 연구》에 대한 서평에서 '경영형 부농'이라는 개념과 한국 자본주의 맹아론을 비판하면서 이론과 사실에 대한 자신의 생각을 다음과 같이 밝혔다.

역사적 개념이나 역사해석 이론을 정립할 때는 실증적 고찰을 한 후 그곳에서 귀납적으로 발견되고 추출되는 명백한 사실과 경향을 체계화하여 정립하는 것이 역사가의 역사적 연구의 방법이 되는 것이지 만일 어떠한 개념이나 해석이론을 먼저 상정하고 그에 맞는 자료를 여기저기서 모으거나 어떤 고정관념을 연역적으로 사실화史實化하려고 혹시 시도한다면 이것은 어떠한 역사적 연구의 방법에서도 성립되기 어려운 것이 아닐까 하는 의문점이다.[172]

같은 글에서 신용하는 이론의 정립에 앞서 풍부한 사실을 확인하는 작업이 우선되어야 함을 다음과 같이 절박하게 표현했다.

172　신용하, 〈서평:《한국 근대농업사 연구》(김용섭 저)〉, 《한국사연구》 13호, 1976년 7월, 141쪽.

우리나라 근대사 연구는 사료는 산적해 있는데 어느 주제나 밝혀진 것
은 빙산의 일각에 불과하다. 이 앞에서는 누구도 해이해질 수 없으며, 어
떠한 종류의 종파성도 있어서는 안 될 것이다. 필요한 것은 이 고된 과제
에 성실하게 끊임없이 대결하여 나아가는 일뿐이 아닌가 한다.[173]

물론 산적한 역사적 사실을 마주하여 정리하는 일은 가장 먼저 해야
할 작업이다. 그러나 사회학 연구에서는 역사학 연구와 달리 막스 베버
의 '이념형'과 같은 가설적 개념을 만들어서 의미 있는 사실을 추출하
는 것이 장점이자 강점이 될 수 있다. 개념은 사물을 인식하는 도구이
다. 바다의 파도처럼 많은 사실들 가운데서 무엇을 관찰하고 의미 있는
사실로 받아들일 것인가를 지시해주는 탐조등의 역할을 하는 것이 이
론과 개념이라고 할 수 있다. "사료는 나무에 대해서만 말할 뿐 숲 전
체를 보여주지 못한다. 숲 전체에 대한 지도를 그릴 수 있게 만들어주
는 것이 이론과 개념이다."[174] 이론과 개념은 의미 있는 사실을 발견하
게 만드는 지적 도구이다. "주요 개념들을 세분화하고 명백하게 만드
는 개념 구성 작업은 이론적 연구에서 필수적 단계이다. 그렇게 구성된
개념들이 서로 연결될 때 하나의 이론이 떠오르기 시작한다. 개념은 무

---

173 신용하, 〈서평: 《한국 근대농업사 연구》(김용섭 저)〉, 《한국사연구》 13호, 1976년 7
    월, 153쪽.
174 김기봉, 《히스토리아, 쿠오바디스: 탈근대, 역사학은 어디로 가는가》, 서해문집,
    2016, 74쪽.

엇이 관찰되어야 할 것인가를 정의한다."[175]

그렇다면 김용섭과 신용하 사이의 논쟁은 역사학자가 사회학자의 입장을 취하고 사회학자가 역사학자의 입장을 취한 거꾸로 된 토론처럼 보인다. 사회학자의 연구가 역사학자들의 연구와 구별되기 위해서는 오히려 적극적인 개념을 설정하여 사실의 바다를 항해하면서 탐색적 개념을 구성하고 개념과 개념을 연결하여 명제를 만들고 그 명제들을 체계화하여 이론을 만드는 작업으로 나아가야 한다.

신용하는 개념을 만들거나 가설적 명제를 설정하고 그것을 검증하는 방식을 취하지 않고 시종일관 역사적 사실을 사료를 통해 구체적으로 '확인'하고 이를 '기술'하는 연구 작업을 계속했다. 신용하는 사실에 입각해 이론을 도출하고 이론에 입각해 사실을 조명하며 다시 사실에 의거해 이론을 검증하는 귀납적 이론 구성 과정을 제시했다.[176] 그가 생각하는 실사구시의 정신은 "본질적으로 '사실'이 '이론'에 선행한다는 것을 전제하고 있다." 신용하는 자신의 이러한 전제를 "사실은 무한하고 이론은 유한하기 때문"이라고 설명한다. 설명을 위해서는 개념과 명제와 이론이 필요하지만 오늘날 한국의 학자들이 사용하는 개념이나 이론들이 주로 서구 사회의 사실을 자료로 하여 만들어졌기 때문에 비서구 사회를 설명하는 데 한계가 있음은 분명하다. 그럼에도 불구하고

---

175 Robert Merton, "The Bearing of Sociological Theory on Empirical Research", *Social Theory and Social Structure*(New York: Free Press, 1968), p. 143.

176 신용하, 〈한국사의 대상과 '이론'의 문제〉, 신용하 편, 《사회사와 사회학》, 창작과 비평사, 1982, 563~564쪽.

개념과 이론을 활용하여 한국 사회를 연구하면서 기존의 개념과 이론을 수정하고 변형시킬 수 있고 아예 새로운 가설적 개념을 만들어 다양한 사실을 사회학적으로 해석할 수도 있다.

그러나 신용하는 우리의 역사 현실을 우리의 눈으로 보기 위해 이론보다는 실사구시의 정신을 내걸고 사실을 정리하는 작업에 몰두했다. 그렇다고 그가 사회학 이론의 정립을 포기한 것은 아니었다. 그가 궁극적으로 지향한 것은 한국 사회의 사실을 연구하여 독창적인 사회학 이론을 만들어내는 것이었다. 그는 "한국 사회사 연구가 한국에서 학문적 주체성을 확립하고 한국에서 독창적인 사회학 이론을 정립하여 발전시키는 기초학문이 될 것"을 기대했다.[177]

신용하의 제자들도 그의 학문 정신을 따랐다. 김필동은 "사회사학이 전체사를 지향하는 것이라면 한편으로는 이론과의 제휴 및 나아가서는 새로운 이론의 산출을 위한 노력이 추구되어야 하겠지만, 다른 한편으로는 그 전제로서, 또는 그것과 병행하여, 분야사로서의 사회사에 대한 끊임없는 개척도 이루어지지 않으면 안 된다. 물론 그것은 튼튼한 현실인식이 기초한 위에서 원자료原資料에 대한 성실한 탐구 자세가 아울러 견지되어야 한다"면서 역사학자와 마찬가지로 사료를 바탕으로 하는 부분 사회사 연구에 매진했다.[178]

---

177 신용하, 〈한국사의 대상과 '이론'의 문제〉, 579~584쪽.

178 김필동, 〈서평: 신용하, 《한국 근대사회사 연구》(1987)〉, 《한국학보》 50집, 1988, 327쪽. 김필동의 저서로 《한국 사회조직사 연구: 계조직의 구조적 특성과 역사적 변동》, 일지사, 1992과 《차별과 연대—조선사회의 신분과 조직》, 문학과지성사,

서울대 사회학과에서 신용하에 이어 사회사를 담당한 박명규는 1994년에 쓴 신용하의 저서 《동학과 갑오농민전쟁 연구》에 대한 서평에서 실사구시의 정신을 따르면서도 개념화와 이론화 작업이 나오길 기대했다. 그는 신용하의 저서에 대해 "여러 가지 흥미 있는 사회학적 쟁점들을 제공하고 있으나 그것을 사회학적 논의로 전개하고 있지는 않다. 동학이라는 새로운 토착사상의 출현과 제도화, 그 조직과 농민층과의 연관, 종교와 사회운동과의 관계, 신분구조와 계급구조의 이원적 구조, 농민적 조직과 농민문화의 역할 등의 주제는 한국의 사례를 바탕으로 하면서도 얼마든지 개념화와 이론적 설명이 가능한 것들이다. …… 이처럼 저자는 행간에서 대단히 창의적인 사회학적 해석의 단서들을 보여주면서도 여전히 역사학적 엄격함을 지키고 있는데 또 다른 형태의 글들을 통해 사회학적인 논의로 연결될 수 있는 개념화나 이론화의 작업들도 나타날 수 있었으면 좋겠다는 생각을 하게 된다. 물론 이러한 작업은 사회학계의 또 다른 연구자들의 몫이라고 볼 수도 있는데 어쨌든 우리의 구체적 역사를 통한 사회학적 이론화, 개념화 작업이 진전될 수 있기를 기대한다"고 평했다.[179]

박명규는 신용하의 저작이 "사회학자의 저작이라기보다 역사학자의 저작인 것처럼 여겨질 수 있다"고 인정한다. 사회학자들이 볼 때 신용하의 저작에는 이론적 논의나 사회학적 해석 부분이 약하고 연구방법

1999을 참조할 것.

179 박명규, 〈서평: 《동학과 갑오농민전쟁 연구》, 신용하 지음, 일조각 펴냄, 1993〉, 《한국사회학》 28호, 1994, 213쪽.

도 지나치게 문헌자료에 근거한 실증을 중시하고 있기 때문이다. 그럼에도 불구하고 박명규는 신용하의 저작이 사회학적인 저작이라고 말한다. 신용하의 저작들 행간에는 역사학자들의 저작과 달리 사회학적 상상력을 자극하는 '이론적 단초'들이 숨어 있기 때문이다.[180] 박명규의 말대로 그 이론적 단초들을 분명하게 드러내고 개념화하여 명제를 만드는 작업은 후학들의 과제가 될 것으로 보인다.

신용하의 주도로 한국사회사학회가 창립된 이후 사회사 연구자들의 학맥이 4대로 이어지면서 그 학문적 기반이 상당히 널리 구축되었다. 학회지 《사회와 역사》는 100호를 넘겼다. 그동안 개별 주제에 대한 연구는 많이 축적되었다. 하지만 독창적인 한국 사회이론은 등장하지 않고 있다. 이런 상황에서 실사구시의 방법론에 대한 반성적 비판이 나타났다. 예를 들어 미국에서 역사사회학을 전공한 김동노는 1995년 《한국 사회사의 이해》에 대한 서평에서 한국의 사회사 연구가 "전통사회의 근대적 이행 경로에 대한 이론적 논의가 부족하다"고 평가했다. 그는 향후 한국, 중국, 일본, 타이완 등 동아시아 나라들의 근대 이행 경로에 대한 "비교연구를 통해서 한국 사회가 처한 역사적 특수성과 보편성을 확인할 수 있고 그것이 해방 이후의 한국 사회의 변화에 어떻게 작용하고 있는가"를 밝히는 연구가 필요하다는 견해를 제시했다.[181]

신용하가 독창적 사회학 이론을 지향했지만 오늘날 한국의 사회사

---

180 박명규, 〈서평: 《동학과 갑오농민전쟁 연구》, 신용하 지음, 일조각, 1993〉, 209쪽.

181 김동노, 〈서평: 신용하, 박명규, 김필동 엮음, 《한국 사회사의 이해》, 문학과지성사, 1995〉, 《한국사회학》 29집, 1995, 890쪽.

연구가 서구 학계의 동향과 무관하게 독자적으로 이루어지고 있는 것은 아니다. 미국과 유럽의 역사 연구가 정치사와 경제사 중심의 역사에서 문화사 중심으로 패러다임의 변화를 겪고 미국의 역사사회학이 거시사에서 미시사로 이동한 세계적인 학문 추세가 한국의 사회사 연구에도 반영되고 있다. 박명규와 김민환에 따르면 "이러한 연구 관심의 변화 경향은 외견상 구미 학계의 변화 양상과 크게 다르지 않다."[182]

미국에서 역사사회학을 전공한 채오병의 평가에 따르면 한국의 사회사 연구는 아직 신용하가 주장한 '독창적 사회학'의 구축이라는 학문적 목적에 도달하지 못하고 있다. 채오병은 "특정 지식이 자기 내적인 지적 계보와 사회적 환경의 접점에서 구성된다면, 한국의 역사적 맥락에 뿌리내린 사회학의 추구를 주장한 한국 사회사 연구는 어떻게 평가할 수 있을까?"라는 질문을 던지고 한국사회사학회의 축적된 연구물들을 검토한 결과 한국의 사회사 연구가 자체적 문제의식을 가지고 있지만 그것에 답하는 과정에서 서구 학계로부터 수용한 이론과 번역된 개념을 활용하는 단계에 있다고 밝혔다. 한국의 사회사 연구는 아직 독창적 학문체계를 이루지 못하고 외국 학계에서 수입한 이론과 개념을 주체적으로 활용하는 단계에 있다는 것이다.[183]

2003년 신용하의 정년퇴임을 기념하여 간행된 저서에서 후학들은

---

182 김민환·박명규, 〈한국 사회사 연구의 형성과 발전〉, 한국사회사학회 엮음, 《사회사/역사사회학》, 다산출판사, 2016, 100쪽.

183 채오병, 〈이행과 번역: 한국 사회사의 역사사회학〉, 《한국사회학》 45권 5호, 2011, 168~196쪽.

신용하가 '정확한 전거', '명료한 논리', '체계적인 서술'로 "사회학 이론 작업에 풍부한 지적 영감이 되는 한국 사회사 연구를 수행했다"고 평가했다.[184] 위의 평가에는 사회학 이론은 수립하지 못했지만 '영감'을 주는 작업은 했다는 평가가 포함되어 있다. 2006년에 발표한 글에서 박명규는 "한국 사회사 연구가 근본적인 성찰을 요구하게 된 현재의 상황은 사회사 연구를 포함한 인문사회과학 전반에 대한 종합적이고 이론적인 도전과 맞물려 있다"면서 '서구적 논의의 단순한 추종'이나 '한국적 특수성의 훈고학적 고집'을 넘어 "적극적인 이론화와 개념 창출, 그리고 과거와 현재를 잇는 사회학적 상상력, 역사적 설명"을 추구할 때라고 보았다.[185] 이 글에서 박명규는 "이론적 지향과 실증적 분석의 긍정적 결합을 통한 주체적인 학문 형성이 실사구시 원칙에 담겨 있는 주된 정신이었지만 그 결합의 방식을 둘러싼 이론적·방법론적 논의는 그다지 활발하게 논의되지 못했다"고 평가하면서 "이론적 방법론적 지향을 근본적으로 재조명하지 않을 수 없게 되었다"고 주장했다.[186]

정근식도 한국 사회사 연구가 "문제의식과 주제를 보다 뚜렷하게 하고 이론적으로 다듬어가는 장치가 필요하다"는 견해를 피력했다.[187] 국문학 분야에서 '우리 학문의 길'을 모색해온 조동일은 신용하의 실사

---

184 화양 신용하 교수 정년기념논총 간행위원회 편, 〈간행사〉, 《한국 사회사 연구》, 나남, 2003, xxvi쪽.

185 박명규, 〈한국 사회사 연구의 최근 동향과 이론적 쟁점〉, 《역사비평》 75호, 2006, 89쪽.

186 박명규, 〈한국 사회사연구의 최근 동향과 이론적 쟁점〉, 76·83쪽.

187 정근식, 〈한국 사회사학 30년의 성과와 과제〉, 《사회와 역사》 100집, 2013, 31·32쪽.

구시의 연구방법을 "남의 이론과 우리 현실 사이의 괴리를 우리 현실을 중요시하는 실사구시로 극복할 수 있다"고 생각하는 '소박한 신념'이라고 비판했다.[188] 조동일은 사실을 중시하는 신용하의 사회사 연구를 "새삼스럽게 국사학을 뒤따라가려고 하는 촌스러운 거동"이라고 폄하하기도 했다. '과학'이라는 말 대신 '학문'이라는 용어를 쓰자고 주장하는 조동일은 창조적인 '사회학문'을 하기 위해서는 근본 이론을 바꾸어야 한다면서 이론의 중요성을 다음과 같이 주장했다.

이론은 돌보지 않고 사실만 내세우는 학문은 학문이 아니다. 총체적인 이론의 결함을 개별적인 사실로 시정하려고 하는 것과 같은 자세를 버려야 한다. 이론과 사실의 관계를 다시 해명하는 것이 새로운 이론 정립의 가장 긴요한 과제이다. 이론의 폐해는 이론으로 시정해야 한다.[189]

사회사 연구가 축적되고 이론적 논의를 계속하다 보면 앞으로 독창적인 한국 사회학 이론이 만들어질 가능성은 있다. 국내에서 수학한 후 해외 연수를 통해 이론적 지향성을 습득한 젊은 학자들과 외국에서 역사사회학을 공부하고 돌아온 사회학자들 사이의 학문적 대화가 이러한 가능성을 실현시키는 촉진 요소가 될 것이다.[190]

---

188 조동일, 《인문학의 사명》, 퍼플, 2011, 250쪽.
189 조동일, 《인문학의 사명》, 251쪽.
190 《유럽의 봉건제도》, 역사비평사, 1992와 《열린사회학의 과제》, 창작과비평사, 1992의 저자 최재현이 불의에 일찍 사망하지 않았더라면 한국 역사사회학이 이론

3. 신용하의 방법론에 대한 비판적 논의

신용하는 역사적 자료에 근거한 실사구시의 학문을 내세우고 민족이라는 역사의 주체를 설정한 다음 민족주의적 서사를 지속적으로 전개했다. 그는 자신이 추구하는 것이 '진실'이라고 밝히고 그것은 객관적으로 실재한다고 생각했다. 실재하는 진실을 실증적 자료를 통해 찾아내고 규명하고 증명하는 작업이 그가 생각하는 학문이다. 아래의 인용문들은 그런 그의 생각을 잘 보여준다.

a) "학문은 진실과 진리를 탐구하는 것"이다.[191]
b) 이 책에 쓴 저자의 여러 가지 견해는 '진실'에 일치하는 새로운 패러다임 전환을 제의한 것이다.[192]
c) 이 논문들은 모두 독립운동사를 학술적으로 증명하려고 뜻하여, 부족

과 개념을 활용하는 비교역사사회학으로 발전할 수 있었는지 모른다. 송호근이 펴낸 탄생 3부작 《인민의 탄생》, 《시민의 탄생》, 《국민의 탄생》이 보여주는 '공론장' 개념을 적극적으로 활용한 사회사 연구가 한국 사회의 근대적 변동을 이론적으로 설명하는 종합적 연구에 자극제가 될 수 있을 것이다. 송호근의 저작에 대한 서평으로 정수복, 〈우물 밖으로 나온 사회학: 송호근의 한국 근대 탐색〉, 《사회와 역사》 통권 104집, 2014, 403~445쪽을 볼 것.

191 신용하, 《고조선 국가형성의 사회사》, 지식산업사, 2010, 5쪽. 다시 말해서 '허위'에 반하는 '진실'을 규명하는 일이다.

192 신용하, 《한국 민족의 기원과 형성 연구》, 서울대학교출판문화원, 2017, x쪽.

하지만 저자의 많은 정열이 투입된 글이다.[193]

d) 이 책에서 저자는 학계의 그동안의 연구업적들의 기초 위에서, 엄격한 사회과학적 역사주의적 관점과 방법에 의거하여 세밀하게 '시간'관념을 도입해가면서 역사적 실체적 '진실'을 밝히려고 노력하였다.[194]

e) 이 책은 이 시기의 한국 역사를 실증적 자료에 의거해 사실대로 객관적 고찰을 했지만, 단재 신채호 선생의 가르침에 따라 역사의 주체를 명확히 설정한 방식으로 역사를 서술했다.[195]

신용하의 역사 연구방법론은 사료를 통해 과거의 모습을 있는 그대로 재현할 수 있다는 랑케Leopold von Ranke의 근대 실증사학을 따르고 있는 듯 보인다. 위의 문장들은 한국 근현대사의 실상이 객관적으로 존재하고 그것을 과학적으로 규명하여 하나의 모습으로 완결하려는 소박한 실증주의적 진리관을 드러낸다. "역사가의 열정은 진실에 대한 지적 열정이며 무엇이 어떻게 왜 일어났는가를 발견하고자 하는 정열이다."[196] 그러나 수많은 '사실' 가운데 어떤 사실을 의미 있는 사실로 받

---

193 신용하,《한국 민족 독립운동사 연구》, 을유문화사, 1985, 4쪽.

194 신용하《초기 개화사상과 갑신정변 연구》, 지식산업사, 2000, 4쪽.

195 신용하《일제강점기 한국민족사(상)》, 서울대학교출판부, 2001, vi쪽. 한국의 역사를 신분, 성, 지위에 관계없이 모든 국민을 포함하는 한국 민족의 역사로 기술하는 민족주의 사관은 신채호에 의해 분명하게 정립되었다. 신용하는 이러한 역사서술 방식을 충실하게 따르고 있다.

196 카터 에커트, 〈헤겔의 망령을 몰아내며: 탈민족주의적 한국사 서술을 향하여〉, 신기욱·마이클 로빈슨, 도면회 옮김, 《한국의 식민지 근대성—내재적 발전론과 식

아들일 것인지는 그리 단순한 문제가 아니다. 의미 있는 사실의 선택과 그에 대한 평가는 이미 그 안에 특정 해석틀을 전제하고 있다. 신용하의 경우 그 해석틀은 주체적이고 내재적인 발전주의적 민족사관이다. 신용하의 한국 근현대 사회사는 여러 이야기 가운데 '민족'을 주인공으로 하는 '하나의 이야기a story'이지 '유일한 진리the truth'가 아니다.[197] 그와 다른 방식으로 쓰는 '다양한 서사multiple narratives'가 가능하다.[198] 신용하의 서사는 조선 후기, 한말, 식민지 시기를 중심으로 하는 민족 담론national discourse이다. 그것은 '이론적 설명theoretical explanation'은 아니고 '사후의 사회학적 해석post factum sociological interpretation'의 하나이다.[199]

<hr />

민지 근대화론을 넘어서》, 삼인, 2006, 522쪽.

197 역사에 하나의 정답이 있다는 생각은 하나의 국정 교과서를 만들자는 생각과 이어져 있다. 탈근대 역사 이론은 "해답은 하나가 아니라 복수이기 때문에 오히려 의미가 있다"고 주장한다. "역사란 스토리텔링을 통해 끊임없이 재구성되는 서사다. 인간은 과거사를 반복해서 역사로 재구성함으로써, 그 시점에 맞는 집단정체성을 만들어내는 존재다." 김기봉, 《히스토리아, 쿠오바디스: 탈근대, 역사학은 어디로 가는가》, 서해문집, 2016, 74·86쪽.

198 오늘날 많은 역사 이론가들은 역사를 '하나의 통일적인 실재'로 보는 근대역사학의 인식론을 비판하면서 "당연하다고 여겨지는 역사적 현실(실재)를 해체하려는 성찰적 태도를 보인다. 나인호, 《개념사란 무엇인가―역사와 언어의 새로운 만남》, 역사비평사, 2011, 67쪽.

199 신용하, 〈독창적 한국 사회학의 발전을 위한 제언〉, 《한국사회학》 28집, 1994, 8쪽의 각주 25를 볼 것. 머튼은 '사후의 사회학적 해석'을 "관찰이 이루어지고 난 다음에 해석을 도입하는 것"이라고 본다. 로버트 머튼이 제시한 사회학 이론의 여섯 가지 의미 가운데 '사후의 사회학적 해석post factum sociological interpretation'

이런 점에서 신용하의 학술 작업은 사회사라고 할 수 있을지는 모르나 역사사회학이라고 부르기에는 다소 어려운 측면이 있다. 사료를 바탕으로 이야기를 서술하는 단계를 벗어나 사회학적 개념을 활용하여 이론적으로 설명하는 작업에는 미치지 못했기 때문이다. 신용하가 역사 연구에서 시작하여 독창적 사회학으로 나아가려는 시도는 아직은 미완의 단계에 있다. 다음 세대 연구자들도 개별적 주제를 사료에 근거하여 묘사하고 서술하고 문제를 제기하는 수준의 사회사 연구를 넘어 이론적으로 설명하는 역사사회학으로 성큼 나아가지 못하고 있다.[200] 앞으로 사회사 연구가 역사사회학으로 나아가기 위해서는 사회사와 역사사회학을 뚜렷이 구별하고 역사사회학의 학문적 정체성과 목표를 분명히 설정해야 할 것이다.

구체적으로는 한국 사회의 근현대사 경험을 바탕으로 동아시아나 유럽 등 다른 사회와 비교 연구를 통해 사회변동론, 사회운동론, 발전국가론, 민족사회학 등을 체계적으로 발전시켜야 한다. 그것이야말로 신용하가 주장한 '독창적 사회학'으로 나아가는 길이다. 그 길로 나아가

에 대해서는 Robert Merton, "The Bearing of Sociological Theory on Empirical Research", *Social Theory and Social Structure*(New York: Free Press, 1968), p. 149를 볼 것. 독립협회의 사회사상과 사회운동에 대한 신용하의 연구를 '사후의 사회학적 해석'의 대표적 보기로 볼 수 있다.

200 한국역사사회학회가 아니라 '한국사회사학회'라는 학회의 이름을 쓰고 있지만 박명규, 김경일, 김백영, 서호철, 강진연, 김민환 등 한국사회사학회 회원들이 주동하여 펴낸 교재의 제목이 《사회사/역사사회학》(다산출판사, 2016)인 것을 보면 거기에는 사회사와 역사사회학의 상호 침투를 모색한다는 뜻이 담겨 있는 것 같다.

는 과정에서 신용하가 이룩한 민족사회학, 한국 사회 변동론, 한국 사회운동론, 한국 사회사상사, 세계체제와 한국 사회의 미래에 대한 연구, 고조선 문명론 등이 풍부한 자원으로 활용될 수 있다.

4. 민족주의와 근대주의적 편향

신용하는 이론에 앞서 사실을 강조했지만 대양의 파도처럼 한없는 사실 앞에서 어떤 사실을 의미 있는 사실로 받아들이고 어떻게 그런 사실들을 엮어 하나의 학문적 주장을 만들어냈는가? 그것은 한국 민족의 내재적이고 주체적인 발전을 드러내는 사실들에 관심을 기울여 그런 사료를 발굴하고 일관성 있게 정리하는 작업이었다. 그것을 흔히 '사관史觀'이라고 한다면 신용하의 사관을 민족주의 사관이라고 부를 수 있을 것이다.

신용하가 학문 세계에 입문한 1960년대와 1970년대 한국의 국사학계는 민족주의와 내재적 발전론이라는 큰 패러다임 안에 있었다. 신용하는 미국 사회과학계에서 도입된 발전주의 사회과학과 근대화 이론을 유보하고 국사학계의 패러다임과 교감하면서 자신의 연구를 심화시켰다.[201] 그는 일생의 연구를 통해 고대에서 현대에 이르기까지 한국 민족

---

201 김백영, 〈사회과학과 역사학 사이의 한국학: 한국사회사학회, 역사문제연구소〉, 권보드래 등 공저,《지식의 현장, 담론의 풍경: 잡지로 보는 인문학》, 한길사,

의 주체적이고 내적인 발전 과정을 밝혔다. 그는 일제에 의해 저지당했던 민족의 주체적 역사 전개가 일제에 항거하는 독립운동을 거쳐 1945년 해방 이후 다시 새롭게 전개된다는 민족 서사를 전개했다. 조선문학사를 연구한 이가원의 사관을 "국수주의적 편향이나 민중주의적 편향을 극복한 민족자주적 사관"이라고 명명했는데 이는 신용하 자신의 사관이라고 볼 수 있다.[202]

그러나 신용하는 일제의 식민지 사관을 극복하고 한국 민족의 내적 발전 과정을 드러내는 역사 서술을 하면서 다소 과도하게 민족에 대한 애정을 표현하기도 했다. 다음과 같은 문장들을 그 보기로 제시할 수 있다.

a) 한국 민족은 일본제국주의를 타도하기 위한 민족운동의 혈전에서 당시 식민지, 반半식민지 상태의 전 세계 약소민족들의 본보기가 될 만큼 용감하고 영웅적인 투쟁을 전개하여 큰 성과를 내었다.[203]

b) 한국 민족과 한국 사회가 19세기 중엽부터 20세기 초기까지 자기 민족과 자기 사회의 자유로운 생존과 발전을 위해 투쟁한 동태적 과정은 세계사에서 유례가 몇밖에 안 되는 감동적인 것이었다.[204]

2012, 293~294쪽.

202   신용하, 〈연민선생《조선문학사》독후감〉,《연민학지》제7집, 1999, 348쪽.

203   신용하,《한국 근대 민족운동사연구》, 일조각, 1988, iii쪽.

204   신용하,《한국 근대사회의 구조와 변동》, 일지사, 1994, 4쪽.

c) 한국 민족은 이 요청에 따라서 외국 땅에서까지 완강하게 독립군을 양성해 가며 헌신적으로 항일무장투쟁을 전개하였다. 나라를 빼앗기고 외국에서까지 수십 년간을 해방 광복의 그날까지 치열한 무장투쟁을 전개한 민족은 전 세계에서 한국 민족의 독립운동밖에 없었다.[205]

d) 일본에는 여러 층위의 집단이 있지만 국가이익의 극대화, 군사대국화, 아시아에서의 주도권 확보라는 국가정책 기조는 확실합니다. 그런 맥락에서 독도에 대해서도 한반도 유사시에는 침탈하려는 정책을 명백하게 드러내고 있습니다. 우리가 영토를 지키려면 일본에 대한 경계와 긴장을 늦추면 안 됩니다.[206]

이런 표현들은 '신용하의 민족주의 사관에 다소 자기 민족 중심적 ethnocentric 경향은 없는가'라는 질문을 던지게 만든다. 신용하는 민족주의를 내걸고 민족을 주요 연구의 대상으로 설정하고 한국적인 학문 스타일을 지향했다. 그 덕분에 그는 때로 '국수주의적'이라는 비판을 받기도 했다.[207] 재일조선인 학자 윤건차는 1980~2000년 사이의 한국

205 신용하,《의병과 독립군의 무장독립운동》, 지식산업사, 2003, 3~4쪽.
206 윤승모, 〈초대석: 독도연구보전협회 회장직서 물러난 신용하 교수〉,《동아일보》, 2005년 1월 15일 자; 신용하,《한국의 독도 영유권 연구》, 경인문화사, 2006, 573쪽.
207 "그가 '좀 심하다'는 느낌이 들 만큼 민족 문제에 매달린 것은 동시대 학자들 중에 그 문제에 관심을 갖는 사람이 그만큼 적었기 때문이며 그러다 보니 상대적으로 '국수주의적'이라는 분위기를 풍기게 된 것이다." 이한우,《우리의 학맥과 학풍 ―한국 학계의 실상》, 문예출판사, 1995, 192쪽.

지식인 지도를 그리면서 신용하를 '보수적 민족주의'(자민족 중심주의, 근대주의)로 분류했다.[208] 누구라도 신용하를 만나본 사람이라면 그의 '부리부리한 눈'에 고집스러움이 묻어나는 '인상파적' 표정을 기억하지 않을 수 없을 것이다.[209]

위에 제시한 인용문들을 읽다 보면 마치 돈키호테가 풍차를 향해 질주하듯 '민족주의'라는 말을 타고 일본제국주의를 향해 공격해 들어가는 의병장의 모습이 떠오를 정도이다. 김필동은 신용하의 "민족주의적인 지향과 민중의 생활사에 대한 애정과 관심"을 높이 평가하면서도 신용하의 "이러한 태도는 과학의 기준에 비추어 좀 더 절제될 필요가 있다"고 주장했다. 그러면서 신용하의 논문들 속에는 "민족운동의 계승, 발전, 성과에 비해 굴절, 실패, 한계 및 그 원인에 대한 검토는 상대적으로 소홀히 취급되고 있다"는 점도 지적했다.[210]

신용하의 민족주의 사관은 국사 교과서의 분위기를 풍긴다. 그의 저

---

208 윤건차, 장화경 옮김, 《현대 한국의 사상 흐름: 지식인과 그 사상, 1980~2000》, 당대, 2000, 19쪽. 역사사회학자라면 누구라도 "민족 문제를 다루면서 간혹 빠지게 되는 민족지상주의, 민족우월주의, 왜곡된 국수주의(편협하고 극단적인 민족주의) 등을 극복할 수 있어야 한다". 김용섭 교수 정년기념 한국사학논총 간행위원회 편, 《한국 근현대의 민족문제와 신국가 건설》, 지식산업사, 1997, 5쪽.

209 신용하에 대한 이러한 묘사는 윤승모 기자의 글에서 나온 것이다. 윤승모, 〈초대석: 독도연구보전협회 회장직서 물러난 신용하 교수〉, 《동아일보》 2005년 1월 15일 자. 이 기사는 신용하, 《한국의 독도영유권 연구》, 경인문화사, 2006, 571~573쪽에 재수록되었다.

210 김필동, 〈서평: 신용하, 《한국 근대사회사 연구》〉, 《한국학보》 50집, 1988, 326~327쪽.

서 《독립협회와 개화운동》(1976)은 이선근이 위원장으로 있던 교양국사편찬위원회가 펴낸 '교양국사총서'의 일환으로 출간된 책이다. 이선근은 이 총서의 간행사에서 "민족 중흥의 역사적 전환에 처하여 우리는 새로운 문화 창조의 사명을 지니고 있다. 이런 사명의 달성을 위해서는 우리의 오랜 역사와 문화의 유산을 올바로 인식하고 소화하여 장차 문화 발전의 바탕으로 삼는 것이 필요하고도 불가결하다. 이에 우리의 역사를 알기 쉽게 엮어냄으로써 모든 국민이 문화민족으로서의 자부심을 갖게 하고자 하여 정부가 국학 개발사업을 추진한 바 이번에 그 일환으로서 '교양국사총서'를 간행하게 됨은 매우 뜻깊은 일이라 하겠다"라고 썼다.[211] 분단시대와 유신체제하에서 민족주의는 국민 통합을 위한 이데올로기였으며 충효사상이라는 왜곡된 전통과 결합한 민족주의는 독재를 합리화하는 가치로 작동했다. 신용하의 민족주의와 박정희의 민족주의 사이에는 차이와 더불어 유사성도 발견된다. 신용하의 일제에 대한 지속적 비판, 민족의 역사에 대한 과도한 자부심 고취는 자칫하면 국가주의와 연결될 수 있다.[212]

---

211 신용하, 《독립협회와 개화운동》, 세종대왕기념사업회, 1976, 234쪽.

212 미국의 한국학 학자 카터 에커트는 한국의 역사학자들의 지나친 민족주의를 관찰하면서 "민족주의 논리가 한국 사회의 정신생활에 매우 깊이 침윤되어 있고 역사적 사건을 해석할 때 선험적인 담론체계로 자리잡고 있기 때문에, 이와 다르게 생각하는 것은 공동체의 상식에 도전하는 것이 되었다"라고 썼다. 역사학자의 판단은 "오래된 처방전인 이성, 교육, 자기인식, 합리성, 그중에서도 자기인식self-knowledge에 기댈 수밖에 없다"는 것이 에커트의 견해이다. 카터 에커트, 〈헤겔의 망령을 몰아내며: 탈민족주의적 한국사 서술을 향하여〉, 신기욱·마이클 로빈슨,

신용하 다음 세대 학자들에 의해 '민족주의적 패러다임의 극복'이
본격적으로 논의되었다. 1994년에 발표한 〈민족사회학〉이라는 글에서
박명규는 "결국 우리에게 필요한 것은 민족이나 민족주의 문제를 그
자체 객관적인 사회현상으로 파악하고 국민 구성원의 특성, 국가의 성
격, 세계체제와의 관련성, 국민국가 형성의 역사적 배경 등과 연관시
켜 민족에 관한 이론, 사회과학적 설명의 틀을 만들어내는 것이다. 이
러한 학문적 노력이 한국 민족 문제의 보편성과 특수성을 밝히는 데 기
여할 수 있을 것이고 종국으로 그 문제의 해결에도 기여할 수 있을 것
이다"라고 썼다.[213] 2002년 한국사회사학회는 '한국 사회사 연구의 새
로운 방향 모색'이라는 주제로 심포지엄을 열고 그동안 사회사 연구
의 기본틀을 형성했던 '근대주의'와 '구조주의'의 한계, 사회사에 대
한 '문화사의 도전'이라는 문제, 내재적 발전론이 지닌 '민족주의적 지
향성이 갖는 한계' 등에 대해 논의했다.[214] "국민국가 중심의 시공간 의

도면회 옮김, 《한국의 식민지 근대성―내재적 발전론과 식민지 근대화론을 넘어
서》, 삼인, 2006, 523~524쪽.

213 박명규, 〈민족사회학―국제화시대의 민족과 민족문제〉, 한국사회학회 엮음, 《21
세기의 한국 사회학》, 문학과지성사, 378~379쪽. 민족국가들 사이에 누가 더 큰
희생자인지를 놓고 경쟁하는 '희생자의식 민족주의victimhood nationalism'를 연
구한 임지현은 "단언컨대, 민족주의는 일국사적 관점에서 이해할 수 없다"면서
트랜스내셔널한 접근을 제시했다. 임지현, 《희생자의식 민족주의》, 휴머니스트,
2021, 12쪽.

214 박명규, 〈한국 사회사 연구의 최근 동향과 이론적 쟁점〉, 《역사비평》 75호, 2006,
76~77쪽.

식은 근대적 질서의 특징을 드러내는 데 유효하지만 국민국가와 동일시될 수 없는 크고 작은 주체들의 경험은 소외시키는 한계가 있다."[215] 민족주의 사관은 민족과 국민이라는 국사의 주체를 특권화하면서 다른 주체들의 경험 세계를 배제하는 문제를 배태하고 있다. 민족주의는 "식민지 민중을 민족과 반민족으로 양분하여 사고함으로써 민족 이외에 계급, 성, 지역, 신분 같은 대안적인 집합 정체성을 짓밟는다"는 것이다.[216] 신용하의 사회사 연구는 민족을 주체로 설정하고 있는 민족주의 사회사이다. 거기에는 시민과 민중이 나오지만 그들은 모두 민족이라는 상위의 주체를 운반하는 하위 주체로 설정된다. 그에게는 계급갈등이나 민주주의 문제는 민족주의와 비교하여 부차적인 주제이다. 민족이 있고 난 다음에 계급이 있고 민주주의도 실현 가능하다. 신용하의 민족사회학은 민족주의 사회학이 되면서 민족 내부의 통합 측면만 강조했지 이념, 계급, 젠더, 지역에 따른 민족 내부의 사회적 갈등과 분열의 측면을 등한시하는 경향이 있다. 이 문제에 대해 임현진은 다음과 같이 문제를 제기했다.

제가 지금 신용하 선생님께 민족과 민족주의에 대해 학문적으로 한 가지 여쭙고 싶은 것은, 우리 남한 사회에서도 보면 민족을 이야기하다가,

---

215 김민환·박명규, 〈한국 사회사 연구의 형성과 발전〉, 103쪽.
216 도면회, 〈옮긴이의 글: 탈민족주의 관점에서 바라본 식민지 시기 역사〉, 신기욱·마이클 로빈슨, 도면회 옮김, 《한국의 식민지 근대성—내재적 발전론과 식민지 근대화론을 넘어서》, 삼인, 2006, 앞의 글, 9쪽.

그쪽에서 통합성을 가지는 것은 좋은데, 지역 간에 도시 농촌 간에 격차도 굉장히 심하고, 계층 간 격차가 굉장히 심하고 개인 간 의 빈부격차도 심한데, '민족이라는 큰 포장 속에서 그러한 격차, 차이가 즉 계급적인 측면이 없어지지 않았나'라는 걱정을 해봤습니다.[217]

한국 근현대사를 서술하는 신용하의 장기적이고 거시적인 이론적 관점을 '근대주의'라고 부를 수 있을 것이다. 신용하의 사회사는 '근대주의'라는 일원론적·단선적 발전 논리로 역사를 파악하려는 경향을 보인다. 근대주의 역사학자들은 역사는 봉건제에서 자본제로, 전근대에서 근대로 발전한다는 기본 가정 아래 그것을 보여주는 자료들을 수집하여 논리적으로 구성하는 작업을 수행했다. 신용하의 연구에는 모순적인 요소들이 공존하는 복잡한 현실이나 역사는 늘 진보하지 않고 때로 퇴행하면서 변화하는 것을 보여주지 못한다.

오늘날의 사회학계에는 서구적 경험에 기초한 단수의 근대성을 벗어나 근대에 도달하는 행로가 복수로 존재한다는 '복수의 근대성multiple modernities' 논의가 일반적이다.[218] 근대 이전 사회의 성격이 서로 다르고 식민지 경험 유무가 중요하다. 식민지체제를 경험한 비서구 국가들

---

217 신용하·서울대 기초교육원, 《지구시대 민족을 말하다—사회학자 신용하의 삶과 학문》, 생각의나무, 2009, 68쪽.

218 나인호는 "하나의 보편적 '근대' 대신 다양한 근대화 및 근대의 경험들, 서로 다른 시간적 지속과 변화를 보이는 여러 개별 역사들을 동등하게 읽으면서 우리 현재를 특징짓는 '비동시적인 것의 동시성'을 새롭게 조명"할 것을 주장했다. 나인호, 《개념사란 무엇인가—역사와 언어의 새로운 만남》, 역사비평사, 2011, 185쪽.

의 근대로의 이행은 서구의 경우와는 다르게 설명되어야 한다.

　근대주의 역사 서술은 '근대성'을 영국의 산업혁명, 프랑스의 시민혁명 등을 통해 나타난 서유럽의 역사적인 현상으로서 계몽주의, 이성, 신분제의 해체, 시민권, 개인주의, 법의 지배, 공업화, 민족주의, 국민국가의 형성, 자본주의 세계체제 등과 연관시켜 논의했다. 앞으로는 서유럽의 경험과 구별되는 동아시아 근대의 특징을 밝히는 비교역사사회학적 연구가 필요하다. 특히 식민지체제를 경험하면서 형성된 한국의 근대성이 갖는 특성에 대한 사회학적 연구가 이루어져야 한다.

　또 하나의 문제를 제기하자면 신용하는 사회적 신분제의 해체는 근대의 구성요소로 중요하게 다루지만 개인주의의 등장은 중요하게 고려하지 않는다. 그는 퇴폐, 향락, 이기주의를 배격하고 가족과 공동체를 중시한다. 근대화 이전 전통사회의 농촌, 농민문화에서 긍정적인 측면을 찾아내고 그것을 현대에 맞는 문화와 삶의 양식으로 재창조하자는 입장을 취한다. 그것은 한국적 근대의 모습이 아니라 자칫 전근대의 변형과 지속이 될 수 있다. 이런 문제들에 대한 논의가 후학들에 의해 이어져서 탈근대 역사사회학의 발전이 이루어지기를 기대한다.

5.

신용하 학맥과
한국 사회사 연구의
발전 방향

1. 학맥의 형성

스승과 제자로 이어지는 사제관계의 연결망을 '학맥'이라고 부를 수 있다면 신용하는 최문환과 이상백의 학문을 이어받아 사회사 연구의 학맥을 형성했다.[219] 1975년 서울대학교 문리대에 속했던 사회학과가 사회과학대학으로 소속을 바꾸는 과정에서 신용하는 사회학과 과장직을 맡아 사회학과 커리큘럼을 개편하면서 학부와 대학원 교과 과정에

---

219 신용하는 학맥과 학통을 구별하면서 학맥은 사제관계로 이어지지만 '학통'은 선
    대의 학문을 이어받아 심화, 발전시키는 학자로 이어진다고 말했다. 학맥은 신용
    하에서 박명규를 거쳐 김백영으로 이어졌지만 누가 신용하 학통을 이어받은 제자
    인지는 아직 불분명하다. 정수복, 〈신용하 면접 자료: 2017년 11월 15일, 프레스
    센터〉.

사회사 분야의 과목을 포함시켰다.[220]

사회학과에서 사회사를 전공하는 길이 열리자 의식있는 학생들이 신용하의 지도를 받으면서 하나의 학맥을 형성하게 되었다. 그 결과 한국의 사회사 연구는 1세대의 최문환과 이상백에 이어 2세대의 신용하, 3세대의 박명규, 김필동, 정진성, 지승종, 김영범, 정근식, 정일균, 김경일, 공제욱 등을 거쳐 김백영, 서호철, 정준영, 강성현, 김민환 등 4세대로 이어지고 있다. 미국 사회학 중심의 서구 사회학을 수용하고 모방하는 비주체적이고 몰역사적인 사회과학 담론이 지배적인 한국 사회학계를 비판하고 실사구시 정신으로 한국 사회학 이론을 추구하는 독창적 학맥이 형성된 것이다.

이러한 학맥 형성의 제도적 기반이 한국사회사연구회이다. 사회사연구회는 "당시 사회과학계를 지배하고 있던 근대화 이론이나 구조기능주의 패러다임에 대한 반발로 대두되었다."[221] 신용하는 사회사에 관심을 가진 제자들과의 개인적 관계를 공식적인 관계로 전환시키기 위해 1980년 한국사회사 연구 모임을 만들었다. 처음에는 작은 공부 모임이었지만 1984년부터는 정기적으로 월례발표회를 개최하면서 한국사회

---

220 김필동에 따르면 1977년 당시 사회학과 학과장이었던 신용하는 "사회학과 교육을 혁신하려는 의욕이 대단하셨던 것으로 기억된다." 신용하는 사회학과 교육에 많은 관심을 가지고 있다가 1993년 한국사회학회 회장 당시 사회학 교육 개편을 위한 큰 심포지엄을 조직했다. 그 결과는 한국사회학회 편, 《21세기의 한국 사회학》, 문학과지성사, 1994로 간행되었다.

221 김백영, 〈사회과학과 역사학 사이의 한국학: 한국사회사학회, 역사문제연구소〉, 권보드래 외, 《지식의 현장, 담론의 풍경: 잡지로 보는 인문학》, 한길사, 2012, 300쪽.

사연구회로 발전했다. 광주항쟁 이후 정치적으로 격동기였던 1980년대를 거치면서 한국사회사연구회는 현실 정치와는 "다소 거리를 두면서 역사적 사회과학의 발전"이라는 학술적 목표를 지향했다.[222]

1994년 한국사회사연구회는 한국사회사학회로 확대·개편되었다. 1986년부터 문학과지성사에서 '한국사회사연구회 논문집'을 50권 간행했고 1997년 51권부터는 《사회와 역사》라는 제목으로 공식 학회지를 만들어서 2005년 말까지 반년간으로 간행하다가 2006년부터는 계간으로 발행하여 2014년 100호 기념호를 발간했다. 박명규와 김필동 등 신용하의 제자들이 서울대학교와 충남대학교를 비롯하여 여러 대학 사회학과에 교수로 자리잡고 다음 세대 학자들을 양성했고 그들이 다시 대학에 자리를 잡으면서 신용하를 중심으로 형성된 한국 사회사라는 학문 연구의 전통은 한국 대학의 사회학과에 어느 정도 뿌리를 내렸다고 볼 수 있다.

한국사회사학파의 연구수준을 가늠할 수 있는 총서가 1995년부터 문학과지성사에서 '사회사연구총서'로 발간되었는데 저자와 저서의 제목은 다음과 같다.

1. 신용하·박명규·김필동 엮음, 《한국 사회사의 이해》, 1995.

2. 박명규, 《한국 근대국가 형성과 농민》, 1997.

3. 한국사회사연구회 엮음, 《한국 현대사와 사회변동》, 1997.

222　김백영, 〈사회과학과 역사학 사이의 한국학: 한국사회사학회, 역사문제연구소〉, 300쪽.

4. 김필동, 《차별과 연대―조선 사회의 신분과 조직》, 1999.

5. 김경일, 《한국 근대노동사와 노동운동》, 2004.

6. 신용하, 《한국 근대의 민족운동과 사회운동》, 2001.

7. 한국사회사학회(엮음), 《지식변동의 사회사》, 2003.

8. 신용하, 《일제 식민지정책과 식민지근대화론 비판》, 2006.

9. 김백영, 《지배와 공간: 식민지 도시 경성과 제국 일본》, 2009.

'사회사연구총서' 1권의 앞쪽에 실린 '사회사연구총서를 간행하며' 에서 한국사회사연구회는 "인문학적 성찰과 사회과학적 분석의 결합" 을 표명하면서 "지나온 과거에 대한 역사학적 이해, 현재적 상황에 대한 사회과학적 분석, 가능한 미래에 대한 책임 있는 선택"을 학문의 목표로 내세웠다. 사회사연구회는 사회학과 역사학이 추구하는 전체성과 종합성을 바탕으로 개인과 사회, 국가와 세계를 포괄적으로 이해하기 위해서 "연구자의 성실하고도 진지한 연구"와 더불어 "독자들의 비판적 독서와 사색"을 요구했다.[223]

서울대 사회학과 중심의 한국사회사학파는 이상백/최문환 – 신용하 – 박명규/정근식 – 김백영/정준영 등 4세대로 이어지고 있다. 현재 4세대 연구자들이 연구 주제와 연구방법의 다양화를 시도하고 있다. 한 학문분과의 발전에 제도적 장치가 중요하다는 사실을 인정한다면 앞으로도 서울대 사회학과를 비롯하여 연세대, 고려대, 충남대, 국민대, 아

---

223 신용하·박명규·김필동 엮음, 《한국 사회사의 이해》, 문학과지성사, 1995, iv~v쪽.

주대, 전남대 등 여러 대학 사회학과에 사회사 전공 교수들이 지속적으로 자리잡아야 학맥이 끊어지지 않고 발전할 수 있을 것이다.[224]

　문제는 사회사 연구자들이 주로 한국사학자들을 학문적 대화 상대자로 하여 연구를 진행해왔다는 점이다.[225] 실사구시라는 원칙 아래 사료를 중심으로 하는 문헌고증학적 연구방법과 특정 주제에 대한 세밀한 묘사 위주의 논문을 쓰는 학풍은 국사학계와의 소통이 가장 중요한 준거점이 되어 있다. 이 점은 신용하는 물론 현재의 젊은 사회사 연구자들의 경우에도 크게 다르지 않다.[226] 사회사 연구가 사회학이라는 학문 영역에서 튼실하게 자리잡기 위해서는 사회사 연구자들의 특정 주

224　박영신-김중섭/조성윤/이준식/김동노-채오병 등으로 이어지는 연세대 사회학과의 역사사회학 흐름과 최재석-안호용 등으로 이어진 고려대의 사회사 연구 학맥도 한국 사회사와 역사사회학의 흐름에 중요하지만 신용하의 학문 세계를 다루는 이 글에서는 논의에서 제외했다.

225　신용하는 역사사회학이라는 용어보다는 사회사라는 용어로 자신의 학문을 대변했는데 이는 그가 역사학과 사회학의 협동을 주장하면서도 역사학 쪽으로 기울어져 있음을 반영한다. 신용하는 때로 '역사사회학'이라는 용어를 쓰기도 했다. "다시 또 실패하는 과정을 되풀이하지 않고 이번에는 그 대응에 반드시 성공하기 위해서는 최소한의 역사적 고찰과 역사사회학적 고찰이 필요하다고 생각하고 있다"라는 표현이 그 보기이다. 신용하, 《세계체제 변동과 현대 한국》, 집문당, 1994, 4쪽.

226　김백영, 정준영, 김민환 등의 젊은 연구자들도 사회학 동료들보다는 국사학자들을 염두에 두고 연구를 진행하고 있음을 시사한 바 있다. 김백영에 따르면 《한국사회사연구회 논문집》에 실린 대부분의 논문들도 "역사학 논문과 별다른 차별성"을 보여주지 못했다. 김백영, 〈사회과학과 역사학 사이의 한국학: 한국사회사학회, 역사문제연구소〉, 권보드래 등 공저, 《지식의 현장, 담론의 풍경: 잡지로 보는 인문학》, 한길사, 2012, 306쪽.

제별 연구가 동료 사회학자들에게 널리 읽혀야 한다. 사회사 연구의 축적에 따라 동료 사회학자들이 자신이 다루려는 대상의 시공간적 맥락에 대해 이전보다 훨씬 민감해진 것도 사실이다.[227] 반대로 사회사 연구자들 또한 사회사 이외의 다양한 주제를 연구하는 동료 사회학자들의 연구를 참조해야 한다. 현재의 사회현상을 양적·질적 방법을 사용하여 연구하는 동료 사회학자들의 글에 사회사 연구가 어떻게 기여할 수 있는가를 생각해봐야 한다. 사회사 연구가 다소 폐쇄적이고 자족적인 연구자 집단 안에 머무른다면 지금까지 축적한 연구들이 한국 사회학계에서 널리 활용되지 못할 것이다. 한국사회사학회의 구성원들은 국내외의 역사사회학 연구자들의 연구 성과를 포괄하면서 자신들이 축적한 연구 결과를 한국사회학 공동체의 공유 자산으로 만들기 위해 노력해야 한다. 그런 과정에서 한국 사회학계가 외국 이론의 무분별한 도입과 적용의 단계를 벗어나 자율적인 학문공동체로 성장하면서 독창적인 한국 사회학 이론도 형성될 것이다.[228]

---

227 박명규, 〈한국 사회사 연구의 최근 동향과 이론적 쟁점〉, 《역사비평》 75호, 2006, 88쪽.

228 사회사 연구자들 스스로도 신용하의 연구를 "바탕으로 독창적인 학문, 자율적인 학문공동체가 성장해 갈 것을 기대할 수 있게 되었다"고 썼다. 화양 신용하 교수 정년기념논총 간행위원회 편, 《한국 사회사 연구》, 나남, 2003, 간행사.

2. 한국 사회사 연구의 발전 방향

신용하는 1920년대와 1930년대 이능화, 손진태, 백남운, 이상백, 김두헌 등에 의해 시작된 한국 사회사 연구의 전통을 계승하여 풍요로운 학문적 결실을 맺었다.[229] 그는 자신의 연구를 통해 사회사의 전통을 만들었을 뿐만 아니라 '한국사회사학회'를 결성하고 수많은 제자들을 양성하면서 학회지와 연구서 발간을 정력적으로 추진했다.[230] 이제 한국 사회학 안에서 사회사라는 분야는 '독창적 한국 사회학'의 자리를 점차 잡아가고 있다. 신용하가 은퇴한 후 한국 민족의 기원을 찾아 고대 문명사로 회귀한 반면에 사회사를 전공하는 젊은 학자들은 일제 시대에 대한 집중적인 연구를 계속하면서 해방 이후 현대 한국 사회에 대한 연구로 나아가고 있다. 신용하 이후 한국 사회사 연구의 학맥을 잇는 박명규는 사회사 연구의 대상 시기가 근대를 넘어 해방 이후 현대로 나아가야 함을 다음과 같이 주장했다.

사회사라는 학문 영역의 성격과 관련하여 여러 가지 고려할 내용들이 있지만 결국 역사와 사회의 결합이라는 것이 그 핵심이 됨은 두말할 나

---

229 김필동, 〈해방 후 한국 사회사 연구의 전개〉, 《한국학보》 80집, 1995, 2~28쪽.
230 박명규, 〈한국 사회사 연구 40년─사회학계의 연구 성과를 중심으로〉, 《한국사회학》 19집, 1985, 27~48쪽; 박명규, 〈한국사회학과 사회사연구〉, 대한민국학술원, 《한국의 학술연구: 정치학·사회학》, 대한민국학술원, 2008, 473~474쪽.

위가 없다. 역사는 곧 지금의 사회를 형성시킨 배경이자 바탕이며 사회는 바로 그러한 역사성에 기초하여 구조화된 현재적 모습이라 할 것이다. 한국 사회사는 마땅히 현대 한국 사회의 역사적 형성에 제일차적 관심을 기울일 수밖에 없는데 그러기 위해서는 역사에 대한 관심을 해방 후 시기로 끌어내릴 필요가 절실하다. 일제 시대까지만 해도 우리는 '과거지사'라는 느낌을 갖기 쉽고, 그 정도의 과거사만 역사적 관심의 대상이라는 생각이 자연스럽게 자리잡기도 한다. 그러나 1950년대의 인구변천, 1960년대까지 도시화와 조직화, 1980년대의 민주화운동은 바로 오늘 한국을 있게 한 근저로서, 여전히 움직이고 있는 거대한 흐름의 줄기들이다. 그것들은 현상에 따라 50년, 30년, 또는 10년도 채 되지 않은 현상들이지만 분명 역사이고 또 살아있다는 점에서 현재이다. 현재와 역사, 과거와 현재, 미래가 이처럼 분리되기 어렵게 연결되어 있다는 사실을 정확하게 인식할 때 비로소 현재의 의미도 부각되고 과거의 의미도 살아나기 마련이다.[231]

신용하가 고대 민족 형성과 고조선 문명에 대한 연구에 매진하는 동안 후학들은 역방향으로 일제 시대 연구를 심화시키면서 분단과 한국전쟁, 이승만과 박정희 시대를 포함하는 현대사 연구로 나아가고 있음은 바람직한 현상이다. 정근식과 공제욱의 다음과 같은 주장은 그러한 분위기를 잘 반영하고 있다.

---

231 박명규, 〈머리말〉, 한국사회사학회 엮음, 《한국 현대사와 사회변동》, 문학과지성사, 1997, vi~vii쪽.

전체 사회사적 시각에서 보면 분단체제의 사회사, 즉 남북한 체제가 어떻게 형성되고 상호경쟁을 하였는지, 그리고 한 체제의 유지를 위하여 다른 한 체제가 어떻게 기능적으로 작용했는지에 관한 장기 지속적 연구가 필요하다. 해방 이후 한국 사회에 관한 사회사적 연구는 지금도 부분적으로 남아 있는 냉전적 의식들을 지양하고, 통일을 향한 한반도 전체사를 지향해야 한다. 북한사와 지방사에 대한 사회사적 재조명을 통해 전체사를 구성하려는 노력이 강화되어야 한다.[232]

연구 대상의 시기만이 아니라 분석 단위에서도 변화가 일어나고 있다. 신용하의 사회사가 '민족사national history'의 범위를 크게 벗어나지 못했지만 그의 후학들은 민족국가를 넘어서 세계체제론적 시각과 동아시아 지역체계론에 입각한 연구가 필요함을 인식하고 있다. 정근식은 한국 사회사 연구의 "활성화를 위해서는 일국사적 접근을 넘어서서 지역사적, 지구적 접근을 통해 역사적 경험의 이론화를 위한 노력이 필요하다"면서 앞으로 한국 사회의 구조와 변동을 규정하고 있는 "동아시아 지역 질서의 창출과 변화 또는 동아시아 지역 레짐에 관한 연구가 강화될 필요가 있다"는 견해를 피력했다.[233] 박명규도 "역사적 시공간은 매우 복잡하고 중층적이다. 따라서 이를 해석하는 분석 단위도 다차원적일 필요가 있다"면서 2000년대 이후에는 민족 단위보다 큰 동아시아사나 지구사의 관점에 의한 거시사 연구와 더불어 소수자들의 역사

---

232 정근식·공제욱, 〈현대 한국 사회와 사회사적 연구〉, 《한국학보》 80집, 1995, 123쪽.
233 정근식, 〈한국 사회사학 30년의 성과와 과제〉, 《사회와 역사》 100집, 2013, 9·31쪽.

와 일상생활사를 중심으로 하는 미시사 연구가 나타나는 현상을 긍정적으로 평가했다.[234]

《민족주의는 반역이다》의 저자인 서양사학자 임지현은 "인문학에 변두리는 없다. 스스로 만든 울타리가 있을 뿐이다. 자신이 딛고 서 있는 현장의 문제들에서 출발해야 한다. 남보다 치열하게 고민하고 문제의식을 가다듬되, 그것들을 특수화하는 대신 세계사의 맥락에서 이론적으로 추상화할 수 있는 능력이 뒷받침되어야 한다. 그럴 때 한국 인문학의 주변성이 세계 인문학계에서 나름대로 특권이 될 수 있다"고 주장했다.[235]《대항해시대》의 저자인 주경철도 "한국과 일본, 중국 등 각국의 역사는 홀로 성립되지 않는다. 각국의 역사란 따로 떼어서 보면 많은 것을 놓치기 쉽다. 역사교육을 강화하려 한다면 '우리만의 역사'를 고집할 것이 아니라 '세계사 속의 한국'을 가르쳐서 학생들이 넓은 시야를 갖도록 해야 할 것"이라고 강조했다.[236] 역사사회학자 박명규 또한 "한국이 여전히 통일된 민족국가를 이루지 못한 것은 분명하지만 이미 상당한 정도로 진전된 세계화와 개방화, 국가를 넘어선 전 지구적인 네트워크의 발전을 무시한 채 여전히 일국 단위의 국가 형성을 가장

---

234 박명규, 〈한국 사회사 연구의 최근 동향과 이론적 쟁점〉, 《역사비평》 75호, 2006, 87쪽.

235 임지현, 《역사를 어떻게 할 것인가: 어느 역사학자의 에고 히스토리》, 소나무, 2016, 띠지 뒷면. 임지현, 《민족주의는 반역이다: 신화와 허무의 민족주의 담론을 넘어서》, 소나무, 1999도 볼 것.

236 주경철, 《히스토리아》, 산처럼, 2012, 338쪽.

중요한 시대적 과제처럼 설정하는 사고는 한계가" 있다고 주장했다.[237]

이런 학문적 흐름의 경향 속에서 향후 사회사 연구는 기존의 '방법론적 일국주의methodological nationalism'에 의한 연구를 심화시키면서 동시에 한국, 중국, 일본을 포함하고 미국과 러시아의 영향까지 고려하는 동아시아적 '초국적 관점transnational perspective'과 근대 유럽을 포함하는 전 세계적 관점에서 한국의 근현대 역사를 조망하는 '방법론적 세계주의methodological cosmopolitanism'로 나아갈 것으로 기대된다.[238]

연구 주제의 측면에서도 변화가 일어나고 있다. 신용하 이후 한국의 사회사 연구는 연구 주제가 다양화되고 있다. 크게 보자면 미시사와 문화사로의 방향 전환이 일어나고 있다. 사회사 연구자들은 여성사, 전쟁사, 지방사, 국가폭력, 기억, 일상생활사, 분단의 희생자 등 소수자들에 대한 연구 등 다양한 주제를 그동안 적극적으로 활용되지 않았던 다양한 자료들을 활용하여 연구하는 방향으로 나아가고 있다. 앞으로 한국 사회사 연구가 현재의 삶을 이해하고 미래를 전망하는 데 도움이 되는 새로운 주제를 발굴하고 민족사에서 동아시아사를 거쳐 지구사로, 일

---

237 박명규, 〈한국 사회학과 사회사 연구〉, 대한민국학술원, 《한국의 학술연구: 정치학·사회학》, 대한민국학술원, 2008, 485쪽.

238 초국적 접근의 보기로 한국의 1960년대의 개발체제를 1930년대의 만주의 개발체제와 연결시켜 이해하는 한석정의 연구와 중국 현대사를 새로운 관점으로 보면서 중국 현대사와 일본 현대사와의 긴밀한 관계에 주목하는 백승욱의 연구를 들 수 있다. 한석정, 《만주 모던》, 문학과지성사, 2016; 백승욱, 〈동아시아 자본주의의 기원과 중국 자본주의 역사의 쟁점들: 19세기 말 20세기 초의 경험을 중심으로〉, 한국사회학회, 《동아시아 발전주의의 역사사회학》, 세미나 자료집, 2017, 14쪽.

국사에서 비교사로 연구의 진전이 이루어지기를 기대한다.[239]

역사는 위에서 아래로 고요히 흐르는 강물이 아니라 전후좌우로 서로 방향을 달리하는 여러 흐름이 교차하면서 진행되는 변화무쌍한 강물이다. 한 가지 실로 짜인 단순한 피륙이 아니라 여러 가지 실로 직조된 복잡한 무늬의 천에 가깝다. 한국의 사회사 연구는 조선 후기와 개화기, 식민지 시기를 거쳐 해방을 맞이하고 분단과 전쟁을 경험하고 권위주의적 경제성장 과정을 거쳐 민주화를 이룩하였지만 여전히 분단 상태의 '헬조선'에서 살아가는 한국인들에게 지난 과거가 오늘에 미치는 영향은 무엇이며, 앞으로 어떤 미래를 건설할 것인가라는 질문에 답해야 한다. 지난날의 역사가 오늘의 현실을 살아가는 사람들의 삶에 어떤 영향을 미치고 있는지를 보여주는 역사 서술, 자신의 삶을 한반도와 동아시아, 세계 수준의 역사 속에 넣어 상상하고 해석하는 데 도움이 되는 성찰적 역사 서술, 상식의 벽을 넘어서고 회의와 의심의 눈초리로 지난날의 역사를 창조적으로 재해석하는 역사 서술이 필요하다.[240]

---

239 동아시아 비교사회사를 모색하고 있는 김백영은 "통념적인 민족사national history의 규준에 도전하는 발본적인 '다른 역사'의 가능성에 대한 탐색이 필요하다"고 주장했다. 김백영, 〈사회과학과 역사학 사이의 한국학: 한국사회사학회, 역사문제연구소〉, 권보드래 외, 《지식의 현장, 담론의 풍경: 잡지로 보는 인문학》, 한길사, 2012, 313쪽. 중국을 중심으로 하는 동아시아의 역사를 서구 중심주의 500년의 역사와 대비시키며 장기·거시적 관점에서 서술한 김상준의 《맹자의 땀, 성왕의 피: 중층 근대와 동아시아 유교문명》(아카넷, 2011)과 《붕새의 날개, 문명의 진로》(아카넷, 2021)는 이런 가능성을 보여준다.

240 프랑수아 아르톡은 시대의 변화와 더불어 역사를 서술하는 방법이 달라지면서 과거, 현재, 미래 사이의 관계를 다르게 설정하게 되는 상황을 '역사성의 레짐régime

다른 한편 한국의 사회사는 역사학의 범주를 벗어나 역사사회학으로 나아가면서 한국의 근현대사 체험을 바탕으로 하는 독창적 사회학 이론을 구성해야 한다. 한국의 체험을 일본, 중국, 북한, 타이완 등 동아시아 다른 나라는 물론 영국, 프랑스, 독일 등 서유럽 나라들, 러시아와 동유럽 여러 나라들의 체험과 비교하면서 한국 사회의 근대적 사회변동 과정을 사회학적으로 설명하는 비교역사사회학 연구로 우리 학계는 물론 세계 학계에 기여해야 할 것이다.[241]

---

d'historicité'이라는 개념으로 설명했다. 역사성의 레짐은 정치의 레짐처럼 위기를 겪고 변동을 경험한다. François Hartog, *Régimes d'historicité: Présentisme et expériences du temps*(Paris, Seuil, 2003).

241 한국 사회학의 고유한 사회 이론 구성을 위해서는 특수성이 아니라 보편성을 지향하는 비교역사학적 감수성이 필요하다고 보는 김필동, 〈한국 사회이론의 과제와 전략―'토착화론'을 넘어서〉, 《한국사회학》 36집 2호, 2002, 23쪽.

3부

박영신의
성찰적 역사사회학

1
.

한국 사회학의 역사와
박영신의 사회학[1]

박영신은 한국 사회학의 역사에서 독특한 자리에 위치하는 인물이다. 그는 일단 이상백에서 시작한 한국 사회학의 줄기에서 벗어나 있다. 대학에서는 교육학을 전공했지만 독학으로 사회학에 관심을 갖게 된 그는 1966년 미국에 유학하여 로버트 벨라를 통해 탈코트 파슨스를 거쳐 베버, 뒤르켐, 마르크스 등 고전사회학자들의 이론 세계와 이어졌다. 그가 유학을 마치고 귀국하여 한국 사회학계와 거리를 둔 상태에서 자기 나름의 학문 세계를 구축할 수 있었던 바탕에는 자신의 학문이 사회학의 근본 뿌리와 이어져 있다는 자의식과 자부심이 자리하고 있다.

박영신은 1975년 귀국 후 얼마 동안 같은 세대에 속하는 김경동, 한

---

1 박영신의 사회학에 대한 '비판적 평가'의 필요성을 주장한 하홍규와 '발전적 계승' 을 강조한 이황직 두 사람과 2017년 한국사회학회에서 이 글의 초고를 발표할 때 토론을 맡아준 최종렬에게 감사의 뜻을 전한다.

완상, 신용하 등과 교류했으나 이내 그들과 일정한 거리를 유지하면서 자기 나름의 사회학을 개척했다.[2] 김경동이 미국 사회학의 이론적 흐름을 폭넓게 소개하면서 양적 분석을 위주로 하는 아카데믹 사회학을 발전시켰다면, 한완상은 미국 사회학으로는 잡히지 않는 한국 현대사의 흐름에 주목하면서 현실적합성이 높은 비판사회학을 제창했다. 반면 신용하는 외국 이론을 한국 사회에 적용하기 이전에 한국 사회의 근현대사에 대한 실증적 연구를 진행하면서 자기 나름의 독창적 한국 사회학을 만들려고 했다.

박영신은 사회조사를 바탕으로 한국 사회의 근대화를 외형적으로 분석하는 사회학에 만족하지 않았으며, 한국의 정치현실을 비판하지만 심층적 차원에서 작동하는 문화적 변동을 등한시한 비판사회학에도 일정한 거리를 유지했고, 한국 근현대사의 변동을 역사적으로 연구하는 것은 좋지만 이론적 설명이 결핍된 서술적 사회사 연구에도 동의하지 않았다. 박영신의 사회학은 현실과 거리를 두는 아카데믹한 사회학, 한국 사회의 현실에 개입하는 비판사회학, 한국 근현대사의 변동에 관심을 갖는 사회사 연구와 부분적으로 겹치지만 같은 연배의 다른 동료 사회학자들의 연구와는 구별되는 자기 나름의 독특한 사회학을 전개했다.

---

2 김영선은 박영신과의 인터뷰에서 "한국 사회학계에서 주로 교류하셨던 분은 같은 연배의 서울대의 김경동, 한완상, 신용하 교수님이라고 들었습니다"라며 "그럼에도 불구하고 한국사회학회를 활동의 장으로 선택하지 않은" 이유를 물었다. 김영선(박영신 대담), 〈열린, 윤리 공동체를 꿈꾸는 성찰하는 '지성인'의 초상: 사회학자 박영신의 삶과 학문〉, 《동방학지》 150호, 2010, 371쪽.

이황직에 따르면 "박영신은 고전사회학의 이론적 기초 위에서 사회의 구조와 변동을 상징체계의 변화와 관련하여 해명해 온 한국의 대표적 사회학자이며 비판 지성"으로서 "학문과 교육 분야의 탁월성과 올곧은 공공의 삶을 통해 사회학과 학생들뿐만 아니라 백양로 바깥의 뜻있는 모든 이에게서 존경을 받았다."[3] 박영신은 "드물게 말과 글과 행동이 일치하는 지성인"으로서 그의 주변 사람들은 그를 "원칙의 사람"으로 인식하고 있다.[4]

박영신의 사회학은 한완상이나 김진균의 비판사회학과는 다른 또 하나의 비판사회학이라고 할 수 있다.[5] 기존의 비판사회학이 친일세력의 온존, 권위주의 정치체제, 불평등의 심화, 분단체제의 지속이라는 현실 앞에서 고통받고 억압받는 민중을 대변하는 사회학이었다면 박영신의 사회학은 지배층뿐만 아니라 민중들을 포함하는 한국 사회의 구성원들이 공유하는 전근대적인 상징체계 또는 가치관을 비판하는 의미 차원의 비판사회학이었다. 기존의 비판사회학이 비판 대상을 향해 돌진하는 실천적 비판사회학이라면 박영신의 비판사회학은 비판의 대상만이 아니라 비판의 주체에게도 스스로를 돌아볼 것을 권유하는 성찰적 비판사회학이었다. 박영신의 주저 가운데 한 권의 제목이 《우리 사회의

---

3 이황직, 〈박영신의 사회학: 가족주의 비판과 한국 사회 변동 이론의 정립〉, 《한국사회학》 50집 2호, 2016, 95·105·116쪽.

4 이황직, 〈박영신의 사회학: 가족주의 비판과 한국 사회 변동 이론의 정립〉.

5 그는 오세철, 임철규 등과 함께 1980년대 억압적 권위주의 정부를 비판하는 연세대학교 내의 이른바 '서명파 교수'였다.

성찰적 인식》이고 박영신의 삶과 학문을 주제로 한 인터뷰의 제목이
〈열린, 윤리공동체를 꿈꾸는 성찰하는 '지성인'의 초상〉인 것을 보면
'성찰'은 박영신의 비판사회학을 특징짓는 열쇳말이라고 할 수 있다.
저서와 인터뷰의 제목이 시사하듯 박영신은 스스로를 성찰하면서 다른
사람들에게도 성찰을 권유하는 성찰적 비판사회학자라고 할 수 있다.[6]

그가 정년퇴임 직전에 출간한 《겨레 학문의 선구자 외솔과 한결의
사상》에는 다음과 같은 구절들이 나온다.

이 두 사람(외솔 최현배와 한결 김윤경–필자)은 자기 성찰의 능력을 잃어
버리고 있는 이 땅의 사람들을 향하여 비판하고 격려하였던 사상의 사
람이었다.[7]

외솔과의 대화는 성찰 없이 살아온 우리네 현대사에 대한 반성을 먼저
요구하는 작업이다.[8]

---

6 박영신이 말하는 '성찰reflexivity'은 '기존의 만물에 대한 해석과 판단 밑에 깔린 기
   본 가정들을 재검토하는 능력the capacity to examine one's own assumptions'을 뜻한
   다. Robert Bellah, *Religion in Human Evolution*(Cambridge, Massachusetts: The Belknap
   Press of Harvard University Press, 2011), p. 271과 S. N. Eisenstadt, "Introduction: The
   Axial Age Breakthroughs—Their characteristics and origins", S. N. Eisenstadt ed., *The
   Origins and Diversity of the Axial Ages*(Albany: SUNY Press, 1986), p. 1.
7 박영신, 《겨레 학문의 선구자 외솔과 한결의 사상》, 연세대학교출판부, 2002, 6쪽.
8 박영신, 《겨레 학문의 선구자 외솔과 한결의 사상》, 15쪽.

자기의 좁은 이익 때문에 넓은 관심을 내동댕이치고 자기 밖의 공동체에 대한 의무와 책임을 소홀하게 여기게 된 오늘, 뜻있는 사람들은 우리의 삶의 내용과 방식을 다시 들여다보는 성찰의 뜻을 소중하게 간직하며 '공동체'의 깊은 뜻을 되새김질하는 학문 세계로 나아가고 싶어 할 것이다.[9]

그러므로 연세의 건학정신과 이어지는 학문과 그 행위는 '수단의 학문'을 넘어서서 '성찰의 학문'으로 나아가기를 요청한다. 자기가 몸 바치고 있는 학문이 무엇을 위한 학문이며 무엇에 겨냥되어 있는 학문인가를 쉼 없이 질문하기를 요청하는 그런 학문 말이다.[10]

박영신은 학계의 대세와 당대의 지적 유행을 따르지 않고 '성찰적 비판사회학'의 길을 묵묵히 개척했다. 그는 미국 유학 시기에 사회학 이론을 나름 열심히 공부하다 보니 사회조사 중심의 한국 사회학이 깊이가 없다는 생각을 하게 되었다. 그래서 귀국해서는 주류 사회학계와 거리를 유지했다. 학문의 내용에 동의할 수 없었을 뿐만 아니라 학연을 중심으로 움직이는 한국사회학회의 분위기도 불편했을 것이다. 그는 훗날 지난날을 이렇게 회상했다.

제가 사회학회에 가니까 그 발표회 내용도 그렇지만 그때 구성원들이

---

9   박영신, 《겨레 학문의 선구자 외솔과 한결의 사상》, 31~32쪽.
10   박영신, 《겨레 학문의 선구자 외솔과 한결의 사상》, 205쪽.

너무도 재미가 없어요. 뭐 말하자면 특정 학교의 선후배 모임 같은 것
…… 저는 학회라고 생각하지 않았습니다. 학회가 이럴 수 없다. …… 그
래서 저는 한 번 나가고는 안 나갔을 겁니다.[11]

박영신은 연희전문 문과의 지적 전통과 탈코트 파슨스에서 로버트
벨라로 이어지는 학풍을 따라 사회학을 하나의 고립된 분과학문으로
생각하지 않고 다른 학문과 대화하는 종합학문으로 생각했다. 그래서
역사학과 철학은 물론이고 문학과 법학, 정치학과 경제학, 신학과 종교
학, 인류학과 심리학 등 인문사회과학의 다른 학문분과와 대화하는 학
문을 하기 위해 전공을 달리하는 학자들과 힘을 합쳐 1977년《현상과
인식》이라는 종합 학술지를 창간했다.[12] 1983년에는 한국 사회를 설명
하는 고유한 이론의 정립을 목적으로 여러 분과학문을 아우르는 '한국
사회이론학회'를 만들어 1985년부터《사회이론》이라는 학술지를 발간
하고 있다. 1984년에는《사회학연구》를 창간했고, 1997년에는 '사회운
동학회'를 만들어 현장 활동가들과 사회운동을 연구하는 학자들 사이
에 가교를 놓았다.

박영신은 미국에 유학했지만 미국 사회학 중심의 학계가 아니라 다

---

11 김영선(박영신 대담), 〈열린, 윤리 공동체를 꿈꾸는 성찰하는 '지성인'의 초상: 사회
    학자 박영신의 삶과 학문〉, 371쪽.
12 이한우는 1977년 3월에 창간한《현상과 인식》을 "서울대의 실증주의 학풍에 맞
    선 신촌의 공동전선"이라고 표현했다. 이한우,《한국의 학맥과 학풍》, 문예출판사,
    1995, 196~198쪽.

양한 학문적 배경을 가진 사람들이 대화를 통해 서로 영향을 주고받는 학계를 만들려고 했다. 그의 제자들은 미국뿐만 아니라 한국, 영국, 프랑스, 독일, 일본, 러시아 등에서 공부한 다양한 학문적 배경을 가진 사람들로 구성되어 있다.[13] 그는 연고주의적 학연을 벗어나려고 노력했다. 그가 만든 한국사회이론학회에는 학문적 관심을 공유하는 여러 대학 출신 학자들이 모여 있다. 또 그가 연세대 출신으로 연세대 사회학과에서 가르쳤지만 그의 대학원 제자들 가운데는 사회학과 아닌 다른 학과 출신이거나 연세대가 아닌 다른 대학 출신들도 여러 명 있다. 이런 그의 학문적 활동은 그를 한국 사회학의 역사에 위치시키기 어렵게 만들었다. 그렇다고 그의 학문 활동을 쉽게 무시할 수도 없다. 이 글은 아웃사이더였던 그의 의도와 상관없이 그를 한국 사회학의 역사 속에 위치시키려는 하나의 시도라고 볼 수 있다.[14]

---

13 박영신은 1990년대에 들어서 외국 유학보다는 국내에서 우리다운 문제의식으로 우리다운 학문을 할 수 있다는 가능성을 내비치기도 했다. 김영선(박영신 대담), 〈열린, 윤리 공동체를 꿈꾸는 성찰하는 '지성인'의 초상: 사회학자 박영신의 삶과 학문〉, 373쪽.

14 박영신은 1990년대 초에 이렇게 썼다. "고립이 견디기 어려운 고통을 준다 하더라도, 손쉽게 남들과 한패가 되어 이리 몰리고 저리 몰리고 우왕좌왕 할 수는 없는 것이다." 박영신, 《사회학 이론과 현실인식》, 민영사, 1992, 419쪽.

2.

사회학자 박영신의
형성 과정

1. 기독교라는 요람

박영신의 독특한 학문 세계 형성에는 그 나름의 배경이 있다. 일단 그는 3대째 기독교 집안의 맏아들로 태어났다. 그런 이유에서 기독교 계통의 계성고등학교와 연세대학교에서 공부했다. 가정과 학교를 통한 초기 사회화 과정에서 당연히 기독교가 중요하게 작용했다. 박영신의 삶에서 가장 친밀하고 중요한 영향을 미친 네 사람 모두 기독교와 연관되어 있다. 그의 부친 박명수, 모친 진순례, 아내 문은희, 그리고 그의 스승 로버트 벨라가 그들이다. 그의 부모는 목사 부부였고 그의 아내는 문재린 목사의 딸이고 문익환 목사와 문동환 목사의 여동생이다.[15] 그

15　박명수 목사의 삶에 대해서는 한국농어촌선교회 엮음, 《목사다운 목사, 목민》(북코리아, 2009), 149~202쪽의 〈죽어야 산다〉를 볼 것. 문은희 가족의 기독교적 배경에

의 지도교수는 일찍이 기독교 신앙에서 마르크스주의로 기울어졌다가 공산당의 억압적 성격을 간파하고 기독교를 바탕으로 한 미국의 시민 종교를 분석한 사회학자다.

박영신은 1938년 경상북도 문경에서 태어났다. 소작농으로 신앙심이 투철했던 그의 할아버지는 문경교회를 설립한 교인의 한 사람이다. 교회 초창기에 목사가 없었기 때문에 설교를 하기도 했다. 1916년생인 그의 아버지 박명수는 온갖 어려움을 겪으면서 목사가 되어 문경, 인천, 서울 등의 교회에서 복음을 전했다. 박영신은 아버지를 일제강점기에 "교회와 지역사회 사이의 어느 영역에서 적극 개입하고 참여하신 활동가"로 기억하고 있다.[16] 1918년생인 그의 어머니는 가난한 목사의 아내로 홀시아버지를 섬기며 자녀들을 잘 돌보아 "아름다운 가정을 이루고" 남편의 뒤에서 기도하며 그에게 "큰 힘이 되어주었다."[17] 기독교 가정의 3남 4녀 중 맏아들로 태어난 박영신은 집안의 어른들에게 목사가 될 것이라는 기대를 받으며 자랐다. 특히 그의 어머니는 돌아가실 때까지 큰아들이 목사가 되기를 간절히 기도했다.[18] 박영신은 자신의

대해서는 문영금·문영미 엮음, 《기린갑이와 고만녜의 꿈: 살아오는 북간도 독립운동과 기독교운동사》(삼인, 2006)을 볼 것.

16 박영신, 〈역사는 우리에게 무엇인가?—삶에 대한 생각, 그리고 나의 '나됨'〉, 《현상과 인식》 144호, 2020, 281쪽.

17 한국농어촌선교회 엮음, 《목사다운 목사, 목민》, 159쪽.

18 박영신, 《가난한 영혼을 위한 노래》, 섬김과 나눔, 1995, 3쪽. 이 책은 박영신이 돌아가신 어머니를 위해 펴낸 자신의 기도 모음집이다. 그는 이 책 5쪽에 "나이는 들었다 해도, 어머니 앞에서는 언제나 늘 부족한 아들이었다"고 적었다. 박영신은 아

어린 시절을 다음과 같이 회상했다.

내가 다른 것보다는 목사가 되면 좋겠다는 분위기에서 자랐죠. 그것은 나의 뜻하고는 아무 관계가 없습니다. 철들기 전에 보라保羅(바울의 한자 이름)라고 이름을 붙여주셨고 그런 분위기 속에서 나는 목사가 될 사람 이다, 그렇게 생각하며 어린 시절을 보냈죠.[19]

목사가 되라는 집안의 기대는 목사라는 직업을 가지라는 기대를 넘어서는, 어떻게 살아가야 할 것인가에 대한 가르침이기도 했다. 박영신은 훗날 집안에서 물려받은 정신적 유산으로 "경제나 물질이 다가 아니라는 이런 집안 분위기"와 "더불어서 의미 있게 살 수 없을까 하는 공동의 관심"이라는 두 가지를 들었다.[20] 박영신은 매일 아침 드리던 가정예배에서 성경을 읽고 찬송을 한 다음 가족끼리 둘러앉아 대화하고 토론하던 어린 시절의 경험을 중요하게 생각했다.[21] 그래서 자신의

들이 목사가 되게 해달라는 어머니의 기도에 힘입어 연세대학교 정년퇴임 무렵인 2001년에 드디어 목사가 되어 '예람(예수사람의 준말)교회'라는 작은 교회를 세웠다.

19 김영선(박영신 대담), 〈열린, 윤리 공동체를 꿈꾸는 성찰하는 '지성인'의 초상: 사회학자 박영신의 삶과 학문〉, 358~359쪽.

20 장호진(박영신 대담), 〈한국 사회의 실천적 변형과 초월성의 시민의식: 사회학자 박영신의 삶과 학문〉, 연세대학교 사회학과 편, 《연세대학교 사회학과 40년, 1972~2012》, 연세대학교 사회학과, 2012, 224쪽.

21 장호진(박영신 대담), 〈한국 사회의 실천적 변형과 초월성의 시민의식: 사회학자 박

저서《역사와 사회변동》을 부모님께 헌정하면서 이렇게 썼다.

신념의 윤리와 토론의 원리, 이 둘의 맞물림을 익히게 해주신 나의 어버이께 드림.[22]

박영신은 미국 유학 시기에 목회자가 되기 위한 기초 과정을 마무리하고 연세대를 은퇴할 무렵 정식으로 목사 안수를 받았다. "목회자의 길을 가겠다는 결단은 언제 내리셨으며, 그 동기는 무엇입니까?"라는 질문에 그는 이렇게 답했다.

제가 어릴 때로 돌아가는 것입니다. 목사가 되어야 한다는 어릴 때의 제 생각을 떨쳐버릴 수 없었던 것 같아요. 계속 그런 것을 지켜왔는데 그러면 목사였을 때하고 목사가 아니었을 때 무엇이 차이가 있는가, 이렇게 물어볼 수 있는데 저는 대학 선생을 하면서 어떤 뜻에서 가운을 걸치지 않은 목사 비슷한 존재로 선생 노릇을 하지 않았나 생각해요. 그랬다고 해서 공부를 열심히 하지 않았다든지 설교를 했다든지 그런 이야기가 아니고 '대학 선생의 일에 부름 받은 사람으로 살아가야 하고 또 그렇게 살고 싶다. 여기에 또 의미가 있다.' 그런 소명의식에서 목사 비슷하게 산 게 아니었겠는가, 그렇게 생각합니다.[23]

영신의 삶과 학문〉, 225쪽.

22　박영신,《역사와 사회변동》, 민영사, 1990, 3쪽.

23　김영선(박영신 대담), 〈열린, 윤리 공동체를 꿈꾸는 성찰하는 '지성인'의 초상: 사회

1938년생인 박영신은 해방 이후 한글로 교육받은 첫 세대에 속한다. 그는 문경에서 태어났지만 아버지가 인천에서 목회를 했기 때문에 인천에서 몇 년 동안 초등학교를 다녔다. 그러다가 아버지를 따라 문경으로 돌아와서 초등학교를 마치고 중학교에 입학했다. 그 무렵 한국전쟁이 터졌다. 문경서중학교 시절 학교에서는 매주 일요일 학교에 나와서 근로봉사할 것을 강요했다.[24] 그러나 소년 박영신은 일요일이면 예배를 드리기 위해 교회로 갔고 월요일 아침에 등교하면 반기독교 성향의 훈육주임에게 매질을 당하곤 했다. 그래서 고등학교는 문경을 떠나 대구에 있는 기독교 계통의 계성고등학교에 진학했다. 열심히 공부하면 졸업 후에 미국 유학을 보내준다는 조건도 이 학교에 진학한 이유 중 하나였다.[25] 일요일이면 마음 놓고 교회에 나갈 수 있어서 좋았다. 1950년대 초 이 학교는 당시로서는 매우 민주적인 분위기였고 서울에서 피란 온 차기벽, 이극찬, 이성화 등 전후 대학교수가 된 교사들이 학생들에게 폭넓은 지적 관심을 일깨워주었다.[26]

학자 박영신의 삶과 학문〉, 419쪽.

24 문경서중학교는 1949년 개교했고 1951년 1회 졸업생을 배출했다.

25 훗날 철학자가 된 소흥렬(이화여대 교수 역임) 등이 이 프로그램의 수혜자가 되어 미국 유학을 했다. 그런데 박영신이 졸업할 무렵 대학교 2년 이상을 다녀야 미국 유학을 갈 수 있도록 유학 관련법이 바뀌었다. 아무튼 박영신이 미국 유학을 꿈꾸며 계성고등학교에 입학했다는 증언을 통해 그가 일찍부터 미국 유학의 꿈을 가지고 있었음을 확인할 수 있다. 그러나 그 시절 그는 목사가 되고 싶었지 미국 유학 후 교수가 될 생각은 "또렷하지" 않았다. 김영선(박영신 대담), 〈열린, 윤리 공동체를 꿈꾸는 성찰하는 '지성인'의 초상: 사회학자 박영신의 삶과 학문〉, 373~374쪽.

26 박영신, 〈나의 길 다 가기 전에〉, 《철학과 현실》 57호, 2003, 159쪽.

2. 교육학에서 사회학으로

1956년 고교 졸업 후 박영신은 집안의 기대에 따른다면 목사가 되기 위해 신학대학으로 진학해야 했다. 그런데 그는 신학대학이 아니라 기독교 대학인 연세대학교에 입학했다.[27] 훗날 좋은 목사가 되기 위해 더 넓은 공부를 하고 싶었기 때문이다. 전공으로 교육학을 선택했다. 어린 시절 교육자이자 사회사업가이자 사회개혁가이기도 한 페스탈로치의 전기를 읽고 감명을 받아 그와 같은 삶을 살고 싶었기 때문이다.[28]

사범대학이 아니라 문과대학에 속한 연세대학교 교육학과를 다니면서 최현배, 김윤경, 홍이섭, 조의설, 정석해, 임한영, 김하태 교수 등의 강의와 채플 강좌를 들으면서 연세대학교 '문과대학College of Liberal Arts'의 학문적 전통과 자연스럽게 연결되었다.[29] 그 시절 박영신은 사

---

27 박영신은 국립대학과 사립대학이라는 구별 대신 '관학'과 '민학'이라는 구분을 선호한다. '민학'은 지배 엘리트 양성기관이 아니라 깨인 시민과 양심적인 지성인을 교육하는 기관을 뜻한다.

28 흥미로운 것은 그가 연세대학교 시절 존경했던 최현배도 어린 시절 "한국의 페스탈로치가 되고자 하는 꿈"을 가졌다는 점이다. 박영신, 《겨레 학문의 선구자 외솔과 한결의 사상》, 연세대학교출판부, 2002, 88쪽. 박영신은 자신의 저서에서 한글학자일 뿐만 아니라 사회사상가이자 교육사상가이기도 했던 최현배의 모습을 드러냈다.

29 연세대학교 문과대학의 역사에 대해서는 문과대학 100주년 기념 뿌리·맥 위원회 엮음, 《연세대학교 문과대학 100년의 뿌리와 맥》(연세대학교 대학출판문화원, 2015)을 볼 것. 박영신은 연세대학교 문과대학의 영어 명칭은 College of Humanities가 아

회사업연구회, 기독교학생회 등의 서클 활동을 주도하기도 했다. 신학 전공이 아니라 교육학을 중심으로 철학, 역사학, 문학 등 여러 학문을 자유롭게 공부하던 박영신은 믿음의 세계와 학문의 세계 사이에서 갈등을 겪기도 했다.

그러한 관점에서 내게 커다란 충격을 준 것은 합리주의와 실존주의 철학이었다. 그동안 내가 지켜온 믿음의 초석들이 순식간에 내려앉아 폐허와도 같은 허허한 들판에 던져진 경험이었다. 그 벌판은 좀처럼 벗어날 수 없는 막막한 넓은 땅이었다. 어찌 보면 몹시 자유스러운 공간이기도 했다. 지금까지 내가 틀어박혀 있던 믿음의 세계는 합리주의자라는 힘 앞에 걷어치워야 할 맹신에 지나지 않는 것 같았다. 합리성을 무기로 하는 계몽주의의 빛 아래 사라져버려야 할 칙칙한 어두움에 내가 그토록 오래 머물러 있었다는 자책이 들기도 했다. 기댈 것이란 인간의 이성밖에 아무것도 없는 그러한 들판에 서 있어야 했던 내게 그것이 자유라면 자유였다.[30]

믿음의 세계와 학문의 세계 사이에서 갈등을 겪으면서 박영신은 일

니라 College of Liberal Arts라면서 1918년부터 문과대학에서 사회학을 가르쳤던 전통을 지켜야 한다고 생각했다. 장호진(박영신 대담), 〈한국 사회의 실천적 변형과 초월성의 시민의식: 사회학자 박영신의 삶과 학문〉, 236쪽.

30 박영신, 〈믿음의 세계와 학문의 세계—우리 사회에서 학문을 한다는 것에 대한 토막 이야기〉, 박영신·정재영, 《현대 한국 사회와 기독교》, 한들출판사, 2006, 327쪽.

정 기간 어느 하나의 세계를 선택하지 않고 두 세계의 병렬 상태를 유지했다. "서로 무시하면서 대화는 하지 않더라도 하나가 다른 하나를 압도하거나 제거하는 것은 건강하지 않다"고 생각했기 때문이다.[31] 신앙과 지성 사이의 팽팽한 긴장의 시절이 계속되었다.

4·19혁명이 일어난 1960년 박영신은 대학원에 진학한 직후 휴학을 하고 공군 장교로 임관하여 4년 반을 복무했다. 공군사관학교에서 교관으로 근무하면서 남은 시간이면 도서관에서 열심히 공부했다. 그때 영국의 페이비언 사회주의와 사회학에 흥미를 느끼게 되었다. 막스 베버를 읽으면서 신앙과 학문 사이의 갈등을 어느 정도 조절할 수 있게 되었지만 제대할 때까지도 그 둘 사이의 불편한 긴장관계가 지속되었다. 제대 후 대학원에 복학한 박영신은 언더우드 3세 원일한Horace Grant Underwood을 지도교수로 삼아 막스 베버와 파슨스의 이론적 관점을 공부하고, 한국에서 활동한 초기 선교사들이 남긴 자료들을 참조하면서 〈선교 교육과 한국 근대화의 한 연구: 선교 교육의 기능적 접근, 1884~1934〉이라는 제목으로 교육학 석사학위 논문을 썼다. 비록 초보적인 형태이지만 그의 석사학위 논문에는 이후 그의 학문과 삶의 주제가 되는 한국 사회, 교육, 기독교라는 세 개의 주제와 그들 사이의 관계가 논의되었다.[32]

---

31 박영신, 〈믿음의 세계와 학문의 세계—우리 사회에서 학문을 한다는 것에 대한 토막 이야기〉, 327쪽.

32 박영신은 훗날 "그 관심 세계만을 두고 보면 그때부터 오늘에 이르기까지 크게 달라진 것은 없는 것 같다. 관심의 진폭이 있기는 해도 그리고 통례의 전공을 넘나들

3. 예일에서 버클리로

1966년 박영신은 미국의 예일대학으로 유학을 떠났고 다음 해인 1967
년 연세대학교 교육학과에서 함께 공부했던 문은희와 결혼했다. 박영
신과 비슷한 종교적·교육적 배경을 가진 문은희는 미국에서 심리학을
공부하면서 박영신의 동반자이자 '비판적' 지지자 역할을 맡았다.[33]

박영신은 예일대학의 신학대학원에서 '종교와 사회학'으로 석사 과
정을 이수할 때 조지 후아코George Huaco라는 마르크스주의 사회학자
의 사회학 이론 강의를 듣게 되었다. 미국에서 마르크스의 이론을 공
부한다는 것은 한국전쟁을 겪고 반공국가에서 온 그에게 충격적인 계
몽의 시간이었다. 도서관에서 영어로 번역된 마르크스의 저서를 "모을
수 있는 만큼 모아 밤잠 자지 않고 읽었다."[34] "그의 생각에 끌렸고 그
의 논지에 빠져들었다. 맑스주의자가 되어갔다. 거의 맑스주의자였다.

기는 해도 관심의 핵에서는 벗어나지 않았다"고 술회했다. 박영신, 〈믿음의 세계와
학문의 세계―우리 사회에서 학문을 한다는 것에 대한 토막 이야기〉, 박영신·정재
영, 《현대 한국 사회와 기독교》, 한들출판사, 2006, 326쪽.

33 박영신은 2021년 '외솔상을 받으며'라는 글에서 "예순 해 가까이 삶의 물음을 두고
쉼 없이 생각을 나눠온 말동무, '삶의 벗'에 대한 고마운 마음, 여기 적어둡니다."
라고 썼다.

34 박영신, 〈나의 길 다 가기 전에〉, 《철학과 현실》 57호, 2003, 160쪽. 박영신, 〈뒤르
켐과 지성인〉, 한국이론사회학회 엮음, 《뒤르켐을 다시 생각한다》, 동아시아, 2008,
17쪽.

하지만 맑스에 빠진 도취의 기간은 그렇게 오래가지 못하였다."[35] 하버드대학 사회학과에서 탈코트 파슨스와 로버트 벨라에게 배운 바 있는 예일대학의 종교사회학자 데이비드 리틀David Little의 강의를 들으면서 베버와 뒤르켐의 저서를 읽게 되었다. 그들의 저서를 읽으면서 "맑스가 충족시킬 수 없는 새로운 생각의 지평을 만나야 했고, 맑스에게 물음을 던질 수밖에 없는 엇갈리는 생각의 갈림길에도 들어서야 했다."[36]

리틀 교수는 종교와 사회변동의 관계에 관심을 가지고 있던 박영신에게 하버드대학의 로버트 벨라 밑으로 가서 공부할 것을 권했다. 그때 벨라는 이미 일본 사회의 근대화 과정과 종교를 연구하여《도쿠가와 종교Tokugawa Religion》(1957)를 발표하고, 이슬람과 터키의 근대화 과정에 대한 연구를 포함한《근대 아시아의 종교와 진보Religion and Progress in Modern Asia》(1965)라는 책을 출간한 상태였다.[37] 벨라는 마침 그때 하버드대학을 떠나 캘리포니아대학의 버클리 캠퍼스로 옮긴 참이었다. 그래서 박영신은 예일대학에서 석사학위를 마치고 1968년 예일을 떠나 버클리로 옮겨 그곳에서 벨라의 지도 아래 베버와 뒤르켐의 고전사회학 이론과 동아시아 비교사회학을 공부하게 되었다. 버클리에서 공부하는 동안 박영신은 볼프강 에버하르트Wolfgang Eberhardt의 중국

---

35 박영신, 〈어떤 맑스인가?〉,《현상과 인식》 136호, 2018년 가을호, 18쪽.

36 박영신, 〈어떤 맑스인가?〉, 18쪽.

37 *Tokugawa Religion*은《도쿠가와 종교》(현상과인식, 1994)로, *Religion and Progress in Modern Asia*는 그 일부가《사회 변동의 상징구조》(삼영사, 1981)로 박영신에 의해 번역 출간되었다.

사회사 강의, 닐 스멜서Neil Smelser의 사회학 이론과 집합행동론, 데이비드 앱터David Apter의 비교정치학과 근대화 정치론, 윌리엄 콘하우저 William Kornhauser의 정치사회학 과목 등을 수강하면서 지적 지평을 넓힐 수 있었다. 1972년과 1973년 사이에는 하버드대학 옌칭연구소 소속 특별학생 자격으로 가서 탈코트 파슨스의 강의를 직접 듣기도 했다.[38]

그런 과정을 거쳐 1975년 "Protestant Christianity and Social Change in Korea"라는 제목의 박사학위 논문을 제출했다. 이 논문은 베버, 파슨스, 벨라, 스멜서 등의 이론을 활용하면서 조선 사회가 전통사회에서 근대 사회로 이동하는 과정에서 기독교가 어떻게 작용했는가를 분석하고 있다.[39] 1975년 가을 학기에는 곧바로 모교인 연세대학교 사회학과 교

---

38 박영신은 자신의 학문적 배경에 대해서 다음과 같이 썼다. "나는 어느 누구와 견줄 수 없이 단단하고도 확실한 교육 배경을 가지고 있다. 60년대와 70년대의 세계 사회학을 이끌어온 훌륭한 학자들을 만나 그들의 가르침을 직접 받은 사회학도이다. 이 점에서는 두 번째 가지 않는다. 사회학자들이 남긴 학문 전통을 누구보다 잘 아는 교수들의 가르침을 받았고 그들의 지도를 받았다." 박영신, 〈나의 학문의 길에서 (1): 공부 길로 부름 받다〉,《본질과 현상》 45호, 2016년 가을호, 51쪽.

39 Yong-Shin Park, "Protestant Christianity and Social Change in Korea", University of California, Berkeley, Ph.D Dissertation, 1975. 흔히 외국에서 쓴 박사학위 논문의 소재가 한국 사회일 경우 외국 학자들이 모르고 접근하기 어려운 한국의 자료를 이용하여 논문을 써서 쉽게 박사학위를 따는 풍조를 비판하는 의견이 있다. 그런 경향이 있는 것은 사실이다. 그러나 옥석을 가리는 혜안이 필요하다. 외국에서 한국을 소재로 한 박사학위 논문의 평가는 이론적인 성찰의 깊이와 독창적 해석 여부를 기준으로 판단해야 한다. 한국에 대한 연구로 쉽게 박사학위를 따는 경향은 비판해야 하지만 모름지기 한국의 사회학자라면 사회학 이론 공부를 바탕으로 한국 사회를 연구하는 것이 일차적 과제이다.

수로 부임했다. 그가 미국에서 사회학을 공부할 때는 교수가 되겠다는 생각이 확고하지 않았다. 지적으로 사회학에 끌려 사회학을 전공했는데 유학 생활 중인 1972년 연세대학교에 우연히 사회학과가 생긴 것이다.[40] 모교 사회학과로 부임한 후 그는 학문적 자부심을 가지고 연세대학교 사회학과를 특색 있는 훌륭한 배움의 터전으로 만들기 위해 노력했다.

4. 박영신의 스승들

박영신은 학창시절 외솔 최현배와 한결 김윤경에게 겨레사상과 한글의 중요성을 배웠다. 최현배의 《조선 민족 갱생의 도》와 《나라 사랑의 길》을 읽고 깊은 감명을 받기도 했다. 그러나 사회학자 박영신의 지적 형성 과정에 가장 중요한 영향을 미친 사람은 미국 유학시절 만난 지도교수 로버트 벨라다.[41] 벨라는 "언제나 사회(과)학의 도덕적 차원을 이야

---

40 1972년 사회학과 창설에 실무를 담당한 교육학과 최정훈 교수가 사회학과 학사업무를 담당했고 1973년에 전병재 교수가 사회학과 교수로 부임했다. 이어서 안계춘, 송복 교수가 차례로 부임하고 난 후 1975년에 박영신이 합류했다. 최정훈, 〈40년 전 이야기: 사회학과의 창립〉, 연세대학교 사회학과 편, 《연세대학교 사회학과 40년, 1972~2012》, 연세대학교 사회학과, 2012, 18~20쪽.

41 로버트 벨라의 삶과 학문에 대해서는 최근에 출간된 Matteo Bortolini, *A Joyfully Serious Man: The Life of Robert Bellah*(Princeton: Princeton University Press, 2021) 참조.

기하고, 그 스스로 인간 행위의 터전이자 공동적 삶의 실체인 사회를 도덕성과 이어 인식하였다."[42] 박영신은 벨라에게 도덕과학으로서의 사회(과)학을 배웠다. 그는 자신의 박사학위 논문 서문에 이렇게 썼다.

로버트 벨라는 나의 사회학적 사유에 깊은 영향을 주었다. 그는 나에게 끊임없는 영감의 원천이었으며 사회의 심층구조에 대한 나의 관심이 더욱 활발해지도록 만들었다.[43]

박영신은 1992년에 펴낸 《사회학 이론과 현실 인식》의 서문에서 또 이렇게 썼다.

나의 지적 수련 과정에서 벨라 교수는 내게 결정적인 영향을 미친 인물이다. 그를 통하여 '고전 사회 이론'을 다시 익히고 '사회주의' 사상에 대한 관심을 깊이 할 수도 있었지만, 점차로 그의 '해석학적 방법'에서 커다란 자극을 받게 되었다.[44]

학자로서 박영신의 지적 형성 과정에서 영향을 준 스승은 여럿이지만, 오로지 벨라만이 그에게 지속적으로 지적인 자극과 영감을 주는 스승이었다. 벨라는 그에게 "이론적 생각을 들려주고, 인식의 전망을 펼

---

42 박영신, 《사회학 이론과 현실 인식》, 민영사, 1992, 418쪽.
43 Yong-Shin Park, "Protestant Christianity and Social Change in Korea", p. iii.
44 박영신, 《사회학 이론과 현실 인식》, 18쪽.

쳐 보이고, 도덕적 양식을 충동하여" 가슴을 뛰게 만든 스승이었다.[45] 박영신이 볼 때 로버트 벨라는 "사회학적 상상력의 단계를 뛰어넘어 사회학적 영감과 감화력을 가진 학자였다."[46] 로버트 벨라는 박영신의 "지적 수련 과정에서 학문적 모범의 결정적 증거로 다가와, 참교육과 참스승의 징표가 되었다."[47] 박영신은 공군 장교 시절 독학으로 막스 베버와 탈코트 파슨스를 읽었지만 벨라를 지도교수로 삼아 공부하면서 베버뿐만 아니라 뒤르켐을 읽게 되었고 파슨스의 강의도 직접 들을 기회를 가졌다.

박영신에게 영향을 준 스승 가운데 로버트 벨라 다음으로 꼽을 수 있는 사람은 닐 스멜서다. 스멜서는 벨라와 마찬가지로 파슨스의 수제자 가운데 한 사람이었다. 박영신은 버클리에서 스멜서의 강의를 들으면서 집합행동과 사회운동에 관심을 갖게 되었다. 그의 박사학위 논문에는 벨라와 더불어 스멜서의 지적 영향력이 깊이 스며들어 있다. 박영신은 벨라와 스멜서를 통해 고전사회학 이론과 현대사회학 이론의 기초를 다졌다. 그는 이러한 사실을 첫 저서 서문에서 다음과 같이 밝혔다.

나는 줄곧 이론에 치중하는 사회학적인 연구에 흥미를 두어 왔으며, 내

---

45 박영신, 《사회학 이론과 현실 인식》, 417쪽. 탈코트 파슨스는 자기가 하버드대학에서 가르친 학생 가운데 벨라가 이론적으로 가장 뛰어난 학생이었다고 말했다.

46 박영신, 《사회학 이론과 현실 인식》, 18쪽.

47 박영신, 《사회학 이론과 현실 인식》, 418쪽.

가 배운 스승들은 모두 이론에 뛰어난 분들이었다.[48]

귀국 후 박영신은 고전사회학과 현대사회학 이론에 관심을 기울이면서 "사회변동과 사회운동, 현대사회의 인식 문제, 동양사회에 대한 비교사회학적 접근, 문화적 가치와 상징 등을 비추어보는 것"을 자신의 주된 관심 분야로 삼았다.[49]

5. 연세대학교 사회학과에서

박영신은 1975년 연세대학교 사회학과 교수로 부임했다. 그에 앞서 연세대 사회학과에는 연세대 법대를 졸업하고 인디애나대학에서 범죄사회학을 공부한 전병재와 서울대 사회학과를 졸업하고 시카고대학에서 인구학을 전공한 안계춘, 서울대학교 정치학과를 졸업하고 하와이대학에서 사회학 석사학위를 받고 부임한 송복이 자리잡고 있었다. 박영신은 그들과 함께 연세대학교 사회학과를 철학, 역사학, 심리학, 인류학, 종교학 등 다른 학문과 대화하면서 학제 간 연구를 추구하는 인문학적인 학과로 만들려는 뜻을 가지고 있었다.

사회학에 대한 학문적 열정을 지닌 박영신은 1976년 교수의 글과 학

---

48 박영신, 《현대사회의 구조와 이론》, 일지사, 1978, 3쪽.
49 박영신, 《현대사회의 구조와 이론》, 3쪽.

생들의 글을 함께 수록한《연세 사회학》을 창간했고 대학원에 진학한 학생들을 격려하면서 진지한 학문적 분위기를 만들었다. 훌륭한 교수의 영입이 사회학과의 발전에 중요하다고 생각하여 다른 교수들의 동의를 얻어 정재식 교수와 조혜정 교수를 초빙하기도 했다. 정재식은 감리교신학대학과 연세대학교 연합신학대학원을 졸업하고 하버드대학 신학대학을 거쳐 보스턴대학에서 박사학위를 받고 미국에서 오랫동안 가르친 종교사회학자였다. 조혜정은 연세대학교 사학과를 졸업하고 캘리포니아대학 로스앤젤레스 캠퍼스UCLA에서 인류학을 공부한 여성학자였다. 두 사람 다 인문학적 배경을 가진 사회과학자였다.

1980년대 들어 사회학과 학생 수가 늘어나면서 전병재, 송복, 안계춘은 속히 새로운 교수를 충원하려고 한 반면 박영신은 외국에서 유학하고 있는 제자들의 귀국을 기다리자는 입장을 취했다. 정재식과 조혜정을 영입했던 박영신은 연세대 사회학과를 다른 대학의 사회학과와 구별되는 특색 있는 사회학과로 만들려 했고 그러기 위해서는 교수 충원에 신중해야 할 필요가 있다고 생각했다. 1980년대 말로 가면서 연대 사회학과 졸업생들이 학위를 받고 귀국하기 시작했다. 송복, 전병재, 안계춘 등이 주도하여 일리노이대학에서 박사학위를 받은 류석춘과 시카고대학에서 박사학위를 취득한 김용학이 교수로 자리를 잡으면서 사회학과의 분위기는 미국의 주류 사회학을 따르는 분위기가 주도하게 되었고 이후 박영신이 구상한 다른 학문과 대화하는 인문학적 사회학의 학풍은 점차 주변으로 밀려나게 되었다.

교수 충원 과정에서 만장일치의 원칙이 깨지고 다수결의 원칙을 따르게 됨으로써 소수파가 된 박영신은 자신의 의견을 피력할 수는 있었지만 관철시킬 수는 없었다. 1990년에 종교와 역사를 중심으로 인문학적 사회학을 하던 정재식이 보스턴대학의 석좌교수로 떠나고 조한혜정이 독자적인 입장을 취하면서 박영신은 사회학과에서 고립된 소수가 되었다. 그에 따라 그가 생각했던 인문학적 사회학이라는 고유한 학풍 수립이라는 꿈은 좌절될 수밖에 없었다. 박영신은 사회학과가 사회과학대학이 아니라 문과대학에 소속되기를 원했는데 2003년 박영신이 은퇴한 직후 2004년에 사회학과가 사회과학대학으로 소속이 바뀌면서 연세대 사회학과에 인문학적 사회학이 자리잡을 수 있는 가능성은 더욱 희박해졌다.[50]

이후 연세대 사회학과는 박영신이 구상했던 것과는 정반대로 양적인 방법을 주로 활용하는 미국 주류 사회학의 흐름을 따르는 사회학과가 되었다.[51] 그러나 박영신은 인문사회과학회, 사회이론학회, 사회운동학회 등의 학술 모임을 구성하여 자신이 바람직하다고 생각한 사회학을 지속적으로 추구했다.

---

50 연세대학교 사회학과를 사회과학대학으로 이전하려는 계획은 이미 1980~1981년에 논의되었지만 박영신의 반대로 무산된 바 있다. 장호진(박영신 대담), 〈한국 사회의 실천적 변형과 초월성의 시민의식: 사회학자 박영신의 삶과 학문〉, 235쪽.

51 1990년대에 들어서면서 연세대학교 사회학과뿐만 아니라 한국 사회학계 전체가 1980년대 학생운동·노동운동 등과 연계된 비판사회학의 물결이 퇴조하면서 양적 자료와 양적 조사방법을 사용하는 주류 사회학이 다시 부흥기를 맞이하게 된다. 연세대학교 사회학과의 변화는 이런 전반적인 분위기에서 이루어진 것이었다.

3.

박영신의
학문 세계

박영신은 40년이 넘는 긴 학자 생활을 통해 풍부한 연구논문과 저서를 발표했다. 저서만 봐도 《현대 사회의 구조와 이론》(1978)에서 시작하여 《변동의 사회학》(1980), 《역사와 사회변동》(1986), 《사회학 이론과 사회 현실》(1992), 《동유럽의 개혁운동: 폴란드와 헝가리의 비교》(1993), 《우리 사회의 성찰적 인식》(1995), 《새로 쓴 변동의 사회학》(1996), 《실천도 덕으로서의 정치: 바츨라브 하벨의 역사 참여》(2000)를 거쳐 《겨레 학문의 선구자 외솔과 한결의 사상》(2002)을 펴내면서 교수 생활을 마감했다. 물론 이후에도 계속해서 학술논문을 발표하며 학문 활동을 계속하고 있다. 한 학자의 학문적 업적을 양으로 평가하는 일처럼 어리석은 일도 없지만 박영신은 단독 저서 11권과 학술논문 160여 편을 발표했다.[52] 그는 자신의 학문적 관심에 따라 번역 작업도 진행했다. 《사회 과학의 구조기능주의: 탈콧 파아슨스 이론의 이해》(1978)에서 시작하여 《갈등의 사회학》(1980), 《사회과학의 상징적 교섭론》(1982)을 우리말로 옮김으로써 기능론, 갈등론, 상징적 상호작용론이라는 미국 현대사회 학의 주요 이론들을 소개했고, 프로이트의 《집단심리학》(1980), 스멜서 의 《사회 변동과 사회운동: 사회학적 설명력》(1981), 벨라의 《사회 변동 의 상징구조》(1981)와 《도쿠가와 종교》(1994) 등 자신의 학문적 수련 과 정에서 중요한 영향을 미쳤던 저서들을 우리말로 옮겼다. 그 밖에도 박 영신이 번역한 책으로 쿨슨과 리들의 《사회학에의 접근》(1979), 보토모 어의 《정치사회학》(1981), 굴드너의 《지성인의 미래와 새 계급의 성장》 (1983) 등이 있다. 아래에서는 그의 저서를 중심으로 그의 사회학 연구 를 여덟 개의 주제로 나누어 살펴본다.

1. 한국 사회 변동론

박영신의 학문적 관심의 뼈대를 이루는 주제는 조선 시대 이후 한국 사 회가 전통사회에서 근대사회로 변동하는 과정에 대한 역사사회학 연

---

52 이황직은 박영신의 주요 저서와 주요 옮긴 책들의 목록을 만들었다. 하지만 박영신 의 총 연구목록은 아직 작성되지 않았다. 이황직, 〈박영신의 사회학: 가족주의 비판 과 한국 사회 변동 이론의 정립〉, 《한국사회학》 50집 2호, 2016, 120쪽.

구이다. 그러나 그의 사회학 연구는 과거에 대한 연구에 머무르지 않고 그것을 바탕으로 현재의 한국 사회를 비판적으로 인식하는 비판적 역사사회학이다. 그것은 지금 우리 사회가 짜인 모습과 그 속에서 살아가는 사람들에게 비판적 성찰을 요구하는 성찰적 사회학이기도 하다.

박영신의 근본적 문제의식은 석사학위 논문을 쓰는 과정에서 싹이 터서 박사학위 논문을 쓰는 동안 꽃을 피워 그 이후의 연구를 통해 열매 맺었다고 볼 수 있다. 1960년대와 1970년대 초반기의 학문적 수련 과정에서 한 사회의 구성 원리에 근본을 이루는 종교적·정신적·문화적·윤리적 차원의 중요성을 인식하게 되었다. 막스 베버, 에밀 뒤르켐, 탈코트 파슨스, 로버트 벨라 등의 저서를 읽으면서 조선 사회의 핵심을 이루던 유교적 가치와 상징구조가 깨지고 새로운 가치와 상징구조가 등장하면서 한국 사회가 재구성되는 과정에 분석의 초점을 맞추었다.[53]

박영신은 이 같은 이론적 입장에서 먼저 19세기 말 나라 안팎으로 위기를 맞이하기 이전의 조선 사회가 어떤 성격의 사회였는지를 밝혔다. 그가 볼 때 근대 이전 조선이라는 전통사회는 '효'라는 유교적 가치를 근본 가치로 삼아 짜인 사회였다. 조선은 효라는 거룩한 가치가 사회제도의 모든 영역에 스며들면서 종교적 영역과 세속적 영역이 용해된 사

---

53 이 부분은 박영신, 《변동의 사회학》, 학문과사상사, 1980, 83~143쪽; 《역사와 사회 변동》, 민영사, 1990, 245~371쪽; 《우리 사회의 성찰적 인식》, 현상과인식, 1995, 11~288쪽과 박선웅·이황직, 〈파슨스 이론과 한국의 근대성 비판: 박영신의 비판 담론〉, 《현상과 인식》 27권 4호, 2003, 9~33쪽; 이황직, 〈박영신의 사회학: 가족주의 비판과 한국 사회 변동 이론의 정립〉, 《한국사회학》 50집 2호, 2016을 참조하여 재구성했음.

회였다. 따라서 조선 사회를 변화시키기 위해서는 일단 종교적 영역과 세속적 영역이 용해된 효라는 가치를 해체시킬 수 있는 새로운 종교적 상징과 그에 기초한 사회운동이 필요했다.

동학농민운동과 독립협회운동은 조선 전통사회의 구조적 용해 상태를 돌파할 수 있는 잠재력을 지닌 두 운동이었다. 갑오농민운동의 상징적 자원이 된 동학이라는 민중종교와 천주교에 이어 한국 사회에 뿌리 내리기 시작한 개신교라는 외래종교는 더이상 권위를 유지할 수 없는 유교적 질서를 비판하는 대안적 의미체계로 작동했다. 동학과 기독교는 고통 속에서 살아가는 사람들에게 새로운 삶의 의미와 목표를 제공했다.

두 종교는 '의미의 빈곤 상태'라는 빈자리를 메워주는 대안적 의미체계로서 민중들이 기존의 유교적 지배체제를 정당한 것으로 인정하지 않고 새로운 사회질서를 지향하게 만들었다. 기존의 질서가 위기에 처하자 동학과 기독교는 "기존 질서에서 삶의 의미와 지침을 얻지 못하고 있던 저변의 피지배층에게 쉽게 침투할 수 있었던 것이다."[54] 동학농민운동이 좌절을 겪고 난 후 한국 사회는 결국 일본의 식민지배를 받게 되었다. 그러나 동학과 기독교의 비판의식은 사그라지지 않았다.

3·1운동은 동학의 후신인 천도교와 기독교라는 두 개의 의미체계와 조직체계에 기초하여 발생한 거국적 운동이었다. 3·1운동 이후 '민족의 독립'은 가히 종교의 수준에 이르는 최고의 가치가 되었다. 그러나

---

54 박영신, 《역사와 사회 변동》, 민영사, 1990, 252쪽.

독립운동 과정에서 효를 중심으로 하는 가족주의 윤리는 근본적 비판을 받지 않고 온존되었다. 반일민족주의운동이 민족의 독립을 최우선적 과제로 삼으면서 가족주의를 중심으로 하는 유교 전통의 문제점을 철저하게 비판하지 않았기 때문이다. 그 점에서는 사회주의적 평등이라는 가치를 내세운 좌파 독립운동도 마찬가지였다. 일제는 효과적 식민통치를 위해 유교를 탄압하지 않았고 1930년대에 들어서는 충효를 내세운 군국주의적 가치를 학교 교실을 비롯한 일상 생활에 침투시켰다. 일제 식민지 시기 회유와 탄압의 과정을 거치면서 천도교로 이름을 바꾼 동학과 초창기 기독교가 담고 있던 의미 차원의 사회변혁 능력은 거의 고갈되었다. 그 결과 "우리 사회 전래의 기본적인 가치가 지속적인 비판이나 대항의 세력에 부딪히지 않고 그 뼈대가 그대로 남아 온존할 수 있게 되었다"는 것이 박영신의 해석이다.[55]

해방 이후 가치와 상징의 차원에서 근대적 사회변동을 이루지 못한 채 민주주의라는 가치가 선포되었다. 하지만 민주적 가치가 생활 속에 깊이 뿌리내리지는 못했다. 4·19는 민주주의의 이름으로 독재정권을 타도한 사건이었다. 그러나 5·16쿠데타로 권력을 장악한 군사정권은 민주주의를 겁탈하고 전통사회의 '효'와 더불어 식민지 시기에 주장되던 '충'을 강조하면서 가족의 물질적 번영과 나라의 경제성장을 연결시켰다.[56] 그 밑바닥에는 "내가 잘 되는 것이 우리 가족이 잘 되는 것

---

55 박영신,《역사와 사회 변동》, 255쪽.

56 박영신,〈가치의 비극: '경제주의'와 '민주주의'의 역사 경험〉,《현상과 인식》148호, 2021, 19~20쪽.

이고 우리 가족이 잘되는 것이 내가 잘 되는 것"이라는 가족주의적 세계관이 자리하고 있었다.[57] 그에 따라 혈연을 중심으로 하는 가족주의와 학연과 지연을 근거로 하는 유사가족주의적 가치가 한국 자본주의의 운영 방식에 고스란히 살아남았다. 한국 사회의 근대화는 "기존의 가치 지향성의 청산과 그 부정 위에서 추진된 것이 아니라 기존의 가치 지향성의 준거틀과 이어진 일정한 범위 안에서 진행된 것이었다."[58] 그 과정에서 '경제'라는 물질적 가치가 모든 가치 위에 군림하는 최고의 가치가 되었다. 그것을 박영신은 '경제주의'라고 부른다. 가족주의와 경제주의라는 두 개의 가치 지향성이 결합하면서 한국 사회는 가족 또는 유사가족적 연대에 기초하여 물질적 이익을 최우선적으로 추구하는 지금의 사회가 되었다.

2. 가족주의와 경제주의 비판

1960년대 이후 한국 사회는 겉으로는 지속적 경제성장을 통해 엄청난 변화를 경험했다. 하지만 사회적 관계의 수준에서는 가족주의와 유사가족주의라는 특수주의적이고 귀속적인 원칙이 작동하는 사회에 머물

57　정주영 회장은 "내가 잘 되는 것이 나라가 잘 되는 것이고 나라가 잘 되는 것이 내가 잘 되는 것이다"라는 구호를 현대중공업의 기업 정신으로 내세웠다.

58　박영신,《역사와 사회 변동》, 257쪽.

러 있다. 그 결과 공공의 원리라든가 공평과 정의를 따지기보다는 자기가 속한 특수한 연고집단의 이해관계를 먼저 생각하는 전근대적 사회적 관계가 지속되고 있다. 자본주의가 고도화되고 민주화를 실현하면서 겉으로는 보편적 원리와 개인의 능력과 업적에 의한 평가 원리를 내세우지만 뒤로는 특수주의와 연고주의가 여전히 강력하게 작동하고 있다. 이런 상태에서 불공정, 불평등, 부정부패 등이 지속적으로 한국 사회를 괴롭히고 있다.

박영신의 비판적 역사사회학의 관점에서 보자면 이런 상황을 벗어나기 위해서는 가족주의와 경제주의를 넘어서는 새로운 가치와 상징이 요구된다. 그가 볼 때 가치와 상징 수준에서 이루어지는 비판이야말로 심층적인 비판이다. 한국 사회가 겪고 있는 여러 병리적 현상은 공적 윤리의식의 부재에서 비롯되기 때문에 먼저 가족주의와 그것의 확대판인 유사가족주의를 돌파하는 새로운 공동체주의가 필요하다는 것이 박영신의 생각이다. 박영신은 이 새로운 공동체주의가 정책과 제도라는 위와 바깥으로부터의 외부적 변화를 넘어 자기 성찰과 비판을 통한 시민 모두의 안과 밑으로부터의 심층적 변화가 일어날 때 가능하다고 강조한다.[59]

박영신은 한국 사회 내부의 전근대적이고 특수주의적인 가치관을 혁신하지 않는 한 선한 삶이 가능한 선한 사회는 만들 수 없다는 입장에서 사회과학의 주류 이론들을 비판한다. 먼저 경제적 근대화가 이루어

---

59 여기에 종교와 지성인의 역할이 중요하다. 지성인에 대한 박영신의 논의는 뒤에서 다루어질 것이다.

지면 다른 부분의 근대화도 이루어질 것이라는 낙관적 근대화론을 비판한다. 경제성장이 일정한 단계에 이르면 정치 민주화가 이루어지고 이어서 사회 민주화가 달성된다는 낙관론을 수용하지 않는다. 한국 정치의 민주화는 지속적인 민주화운동에서 비롯된 것이지 경제성장의 자동적 산물이 아니며 지난 반세기 이상의 경제성장에도 불구하고 가족주의를 비롯한 한국의 전근대적 습속이 지속되고 있는 현실은 낙관적 근대화론의 허구성을 보여준다.

박영신은 1980년대 들어 비판적 사회과학자들 사이에 유행한 종속이론과 세계체계론에 대해서도 비판적 입장을 취했다. 물론 냉전 시기 외세의 개입과 강대국 중심의 불평등한 국제관계는 오늘의 한국 사회를 주조하는 데 결정적인 영향을 미쳤다. 그러나 박영신은 미국에 의한 종속 상태, 친일파 청산 미비, 분단체제가 불러오는 체제 내부 개혁의 한계 등을 충분히 인정하면서도 학연, 지연, 혈연 등 연고주의로 뭉쳐 비판적 학술운동이나 사회운동을 주도하는 이른바 진보세력의 자기비판 결핍과 자기성찰 부족이라는 문제를 지적했다. 진보를 자처하는 집단의 경우에도 학연과 지연과 혈연 중심의 유사가족주의가 존재하며 민주적 토론보다는 권위주의적 인간관계가 지배한다는 것이다.

박영신이 볼 때 "가족과 핏줄, 지연과 학연 등의 사사로운 관계에 대한 집착은 서양의 사회학으론 해석할 수 없는 우리 사회의 특징이다. 물론 서양도 가족을 중요하게 여기지만 시민사회의 오랜 역사를 통해 사회적으로 극복했다. 하지만 우리는 사사로움을 극복할 수 있는 보다

큰 가치의 세계를 아직 세우지 못했다."[60] 그 점에서는 진보나 보수나
다 마찬가지라는 것이다. 어떤 개혁운동이라도 끼리끼리의 이익을 추
구하는 특수주의적 가치관을 버리지 않는 한 그 운동은 제한된 운동에
머무르고 근본적인 개혁을 이루지 못하게 된다.

스스로를 비판하고 성찰하면서 윤리적이고 도덕적인 차원에서 자기
혁신을 이루지 않는 한 어떤 정치 개혁도 한계를 지닐 수밖에 없다는
것이 박영신의 주장이다. 인간사회는 개혁을 이룬다 해도 불완전하고
문제가 있을 수밖에 없다. 그렇기 때문에 정치권력 밖에서 비판하고 회
의하고 개혁을 요구하는 지식인과 시민들이 활동하는 시민사회와 공론
장이 늘 유지되고 활성화되어야 한다.

박영신은 재벌가족의 세습에서 볼 수 있듯이 혈연 중심의 가족주의
를 전혀 문제 삼지 않고 오히려 그것을 이용하여 이익의 극대화를 추
구한 한국의 자본주의를 '친분적 자본주의'라고 부른다. 물론 박영신
과 달리 가족주의가 자본주의적 성장에 기여하고 공헌한 문화적 자원
이라고 보는 견해가 다수 의견이다.[61] 가족끼리 서로 돕고 사는 게 무엇

60　유경종, 〈깨어 있는 시민의 이름으로 정치를 끊임없이 호출하자〉(박영신 연세대 사
　　회학과 명예교수 인터뷰),《고양신문》1313호, 2017년 3월 17일.

61　박영신의 해석과는 정반대로 유교적 가치에 뿌리를 내리고 있는 가족주의와 연고
　　주의 등 한국의 문화적 습속이 한국의 산업화를 성공시킨 긍정적 요인이었다고
　　해석하는 류석춘의 Seok-Choon Lew, *The Korean Economic Developmental Path:
　　Confucian Tradition, Affective Network*(New York: Palgrave-Macmillan, 2013)을 볼 것.
　　이 책의 번역본으로 류석춘,《유교와 연고: 대한민국 발전의 사회·문화적 동력》, 북
　　앤피플, 2020 참조. 이런 류의 주장에 대해 이미 오래전에 박영신은 한국 사회의 산

이 문제이며 일단 잘 먹고 잘살아야 하는 것 아니냐면서 가족주의와 경제주의를 당연하게 여기는 한국인들에게 가족주의와 경제주의가 문제라는 것을 분명하게 납득시키는 일은 쉽지 않다. 정당이나 기업은 말할 것도 없고 학교 교실에서도 유사가족주의와 경제주의를 당연하게 여기고 있으며 시민단체나 노동조합도 유사가족주의와 경제주의로부터 자유롭지 못하다. 그런 당연의 세계에 의문을 제기하는 일은 어렵다.

가족주의는 자기가 속한 가족과 혈연, 지연, 학연으로 확대되는 유사가족 집단 사이의 내부적 유대와 결속만을 강조하고 집단 바깥의 구성원들에 대해서는 무관심하고 무책임한 행위 지향성이다. 가족주의는 자기가 속한 집단의 이익을 배타적으로 추구하는 집단이기주의를 당연하게 받아들인다. 그래서 개별적이고 특수주의적인 집단들을 넘어서는 전체 사회의 이익, 공공선public good을 추구하는 공적인 의식을 약화시킨다.

'우리 집단'만 잘 살면 그만이라는 생각은 다른 집단과의 경쟁심을 고조시키면서 질투와 혐오와 비난의 문화를 일반화시킨다. 그에 따라 모든 집단이 함께 참여해서 풀어가야 할 공적 영역에 대한 관심을 축소시킨다. 아무리 민주화가 되고 시민 참여를 보장하는 민주적 제도가 만들어져도 공적인 의식이 없기 때문에 제대로 된 시민사회가 형성되지

업화와 경제성장에 "가족주의적 가치 지향성이 차지하는 긍정적 몫이 크다 하더라도, 그것이 사회 구성원 모두의 공평한 대우를 공적으로 보장해주는 데 도움을 주지 못한다면, 이제 그 가족주의의 지향성을 어떻게 보아야 할 것인가?"라고 질문했다. 박영신, 《역사와 사회 변동》, 290쪽.

못하고 껍데기 시민사회만 만들어졌다가 사그라지곤 한다.

시민사회와 공론장을 통해 문제를 해결할 수 있다고 생각하지 않기 때문에 공적으로 풀어가야 할 문제를 유사가족주의적으로 해결하려고 한다. 예를 들어, 사회계층 이동을 쉽게 만드는 명문대 진학을 위해 엄청난 사교육비가 들어 생활에 어려움을 느끼는 학부모들이 많다. 그런데 그런 문제를 공적으로 해결하려 하지 않고 어떻게 해서라도 사교육비를 마련하는 개별적인 방법을 쓴다. 개인적 문제를 사적으로 해결하면서 정부를 비판하고 정치인을 비난한다.

한국인의 정치에 대한 과도한 혐오와 비판은 공적 의식의 표현이라기보다는 근거 없는 자기 정당성의 확보이며 집단이기주의적 관점을 벗어나지 못하는 미성숙한 의식의 표현이다. "어떻든 가족 중심으로만 생각하고, 가족의 이익에 따라 사물을 보고, 또한 가족의 모형으로 조직을 위계적 또는 감정적으로 인식하여 가족을 조직의 원리로 삼으려는 가족 중심적인 발상"은 정치부패, 불평등, 불공정, 비리, 사교육 문제와 학벌체제, 사회복지 등의 문제를 해결하는 데 걸림돌이 되고 있다. 가족주의적 발상은 사회 전체의 공공선을 증진시키기 위해 어떤 정책을 세우고 어떤 법률을 만들 것인가에 대한 관심은 없고 그 정책이나 법률이 나와 우리 가족에 어떤 이익이나 손실을 가져오는가만 생각하게 만든다. "본질적으로 가족주의적 발상은 이기적이며, 사회 전체를 집합적으로 파악하기를 거부하려는 지향성을 안고" 있기 때문이다.[62]

---

62 박영신, 《우리 사회의 성찰적 인식》, 현상과인식, 1995, 35쪽.

다시 말해 가족주의는 자기가 사는 공동체의 문제에 관심을 갖고 그것을 동료 시민들과 협력하여 함께 해결해나가려는 연대의식이나 시민의식의 형성을 저해하는 근본적 장애물이 되고 있다.

가족주의와 그것의 확대판인 유사가족주의는 벗어나기 힘든 '대우리bamboo cage'가 되어 한국인의 가치의식의 지평을 축소시킨다.[63] 혈연, 지연, 학연으로 맺어진 '우리' 안에서 서로 돕고 산다는 명분 아래 누구라도 언제라도 부패할 수 있는 잠재적 가능성을 안고 살아간다. 연고주의로 맺어진 '인연의 사슬'은 공적인 정당성보다 힘이 세다. 가까운 사람들 사이의 사사로운 '의리'가 추상적인 윤리적 '원칙'보다 중요하게 작용한다. 그렇기 때문에 특수주의적인 가족주의 가치관을 돌파하고 혁파하여 보다 보편적인 공적 가치관과 시민적 문제의식을 뿌리내리지 않는 한 한국 사회가 안고 있는 갖가지 문제들을 합리적으로 해결할 수 있는 가능성은 크지 않다는 게 박영신의 생각이다.

박영신은 1987년 정치적 민주화 이후에도 가치의 차원에서는 거의 변화가 일어나지 않았음을 비판한다. 그는 이렇게 말한다. "돌이켜 보건대 우리는 민주주의 가치를 두고 정파를 만들지 않았던 것 같다. 어느 특정 인물을 중심으로 하여 뭉치어 세력을 이루기는 했지만 그러한 사사로운 관계와 지역 연고의 수준을 넘어서서 민주주의의 보편 가치 그것을 중심으로 한데 모여 열정을 다해 뭉쳐 싸운 기억은 별로 없

---

63 '대우리bamboo cage'라는 말은 박영신이 만든 신조어이다. 그것은 막스 베버의 '쇠우리iron cage'에 빗대어 만들어진 것으로 가족주의라는 한국의 전통적 가치가 갖는 의식과 행위 구속성을 상징한다.

다."[64] 그가 볼 때 이 땅의 국민은 군사쿠데타 이후 민주주의라는 가치보다는 '먹고사는 문제'를 더 중요하게 생각하도록 훈련되어 민주주의라는 가치는 쉽게 경제주의라는 가치에 의해 희생될 수 있었다. 먹고사는 문제가 중요하지만 경제주의가 신적인 위치로 올라서는 순간 모든 삶의 가치는 초라해진다.[65]

그렇다면 오늘날의 한국 사회는 어떤 상태인가? "겉으로 보아서는, 전통적 가치관이 서구 사회에서 볼 수 있는 현대적 가치관으로 바뀌어 가고 있는 것 같기도 하다. 가족 안에서 부모의 권위가 약화되는 한편, 자녀들의 위치가 강화되는 것 같고, 의사 결정이나 직업 활동에서 상당한 몫을 여자가 맡게 되는 추세가 나타나고, 전문지식과 기술의 사회적 위세가 높아지는 것 등에서, 근대적 사회가 갖추어야 할 내면적 가치 지향성이 드러나 확장되어 있는 것도 같다. 그럼에도 불구하고 한국 사회의 심층적 의식 속에는 전통적인 가치의식이 깊이 진을 치고 전개되고 있다"는 것이 박영신의 비판적 진단이다.[66]

2017년 시민들과 함께 촛불집회에 참석하고 대통령이 탄핵되는 과정을 지켜보면서 박영신은 동료 시민들에게 정권 교체를 넘어 "삶을 보는 눈을 바꾸고 공동체의 가치를 재조정하는" 기회로 삼을 것을 요

---

64 박영신, 《어떤 국민인가?》, 여울목, 2017, 115쪽.
65 한국인들에게 절제 없는 물질적 탐욕을 심어준 박정희 정권에서 오늘에 이르기까지, 국가의 종교가 된 경제주의를 비판하고 시민의 덕성에 기초한 민주주의의 가치를 되새김질하고 있는 박영신, 〈가치의 비극: '경제주의'와 '민주주의'의 역사 경험〉, 《현상과 인식》 148호, 2021, 17~42쪽을 볼 것.
66 박영신, 《역사와 사회 변동》, 256쪽.

구했다. 그것은 곧 유사가족주의와 경제주의라는 가치의 지배를 극복하는 일이다. 모든 인간이 인격적으로 존중받고 공평한 대우를 받는 공동체를 만들고 민주적으로 각성한 시민이 사사로운 방식으로 삶의 문제를 해결하는 방식을 떨쳐버리고 공공의 영역에서 더 높은 가치에 의해 공적으로 문제를 해결해가는 제도와 공간을 마련해야 한다는 게 그의 변함없는 생각이다.[67]

그렇다면 그러한 변화를 일으킬 수 있는 실천적 힘은 어디서 나오는가? 박영신은 초월성에 대한 믿음을 바탕으로 삼는 도덕성의 회복으로부터 현실을 변화시키는 힘이 나온다고 믿는다. "우리들의 모든 행동이 지향하고 있고 이 행동의 최종적 심판 기준을 위임받고 있는 '보다 높은 어떤 것'은 초월적 권위와 가치에 있는 것이다. 이 초월적 실재와 우리들 사이를 이어주고 해석해주는 중재역은 인간의 양심이 맡는다."[68] 그 양심을 통해 초월적 실재와 연결됨으로써 나 자신의 성취, 우리 가족의 영광, 우리나라의 발전, 우리 회사의 번영을 넘어서는 '보다 높은 어떤 것'에 대한 책임감이 도덕성을 일깨운다. 거기서부터 사회를 바꾸는 근본적인 변화를 향한 힘이 나온다.[69]

---

67   이론적으로 보면 박영신의 한국 사회 비판은 파슨스의 5개의 '유형 변수pattern variables' 가운데 '보편주의universalism'-'특수주의particularism'라는 쌍과 '귀속성 ascription'-'업적성achievement'이라는 쌍을 결합시켜 특수주의-귀속적 유형에서 보편주의-업적성 유형으로 변화해야 한다는 주장이다.

68   박영신, 《실천도덕으로서의 정치》, 연세대학교출판부, 2000, 95쪽.

69   박영신은 최근 '굴대 문명axial civilization' 연구에 관심을 집중하면서 굴대 문명의 '초월적 감수성'을 강조하고 있다. 박영신, 〈베버의 그늘 밑에서―'굴대 문명' 관심

3. 동유럽 사회운동 연구

박영신의 연구 대상은 한국을 중심으로 하는 동아시아 사회이지만 동아시아 사회와 문화적으로 구별되고 다른 역사적 경험을 거친 동유럽 사회에 대해서도 중요한 연구업적을 남겼다.[70] 박영신의 동유럽 사회 연구는 1977년 연세대학교 동서문제연구원이 주관한 '동부 유럽' 연구 프로젝트에 참여하면서 시작되었다.

　연구를 진행하면서 박영신은 동유럽 사회주의 국가의 구조와 변동, 체제 비판과 사회운동에 깊은 관심을 갖게 되었다.[71] 박영신의 동유럽 사회의 현실에 대한 관심은 마르크스주의 이론에 대한 관심과 이어져 있다. 그의 이론적 관심은 러시아 혁명기의 이론가 부하린, 플레하노프 등에 대한 연구로 나타나기도 했다.[72] 그는 이론에 대한 관심에서 현실 사회주의의 연구로 나아갔다. 사회주의 체제의 내부 모순을 드러낸 폴란드와 헝가리의 체제 개혁운동에 대한 연구가 그것이다. 그의 동유럽

의 되살림과 그 쓰임〉, 《사회이론》 58호, 2020년 가을/겨울, 29쪽.

70　박영신의 사회학은 세계화의 진전에 따라 개별 국민국가 연구나 지역 연구에 머무르지 않고 지구적 차원의 연구로 확대되었다. 보편주의적 가치관을 옹호하는 그의 입장 속에 이미 그런 싹이 자라고 있었지만 환경운동에 참여하면서 그의 의식은 지구적 차원의 문제를 해결하기 위해 지구적 차원의 보편주의를 강조하는 방향으로 자연스럽게 확대되었다.

71　박영신, 《동유럽의 개혁운동》, 집문당, 1994, 9쪽.

72　박영신·김우승 쓰고 엮음, 《러시아의 지적 전통과 논쟁》, 현상과인식, 1994.

사회운동 연구는 체코의 반체제 지식인이었다가 민주화 이후 대통령으로 선출된 바츨라프 하벨의 삶과 사상 연구로 이어졌다.

박영신의 동유럽 사회운동 연구는 이론적 관점을 현실 연구에 적용해본 것이기도 하다. 박영신은 1984년 역사사회학과 이론사회학에 대한 관심을 종합하여 〈역사·구조적 접근의 일반원리〉라는 글을 발표했다. 그는 이 글에서 다음과 같은 이론적 입장을 밝혔다.

역사·구조적 접근은 인간의 이상, 꿈, 가치, 의식이 행동으로 표출되는 역사성을 강조할 수밖에 없기 때문에, 왜 그리고 어떤 구조적 조건 아래서 인간의 집합적 (사회적) 행동이 성공과 실패를 경험해야 하며, 환희와 좌절의 체험 속에서 그 행동의 주체는 왜, 그리고 어떤 방식으로 계속 움직이며 행동하고 있는가 하는 구조화와 반구조화의 역동적 과정을 드러내 준다.[73]

1993년에 펴낸 《동유럽의 개혁운동》은 박영신의 역사·구조적 접근의 유용성을 보여주는 사례 연구이면서 사회운동의 시대였던 1980년대 주류 사회학 학자들에 의해 이루어진 '과학적' 사회학 연구와 또 다른 의미에서의 '과학'을 내세운 '운동권' 사회학자들의 반자본주의 담론에 대한 비판적 성찰이기도 하다. 이 책의 서문에서 박영신은 1989년 베를린 장벽 붕괴 이후 동유럽 현실 사회주의 국가의 변화를 목도하

---

73 《사회학연구》에 발표된 이 글은 《사회학 이론과 현실 인식》에 다시 실렸다. 《사회학 이론과 현실 인식》, 258쪽.

면서 다음과 같이 썼다.

> 역사는 언제나 예측의 학문을 모욕한다. …… '가치중립'을 내세우며 한
> 편으로 지식 소유자의 신분적 혜택을 누리고 다른 한편으로 국가와 자
> 본가 세력에 충성을 다 바쳐 온 그 요란한 '사회과학자'들에게도 경악은
> 한 치도 감소되지 않았다. 동구 사회의 역사적 충격은 그토록 떠벌이며
> '과학'의 이름을 걸고 논리니 예측이니 하며 온갖 이론과 방법론 아닌
> 방법을 주워섬기며 전문가라 하던 절대다수의 사회과학자와 동구 연구
> 자들을 여지없이 면목 없게 만들어 버리고 말았던 것이다. 만성 기억상
> 실 증세란 것이 없었던들 이들 모두는 지적 무대에서 퇴각하고 말았을
> 것이다.[74]

폴란드와 헝가리라는 동유럽 국가의 개혁운동에 대한 박영신의 연구
는 그의 사회운동론을 잘 보여주는 연구이다.[75] 그가 볼 때 "사회운동
은 단순한 이해타산의 경제주의적 계산이 아니라 규범적 가치에 대한
강한 헌신으로부터 분출되어 나와 이것을 둘러싸고 강력하게 결속된
운동집단을 만들어 이 가치의 제도화를 위하여 집합적으로 힘을 쏟으
려는 것이며, 이 운동조직은 단순한 계급이 아니라 계급 형성의 역사적

---

74 박영신, 《동유럽의 개혁운동》, 18쪽.
75 흔히 많은 사람들이 박영신의 대표 저서로 그의 첫 저서인 《현대 사회의 구조와 이
    론》을 꼽지만 박영신의 제자 가운데 한 사람인 하홍규는 《동유럽의 개혁운동》을 오
    늘날에도 빛을 발하는 대표적 저서로 평가한다.

과정과 그 과정에 스며들어 있는 상징과 의미의 세계와 이어지며 그러기에 이 조직은 역사성을 갖는 것이다."[76]

따라서 박영신의 분석은 폴란드와 헝가리 사회의 역사와 구조적 조건을 탐색한 후 상황을 인식하고 구조를 개혁하기 위해 집합적으로 움직이는 행위자들의 의미 세계를 밝히고 해석하는 작업으로 나아갔다. 그것은 "역사의 조건을 음미할 줄 알고 그것을 혁파할 수 있는 의미의 세계에 살 수 있는 능력을 인간의 존재론적인 조건으로 파악하는" 역사구조적 접근을 활용하는 것이다.[77] 박영신의 동유럽 사회 연구는 "개혁운동의 잉태와 성장을 잇고 있는 과정의 역사이며 여기에 얽힌 이야기를 담아내고자 하는 사회운동의 역사사회학"이었다.[78] 이 책의 끝자락에서 박영신은 다음과 같이 썼다.

이 이야기는 동부 유럽과 이어져 있어 '특수'하지만 또한 진리를 이야기하기에 더 없이 '보편'적이다. …… 동부 유럽 인민이 겪은 이야기는 …… 오늘날 모든 수준에서 진행되고 있는 '정치'라는 것의 불의와 비속함과 타산적 이기주의를 타도하려는 그러한 진리에의 '주장 정치'이며 도덕정치의 제도적 복원을 위한 보편적 실천의 이야기이다.[79]

---

76 박영신, 《동유럽의 개혁운동》, 20~21쪽.
77 박영신, 《동유럽의 개혁운동》, 23쪽.
78 박영신, 《동유럽의 개혁운동》, 27쪽.
79 박영신, 《동유럽의 개혁운동》, 350쪽.

4. '현실 사회주의' 이후의 사회주의

젊은 시절부터 영국의 페이비언 사회주의와 노동당의 이념에 관심을 기울였던 박영신은 소련과 동유럽의 현실 사회주의 국가들이 해체된 이후 자신이 생각하는 '사회주의'를 분명하게 드러내기 시작했다. 박영신은 마르크스와 레닌을 내세운 스탈린식의 사회주의는 몰락했지만 사회주의가 추구한 이상은 아직 막을 내리지 않았다고 보았다. 마르크스주의를 '과학'으로 내세우며 반제·반미·반자본주의를 주장했던 운동권 사회학자들이 목소리를 낮추고 한걸음 물러난 상황에서 박영신은 마르크스주의 이전부터 존재했던 이상적 사회에 대한 비전으로서의 사회주의를 논의하기 시작했다.

현실 사회주의는 막을 내렸다. "그러나 사회주의의 뿌리는 깊다. 맑스주의에 의해 매도되었던 유토피아적인 뿌리와 아직도 더 깊게 뻗어 내린 잔뿌리들이 오늘의 사회주의와 이어져 있는 것이다. 사회주의의 새로운 가능성의 지평은 맑스 이후가 아니라 차라리 맑스 이전에서부터 열려져야 할 것이다. 가난, 정의, 이웃에 대한 진실된 관심, 집합적 공동체의 의식, 이런 것들과 이어지는 사회 이상은 다만 자본주의라는 특정 이념과 체제의 성립과 때를 같이 한다고 말할 수 없기 때문이다."[80]

---

80 박영신, 〈체제적 사회주의에서 도덕적 사회주의로〉, 《현상과 인식》 16권 1/2호, 1992년 봄·여름호, 99쪽.

1995년 연세대학교 교직원 수양회에서 박영신은 '예언적 과학'으로서의 사회주의가 아니라 '실천적 도덕성'으로서의 사회주의를 주장했다.

나는 오랫동안 맑스주의 이론에서 맑스를 구원하는 것은 과학의 탈 속에 자신의 도덕적 분노와 윤리적 주장을 감추고자 한 그 부자연스러운 자기 은폐책에 종지부를 찍는 것이라고 주장하여 왔다. 말하자면 그의 '과학적' 사회주의를 '도덕적 사회주의'로 뒤바꿔놓아야 한다고 주장한 것이다. …… 도덕과 학문이 본질적으로 상반되고 양립할 수 없다는 유사 종교적인 근대의 독선을 허물어뜨리고, 이 둘을 어울리지 않게 은폐시키고 있는 어색한 야말감의 상태를 열린 토론의 마당으로 올려놓아야 하고, 과학의 두루마기를 걸치고는 일체의 도덕적 주장과 담론을 학문의 세계로부터 제거시키려는 온갖 도그마의 담지자들과 맞닥뜨려야 한다.[81]

박영신이 볼 때 '사회주의 이전의 사회주의'는 현실 사회주의의 몰락 이후에도 꺼지지 않는 이상적 사회에 대한 청사진이 될 수 있다. "확실한 것은 현존 사회주의의 사망선고일 뿐 사회주의의 전통 자체가 사멸하였다고 할 근거는 아직 없다. …… 실천적 도덕성의 사회주의 운동의 역사적 전통은 어느 특정 체제와 운명을 같이 할 수 없는 넓

---

81 박영신, 〈대학 이념과 학풍〉,《겨레 학문의 선구자 외솔과 한결의 사상》, 연세대학교출판부, 2002, 202~203쪽.

은 지평을 갖고 있다."[82] 사회주의의 가장 핵심적인 가치가 '평등'이라고 한다면 평등사회를 구현하기 위해서는 무엇보다 먼저 '사람은 누구나 다 귀하고 평등하다'는 생각을 받아들여야 한다. 그런데 그러한 생각은 역사를 거슬러 올라가면 기독교 전통과 만난다. 그래서 박영신은 페이비언 사회주의자였던 리처드 토니R. H. Tawney의 다음과 같은 생각을 인용한다.

인간의 평등을 믿으려면 하나님을 믿지 않으면 안 된다. 우리가 무한히 큰 존재를 생각할 때만 인간의 차이라는 것은 무시해도 좋을 만큼 무한히 작아 보이게 된다.[83]

그렇다면 박영신의 사회주의를 기독교 사회주의라고 부를 수 있을 것이다. 기독교 사회주의자 박영신은 하벨과 마찬가지로 '지상의 파라다이스'를 믿지 않는다. 인간이 지상에 만든 사회체제는 아무리 이상적이라 하더라도 절대적이지 않다. 언제라도 질문하고 비판하고 개혁할 수 있는 불완전한 미완성의 상태이다.[84] 그래서 박영신은 이런 결론에 도달한다. "결국 사회주의의 앞날은 열려있는 것으로 남겨 두어야

---

82 박영신, 〈체제적 사회주의에서 도덕적 사회주의로〉, 101쪽.
83 이 문장은 토니가 1913년에 쓴 일기에서 나온다. 박영신, 〈영국의 윤리 사회주의 전통과 노동당의 새로운 정치〉, 《현상과 인식》 21권 2호, 1997년 여름/가을, 68쪽에서 재인용.
84 박영신, 《실천도덕으로서의 정치》, 연세대학교출판부, 2000, 207쪽의 하벨 인용문을 볼 것.

한다. 이 이상을 가능의 영역으로 지켜두기 위해서다. 우리가 살고 있는 삶의 형식과 내용을 담고 있는 자본주의 체제가 완전무결함에서 거리가 있는 한에서 말이다."[85]

박영신은 기독교 전통에 뿌리내린 사회주의의 가능성을 열어두고 역사 속에서 그것의 구현을 위해 작지만 의미 있는 실천을 계속하고 있다.[86] 그가 말하는 공동체주의는 윤리적 사회주의를 실현하기 위한 초보적 형태 또는 기본조직으로 볼 수 있다. 그것은 가족주의와 경제주의를 넘어 이웃 일반을 사랑하는 선한 사마리아인들의 공동체를 지향한다.[87] 그가 말하는 공동체는 혈연, 지연, 학연 등의 연고주의를 벗어나고 공공선을 지향하는 구성원들이 서로 존중하고 돌보는 도덕공동체를 뜻한다. 이 공동체는 작은교회운동 같은 소집단 운동에서 시작하여 국가나 지역 차원을 넘어 세계시민공동체까지 확장될 수 있다. 그 이상을 향한 실천의 모습이 그의 시민사회론과 시민운동론에 나타나 있다.

---

85 박영신, 〈체제적 사회주의에서 도덕적 사회주의로〉, 98쪽.

86 청년시절 '믿음의 세계'와 '학문의 세계' 사이에서 긴장을 경험하던 박영신은 후기로 갈수록 그 두 세계 사이의 화해와 조화를 경험한다. 그 한 징표로 르네상스와 계몽주의 시대 이후 인간의 이성으로 이상사회를 만들 수 있다는 믿음을 인간의 '오만'으로 보고 '초월'의 영역에 대한 믿음을 강조한다. 《실천도덕으로서의 정치》, 연세대학교출판부, 2000, 207~208쪽을 볼 것.

87 박영신, 〈공동체주의 사회과학의 새삼스런 목소리〉, 《현상과 인식》 21권 2호, 1998, 93~125쪽.

5. 시민사회-시민운동론

박영신의 비판적 역사사회학은 과거에 머무르지 않고 현재에 대한 비판과 대안 제시로 이어진다. 그것은 시민사회-시민운동론으로 전개되었다. 그의 시민사회-시민운동론은 그의 초기 저작에 잠재되어 있다가 동유럽 개혁운동을 연구하면서 구체화되기 시작했다.[88] 그에 따르면 시민은 인종, 국적, 성별, 젠더, 종교, 지역, 사회적 배경, 직업에 관계없이 모두 사람됨 하나로 존중받아야 한다는 보편적 인권사상에서 출발하여 각자 자신의 권리를 지키면서 보살핌을 필요로 하는 '이웃 일반'을 돕는 공동체를 만드는 일에 참여한다.[89]

"시민은 태어나는 것이 아니라 훈련되며 시민사회 또한 거저 주어지는 것이 아니라 만들어진다."[90] 1987년 민주화 이후 다양한 분야의 여

---

88 박영신은 동유럽의 "개혁운동은 시민사회의 제도적 획득"이라고 규정했다. 박영신, 《동유럽의 개혁운동》, 333~340쪽의 〈전체주의와 시민사회〉 부분을 볼 것.

89 그는 민족주의를 넘어서는 코즈모폴리턴 시민의식을 주장한다. '민족'이라는 한 핏줄 의식으로 북한 이탈인을 우대하고 외국인 노동자를 비롯한 소수자들을 차별해서는 안 된다. 어떤 소수자라도 환대받을 수 있는 '코즈모폴리턴 시민권'을 갖는다. 박영신, 〈사회구조, 통일, 사회통합—'탈북인'을 어떻게 이해할 것인가〉, 박영신 등 공저, 《통일·사회통합·하나님나라》, 대한기독교서회, 2010, 29쪽.

90 박영신, 〈잊혀진 이야기: 시민사회와 시민종교〉, 박영신·이승훈 공저, 《한국의 시민과 시민사회》, 북코리아, 2010, 120~121쪽. 미국의 시민종교에 대한 필립 고어츠키의 저서에 대한 박영신의 비평논문 〈아메리카의 시민종교는 어떻게 살아 움직이는가?〉, 《현상과 인식》 135호, 2018년 여름호, 153~174쪽도 볼 것.

러 시민단체들이 만들어지고 강력한 시민사회가 형성된 듯 했지만 그가 볼 때 "겉으로 드러난 것과 달리 우리의 '시민', '시민사회' 그리고 '시민운동'은 깊은 문화의 결핍증을 앓고 있다."[91] 시민사회를 밑으로부터 떠받쳐줄 수 있는 의미, 상징, 문화 차원의 에너지와 자양분이 부족하기 때문이다. 그동안 시민운동은 정부의 정책을 감시하고 비판하면서 정책 대안을 제시하는 운동에 주력했다. 그런 과정에서 시민운동의 상징과 의미 차원의 문제를 등한시했다.

박영신이 말하는 '상징'은 삶과 실재의 밑뿌리에 겨냥되어 있는 '궁극'의 물음, 곧 가장 기본이 되는 관심 세계의 차원을 말한다. 그것은 넓은 뜻에서 삶의 의미와 지향성, 목적의식을 갖게 하고 행위의 목표를 설정하게 하며 이에 대한 동기를 불어넣어주는 근원의 힘을 자아낸다.[92] 상징의 차원에서 사회적 행위자는 실재의 의미를 구성하며 자신의 행위에 궁극적 의미를 부여한다. 그가 볼 때 한국의 시민운동은 이런 차원의 문제 제기가 부족했다. 독재 타도와 부정부패 척결이라는 눈앞에 보이는 악을 제거하는 일에 몰두하면서 저항 행위의 밑에 깔린 궁극적 의미의 차원을 진지하게 고민하지 않았기 때문에 쉽게 가족주의, 연고주의, 경제주의를 비롯한 관행과 습속의 사슬을 해체시키지 못한 것이다. 우리의 '시민사회'가 아직도 친분관계를 동원하여 구성되는 '시민 이전'의 사회인 이유이다.

---

91 박영신, 〈잊혀진 이야기: 시민사회와 시민종교〉, 131쪽.

92 박영신, 〈관심과 운동세력: 우리 시민운동 내다보기〉, 박영신·이승훈 공저, 《한국의 시민과 시민사회》, 북코리아, 2010, 205~206쪽.

그것을 넘어서기 위해서는 깊고 강력한 의미체계가 필요한데 그것이 바로 민주적 '시민종교'이다. 그것은 사사로운 개인적 이익을 넘어 공공의 이익을 앞세우고 그것을 실현하는 것을 시민의 거룩한 의무로 여기는 가치의식이다. 박영신의 시민사회·시민운동론에서 시민은 자신의 권리를 지키는 권리의 주체인 동시에 공공선을 실현하는 책임의 주체이기도 하다. 1990년대 이후 수많은 시민단체가 만들어졌음에도 불구하고 우리의 시민사회가 큰 힘을 발휘하지 못하고 있는 것은 가족주의와 경제주의에 포획된 "시민 이전의 삶을 돌파할 수 있는 시민종교의 뒷받침이 없기 때문이다."[93] 그런 관점에서 박영신은 기독교 신앙과 시민운동을 다음과 같이 연결시켰다.

교회는 모름지기 도움을 필요로 하는 이웃에 대한 관심과 헌신의 미덕을 가르쳐야 한다. 이것은 다름 아닌 시민다운 시민이 갖추어야 할 마음가짐이다. 시민의 삶이란 자기 이익의 테두리를 벗어날 수 있는 삶을 말한다. 시민은 개인 차원의 봉사활동에 머물지 않고 국가 수준에서 이웃 일반을 보살펴주는 사회를 만들어가고자 한다. 시민사회는 이들 시민이 적극 참여하는 삶의 공간이다. 아무리 국가가 많은 것을 책임져 준다고 할지라도 시민은 구경꾼으로 남아있고자 하지 않는다. …… 국가 행정의 전횡을 막고 시장의 횡포를 막기 위해서는 시민이 긴장하고 있어야 한다. 도도한 국가와 시장과 마주하여 '선한 사마리아인 된' 삶을 살아

---

93 박영신, 〈잊혀진 이야기: 시민사회와 시민종교〉, 138쪽.

가는 것, 그것이 시민된 모습이며 그러한 사람들이 적극 참여하는 사회가 시민사회이다. 교회는 이러한 시민을 길러내야 한다. 개인으로부터 국가에 이르는, 아니 범세계 공동체에 이르는 모든 수준에서 '선한 사마리아인'의 마음가짐으로 자극하여 자발성과 책임성을 부추기며 이를 일관되게 지켜갈 수 있도록 해야 한다.[94]

박영신의 시민의식과 시민운동은 위와 같은 시민종교의 차원을 겨냥하고 있다. 그런 차원에서 일어나는 심층적 변화가 없다면 시민운동과 시민사회는 폭풍이 불면 쉽게 무너져 내리는 모래성일 뿐이라는 게 그의 생각이다.

6. 학자론

박영신의 비판적 역사사회학은 시민사회와 시민운동론을 지나 지식인의 역할에 대한 탐구로 이어진다. 전통적으로 한국 사회에서 지식인은 남보다 많이 배운 사람들로서 그 지식을 바탕으로 국가의 관리가 되어 권력을 행사하는 존재로 여겨졌다. 수기치인修己治人이라는 말은 학문

---

94 박영신, 〈종교, 삶의 문화, 그리고 시민사회〉, 109~110쪽. 미국의 '종파형' 교회가
    공적 문제에 관심을 갖는 시민의 형성에 기여했음을 밝히고 있는 박영신, 〈개신교
    정신, 조직, 그리고 시민〉, 《사회이론》 52호, 2017년 가을/겨울, 1~31쪽도 볼 것.

을 통해 스스로를 닦고 덕을 키워 세상을 평화롭고 덕스럽게 다스린다는 유교적 선비상을 나타낸다. 그러나 조선 후기를 지나 개화기를 거쳐 해방 이후 높은 학식은 곧 권력과 이어진다는 생각이 일반화되었다. 많은 사람들이 해외에 유학하여 박사학위를 받고 귀국하여 대학에서 가르치다가 국회의원이나 장관이 되어 가문의 영예를 빛내는 입신출세를 학문의 궁극적 목표로 삼았다.

박영신도 미국 유학을 떠날 무렵에는 막연하게 그런 생각을 했던 것 같다. 그 역시 일찍이 식민지 시기에 미국에 유학하여 1920년대 후반에 예일대학에서 박사학위를 받고 귀국한 후 연세대학교 총장과 문교부 장관을 역임한 백낙준을 막연하게나마 따라야 할 '모범'으로 삼았던 것이다. 박영신은 "어리석은 어릴 적 이야기"라며 다음과 같이 회고했다.

내가 연세대학교의 대학원 시절만 하더라도 공부의 표본이 백낙준 박사와 같은 것이었다. 유수한 대학에서 학위를 받고 또 대학의 행정도 해보는 것이 대학인이 걸어야 할 정형인 듯이 생각했었다. …… 내가 대학원생이었을 때 백 박사를 어느 만큼 가까이 대하였고 그분도 나를 격려해주곤 하여 특별한 느낌도 지니고 있었다. 그렇게 하여 그가 나의 '자아 이상' 같은 것으로 자리잡게 되었는지도 모르겠다.[95]

---

95 박영신, 〈나의 길 다 가기 전에〉, 《철학과 현실》 57호, 2003, 164쪽.

그런데 박영신은 예일대학 유학시절 백낙준의 지도교수였던 케네스 라토레트Kenneth S. Latourette를 만나 이야기를 나누다가 "형언할 수 없는 동요와 혼란"을 느끼게 되었다. 평생 독신으로 살면서 학문에 헌신한 라토레트는 박영신에게 "연구에 전념하지 않고 연구 바깥일"에 치중하는 삶을 살고 있는 "조지 백(백낙준의 서양 이름)에게 실망했다!"고 토로했다. 박영신은 라토레트의 말뜻을 언뜻 이해하기가 어려웠다. 백낙준에 대한 라토레트의 부정적 평가는 박영신이 자신의 마음속에 지니고 있던 '자아 이상'과 '삶의 모범'을 무참하게 훼손했다. 그때 생긴 "마음의 혼돈은 동부의 예일을 뒤로 하고 서부의 버클리에 와서야 진정되었다."[96]

버클리에서 수학하는 과정에서 "공부의 깊은 맛을 조금씩 알게 되면서" 박영신은 라토레트 교수의 백낙준 비판의 참뜻을 이해할 수 있었다. 이후 박영신은 세속적 출세욕을 버리고 오롯이 학문에 전념하는 '학인學人'의 삶이 자신이 가야 할 길이라고 생각하게 되었다.[97]

공부한다는 이름 밑에 대학에 들어와 교수라는 자리를 차지한 다음 공

---

96 박영신, 〈나의 학문의 길에서 (1): 공부 길로 부름 받다〉, 《본질과 현상》 45호, 2016년 가을호, 57쪽.

97 박영신은 유학 초기에 겪었던 혼란의 시절을 "지난날 나도 시시한 세속의 유혹을 떨쳐버리지 못했던 것 같다"고 고백했다. 박영신, 〈나의 학문의 길에서 (1): 공부 길로 부름 받다〉, 57쪽. 박영신은 용재 백낙준의 학덕을 기리기 위해서 제정된 용재학술상을 뒤늦게 2020년에 가서야 수상했다. 그의 동년배로 남기심, 진덕규, 이용조 등이 박영신에 앞서 이 상을 받았다.

부는 뒷전으로 밀쳐내고 이런저런 사무의 자리에 들어가 그 일을 즐긴다면, 그리고 대학 바깥의 행정과 권력기관에 들어가 행세코자 한다면, 그는 이미 학자 됨을 포기한 자이고 학자로서 실패한 자이다. …… 내가 공부의 한 과정을 끝내고 귀국한다면 백 박사를 비롯한 앞선 세대와는 달리 공부에 전력하며 살자는 결의를 굳히고 다짐하였다. …… 외국에서 학위를 한 다음 그것을 밑천으로 삼아 학문 바깥일에 끼어드는 이 오랜 작태를 오히려 '출세'로 보는 저급한 의식세계에 맞서 우리 스스로의 학문을 일궈야 한다는 결의였다.[98]

박영신은 1977년 《현상과 인식》을 창간한 직후에 쓴 〈학문에의 마음가짐〉에서 학문에 헌신하겠다는 결의를 다음과 같이 다졌다.

참 배움에 임하는 마음가짐이란 어떤 것이겠는가? 무엇보다도 먼저 이 어려운 현실에서 학문할 기회를 얻었다는 것이 어떤 의미를 갖는가에 대한 집요한 성찰과 반문이 필요할 것이다. …… 학문 외적인 욕구나 편협한 자기도취에서 연유하는 모든 것을 단호히 거부하고 역사적 현재의 중요성을 절감해야 하며 여기에서 우리는 피할 수 없이 학문에의 소명 calling 의식에 유도돼야 할 것이다. 참 이치를 찾아 캐보는, 가이없는 일에 헌신하고 그 일 속에서 자아실현의 뜻을 찾고자 하는 정열이 이 일에 '부름'을 받았다고 하는 강한 소명의식의 징표가 되며, 바꾸어 이 학문

---

[98] 박영신, 〈나의 학문의 길에서 (1): 공부 길로 부름 받다〉, 58쪽.

적 소명의식을 가진 자만이 엄청난 기존의 이치를 극복하고 기존의 이치에 순복하는 대중의 세력과 맞부딪쳐 싸우는 아픈 고독과 외로운 수난을 감당하는 참 학인學人이 될 것이다. 바로 이러한 이유로 해서 학문적 사명의식은 재능 못지않게, 아니 재능 그것보다도 더 큰 힘과 창조적 가능성을 자아낼 수 있다 할 것이다.[99]

그렇다고 박영신이 오로지 학문을 위한 학문에 전념하는 상아탑 속의 학자가 된 것은 아니다. 그는 윤리적 차원을 지니며 도덕적 행위를 자아내는 실천성을 지닌 학문 세계를 지향했다. 그는 이 세상을 불완전한 것으로 보고 초월적인 가치에 비추어 이 세상과 긴장관계를 유지하면서 더 나은 세상을 만들기 위해 노력하는 삶을 지향했다.

나는 모든 현존하는 것의 절대가치를 부정하는 데서 삶의 깊은 '의미'를 찾을 수 있다고 보고, 그것을 부추기는 '믿음'의 세계를 소중하게 생각한다. 현실의 삶이란 언제나 그 본래의 것에서 떨어져 있기 마련이기에 그렇다. 현실이 이롭고 편리하고 심지어 '다수'가 좋다고 하더라도 그것

---

99 박영신, 〈현상과 인식 노우트: 학문에의 마음가짐〉,《현상과 인식》 1권 2호, 1977년 여름, 199쪽. 박영신은 대학의 존재 이유를 되물으며 대학의 시장화에 대해 통렬하게 비판했다. 대학 총장들이 "문교 당국자가 이리저리 던져준 돈뭉치를 잡아 챙기기 위한 일념으로 우르르 그곳으로 몰려드는" 모습을 바라보면서 대학 총장은 대학의 존재 이유를 분명하게 인식하고 있는 비전과 학식을 갖춘 사람이 되어야 한다는 뜻을 밝혔다. 박영신, 〈정복자와 노예―'시장 유추'에 묶인 대학의 운명〉,《현상과 인식》 25권 4호, 통권 85호, 68~69쪽.

은 신성불가침의 것이 될 수 없다. 절대의 자리로 올라가 군림할 수 있는 것은 현실 안에 없다. 현실이란 그 어떤 것이든 절대성을 행사할 수 없는 제한성을 가지며, 현실 너머의 어떤 실체에 의하여 언제나 평가받고 심판 받아야 한다. 다른 말로, 현실이란 영원이 될 수 없는 잠정의 것이고 절대가 될 수 없는 상대의 것이다.[100]

그 결과 박영신은 입신과 출세를 위한 공부를 넘어 "삶의 문제를 새 김질하는 공부", 다시 말해 "무엇이 옳고 그르며 무엇이 참이고 거짓인 지를 두고 삶에 대한 비판과 성찰을 돋우어 현실의 삶 자체를 의심하고 질문하고 도전할 수 있는 초월 감수성을 키우는 공부"의 길로 들어 섰다.[101] 학문을 삶의 수단이나 도구로 생각하지 않고 더 가치 있고 의미 있는 삶이 무엇인가를 묻고 그러한 삶이 가능한 사회를 만드는 일에 기여하는 학문을 일구는 일이 그의 소명이자 사명이 되었다. 이런 그의 학문관은 당연히 지식인의 사회적 역할에 대한 논의로 이어졌다.

7. 지식인론

박영신의 지식인론은 그의 학자론뿐만 아니라 가족주의 비판과 시민

---

100 박영신, 〈나의 학문의 길에서 (1): 공부 길로 부름 받다〉, 61쪽.
101 박영신, 〈나의 학문의 길에서 (1): 공부 길로 부름 받다〉, 63쪽.

운동론과 이어진다. 그의 지식인론은 고전사회학 이론 공부와 관련되어 있기도 하다. 그는 베버나 뒤르켐을 단순한 사회학자가 아니라 학문을 통해 자신이 살던 시대의 문제에 깊숙이 관여한 지식인들로 보았으며 로버트 벨라에게 사회학자에 머무르지 않고 한 사람의 지식인으로서 어떤 삶을 살아야 하는가를 배웠다. 그의 첫 저서 《현대사회의 구조와 이론》에 실린 막스 베버의 카리스마에 대한 글이나 뒤르켐의 도덕적 위기 진단에 대한 글뿐만 아니라 일본의 기독교 지식인 우치무라 간조의 의미 세계에 대한 글은 모두 '지식인의 사회학'에 속하는 논문들이었다.[102] 두 번째 저서 《변동의 사회학》에 실린 서재필과 윤치호의 상징적 의식구조에 대한 논문도 지식인의 의식 세계에 대한 글이었다. 세 번째 저서 《역사와 사회변동》에 실린 〈현대사회의 구조화와 새 계급의 지배〉라는 논문도 새로운 지배계급으로 등장하고 있는 지식인 집단에 대한 비판적 인식을 보여주었다. 1992년에 나온 《사회학 이론과 현실인식》은 그의 이론적 관심을 보여주는 책이지만 그 행간에는 더 나은 사회를 위해 지식인은 어떤 역할을 해야 하는가라는 질문을 담고 있다. 공산 정권 시절 체코의 반체제 지식인으로 활동하다가 민주화 과정에서 초대 대통령이 된 바츨라프 하벨의 삶과 사상에 대한 연구나 흔히 한글학자로 알려진 최현배와 김윤경의 사회사상과 교육사상에 대한 연

---

102 박영신의 뒤르켐의 지식인론에 대한 관심은 뒤르켐의 〈개인주의와 지성인〉이라는
    글의 번역과 〈뒤르켐과 지성인〉이라는 논문으로 표현되었다. 번역한 글은 《변동의
    사회학》(학문과사상사, 1980), 145~162쪽에 실려 있고 뒤의 논문은 한국사회이론학
    회 엮음, 《뒤르켐을 다시 생각한다》(동아시아, 2008), 16~45쪽에 실려 있다.

구, 이에나가 사부로 같은 일본 사회의 비판적 지식인에 대한 연구도 참다운 지식인의 역할에 대한 그의 관심을 보여준다.[103]

1993년 《현상과 인식》에 발표한 〈즐거운 유배자, 지성인의 삶〉에는 박영신이 생각하는 이상적인 지식인의 모습이 담겨 있다.[104]

이 지성인은 상대적으로 지식의 소유 정도가 많다는 것으로 그 속성이 드러나지 않는다. 전문화된 지식을 습득하여 전문가로 인정받으면서 어떤 권력이나 재산가의 하수인 노릇을 하여 넓은 공중을 향하여 발언하지 못하거나, 이들 전문 지식인들이 나누어 갖고 있는 이해관계에 단단히 묶이어 그 테두리를 벗어나지 못하며 끝내 공공의 수준으로 나오지 못하는 한, 아무리 지식의 소유 정도가 남보다 많다 하더라도 그는 단순한 지식의 소유자일 뿐, 사이드가 말하는 지성인의 자리에 들지는 못한다. …… 힘 있는 행정부나 정치권에 봉사하거나 돈 많은 고용주에 고용되어 열심을 다하는 이들이 자기 이익을 증식시키고 세속적 명성과 지위를 높이려는 것은 지식인의 사명의식 태두리 밖에 속한다.[105]

억압적인 권위주의 시절 지식인들이 정치권력의 하수인이 되거나 재

---

103 박영신이 《새로 쓴 변동의 사회학》, 학문과사상사, 1996. 지성인에 대해 쓴 글을 모아 '지성인의 사회학'으로 펴내겠다고 예고한 〈머리말〉에서 지식인 문제가 그의 학문의 큰 줄기를 구성함을 확인할 수 있다.

104 박영신은 '지식인'이라는 말 대신 '지성인'이라는 말을 사용하고 있지만 나는 이 글에서 일반적으로 널리 사용하는 '지식인'이라는 말도 함께 사용한다.

105 박영신, 《우리 사회의 성찰적 인식》, 현상과인식사, 1995, 364~365쪽.

벌기업을 옹호하는 '전문가'가 된 것을 비판한 박영신은 민주화 이후 지식인들이 정치권력을 행사하는 자리로 들어가는 이른바 '폴리페서' 현상도 비판적으로 바라보았다. 참다운 지식인의 역할에 비추어볼 때 대학의 울타리를 떠나 권력의 핵심부에 들어가는 것을 '출세'로 인식하는 세속적 관점은 말할 것도 없고 지식을 활용하여 '개혁'에 참여한다는 명분도 수용하기 어려웠다. 지식인의 임무는 권력의 자리로 이동하여 개혁에 참여하는 것이 아니라 시민사회의 영역에서 "개혁을 비판하고 그 개혁의 세계를 넘어서는 '자유로운' 영역"을 확보하는 일이라 보았다.[106]

박영신이 볼 때 "지성인의 탈을 쓰고 정치판에 들어가는 것은 개인의 입신출세 욕구를 만족시켜 줄지는 모르나, 그것은 지성인이기 때문에 기여할 수 있고 또 기여해야 할 자기 참모습을 저버리는 배반 행위이다. 결국은 거대한 현존 정치판의 거대한 기계에 한 부속품이 되어 허위와 조작과 술수의 하수인 노릇을 떠맡고 말 것이기 때문이다. 그러한 정치 세계의 '지성인'은 정확히 말하여 '아류 지성인'이거나 '사이비 지성인'이고 기껏해야 '전력 지성인'일 뿐 더이상 '현역' 지성인도 아니며 '참다운' 지성인은 아니다."[107] 지식인의 참모습은 '즐거운 유배자'이며 어디에도 속하지 않고 자유롭게 부유하는 사람이다. 이미 틀지어진 어떤 것에도 자신을 맞추지 않는 지식인은 "끊임없이 교란시키

---

106 박영신, 《우리 사회의 성찰적 인식》, 376쪽.
107 박영신, 《실천도덕으로 정치: 바츨라프 하벨의 역사 참여》, 연세대학교출판부, 2000, 254쪽.

고, 세계의 비참함을 증거하고, 독자성을 지켜 선동하여야 하고, 보이지 않으나 버젓이 가해지고 있는 모든 압력과 조작 행위에 대하여 반항하고, 체제와 권력과 그 비법에 대한 최대의 회의자가 되고, 그들의 허위를 증거해야 한다."[108]

박영신이 말하는 '지성인'은 언제나 현실에 관심을 기울이고 현실에 관여하지만 그와 동시에 현실로부터 거리를 유지하며 회의하고 비판하는 사람이다. 그가 볼 때 지식인은 현실의 구체적 문제를 해결하는 합리적 방안을 모색하기도 하지만 그보다 중요한 지식인의 임무는 현실에 대한 "깊은 도덕적 판단"을 내리는 일이다. 정치권력과 경제권력을 가진 세력이 정당하지 못할 때 그들을 "언제나 당혹케 하고, 반대하고, 기분을 상하게" 하는 사람이 지식인이다. "권력과 부와 쉽게 연합하여 마침내 그 속에 편입되어 특권적 소수집단"의 구성원이 되기보다는 특권과 권력과 명예로부터 멀리 떨어진 자리에서 '고독한 유배'의 삶을 스스로 선택하는 사람이 지식인이다. 지식인에게 "유배나 추방과 망명이란 틀에 박힌 인생길에서 해방되었음을 뜻하여 규격화된 행로를 따르지 않음을 말하며, 그리하여 언제나 집중을 강요하고 상도常道를 설파하는 세력으로부터 변두리를 향하여 나아가는 '주변적 인물'로 남아있음을 가리킨다."[109]

깊이 살펴보면 박영신이 상정하고 있는 지식인 모델의 원형은 구약

---

108 박영신, 《실천도덕으로 정치: 바츨라프 하벨의 역사 참여》, 224쪽에서 재인용.
109 박영신, 《우리 사회의 성찰적 인식》, 현상과인식, 1995, 368~369쪽.

의 예언자들이다.[110] 그것을 아래의 인용문에서 확인할 수 있다.

이 사회의 파국을 알려주는 사람, 예컨대 구약의 예언자처럼 이 사회는
이러이러해서 곧 망한다고 미리 알려주는 사람, 당신들이 이렇게 살아
가서는 멸망하고 만다고 말하고, 심판을 받고 만다고 이야기해 줄 수 있
는 사람이 지성인이라고 생각합니다.[111]

박영신이 볼 때 마르크스, 베버, 뒤르켐과 같은 고전사회학자들은 모
두 나름의 윤리적인 관점을 지니고 있었으며, 구약의 예언자와 같은 모
습을 갖춘 지식인들이었다. 한글학자 외솔 최현배도 "히브리 전통에서
예언자들이 자신들의 역사적 상황을 윤리적으로 해석하여 동시대인들
을 각성코자 했던 그러한 방식에서 그리 멀리 떨어져 있지 않은" 지식
인이었다.[112] 박영신이 볼 때 오늘날 제대로 된 지성인이 사라지고 있는
까닭은 "뒤르켐이 구약에 나오는 예언자의 모습에서 자신의 지성인다

---

110 마이클 왈쩌는 예언자를 사회비판가로 본다. Michael Walzer, *Interpretation and
Social Criticism*(Cambridge, Mass. and London: Harvard University Press, 1987)의 3장
"The Prophet as Social Critic"을 67~94쪽을 볼 것. 이 책의 우리말 번역본으로 김
은희 옮김, 《해석과 사회비판》(철학과현실사, 2007), 99~132쪽을 볼 것. 왈쩌에 따
르면 "예언자는 사회비판가였다. 더 나아가 예언자는 사회비판이라는 활동의 창
안자였다." 마이클 왈쩌, 《해석과 사회비판》, 101쪽.

111 장호진(박영신 대담), 〈한국 사회의 실천적 변형과 초월성의 시민의식: 사회학자
박영신의 삶과 학문〉, 242쪽.

112 박영신, 《겨레 학문의 선구자 외솔과 한결의 사상》, 연세대학교출판부, 2002, 49
와 51쪽.

움을 찾을 수 있었던 것과 같은 지성인의 원형을 잃어버렸을 뿐만 아니라, 그것을 찾아보려고도 하지 않는 경박함" 때문이다.[113]

박영신의 지식인론은 체코의 반체제 지성인 바츨라프 하벨 연구에도 나타났다.[114] 박영신은 하벨과 지식인을 그리스 신화에 나오는 카산드라Cassandra에 빗대어 논의했다. "미처 앞을 내다보지 못하는 뭇 사람들에게 다가오는 파국 상태를 알려주는 카산드라의 역할을 지성인이 맡아야 한다"는 것이다.[115] 지성인이라면 카산드라를 닮아 "힘을 휘두르는 강자들이 하는 말의 뜻을 면밀하게 새겨듣고 이에 경계하고 그 위험에 미리 주의하고 그 말이 내뿜는 무서운 의미나 해독을 분명하게" 드러내는 일을 담당해야 한다는 것이다.[116] 참된 지성인은 다가오는 "위험과 파국과 참사의 사태"를 미리 예견하고 경고하는 역할을 수행한다. "지성인의 사명은 다가올 무서운 사태를 앞서 경고하는 일이다. 마치 아무 일도 없다는 듯이 현존하는 삶의 문제에는 관심을 두지 않고 이를 변호하고 정당화하는 지배 세력의 놀음에 휘말리지 않는 것이 지

---

113 박영신, 〈뒤르켐과 지성인〉, 한국이론사회학회 엮음, 《뒤르켐을 다시 생각한다》, 동아시아, 2008, 39쪽.

114 박영신, 《실천도덕으로 정치: 바츨라프 하벨의 역사참여》, 연세대학교출판부, 2000, 박영신은 이 책에서 하벨의 지적 초상화를 그리면서 "하벨을 두고 내 붓으로 그린 초상화이지만 자화상일 수 있다"고 썼다. 《실천도덕으로 정치: 바츨라프 하벨의 역사참여》, 16쪽. 그래서 그런지 이 저서는 박영신의 저서 가운데 가장 일관된 체제를 갖추고 있다.

115 박영신, 《실천도덕으로 정치: 바츨라프 하벨의 역사참여》, 222쪽.

116 박영신, 《실천도덕으로 정치: 바츨라프 하벨의 역사참여》, 223쪽.

성인의 조건이 되어야 한다. …… 승자가 짜놓은 이야기를 꿰뚫어 들어야 하고 그 이야기의 틀 뒤에 감추인 독선과 왜곡을 들여다보고 방심하지 말고 그 허위와 음모를 헤아려 폭로하여 거기에 대비해야 한다."[117]

8. 박영신의 글쓰기

학자의 연구 결과는 말과 글을 통해 전달된다. 말로 하는 강의도 중요하지만 학자의 업적은 궁극적으로는 글로 남게 된다. 그래서 한 학자의 학문 세계를 논의할 때 그의 글쓰기에 관심을 기울일 필요가 있다. 박영신은 연세대학교 재학시절 채플에서 최현배, 김윤경, 함석헌 등의 강의를 듣고 감동을 받아 '한글주의자'가 되었다.[118]

박영신은 1970년대부터 모든 글을 쓸 때 오로지 우리말로만 쓰고 외래어는 모두 괄호에 넣어 처리했다. 그는 그 이유를 "한문 중심의 엘리트 의식을 깨버리는 것이 그 하나이고" 다른 하나는 "초등학교 1학년 학생이라도 다 알 수 있는" 방식으로 글을 쓰자는 것이다.[119] 다시 말해

---

117 박영신, 《실천도덕으로 정치: 바츨라프 하벨의 역사참여》, 252쪽.

118 장호진(박영신 대담), 〈한국 사회의 실천적 변형과 초월성의 시민의식: 사회학자 박영신의 삶과 학문〉, 232쪽.

119 장호진(박영신 대담), 〈한국 사회의 실천적 변형과 초월성의 시민의식: 사회학자 박영신의 삶과 학문〉, 234쪽.

서 한글 전용은 식자층 사이의 폐쇄된 의사소통이 아니라 보통사람들이 참여하는 열린 의사소통을 지향한다. 한글 전용의 또 다른 이유는 그것이 우리의 고유문화와 고유한 사고를 발전시키는 데 기여한다는 점이다.[120]

해방 이후 한글로 교육받은 첫 세대이자 연세대학교에서 한글 정신을 익힌 박영신은 자신의 논문 작성과 저술 작업에서 각주를 다는 방식과 참고문헌 제시방법 등에서 범례를 만들었다. 한글 전용을 원칙으로 하여 직접 한자를 쓰던 관행을 바꾸어 영어와 마찬가지로 괄호 안에 처리하게 하였고, 각주의 라틴어와 영어 사용을 모두 우리말로 바꾸었다. 페이지(p. 또는 pp.) 또는 면面을 모두 '쪽'으로 쓰고 상게서와 전게서(ibid. op. cit)를 '앞의 글'로 통일했다. 참조라는 한자어도 '볼 것'이라는 우리말로 바꾸었다. 박영신은 《현상과 인식》, 《사회학연구》, 《사회이론》 등의 학술지 편집에 관여하면서 자기 나름으로 개발한 한글 전용 글쓰기 방식을 일반화시켰다.[121]

---

120 한결 김윤경은 한글 전용의 이유를 다음과 같이 밝혔다. "한자나 다른 어느 외국 문자를 섞어 쓰면, 읽는 이의 범위가 좁아지므로 한글을 아는 이 전부가 읽도록 하기 위하여, 한글을 전용해야" 하며 "한글만 써 버릇하면 고유한 문화가 숨어 있는 우리말을 발견하게 되고, 우리말에 들어있는 문화도 보존하게 된다." 반면에 "남의 글(한자, 영문, 일본문)로 우리의 생각을 표현하여 버릇하면, 고유문화인 우리말은 차차 서투르게 되고, 나중에는 죽어버리고 만다." 김윤경, 〈한글 전용에 대한 나의 주장〉, 《한결 김윤경 전집 5권》, 연세대학교출판부, 1985, 304~305쪽. 김윤경의 사회사상과 교육사상에 대해서는 박영신, 《외솔과 한결의 사상》, 연세대학교출판부, 2002, 109~190쪽을 볼 것.
121 박영신은 이러한 공을 인정받아 2021년 외솔학회에서 주관하는 '외솔상'을 수상

박영신의 글쓰기는 학술논문이라는 장르를 크게 벗어나지 않았다. 남의 생각을 빌려 쓰면서 출처를 밝히지 않는 문학평론가들의 멋들어진 글을 의심의 눈초리로 바라보았던 그는 자기가 쓴 글이 어디에서 영향을 받았는지를 정직하게 밝히기 위해 각주와 참고문헌이 달린 학술논문의 형식을 고수했다.[122] 그러나 그의 논문 쓰기는 자신을 감추고 객관성을 가장한 냉정한 글쓰기가 아니라 자신의 윤리적·도덕적 가치판단을 드러내는 글쓰기였다. 그는 그런 가치판단이 논문 작성에 배치된다고 생각하지 않았다.

박영신의 글은 현실에 대한 객관적인 분석과 가치판단이 어우러져 분석적 명료성과 도덕적 설득력이 무리 없이 하나가 된다. 그의 문장은 힘이 있고 읽는 사람을 지적으로뿐만 아니라 도덕적으로 고무시킨다. 그의 글은 당연하게 여겼던 것들에 회의의 시선을 던지게 하면서 성찰을 유발한다. 그러기에 일반적인 학술논문에 익숙한 사람들이거나 그의 가치판단에 동의하지 않는 사람들에게는 당혹감을 불러일으키기도 한다.[123]

했다.

122 박영신은 "되도록이면 잡문을 쓰지 않고 공부한 사람이 쓸 수 있는 그런 글", 다시 말해 논문의 형식을 줄곧 고수하고 있다. 김영선(박영신 대담), 〈열린, 윤리 공동체를 꿈꾸는 성찰하는 '지성인'의 초상: 사회학자 박영신의 삶과 학문〉, 381쪽.

123 IMRAD, 즉 Introduction-Materials-Results-And-Discussion의 순서로 구성되는 *American Sociological Review* 등 미국 사회학계 학술지의 논문 형식에 길들여진 학자일수록 당혹감이 클 것이다. 도구적 실증주의 인식론이 지배하는 미국 사회학계에서는 자신의 주관적 가치나 도덕 감정을 드러내는 글쓰기가 금기로 되어 있기

박영신의 그런 글쓰기는 벨라의 말을 빌리면 "공공의 철학으로서의 사회과학Social Science as Public Philosophy"을 실천하는 데 적합한 문체라고 할 수 있다. 경험적이고 객관적인 자료분석을 강조하는 사람들에게 그의 글은 어쩌면 '사회학적 설교'로 들릴지도 모른다.[124] 박영신의 글은 사회학 논문이 아니라 사회학적 설교라는 논평은 얼핏 박영신의 글쓰기에 대한 비판으로 들릴 수 있지만 긍정적으로 보면 박영신이 "사회학적 예언자"로서 현실을 비판하고 새 세상을 열기 위해 자신만의 글쓰기 스타일을 고수한다고 해석할 수 있다.

그의 글은 어떻게 보면 사회적 삶의 의미에 대한 성찰을 권유하는 긍정적 의미에서의 '사회학적 설교sociological sermon'이며 깊은 생각 없이 일상에 매몰되어 하루하루를 살아가는 사회 구성원 모두가 갖추어야 할 삶의 덕목을 일러주는 일종의 '시민 설교civil sermon'라고 할 수 있다.[125] 다음의 인용문은 사회학적 설교로서의 박영신의 글쓰기를 보여주는 하나의 보기이다.

때문이다. 로익 바캉에 따르면 "미국 사회학 장에서는 과학적 검열의 (실증주의적) 표준들이 자기에 대한 질문이라든지 학문적 진술의 좀 더 '문학적인' 매개체를 강력하게 억압하는 경향이 있다." 〈로익 바캉의 서문〉, 피에르 부르디외·로익 바캉, 이상길 옮김, 《성찰적 사회학으로의 초대》, 그린비, 2015, 9쪽.

124 박영신의 증언에 따르면 한국사회학회에서 박영신의 발표를 들은 김경동이 "우리가 박 교수의 사회학적 설교를 잘 들었다"라는 반응을 보였다고 한다.

125 '시민 설교'라는 용어는 미국의 여성 정치철학자 진 엘슈타인Jean Bethke Elshtain의 표현이다. 박영신, 《실천도덕으로서의 정치》, 274쪽을 볼 것.

변동의 사회학은 역사에 대한 집요한 관심에서 출발한다. 그것은 잠자는 의식의 캄캄한 숲을 헤쳐 나아가려는 깨어난 의식의 몸짓이어야 하며, 역사의 산마루와 그 골짜기에 굽이쳐 흐르는 물줄기를 조감하여 내어 지를 수 있는 안목의 소리여야 한다. 이 몸짓이 역사와 맞부딪치고 이 소리가 의식의 세계에 메아리칠 때 비로소 변동의 사회학은 '사회학'이 되는 것이다. 그러기까지 사회학도에게 요구되는 과업은 그칠 줄 모르는 끈질긴 탐구와 쉼 없이 펼쳐야 할 지적 및 도덕적 대화이다.[126]

박영신은 비판적 지식인으로서 합리적 설득뿐만 아니라 영적으로 호소하고 도덕적으로 성찰을 불러일으키는 영감 어린 문체를 사용한다. 위의 인용문에서 보듯이 그의 문체는 통상의 건조하고 차가운 문체가 아니라 읽는 사람의 마음을 움직여 글 속으로 끌어들이고 성찰을 유발한다. 박영신의 글쓰기 스타일의 또 하나의 특징은 가차 없는 풍자와 조롱의 문체이다. 이를테면 동유럽 사회주의 국가들의 해체 앞에 망연자실한 사회과학자들에게 던진 다음과 같은 문장이 그 보기가 될 것이다.

수다와 다변을 떨며 도도히 으쓱거리던 오늘의 사회과학 이론 그 어느 것도 이 사태 앞에서는 한낱 빛 좋은 개살구였다. 아직도 제 분수를 알지 못하고 마냥 시류의 얼렁쇠 노릇만 연출하고 있는 형편이다.[127]

---

126 박영신, 《새로 쓴 변동의 사회학》, 학문과사상사, 1996, 4쪽.
127 박영신, 〈체제적 사회주의에서 도덕적 사회주의로〉, 99쪽.

4.

박영신 사회학의
일곱 가지 특성

박영신은 미국에서 공부했지만 통계분석을 위주로 경험적 연구에 몰두하는 미국 사회학의 일반적 흐름과 거리를 두었다. 그는 과학과 경험을 내세우는 미국 주류 표준사회학의 문제점을 꿰뚫어보면서 '우리다운' 눈으로 우리의 문제를 우리답게 제기하고 우리답게 풀어가자고 다음과 같이 주장했다.

오늘날 미국 사회학의 힘은 막강하다. 그것은 제2차 세계대전 이후 패전을 경험한 독일의 학계에 군림하고, 미국의 이념적·군사적·경제적 위엄과 함께 전체 서유럽의 대학에 발을 들여놓았는가 하면, 아시아, 아프리카, 남미의 지적 세계를 석권하고 있다. 오늘에 와서 미국을 중심으로 하여 이렇듯 널리 다른 나라들을 주변화시키고 있는 그 사회학은 어떤 것인가? 한마디로 그것은 당돌하게도 '과학적'이고 '경험적'이라는 이름을 배타적으로 달고 학문적 행위를 규격화하여 기능적 기술의 습득, 숙련, 그리고 그것을 재생산하여 독점적으로 일원화시키고 있는 비좁은 전문화와 표준화로 치닫는 사회학이다. 오늘날 미국 대학원의 교과 내용과 과정을 지배하고 있는 그들 나름의 '경험적' 사회학이 튼튼히 제도화되어 있는 만큼, 뒤바꾸어 그 같은 연구 행위의 이념은 제도적으로 강제하고 있는 일정한 훈련의 과정을 통해 방출되어 나오는 규격화된 충복스런 병정들에 의하여 견고히 수호될 뿐만 아니라 그 영향권이 확장되고 있는 셈이다. 오늘날 지적 세계에서 이런저런 이름으로 유행처럼 휘날리는 방법이다, 이론이다 하는 것들도 실상은 미국적 사회학의 표준화 과정에서 빚어져 나온 부스러기에 지나지 않는다.[128]

그렇다면 정작 박영신의 사회학은 어떤 사회학인가? 아래에서는 박영신 사회학의 특성을 일곱 가지로 나누어 제시한다.

첫째로 박영신의 사회학은 윤리적 차원을 강조하는 '성찰사회학'이다. 그가 볼 때 "사회학은 기술학문이기 이전에 도덕학문이다. 수단적인 학문인 동시에 수단을 묻는 윤리적 학문이어야 한다는 것이다."[129] 박영신의 사회학은 능률과 효율을 앞세운 '수단'에 기울어진 학문에서 벗어나 삶의 궁극적 가치와 관련된 '목적'에 대해 질문하는 사회학이다.

그가 볼 때 한국의 주류 사회학은 "자연과학을 사회과학의 이론적 모형으로 삼은 나머지 그 목적이 무엇이든 미리 정해진 목표에 무조건

---

128 박영신, 《사회학 이론과 현실 인식》, 371쪽.
129 박영신 외, 〈한국 사회학 어디로 가야 하나: 토론〉, 《한국사회학》 22호, 1988, 210쪽.

봉사하는 수단의 자리로" 떨어졌다.[130] 그는 그런 주류 사회학의 흐름에서 벗어나 마르크스, 뒤르켐, 베버, 토크빌 등 고전사회학자들의 저작에 나타나 있는 '바람직한 사회'에 대한 관심과 이론체계의 연관성에 주목하면서 '바람직한 사회'에 대해 논의하는 사회윤리적 사회학을 추구했다.[131] 그의 사회학은 "우리 사회의 오늘을 심층적으로 괴롭히는 문제는 무엇이며, 그것은 어떤 방향에서 극복되어야 하는가에 대한 활발한 논의"를 벌일 것을 촉구한다.[132]

그래서인지 박영신의 사회학에서는 '초월적인 것the transcendent' 혹은 '초월성transcendence'이라는 개념이 중요하게 등장한다. 초월성은 기존 세계의 질서를 넘어서는 새로운 사회 구성에 바탕을 제공하는 궁극적인 준거점이다. 초월적 실재에 대한 믿음은 현존하는 한계 투성이의 질서를 넘어 더 높은 목표를 세울 수 있게 만든다.[133] 학문하는 사람은 "'초월의 권위'에 기대어 현존하는 것을 결코 절대화하지 않고 현존하는 것을 언제나 질문하여 그것을 끝없이 넘어설 수 있다고 믿는" 사람이다.[134] 학문의 세계를 넘어 현실의 모든 현상은 어떤 것도 절대화될 수

---

130 박영신, 《역사와 사회변동》, 1990, 248쪽. 사회학에서 도덕 차원 연구의 중요성에 대한 박영신, 〈인식 분절화가 낳은 '도덕 비극'에 대해서: 학문의 현실 왜곡 비판〉, 《현상과 인식》 34권 1/2호, 2010, 15~35쪽도 볼 것.
131 박영신 외, 〈한국 사회학 어디로 가야 하나〉, 247쪽.
132 박영신 외, 〈한국 사회학 어디로 가야 하나〉, 249쪽.
133 박영신, 〈삶의 이론: '물음 행위'의 풀이〉, 《사회이론》 33권 1호, 2013, 18~9쪽.
134 박영신, 〈대학 이념과 학풍〉, 《겨레 학문의 선구자 외솔과 한결의 사상》, 연세대학교출판부, 2002, 205쪽.

없고 초월성의 빛에 의해 질문과 회의와 개선과 갱신의 대상이 된다.

초월성이 사회학적으로 중요한 이유는 그것이 탈코트 파슨스의 유형 변수 가운데 특수주의와 구별되는 보편주의에 따른 행동 지향성을 촉진시킬 수 있는 상징적 근거가 되기 때문이다.[135] 박영신은 불완전한 현세를 초월성의 원리로 부정하고 혁파하고 새롭게 하는 '창조적 긴장 creative tension'을 강조한다. 초월 세계와 현실 세계 사이의 '창조적 긴장'은 수단만이 아니라 목적을, 사회 문제 해결을 위한 도구만이 아니라 사회가 나아갈 방향 자체를 성찰의 대상으로 올려놓는다.[136] 초월적 세계와 현실 세계 사이의 창조적 긴장에서 현실을 돌파할 수 있는 정신적 에너지가 나온다.[137]

둘째, 박영신은 주체적으로 성찰하는 '우리다운' 사회학을 모색했다. 그가 볼 때 "이 땅에서 우리가 대변하는 사회학"은 "서양에서 체계

---

135 박영신, 《변동의 사회학》, 학문과사상사, 1980, 92쪽의 각주.

136 박영신은 최근 '초월성'의 개념으로부터 '상상 지평'이란 개념을 고안했다. "상상 지평은 현실 안에 있으면서도 현실 안에 진을 치지 않는 현실 감정의 삶을 가리키고, 현실 너머의 세계를 향하여 나아가고자 하지만 아직 그 세계에 이르지 못한 불만족한 삶을 이른다." 박영신, 〈무정한 시대의 '상상 지평'에 대한 몇 가지 생각〉, 《사회이론》 35호, 2018년 봄/여름, 24쪽.

137 그래서 박영신의 사회운동론은 운동의 조직이나 전략, 권력의 통제에 대한 대응방식, 정치적 기회구조 등 운동의 수단 차원보다 "역사적 삶의 성찰에서 나온 계몽과 각성" 그리고 "진리에 대한 확신과 헌신" 등 운동의 의미와 목적에 관련된 차원을 강조한다. 그가 볼 때 "사회운동은 역사적 성찰의 과정이며 성찰적 학습 과정이다." 박영신, 《동유럽의 개혁운동: 폴란드와 헝가리의 비교》, 집문당, 1993, 325쪽과 327~328쪽.

화되고 있는 사회학의 흐름을 뒤쫓아 가기가 바쁜 모방의 상황을 연출하는 것이 그 주종을 이루어왔다. 한국 사회학의 역사는 비판적 성찰이 전제되어 있지 않은 채, 서양의 학계에 재빨리 반응하고 적응하여 그것을 신속히 답습하는 유행의 역사였고, 수입된 학문의 주체적 정제 과정이나 반추의 행위가 빠져 있는 유행의 경쟁장이라 해도 지나치지 않을 것이다. 특정 이론에 대한 긍정과 부정, 주장과 반대조차도 우리 학계의 토론장에서 생산되기보다는 바깥 학계에서 생산된 생산품의 수입으로 대행되었던 것이다. 이러한 상황이기에 우리에겐 '우리다운' 진정한 이론적 반목이나 갈등도 없었으며 사회학과 우리 사회 사이에서 실존적으로 고뇌하고 학문적으로 번민하는 진실된 사회학도를 찾기가 어려운 것이다."[138]

박영신은 이런 한국 지성계의 상황을 동물계에 빗대어 "우리에겐 유행을 뒤쫓는 토끼의 민첩함은 있었으나 호랑이의 집요함은 없었다. 바깥 가락에 곧잘 맞추어 따라 부르는 앵무새의 잔재주는 있었으나 높은 곳에서 아래를 내려다보는 독수리의 투시력은 없었다"라고 썼다.[139] 박영신은 언제나 자기 나름의 고유한 논지를 주장하는 학문, 다시 말해서 독창성originality과 주장argument이 있는 학문을 주장했다.

셋째, 박영신의 사회학은 의미 차원의 문제를 다루는 넓은 의미의 문

---

138 박영신, 《역사와 사회변동》, 1990, 248쪽. 그는 이미 1978년에 펴낸 첫 저서에서 "우리다운 눈으로 문제를 제기하고 접근하는" 학문적 자세의 중요성을 시사했다. 박영신, 《현대사회의 구조와 이론》, 일지사, 1978, 3쪽.

139 박영신, 〈나의 길 다 가기 전에〉, 《철학과 현실》 57호, 2003, 169쪽.

화사회학이다. 박영신은 베버, 뒤르켐, 벨라, 기어츠, 틸리히, 엘리아데 등의 논의에 기대어 자신의 이론적 관점을 수립했다. 그것을 '심층적 의미사회학'이라고 이름 붙일 수 있다. 그것은 "인간의 삶과 존재를 문제시하여 이의 근원적인 뜻을 찾고, 실재reality를 전체적으로 파악하려는" 이론적 관점이다.[140] 여기서 '심층'이라 함은 한 사회를 인식하는 데 있어서 경제적 차원이나 정치적 차원 또는 사회적 차원보다 가치, 이념, 종교의 차원을 더 근원적으로 보는 관점을 뜻한다.[141]

박영신은 경제체제나 정치체제보다 인간의 삶과 관련된 가치와 도덕을 더 근본적인 수준으로 인식했다. 그는 도덕의 수준에서 광범위한 변화를 일으킬 수 있는 이론적 여지가 없다는 점에서 마르크스주의에 대해 비판적 입장을 취했다. 마르크스주의자들은 "실존과 도덕의 밑뿌리는 경제 이익에 있으며" 도덕이나 의미의 차원은 '하부구조'라고 부르는 경제 영역의 계급적 이해관계를 반영하는 '상부구조'에 지나지 않는다고 보았기 때문이다.[142] "맑스주의자들은 '비경제 요인'의 중요성을 삶과 이어놓고자 하는 이들을 '허위의식'의 희생자로 비하하고 있지만, 그들 역시 이런 '거짓된 의식'의 희생자가 되어 심원한 도덕 수준에서의 변화가 낳을 수 있는 엄청난 결과를 이해하지 못하고 오히려

---

140 박영신, 《변동의 사회학》, 학문과사상사, 1980, 86쪽.
141 시와 제의와 종교 속에 들어 있는 인간의 공통 능력으로서의 상상력을 신화 분석으로 파고드는 질베르 뒤랑에 기대어 또 다른 의미에서의 '심층사회학'을 논의하고 있는 김무경, 〈상상력과 사회: 질베르 뒤랑의 '심층사회학'을 중심으로〉, 《한국사회학》 41집 2호, 2017, 304~338쪽 참조.
142 박영신, 《실천도덕으로서의 정치》, 연세대학교출판부, 2000, 141쪽.

왜곡하고 있다"는 것이다. 다음 인용문은 박영신이 이론적 차원에서
표층과 심층을 어떻게 구별하는가를 잘 보여준다.

흔히 말하는 경제 모형이나 정치 모형을 개선하려면 겉으로 드러나는
구조나 체제의 수준에 머무르는 것이 아니라, 인간 존재가 이 세계에서
어떻게 자리 지워져야 하고 이들 존재는 서로 어떤 관계를 맺고 있어야
하며, 우주와는 또 어떻게 관계 지워져야 하는지에 대한 근원의 문제에
서 변화가 있지 않으면 안 된다.[143]

박영신의 사회학을 '심층사회학'인 동시에 '의미의 사회학'이라 하
는 것은 인간을 자신의 삶에 일관된 의미를 요구하는 상징적 욕구를 가
진 존재로 보고 어떤 사회라도 그런 욕구를 충족시켜주는 가치, 이념,
종교에 의해 짜인다는 뜻을 담고 있다. "삶과 경험의 표면에 있어서 수
수께끼같이 불가해한 것이 있기 마련이나 이를 조리가 서도록 의미있
게 재구성해야 하는 실존적 요구를 모든 사회적 인간이 느낄 수밖에 없
다"는 것이다.[144] 그는 "어떤 사회라도 그 도덕성은 궁극적으로 의미 있

---

143 《실천도덕으로서의 정치》, 연세대학교출판부, 2000, 141쪽. 부하린, 플레하노프,
알뛰세르, 월러스틴 등 마르크스주의 사상가나 이론가들에 대한 박영신의 논의도
이러한 비판을 밑에 깔고 있다. 《사회학 이론과 현실 인식》을 볼 것. 박영신의 동
유럽 사회에 대한 연구는 마르크스주의 모델이 안고 있는 현실적인 문제들을 드
러냄으로써 마르크스주의의 오류를 드러낸다. 박영신, 《동유럽의 개혁운동》, 집문
당, 1993을 볼 것.

144 박영신, 《변동의 사회학》, 학문과사상사, 1980, 86쪽.

고 값어치 있는 것이 무엇인가 하는 궁극적 가치에 터하고 있고 그것을 중심으로 제도화된 사회적 가치가 나타나는데, 그 궁극적 가치를 제공해주는 것이 종교"라고 이해한다.[145] 가치와 의미의 차원을 강조하는 박영신의 사회학은 당연히 행위 주체의 창조적 행위 가능성을 열어놓는다. 앞서 말했지만 그는 자신의 이론적 입장을 "역사구조적 접근"이라고 명명했다. 이 입장에 서게 되면 역사적으로 형성된 구조를 강조하면서도 그 구조를 지속시키고 변형시키는 행위자의 의미 구성 능력을 눈여겨볼 수밖에 없다.[146]

넷째, 박영신의 사회학은 연구 주제의 구성을 위해 이론적 탐조등의 역할을 강조하는 이론사회학이다. 박영신의 이론에 대한 관심은 마르크스, 베버, 뒤르켐 등 고전사회학자들을 넘어 파슨스, 다렌도르프, 블루머 등 미국 현대사회학 이론의 줄기를 정리하고 플레하노프, 루카치, 알튀세르, 월러스틴, 하버마스, 사이드, 하벨, 호가트, 윌리엄스, 톰슨 등 유럽의 사회주의 이론가와 비판적 사회이론가들로 확대되었다.[147] 그의 이론적 관심은 서구 이론가들에 한정되지 않고 최현배와 김윤경, 우치무라 간조와 이에나가 사부로 등 근현대 한국과 일본의 사상가들

---

145 박영신, 《역사와 사회변동》, 1990, 383쪽.

146 박영신, 〈역사·구조적 접근의 일반 원리〉, 《사회학 이론과 현실 인식》, 237~258쪽.

147 비판사회학자 조돈문은 대학원 시절 박영신의 "사회학 이론 세미나가 기억에 남는데, 다양한 현대사회학 이론의 주제들을 둘러싼 찬반 토론식 진행은 이론들의 설명력과 쟁점을 명료화하고 인과적 설명의 요체를 파악하는 방법을 체득하게 해주었다"라고 회고했다. 조돈문, 〈계급론자, 연구자·활동가로 살아가기〉, 《경제와 사회》 123호, 2019, 452쪽.

을 포함하고 있다.

　그가 여러 이론가들에 관심을 기울이는 이유는 무엇일까? 그는 사회
학의 연구 대상이 되는 현상과 실재는 저절로 존재하는 것이 아니라 개
념적으로 추상화하고 재구성해야 하는 것이라는 '분석적 실재론analytic
realism'의 입장을 취한다. 단순히 역사적 사실을 기술하고 통계숫자를
나열하는 것만으로는 사회학적 설명에 도달할 수 없다는 것이다. 현실
을 꿰뚫어보는 통찰력을 제공하고, 중심 가설을 설정할 수 있게 하고,
의미있는 사실들 사이의 논리적인 관계를 설정하게 하는 이른바 '이론
적 탐조등'의 도움을 받아야만 비로소 이론적으로 의미 있는 사회학적
설명을 할 수 있다는 것이다.[148] 보기를 들어 박영신은 한말의 독립협회
운동을 연구하면서 기존의 사회사 연구 성과를 인정하면서도 사회학
이론의 중요성을 다음과 같이 강조했다.

　그러나 독립협회 운동에 관한 수많은 문제가 착실하게 파헤쳐지고 정리
되어 있다고 해서 이 운동에 대하여 이론적인 빛을 비추어 보지 않은 부
분이 없다고 홀가분하게 딱 잘라서 말할 수는 없다. 이른바 이론적 조명
등의 빛을 받지 못하고 가려져 있는 문제 영역은 있을 수 있고, 또 있기

---

[148]　박영신의 이러한 입장은 탈코트 파슨스의 *The Structure of Social Action*(New York:
　　　Free Press, 1937)의 1부 1장과 4부 18장에 기대고 있다. 박영신, 《사회학 이론과 현
　　　실 인식》, 121쪽. 김필동에 따르면 "박영신의 연구는 사실보다는 이론을 강조한다
　　　는 점에서 (사회사보다는) 역사사회학적 성격이 강한 것이라고 할 수 있다." 김필
　　　동, 〈해방 후 한국 사회사 연구의 전개〉, 《한국학보》 80집, 14쪽.

마련이다.[149]

　다섯째, 박영신의 사회학은 사회현상의 이해에 역사적 차원을 강조하는 역사사회학이다. 마르크스, 베버, 뒤르켐, 토크빌 등의 고전사회학자들이 보여주었듯이 사회학은 애초부터 근대의 역사적 변동 과정에 주목하는 역사사회학이었다.[150] 박영신은 사회관계와 사회구조의 통시적 차원을 보지 않고 지금, 여기라는 공시적 차원에 매몰된 몰역사적 사회학을 통렬하게 비판하면서 한국 사회의 근대적 변동 과정을 역사사회학적 관점에서 연구할 것을 주장했다.

　한국 사회의 오늘을 어제와 연결지우지 않고는 한국 사회의 됨됨을 설명할 수 없고, 역사적인 연속성의 축을 벗어나서 한국 사회의 변동과 과정이 지닌 구조적인 문제를 거론할 수 없고, 더욱 구체적으로는 이른바 한국 사회의 '근대화'는 해방 이후나 60년대 또는 70년대로 간단하게 시대적으로 못 박아 버릴 수도 없다는, 매우 초보적인 논의만으로도 오늘날 한국 사회과학이 지닌 이론적 관심의 단절성과 협소함의 극복이라는 당위론을 내세울 수 있는 것이다.[151]

149　박영신, 《변동의 사회학》, 학문과사상사, 1980, 85쪽.
150　박영신은 흔히 역사성이 빠진 기능주의 사회학의 아버지로 여겨지는 뒤르켐이 잘 살펴보면 역사사회학자임을 보여주었다. 〈역사사회학자 뒤르켐을 아는가?〉, 테다 스카치폴, 박영신·이준식·박희 공역, 《역사사회학의 방법과 전망》, 한국사회학연구소, 1987, 474~501쪽을 볼 것.
151　박영신, 《새로 쓴 변동의 사회학》, 학문과사상사, 1996, 217~218쪽. 이 글은 원래

경험학문으로서의 사회학은 현실을 있는 그대로 분석해야 하지만 그와 동시에 '현실'이 현실이 되는 '현실화' 과정을 분석해야 한다. 그것이 역사사회학의 관점이다.

사회(과)학은 인간이 태어나서 들어서게 되는 이 삶의 현실 조건에 머물러 있기에 먼저 이 수준에서 삶을 생각하고 풀이해야 한다. (그러나) 현실이라고 해서 물론 한순간의 형상을 말하지 않는다. 그것이 어떤 길을 밟아 오늘의 모습으로 엮이어 자리잡게 되었는지 그 짜임새의 긴 이야기를 알아봐야 한다. 그러할 때 현실은 현실로서의 실체가 드러난다. 이것은 현실을 이해코자 하는 한 빼놓거나 뒤로 미룰 수 없는 현실 인식의 핵심이다.[152]

그래서 박영신은 사회학과 역사학의 긴밀한 대화를 주장했다. 역사학 분야에서 이루어진 서술적 연구 성과를 충분히 인정하면서도 사회학은 역사적 변동에 대한 좀 더 이론적이고 분석적이며 해석적인 작업을 수행해야 한다고 생각했다. 한국의 사회과학자들이 "민족적 역사의 경험 내용에 대한 논의를 역사학에만 내맡겨 두었을 때 사회과학적 접근방법은 그 자신의 학문적 기여의 가능성을 스스로 막아버리게 되는 것"이기 때문에 사회학자들은 최소한 19세기 말 이후 한국 사회의 근대적 사회변동을 이론적으로 설명해야 한다는 것이다.[153]

《현상과 인식》 2권 1호, 1978년 봄, 특집 머리글로 쓴 것이다.

152 박영신, 〈우리에게 '정치'는 무엇인가?〉, 《현상과 인식》 43권 2호, 2019, 21쪽.

153 박영신, 《새로 쓴 변동의 사회학》, 학문과사상사, 1996, 218쪽.

여섯째, 박영신은 사회학과 인문학, 사회학과 이웃 사회과학과의 대화를 강조하면서 인문학적 사회학을 주장했다. 박영신의 사회학은 사회학이라는 분과학문의 테두리 안에 머물지 않고 다른 학문 분야와 대화하는 열린 사회학이다. 박영신은 역사학뿐만 아니라 인문학과 사회과학의 다른 분과학문들과 대화하면서 스스로의 시야를 넓히고 다른 분과학문에도 기여하는 사회학을 추구했다. 1977년에 진덕규(정치학), 박동환(철학), 임철규(영문학), 오세철(경영학)과 함께 한국인문사회과학원을 만들어 학제 간 학술지《현상과 인식》을 창간한 이유가 여기에 있다. 박영신은 이 같은 뜻에서 1983년 "같은 주제를 두고 여러 학문의 눈으로 바라보면서 생각을 함께 나누는 학술의 마당"을 가꾸기 위해 최대권(법학), 김학수(언론학), 이화수(정치학), 양창삼(경영학) 등과 함께 '한국사회이론학회'를 만들었다.[154] 한국사회이론학회는 한국 사회의 여러 현상을 다양한 학문 분과에서 이론적으로 접근하면서 분과를 넘어 우리 사회를 우리답게 설명하는 우리다운 이론의 구성을 목표로 설정했다. 이 학회는 1985년부터는《사회이론》이라는 학술지를 발간하고 있다.

일곱째, 박영신의 사회학은 분석과 이해에 머무르지 않고 비판하고 성찰하고 실천하는 사회학을 제시했다. 박영신의 성찰적 비판사회학은 실천적 행동의 동기를 자아낸다. 사회학자로서 사회구조적 조건이나 외부의 상황 변화가 행동에 미치는 영향을 고려하면서도 박영신

---

154 박영신, 〈나의 길 다 가기 전에〉,《철학과 현실》57호, 2003, 166~167쪽.

은 늘 자기성찰과 자기비판에 근거한 주체의 실천적 행위 능력을 강조했다. 그의 사회학은 사회를 구성하는 개인이 '무기력한 구경꾼helpless spectator'의 단계에 머무르지 않고 어느 순간 주체적 결단에 의해 현실에 도전하는 '창조적 행위자creative actor'로 전환할 수 있다고 보고 그런 결단의 과정에 개입한다.[155]

역사는 인간을 붕어빵 굽듯이 찍어내지 않는다. 인간은 역사에 대한 이해와 대응능력을 지닌 특유한 존재이다. 역사의 영향을 받으나 역사에 결정되지 않는다. 역사는 삶의 자료일 따름이다. 역사 경험은 이 자료에 대한 물음과 풀이와 새김질이다.[156]

박영신은 그 스스로 자신의 학문적 주장을 실천으로 옮겼다. '학인學人'으로서 대학의 학문적 분위기를 진작하고 우리다운 학문을 이루기 위해 노력하면서 다음 세대 학자들을 키웠고, 대학의 울타리를 넘어 시민단체 활동을 하면서 성찰하고 참여하는 시민 주체 형성을 위해 노력

---

155 이런 이론적 입장은 그의 박사학위 논문에서 동유럽 개혁운동에 이르기까지 일관되게 나타난다. Yong-Shin Park, "Protestant Christianity and Social Change in Korea", p. 280. 동유럽의 개혁운동과 관련하여 박영신은 "참여자들의 의식과 성찰을 빼놓고서는 그 아무것도 동부 유럽의 개혁운동을 해명하지 못한다"라고 썼다. "사회운동은 역사적 성찰의 과정이며 성찰적 학습과정이다." 박영신, 《동유럽의 개혁운동: 폴란드와 헝가리의 비교》, 집문당, 1993, 325쪽과 327쪽.

156 박영신, 〈역사는 우리에게 무엇인가?―삶에 대한 생각, 그리고 나의 나됨〉, 《현상과 인식》 144호, 2020, 294쪽.

했다. 1991년에는 진덕규, 김학수, 윤여덕, 정인재 등과 함께 대학 밖에서 대학생들이 인문학과 사회과학 분야의 고전을 읽고 토론하는 '작은 대학'을 만들었다. 2003년 연세대학교 사회학과를 정년퇴임한 후에는 2005년에서 2010년까지 실천신학대학원 석좌교수로 목사들을 대상으로 종교사회학을 가르쳤다.

대학생 시절부터 사회사업연구회와 기독학생운동 등 사회적 봉사와 실천 활동을 했던 박영신은 시민으로서, 지성인으로서 사회적으로 의미있는 활동을 계속했다. 2000년에서 2011년 사이에는 '녹색연합'의 공동 대표로 봉사했고, 2002년에서 2003년 사이에는 '노인시민연대' 공동 대표를 지냈으며, 후쿠시마 원전 사고 이후에는 '핵 없는 세상'이라는 환경단체의 창설을 주도했다. 2001년부터는 목사의 권위를 내려놓고 목사와 평신도가 같은 자리에 앉아 토론하는 '예람교회'의 공동 목사로서 작은교회운동을 전개하고 있다.[157] 이렇듯 그는 연구와 교육과 실천을 하나로 연결시키는 일관된 삶을 살고 있다.[158]

---

157 박영신이 생각하는 교회는 "자기 집안 중심으로 살아가려는 습속을 미화하고 정당화하는 오래된 민족의 담론을 넘어서서 '이웃 일반'에 대한 관심의 틀을 제공해 주는 일에 앞장서는" 교회이며 "차별과 냉대를 받고 있는 소수자들을 돌볼 수 있는 삶의 지평"으로 나아가며 교인들이 "좁은 관심의 공간을 넘어서서 시민단체에 적극 참여할 수 있도록 시민된 자질을 키워주고 북돋워주는" 교회이다. 박영신, 〈사회구조, 통일, 사회통합—'탈북인'을 어떻게 이해할 것인가〉, 박영신 외, 《통일·사회통합·하나님나라》, 대한기독교서회, 2010, 32~33쪽.

158 학교 안팎의 교육자로서 그의 교육철학은 가르치는 사람과 배우는 사람이 항상 동등한 입장에서 대화를 통해 서로 배운다는 것을 원칙으로 한다. 목사와 신도의 관계도 마찬가지이다.

5.

박영신 사회학의
비판적 계승

1. 학맥의 형성

학문 세계에서 '학파'라 하면 특정 이론과 방법론을 공유하는 학자들의 연결망을 뜻한다. 학파에는 학파의 지도자와 구성원이 있다. 학파의 구성원들은 지도자가 제시한 학문 패러다임을 공유하고 다양한 분야에서 다양한 주제로 연구를 진행하고 그 결과를 발표하는 학술지를 발행한다. 뒤르켐학파, 파슨스학파, 부르디외학파 등 지도자의 이름이 붙은 학파도 있고 프랑크푸르트학파, 시카고학파, 교토학파 등 학자들이 활동한 도시의 이름이 붙은 학파도 있고 아날학파와 같이 학술지의 이름이 붙은 학파도 있다.

그렇다면 '박영신학파' 또는 '연세학파'의 가능성에 대해서도 논의해볼 수 있다. 박영신의 주변에는 그가 제시한 이론적 관심과 학문적 태도를 공유하는 일군의 학자들이 존재하기 때문이다. 그들은《현상과 인식》과 《사회이론》이라는 잡지에 지속적으로 연구논문을 발표하고 있다. 그렇다면 박영신과 그의 제자들로 구성된 학맥을 '박영신학파' 또는 '연세학파'라고 부를 수 있을까? 박영신학파의 구성원들이 공유하는 학문 패러다임이 있는가? 그렇게 부를 만한 것이 있다면 그 내용은 무엇인가?

박영신의 사회학은 '관학官學'이 아니라 '민학民學'이고 기독교의 보편주의를 따르면서도 국학의 전통을 살리는 겨레의 학문이다. 주체적 학문을 지향하면서도 해외의 학문에 대해 개방적 태도를 지니며, 사회성 안의 윤리적 차원을 중시하고, 박애와 봉사의 정신과 이어지는 학문이다.[159] 그것은 위에서 밝힌 박영신 사회학의 일곱 가지 특성으로 요약될 수 있다.

그러나 박영신은 다음 세대 학자들에게 자신의 학문 패러다임을 강요하기보다는 각자 자기가 원하는 학문 세계를 마음껏 일구어가기를 권장했기 때문에 엄격한 의미에서 학파가 구성되었다고 보기는 어렵다. 그럼에도 불구하고 박영신을 통해 학문적 세례를 받은 제자들은 자신의 학문적 뿌리를 박영신과 연결시키고 있다. 보기를 들어 형평사운동을 포함한 인권운동의 역사를 연구한 김중섭은 이렇게 썼다.

박영신 교수님께서는 내가 사회학을 처음 배울 때부터 지금까지 학문의 길을 이끌어주시면서, 사회와 역사를 보는 통찰력을 일깨워주시고, 올

---

159 김영선(박영신 대담), 〈열린, 윤리 공동체를 꿈꾸는 성찰하는 '지성인'의 초상: 사회학자 박영신의 삶과 학문〉, 403쪽.

곧은 학자의 본보기를 보여주셨습니다.[160]

학파는 아니더라도 느슨한 의미에서 학문적 연결을 뜻하는 학맥이 형성된 것으로 볼 수 있다는 언급이다. 그렇다면 박영신 '학맥'은 어떻게 만들어졌는가? 박영신은 1975년 가을학기에 귀국하여 연세대 사회학과에서 가르치기 시작하면서 동료 교수들보다는 조교를 비롯해서 학생들과 더 많은 시간을 보냈다.[161] 그만큼 교육자로서의 역할에 충실했다. 그는 지난 시절을 이렇게 이야기했다.

선생은 연구하고 가르치는 것, 이런 것을 아주 깊은 뜻에서 즐길 수 있어야 된다고 생각합니다. 저도 그런 것을 즐기게 된 것 같아요. 아주 보람 있다고 생각하고, 그런 과정에서 좋은 학생도 제가 많이 만났고 지성의 면에서도 그렇고 또 성품의 면에서도 그렇고 또 판단력이나 비판력에 있어서도 훌륭한 그런 학생들을 제가 만난 것, 제가 아주 자랑스럽게 생각합니다.[162]

박영신은 이미 미국 유학시절 학문에 전념하면서 훌륭한 제자들을

---

160 김중섭, 《사회운동의 시대: 일제 침략기 지역 공동체의 역사 사회학》, 북코리아, 2012, 6쪽.
161 박영신은 2021년 외솔상 수상 소감에서 "지난날의 조교, 그리고 '오늘의 조교'를 떠올립니다. 그들이 베푼 도움에 감사합니다"라고 적었다.
162 김영선(박영신 대담), 〈열린, 윤리 공동체를 꿈꾸는 성찰하는 '지성인'의 초상: 사회학자 박영신의 삶과 학문〉, 374쪽.

양성해야겠다고 다짐했다. 그러기 위해 스스로 학문에 헌신하기로 마음먹었다.

내가 공부의 한 과정을 끝내고 귀국한다면 백(낙준) 박사를 비롯한 앞선 세대와는 달리 공부에 전력하여 살자는 결의를 굳히고 다짐하였다. 그리하여 박사 과정을 밟기 위해 외국으로 나가는 해외 유학의 끈을 하루속히 잘라야 한다고 생각했다. 이것은 외국 학문과의 단절을 말하려는 것이 아니었다. 외국에서 한 다음 그것을 밑천으로 삼아 학문 바깥일에 끼어드는 이 오랜 작태를 오히려 '출세'로 보는 저급한 의식세계에 맞서 우리 스스로의 학문을 일궈야 한다는 결의를 하였다.[163]

연세대 사회학과에 부임한 후 그는 학생들을 열심히 지도했고 학과 초창기에 대학원에 진학한 제자들에게는 석사를 마친 다음 여러 나라로 유학을 가라고 권장했다. 그의 제자들은 스승의 권유대로 미국만이 아니라 프랑스, 독일, 영국, 러시아, 일본 등에 유학하고 돌아왔다. 그러나 1990년대 들어 박영신은 외국 유학보다는 국내에서 우리다운 문제의식으로 우리다운 학문을 할 수 있다는 가능성을 내비쳤다. 국내에서 박사학위를 한 제자들 가운데 자기 나름의 학문적 업적을 쌓아가는 사람이 여러 명 생겼기 때문이다.[164] 그래서 2000년대에 들어서면 국내

---

163 박영신, 〈나의 학문의 길에서 (1): 공부 길로 부름 받다〉, 58쪽.

164 박영신은 "고뇌하는 '국내' 박사가 남은 희망이다"라고 썼다. 박영신, 〈나의 길 다가기 전에〉, 《철학과 현실》 57호, 2003, 166쪽. 박영신은 한국의 학계가 자기 나름

와 해외에서 박사학위를 받고 자기 나름의 연구 영역을 개척한 박영신의 제자들이 모여 느슨한 학맥을 이루게 되었다. 여기에는 연세대 사회학과를 졸업하지 않았지만 《현상과 인식》을 발간하는 '한국인문사회과학회'와 '사회이론학회' 등의 학회 활동을 통해 인연을 맺은 다른 대학 출신의 학자들도 포함된다.

박영신 학맥을 전공 영역별로 따져보면 첫째로 한국 사회를 역사사회학적으로 접근하여 연구하는 학자들이 있다. 일제 시대에 전개된 형평사운동을 중심으로 인권이라는 관점에서 한국의 근현대사를 분석한 김중섭, 임오군란에 대한 분석을 비롯하여 19세기 말 서울의 사회적 구성을 연구한 조성윤, 여말선초의 종교변동을 사회변동의 관점에서 연구한 차성환, 한말과 일제 시대의 근대화 과정을 연구한 김동노, 일제 시대 농민운동에서 시작하여 해외 한국학을 발전시키고 있는 신기욱, 일제 시대 사회주의운동과 학술운동을 연구한 이준식, 식민지 시기와 이승만 정권 시기의 담론구조를 연구한 채오병, 개화기에서 현대에 이르는 시기에 유교 지식인들의 정치운동을 연구한 이황직 등이 박영신의 학맥에 이어지는 학자들이다.

역사사회학에 이어 박영신의 이론사회학의 학맥을 잇는 흐름도 있다. 뒤르켐의 사회학 이론을 연구한 민문홍, 베버의 사회이론을 연구한

의 학문을 만들려면 첫째 학문적 능력 있는 사람이 오로지 학문에 전념하면서 제자를 키워야 하고, 둘째 국내 박사를 차별하고 외국 박사를 우선시하는 풍토가 사라져야 한다고 생각했다. 김영선(박영신 대담), 〈열린, 윤리 공동체를 꿈꾸는 성찰하는 '지성인'의 초상: 사회학자 박영신의 삶과 학문〉, 373쪽.

정갑영과 차성환, 계급관계와 노동운동을 연구한 조돈문, 소외론을 연구한 이홍균, 러시아 사회사상과 사회이론을 연구한 김우승, 그람시를 연구하면서 산업사회학을 전공한 박희, 포스트모던 미국 사회학의 역사를 쓴 최종렬, 비트겐슈타인의 종교 이론을 연구한 하홍규, 알랭 투렌과 부르디외를 중심으로 프랑스 현대사회학 이론을 연구한 정수복 등이 이 흐름에 속한다. 민주화운동, 노동운동, 환경운동 등 집합행동과 사회운동을 연구한 학자로 조돈문, 이득연, 박선웅, 이승훈, 정수복 등이 있고, 비교정치와 사회운동을 연구한 백진아, 종교사회학을 연구하는 김성건, 송재룡, 정재영, 하홍규, 임영빈, 노동과 산업 문제를 중심으로 일본 사회를 연구한 김훈과 이숙종, 복지국가론과 복지정책을 연구하는 조영훈, 문화정책을 연구하는 정갑영과 김세훈, 인구학을 연구하는 김중백, 한국문화론을 연구하는 우실하도 박영신의 학맥과 이어져 있다.

그럼에도 한국 사회학계에서 박영신의 위치는 주변부라고 할 수 있다.[165] 그는 1975년 부임 이후 1980년대에 이르기까지 연세대 사회학과를 주도하면서 특색 있는 사회학과를 만들어 한국 사회학계 안에 또하나의 흐름을 만들려고 했다. 그러나 1990년대 들어 박영신은 학과

---

165 박영신은 만년에 이르러 이렇게 썼다. "어느 동년배가 나를 일러 '익센트릭'하다고 했는데 분명 나에게 그런 면이 있음을 인정한다. 섬세한 눈으로 보면 모두가 나름으로 '익센트릭'할 것이다. 삶이란 표준화된 잣대로 규정하거나 법칙화한 공식으로 풀이할 수 없다고 믿는 '나됨'을 가진 자에게는 더욱 그러할 것이다." 박영신, 〈역사는 우리에게 무엇인가?—삶에 대한 생각, 그리고 나의 '나됨'〉, 《현상과 인식》 144호, 2020, 294쪽.

의 지향성과 교수 충원 문제를 둘러싸고 연세대 사회학과 안에서도 비주류가 되었다.[166] 그 결과 1980년대 말부터 연세대 사회학과 졸업생들 가운데 미국에서 전문화된 양적 방법을 사용하는 사회학을 공부한 사람들이 점차 주류를 형성하게 되었다. 박영신이 주장하는 이론 지향적이고 다른 학문과 대화하는 인문학적 사회학을 지향하는 흐름은 연세대 사회학과 안에 제대로 뿌리내리지 못했다. 이것은 연세대학교 사회학과가 한국 사회학계의 일반적 지향과 구별되는 독특한 흐름을 만들지 못하고 미국 주류 사회학의 흐름을 앞서서 수입하고 적용하는 통상적인 사회학과가 되었음을 뜻한다.

그 결과 박영신이 연세대 사회학과를 기반으로 만든 사회학 연구의 전통은 연세대 바깥에서 그 명맥을 유지할 수밖에 없게 되었다. 연세대 사회학과를 고유한 학풍을 갖는 학과로 만들어 한국 사회학계에 새로운 바람을 불어넣으려는 박영신의 시도는 일단 좌절되었다고 볼 수 있다. 그러나 역사는 계속된다. 박영신 학맥에 속하는 일군의 학자들은 여기저기 흩어져 각자 나름의 연구를 계속하고 있다.

---

166 시카고대학 사회학과 내에서 교수들 사이에 벌어지는 지적인 경쟁과 교수 충원을 두고 일어나는 교수들 사이의 '막후 정치faculty politics'를 통해 '시카고학파'의 형성을 설명하는 Andrew Abbott, *Department and Discipline: Chicago Sociology at one Hundred*(Chicago and London: The University of Chicago Press, 1997) 참조.

2. 박영신 사회학의 창조적 계승

세대를 거치면서 변화와 발전이 일어나려면 아들은 아버지를 넘어서야 하고 제자는 스승을 넘어서야 한다. 학문의 발전은 제자들이 스승이 만들어놓은 틀에서 성장하여 그 틀을 수정하고 보완하는 과정을 통해 이루어진다. 제자들이 스승의 틀을 확대시키기도 하고 변형시키기도 하면서 학문은 발전한다. 박영신은 그렇게 되기를 바라는 소망을 1978년에 펴낸 첫 저서의 헌사에서 다음과 같이 밝혔다.

> 이 글이 지닌 얕음, 좁으라움, 그리고 잘못된 점을 꿰뚫어보고, 이를 넘어서고, 또 넘어서야 할 오는 세대에게 바침.[167]

필자를 포함하여 박영신의 학맥에 속한 학자들은 박영신 사회학의 문제점들을 창조적으로 극복할 과제를 안고 있다. 그것은 박영신의 사회학에 대한 오해와 편견을 불식시키고 그 한계를 극복하여 한 단계 진전시키는 비판적 계승이라는 과제이다.

먼저 박영신의 사회학에 대한 오해와 편견부터 살펴보자. 첫째, 막스 베버의 프로테스탄트 윤리의 문제의식과 구조기능주의 이론에 젖어

---

167 박영신, 《현대사회의 구조와 이론》, 1978, 일지사, 1쪽. 그는 두 아들에 대해 다음과 같은 헌사를 남기기도 했다. 〈생각의 틀에 대어들고 그 울타리를 부수려는 나의 벗 맞수, 한얼과 한터 두 아들에게〉, 《역사와 사회변동》, 학문과사상사, 1980, 1쪽.

있는 박영신의 사회학은 결국은 서구 중심주의에서 벗어나지 못하고 있으며 오리엔탈리즘에 빠져 있는 것 아니냐는 비판이다.[168] 이에 대해서는 다음과 같이 답변할 수 있다. 박영신의 사회학은 전근대 전통사회를 넘어 근대사회에 어울리는 가치관과 윤리의식의 형성을 기본 과제로 삼고 있다. 그것은 베버, 파슨스, 벨라로 이어지는 문제의식의 한국적 음미이자 심화이다. 우리 사회의 근본 문제를 따지기 위해 서구 이론을 주체적으로 수용한 것이다. 박영신의 표현에 따르면 그는 "사회학과 우리 사회 사이에서 실존적으로 고뇌하고 학문적으로 번민하는 진실된 사회학자"가 되려고 했다.[169] 어차피 사회학이라는 학문이 서양에서 유래한 것이므로 한국 사회학은 외국 이론을 배우는 데서 출발했다. 문제는 외국 이론을 비판적 성찰을 거치지 않고 무비판적으로 도입하는 것이다. 서구 중심주의의 극복은 성리학적 학문의 세계로 돌아가는 것이 아니라 서구의 이론적 성찰을 준거로 삼되 그것들이 보지 못하고 놓치고 있는 부분을 주체적으로 드러내고 분석하는 작업을 통해 이루어진다.

둘째, 박영신의 사회학에는 한국 사회의 현실적 문제들에 대한 치열한 비판의식이 부족하다는 비판이다. 1970년대 중반 이후 1987년 민주화 이전 기간에 박영신은 독재정권 비판과 민주화 투쟁, 불평등과 노동

---

168 연고주의를 비롯한 유교적 전통을 한국의 경제성장에 기여한 긍정적 요소로 평가하는 논의로는 Seok-Choon Lew, *The Korean Economic Developmental Path: Confucian Tradition, Affective Network*(New York: Palgrave-Macmillan, 2013)을 볼 것.
169 박영신, 《역사와 사회변동》, 1990, 248쪽.

운동, 분단과 통일 문제, 세계화와 대미 종속 등 한국 사회의 현실적 문제와 거리를 두고 근대적 가치관과 사회윤리 문제에 관심을 집중함으로써 구체성과 실천성이 떨어지는 사회학을 했다는 비판이다. 박영신의 사회학은 한국 사회의 현장과 떨어져 있는 이상적이고 도덕적인 담론에 불과하다는 비판이다. 물론 한국 사회의 현실적이고 긴급한 문제들을 다루는 비판사회학이 필요하다. 하지만 사회의 심층부를 이루는 가치와 윤리의 차원에서 힘을 발휘하는 유사가족주의와 경제주의가 지속되는 한 여러 구체적인 문제들이 근본적으로 해결되기 어렵다는 점을 성찰해야 한다. 표층이나 중간층에서 어떤 변화가 일어나도 심층에서 변화가 일어나지 않는다면 그 변화는 불완전한 것이고 언제든지 다시 옛 상태로 돌아갈 수 있기 때문이다. 현실 문제를 다루되 심층의 문제를 고려하는 사회학이 필요하다.

셋째, 한국 사회에 대한 이론적 설명을 지향하는 것은 좋은데 그것을 뒷받침하는 자료를 통한 검증이 약하다는 비판이다. 끈질기게 경험적 자료를 수집하고 검토하기보다는 이론적인 논의를 바탕으로 일반적 명제만을 제시하기 때문에 디테일이 약하다는 것이다. 그렇다면 앞으로 뼈대에 살을 붙이는 작업이 풍부하게 이루어져야 한다. 역사사회학 분야의 경우 한국사회사학회를 비롯하여 여러 근현대 사회사 연구자들이 산출하여 축적된 연구물들을 충실하게 검토하고 그것들을 일관된 이론적 관점에서 종합하는 작업이 필요하다. 박영신은 지금까지 축적된 사회사 연구 성과들이 한국 사회의 구조와 변동을 이해하는 데 부분적인 자료를 제공해주고 있을 따름이라고 보는데 그 '부분적인' 자료들을 엮어 전체적인 모습을 그리는 작업은 누가 해야 하는가? "숱한 논문들이 발표되어 나와 쌓이고 있지만 불행하게도 우리는 한국 사회의 '이론적 이해'에는 사뭇 미치지 못하고" 있다면 자기 나름의 이론적 관점을 가진 사람이 다른 학자들에 의해 발표되고 쌓여가는 '부분적 자료'들을 이론적 틀로 엮어 전체적인 모습을 제시해야 한다. 전체 그림에서 부족하거나 어색한 부분을 메우고 수정하는 작업도 필요하다. 그런 과정에서 "한국 사회의 구조적 특성과 변동을 총체적이면서도 이론적으로 설명하는" 사회학 이론이 완성될 것이다.[170]

넷째, 박영신은 고전사회학과 현대사회학의 여러 외국 이론가들의 작업을 하나하나 검토했지만 그것들을 하나로 엮어 자신만의 체계적 이론으로 완성시키지 못했다는 비판이다. 그가 "역사구조적 접근"을 제시했다고 하지만 그것은 이론이라기보다는 이론적 관점을 보여주는 일반적인 원칙의 제시에 불과하다는 주장도 있다. 후학들은 추상적 수준의 역사구조적 접근을 중범위 수준으로 낮추어 다양한 명제들을 만들어내고 그것들을 연결해 역사와 사회변동을 설명하는 이론체계를 구성하는 방향으로 나아가야 한다. 이론적 탐조등을 통해 발견된 사실들을 사회학적으로 해석하는 작업에 그치지 않고 역사적 자료나 경험적 사실들을 통해 새로운 개념과 명제들을 만들고 그 명제들을 체계적으로 연결해 한국 사회의 구조와 변동을 총체적으로 설명하는 작업으로 나아가야 한다.[171]

---

170 발표되어 쌓이고 있는 부분적 자료에 대한 언급은 박영신, 《역사와 사회변동》, 270쪽과 271쪽에서 따왔다.

171 Robert Merton, *Social Theory and Social Structure* 참조. 머튼의 저서와 마찬가지

다섯째, 박영신 스스로 말하듯이 "60년대와 70년대의 사회변동은 역사적 이음새와 상관없이 이 시대에 갑자기 나타난 '신비스런' 형체가 아니라 그 이전의 시대와 이어진 역사적 시간의 내용"과 연결되어 있다.[172] 그러나 박영신의 한국 사회의 역사사회학은 조선 사회에 대한 논의를 해방 이후 분단체제의 수립, 이승만 시기, 5·16쿠데타와 60~70년대 산업화 시기, 그 이후의 민주화, 세계화 시기를 관통하는 일관된 작업으로 연결시키지 못하고 있다. 조선 시대 논의에서 곧장 1960년대와 70년대의 산업화 시기로 비약한 느낌을 준다. 보기를 들자면 기독교로 개종한 뒤 독립협회운동을 하던 시기의 윤치호의 의미 세계만 분석하고 있지 일제 식민지 시기를 거치면서 그가 어떤 상황 판단과 가치 판단을 거쳐 친일의 입장을 취하게 되었는지에 대해서는 논의를 하지 않고 있다. 서재필의 경우도 마찬가지다. 독립협회운동 시기 서재필의 의식 세계 분석에 머무르지 않고 일제 시대와 해방 이후의 시기까지 포괄하여 그의 삶과 의식 세계를 총체적으로 분석할 필요가 있다.[173] 식민지 시대, 해방 정국과 분단, 한국전쟁, 전후 1950년대에 대한 연구로 빠진 부분을 채워나가야 한다. 후학들은 박영신이 씨를 뿌려놓았거나 전체적인 윤곽만 제시한 한국 사회의 근대적 변동에 대한 역사사회학

로 박영신의 첫 저서의 제목에도 '구조와 이론'이라는 두 단어가 등장한다.

172 박영신, 《역사와 사회변동》, 1990, 275쪽.

173 박영신, 〈독립협회 지도세력의 상징적 의식구조〉, 《변동의 사회학》, 학문과사상사, 1980, 85~112쪽. 독립협회운동을 연구한 이황직이 서재필에 대한 총체적 관점에서의 연구를 진행하고 있다. 이황직, 《서재필 평전》, 신서원, 2020 참조.

적 연구를 일관성과 구체성을 갖춘 작업으로 발전시켜야 할 것이다.[174]

여섯째, 박영신의 한국 사회의 가치관 비판이 좀 더 체계적으로 이루어질 필요가 있다는 비판이다. 박영신의 가족주의 비판은 한국 가족의 변화에 대한 연구와 이어져야 한다. 여성주의 담론이 강화되고 2005년 가족법 개정으로 호주제가 폐지되는 등 가부장제가 해체되는 상황에서 그가 줄곧 주장해온 가족주의 또는 유사가족주의는 어떤 변화를 겪고 있는가에 대한 구체적 연구가 필요하다.[175] 다른 한편 박영신은 한국 사회를 지배하는 '경제주의'가 박정희 시대에 만들어진 것으로 보는데 그보다 더 깊이 있는 분석이 필요하다.[176] 이를테면 무속의 종교 전통에 내재된 '현세적 물질주의' 세계관이 경제지상주의의 정신적 기

---

174 박영신은 그 스스로 "한국 근대기의 사회운동을 전반적으로 훑어봄으로써 하나의 길잡이를 제시하였다"고 밝혔다. 《새로 쓴 변동의 사회학》, 학문과사상사, 1996, 222쪽.

175 이황직은 1984년과 2004년 한국 갤럽의 조사 결과를 비교하여 가족관계 내에서 유교적 습속이 급속도로 약화되고 있음을 보여주면서 "조사 관심과 방식에 따라 조금씩 편차를 보일 수 있지만" 유교적 성향이 쇠퇴해가고 있는 것은 확실한 추세라고 진단하고 있다. 2005년 이루어진 가족법 개정은 유교적 관습이 남아 있던 제도와 법률을 근대적 원리에 따라 폐기 또는 개정한 것이라면서 "이제 우리 사회에서 유교적 가치와 습속은 사라져 갈 것이 분명하다"라고 전망하고 있다. 이황직, 《군자들의 행진: 유교인의 건국운동과 민주화운동》, 아카넷, 2017, 541~542쪽.

176 박영신은 경제주의의 기원을 일제 식민지 시기나 한국전쟁에서도 찾을 수 있으나 "경제 논리를 국가 최고의 정책으로 내건 것은 박정희"라고 본다. 장호진(박영신 대담), 〈한국 사회의 실천적 변형과 초월성의 시민의식: 사회학자 박영신의 삶과 학문〉, 244쪽. 경제주의의 심층적 기반을 무속의 세계관 안에 들어 있는 현세적 물질주의에서 찾고 있는 정수복, 《한국인의 문화적 문법》(생각의나무, 2007)도 볼 것.

반이라면 조선 후기부터 민중들이 집합적 수준에서 겪은 빈곤과 기아 체험은 박정희 시대에 경제지상주의가 출현한 배경이라고 볼 수 있다. 1997~98년 금융위기가 한국 사회에 경제지상주의를 강화시킨 측면도 있을 것인데 이에 대한 구체적인 논의도 필요하다.

일곱째, 박영신의 사회학은 '개혁적 기독교 사회학'의 성격을 지니고 있다. 그의 한국 사회 비판은 기독교적 세계관으로 유교를 비롯한 전통사회의 세계관을 비판하는 작업으로 보인다. 그런 과정에서 유교는 전근대인 반면 기독교는 근대라는 이분법적 논의에 빠져 있는 것은 아닌가 하는 의구심을 불러올 수 있다. 기독교 중심적 세계관에 사로잡혀 유교의 잠재적 변혁 가능성을 무시하고 있는 것은 아닌가라는 지적이다. 어차피 우리의 문화전통이 유교적 바탕에 터하고 있다면 유교의 단점과 문제점은 가차 없이 비판하되 유교의 장점과 긍정적 요소들은 적극적으로 재해석하여 실현 가능한 사회윤리로 정립하는 연구 방향도 필요하다. 로버트 벨라도 과거에는 "유교에서 가족은 많은 점에서 종교적 배경 그 자체"이며 "너의 부모를 공경하라는 것이 유교의 거의 전부"라고 주장했지만[177] 최근 저서에서는 기존의 입장을 수정해 유교에도 초월적 차원이 있음을 인정했다.[178] 그런 점에서 볼 때 김상준의《맹자의 땀 성왕의 피》나 이황직의《군자들의 행진》등 유교의 잠재적 개혁 가능성을 보여주는 연구들이 계속되어야 한다.

---

177 로버트 벨라, 박영신 옮김,《사회변동의 상징구조》, 삼영사, 1981, 122쪽.

178 Robert Bellah, *Religion in Human Evolution*(Cambridge, Massachusetts: The Belknap Press of Harvard University Press, 2011), pp. 399~480.

여덟째, 박영신은 지나치게 이론 편향적인 사회학을 했기 때문에 구체적인 현장 연구가 약하고 '해석적 방법'을 사용한다고 하지만 이론적 주장을 뒷받침할 수 있는 적절한 연구방법을 개발하지 못했다는 비판이다.[179] 박영신은 이런 비판을 의식한 듯 로버트 벨라가 제자들과 함께 미국 사회의 '습속'을 연구하여 《마음의 습속Habits of the Heart》이라는 책을 펴냈듯이 자신의 제자·동료들과 함께 한국 사회의 습속을 연구했다.[180] 그러나 이런 연구를 지속적으로 계속하면서 연구방법을 세련화하는 작업으로 이어지지는 못했다. 사회적 행위자가 자신의 행위에 부여하는 의미를 이해하고 해석하기 위해서는 몇 번의 피상적인 인터뷰가 아니라 생애사life story 연구와 체계적인 심층 인터뷰가 필요하다. 일상적 대화와 관찰에서 얻어진 우연한 사례를 자신의 주장을 뒷받침하는 자료로 사용하기보다는 체계적으로 그리고 꾸준하게 자료를 수집하여 분류하고 해석하는 방법론적 일관성이 필요하다.[181] 박영신의

---

179 김성국은 박영신의 사회학에 대한 논평에서 "사회학자의 임무는 시인이나 성직자처럼 '인간의 영혼'을 직접적으로 탐구하는 것이 아니라, 현실 사회의 규범적 문제를 과학적으로 탐구하는 것"이라면서 실증주의 전통이 미비한 한국 사회학의 상황을 고려하여 먼저 객관적 사실 자체를 과학적으로 탐구하고 난 다음 규범적 질문을 제시해야 한다고 주장했다. 김성국, 〈서평: 한국사회학회 편, 《한국 사회 어디로 가고 있나》, 현대사회연구원, 1983〉, 《한국사회학》 제17집, 1983, 170쪽.

180 이 연구에는 박영신, 문은희, 송재룡, 정재영, 이황직이 참여했고 연구 결과는 《현상과 인식》 28권4호, 2004에 실렸다.

181 그는 스스로 "좁은 것에 매달리고 좁은 틀에 갇히는 것을 견디지 못하는 성미이다. 그것을 넘어서고 또 그것을 넘어서야 직성이 풀린다고나 할까"라고 썼는데 이는 "오늘의 사회학이 지엽말단의 문제에 사로잡혀 있음"을 비판하는 뜻을 담고

후학들은 한국 사회 연구에 적절한 질적 연구방법과 광범위한 일차적 역사자료를 확보하고 활용하는 방식 등 경험적 연구를 위한 구체적 연구방법을 발전시킬 필요가 있다.[182]

아홉째, 박영신은 서구 학자들의 연구업적을 참조하여 인용하고 국내 학자들 가운데 제자들이나 학문적 입장을 함께하는 학자들의 저서나 논문을 인용하지만 이론적 방법론적 입장을 달리하는 한국 사회학자들의 논문과 저서는 거의 참조하지 않는다. 유교자본주의론이나 유교민주주주의 같은 개념을 주창하는 학자들과 토론을 벌이기보다는 점잖게 무시하는 입장으로 일관했다. 한국 사회학계의 동료 선후배 사회학자들과의 학문적 교류가 거의 없는 상태에서 자기 학맥에 속하는 사람들의 저서와 논문만 참조하는 폐쇄적 경향이 있다. 자기가 동의하지 않는 학문적 연구 결과에 대해 적극적으로 비판하고 토론하는 소통의 과정이 없었기 때문에 한국 사회학 공동체에 미치는 영향력은 그만큼 축소될 수밖에 없었다. 물론 한국 사회학계에서 다른 입장을 취하는 학

있지만 그와 동시에 자신의 이론적 주장을 뒷받침하거나 수정할 수 있는 끈질긴 자료와 사료 수집에 매달리지 못하는 성격을 드러내기도 한다. 박영신, 〈나의 길다 가기 전에〉, 《철학과 현실》 57호, 2003, 171쪽. 부르디외는 '이론을 위한 이론 theoretical theory' 연구를 반대하면서 "적절하게 고안된 이론은 조사 연구와 분리되어서는 안 된다"면서 이론과 조사 연구의 융합과 상호침투를 주장하고 실천했다. 피에르 부르디외·로익 바캉, 이상길 옮김, 《성찰적 사회학으로의 초대》, 그린비, 2015, 76~88쪽.

182 문화사회학자 최종렬의 질적 연구가 이 부분의 부족한 점을 메우고 있다고 볼 수 있다. 최종렬, 《지구화의 이방인들》, 마음의 거울, 2013; 최종렬, 《복학왕의 사회학》, 오월의봄, 2018을 볼 것.

자들이 박영신과 그의 학맥에 속한 학자들의 논문과 저서를 정당하게 평가하지 않고 적당히 무시하고 있는 것 또한 사실이다. 그러나 우리다운 학문의 발전을 위해서는 다양한 입장을 가진 학자들 사이의 활발한 학문적 토론이 필요하다. 박영신의 비판적 성찰사회학은 다른 결을 가진 사회학 연구들에게 먼저 다가가 대화의 문을 열어젖히는 과정에서 한국 사회학의 발전에 기여할 수 있을 것이다.

마지막으로 박영신의 비판적 역사사회학과 성찰적 비판사회학이 비판적으로 계승되기 위해서는 저작물의 안정된 출판 기반이 필요하다. 박영신은 처음 귀국해서는 일지사, 학문과사상사 등에서 시작하여 민영사, 대영사, 경문사, 집문당, 까치 등 여러 출판사에서 저서와 번역서를 출간했다. 계간 학술지《현상과 인식》이 활성화되면서 '현상과인식'이라는 이름으로 출판사를 만들고 저서와 번역서를 출간하기도 했다. 현상과인식 출판사가 문을 닫은 이후에는 연세대학교출판부에서 책을 내기도 했다. 현재 박영신의 저서를 출간한 출판사들이 문을 닫았거나 활동이 부진해서 그의 저서는 거의 모두 절판 상태에 있다. 퇴임 후 그가《현상과 인식》과《사회이론》등의 학술지에 발표한 논문들은 일관성을 갖춘 저서로 출간되지 못한 상태이다. 앞으로 박영신의 학문 세계를 다음 세대에 전하기 위해서는 '박영신 저작집' 발간 작업이 필요하며 일단 절판 상태에 있는 박영신의 주요 저서와 논문들을 선별하여 '박영신 선집'을 출간할 필요가 있다.

3. 한국 사회학계라는 '학술장'의 변화를 위하여

박영신은 스스로 한국 사회학계와 거리를 유지했다. 그 결과 그를 멀리서 존경하는 사람들이 더러 존재하지만 한국 사회학계라는 지식장에서 그의 실질적 영향력은 약한 편이다. 한국 사회학계의 중심부에서 활동하기 위해서는 학계의 구성원들이 공유하는 연고주의와 서열주의라는 문화적 문법을 따라야 하는데 박영신은 한국 사회에서 두루 통용되는 전근대적인 사회관계를 배격하고 지식장에 어울리는 보편적 원칙을 적용하려 했기 때문에 스스로 사회학계의 아웃사이더가 되었다.

그는 연고관계에 의해 대학교수가 충원되는 현실을 비판하면서 "학연과도 관계 없고 혈연하고도 관련 없고 지연과도 관련 없는 정말 우리 학과에서 어떤 사람을 필요로 하는가, 한국 학계에 이 사람이 들어와서 얼마큼 기여할 수 있는가, 전공이 무엇인가" 등을 존중하는 보편적 원칙을 내세우기도 했다.[183] 그러나 그 원칙은 한국 학계의 풍토에서 현실화되기 어려웠다. 그래서 박영신은 연세대 사회학과에서도 '비주류'가 되었다. 그것은 그 스스로 선택한 '좁은 길'이기도 했지만 넓게는 한국 사회, 좁게는 한국 사회학계라는 지식장에 전근대적 원칙이 작동한 결과이기도 했다.

초창기 한국 사회학계는 주지하다시피 서울대 출신 사회학자들이 주

---

183 김영선(박영신 대담), 〈열린, 윤리 공동체를 꿈꾸는 성찰하는 '지성인'의 초상: 사회학자 박영신의 삶과 학문〉, 384쪽.

도했고 그들 사이의 사제관계와 선후배 관계라는 전통적 인륜관계가 학문 활동의 지식장에 강하게 작동했다. 연세대에서 교육학을 전공하고 미국에서 본격적으로 사회학을 공부한 박영신은 귀국 후 사회학계의 주류로부터 거리를 유지하면서 대안적 학문공동체를 형성하는 길로 나아갔다. 그는 국내에서 사회학을 전공하지 않았기 때문에 인맥으로부터 자유로웠던 점을 오히려 장점으로 생각했다. "국내에서 사회학을 안 했다는 것이 굉장히 강점으로 다가옵니다. …… 저는 그 어떤 연하고 아무 관계없이 제 스스로를 자유롭고 독립된 존재로 파악할 수 있는 그런 이점을 가지고 있었다고 생각해요."[184]

이황직이 적절히 지적했듯이 연고주의와 집단주의에 의해 움직이는 사회에서 다른 사람 눈치보지 않고 독자 노선을 추구하는 사람은 환영받지 못한다. 그러나 "우리 사회를 바꾼 사람들은 역설적으로 진리를 따라서 스스로 추방되었던 이들이다."[185] 박영신은 스스로에게 주어진 자유와 독립의 존재조건에서 새로운 길을 개척하는 방향으로 나아갔다. 그는 "지성인은 언제나 패배를 자초한다"면서 자발적이고 창조적인 소외의 상태를 기꺼이 수용했다.[186]

박영신의 사회학은 한국 사회학의 역사에서 주류 패러다임을 벗어

---

184 김영선(박영신 대담), 〈열린, 윤리 공동체를 꿈꾸는 성찰하는 '지성인'의 초상: 사회학자 박영신의 삶과 학문〉, 385쪽.

185 이황직, 〈박영신의 사회학: 가족주의 비판과 한국 사회 변동 이론의 정립〉, 《한국사회학》 50집 2호, 2016, 95~121·116쪽.

186 박영신, 《실천도덕으로서의 정치》, 연세대학교출판부, 2000, 225쪽.

나는 비판적 역사사회학이자 성찰적 비판사회학이라는 대안 패러다임을 제시했다. 주류 사회학자들의 기존 패러다임 안에서 이론적 빛을 받지 못해 중요하게 취급되지 않은 심층적 차원을 드러내는 대항 패러다임을 형성했다. 학문의 역사에서 보면 대항 패러다임은 초기에는 비주류로 소외되지만 점차 연구업적이 쌓이면서 주류 패러다임과 공존하는 상태로 가다가 주류 패러다임을 대체하기도 한다. 박영신 학맥에 속하는 학자들 가운데 학계 진출에 어려움을 겪었거나 겪고 있는 사람들이 있다면 그것은 한국 사회의 학연에 따른 연고주의 때문이기도 하지만 이론과 연구방법에서 한국 사회학계의 주류 패러다임을 따르지 않기 때문이기도 하다. 그런 상태를 극복하기 위해서는 박영신 학맥에 속한 학자들이 자기가 선택한 패러다임 안에서 풍부한 학문적 업적을 축적하면서 설명의 범위를 넓혀가고 이해의 깊이를 심화시켜야 한다.

프랑스의 사회심리학자 세르주 모스코비치Serge Moscovici는 '적극적 소수active minority'가 주류 다수dominant majority에게 영향력을 발휘하는 상황을 다양한 방식으로 연구했다.[187] 그 결과 그는 소수가 다수에게 영향력을 미치기 위한 세 가지 조건을 발견했다. 첫째, 소수는 다수와 구별되는 분명한 주장과 규범이 있어야 한다. 둘째, 소수는 다수로부터 떨어져 나와야 하지만 고립되지 않고 다수와 계속 끈질기게 상호작

---

187 Serge Moscocici, *Psychologie des minorité active*(Paris, PUF, 1979)와 세르주 모스코비치, 문성원 옮김, 《다수를 바꾸는 소수의 심리학》(뿌리와이파리, 2010)을 볼 것. 후자는 모스코비치의 영문 저서 *Social Influence and Social Change*를 번역한 것이다.

용을 해야 한다. 셋째, 소수는 다수와 상호작용을 하면서 자기의 핵심적인 원칙과 소신을 굽히지 않고 끈질기게 지켜나가야 한다. 그러다 보면 어느 날 소수가 다수의 변화를 이끌어낼 수 있다는 것이다. 박영신 학맥에 속한 학자들은 '적극적 소수'가 되어 한국 사회학계라는 지식장의 변화를 위해 꾸준한 연구의 길을 걸어야 할 것이다. 박영신의 말대로 지식장은 "오직 진리를 바탕으로 드높은 가치를 현실화하기 위해 전통의 악습과 굳은 편견에 도전하는 비판적 합리성의 토론공동체"가 되어야 한다. 이제야말로 한국 사회학계에서 서로 다른 학문적 입장과 배경을 가진 다양한 사회학자들이 자유롭게 교류하고 비판하고 격려하며 우리의 문제를 우리다운 눈으로 해명하면서 우리다운 사회학의 학문 세계를 열어가야 할 때다.

4
부

·

한국 사회학의 사회학:
학술장의 역사와 구조변동

사회학자들은 택시기사들이나 의사들의 세계를 알기 위해
그들에게 던지는 질문과 같은 종류의 질문을 스스로에게 던지고 답변해야 한다.
사회학자들은 다른 집단의 신념을 들여다보는 것처럼 그들 자신의 신념을
들여다보는 철저한 습관을 습득해야 한다.

_엘빈 굴드너

1.

한국 사회학의
사회학

1. 지성사와 지식사회학

지성사intellectual history는 주로 학문과 사상의 역사를 다룬다. 한국 사회학의 역사를 다루는 이 책도 크게 보면 지성사의 영역에 속한다. 지성사는 학자와 사상가들의 개인적 노력뿐만 아니라 그들이 처했던 역사적 상황과 학술장의 구조, 학자들 사이의 경쟁, 그리고 그들이 이용할 수 있었던 지적, 제도적 자원 등 사회적 조건들을 고려한다. 지성사적 접근을 통해 우리는 하나의 학문이 어떤 조건에서 어떻게 시작되어 어떻게 변화했는가를 알 수 있다. 학문의 역사를 연구하는 학술사는 학계 초창기의 학자들이 왜 특정한 방식으로 학문 연구를 기획했는지를 추적한다. 어떤 조건에서 누가 왜 특정의 이념과 연구방법과 이론적 입장을 취했는지, 그 밖의 다른 선택 가능성은 없었는지를 그 시대의 상황 속으로 들어가 추적한다.[1] 학술사 연구는 지식의 생산, 유통, 기능을 학계 내부의 특성과 학계 외부의 조건 속에서 이해하려는 작업이다. 학술사 연구의 존재 이유는 학문의 발진과 변화에 작용하는 사회적·정치적·역사적·이데올로기적 조건들을 드러내고, 학문의 형성과 발전에 작용하는 조건들을 분석 대상으로 삼음으로써, 지식의 객관성을 증진시키는 데 있다.[2]

지식의 생산조건과 지식의 내용을 사회적 조건과 관련지어 이해하려는 지식사회학은 지성사 연구의 방법이 될 수 있다.[3] 사회학자는 지식사회학의 입장에서 자신의 존재를 주어진 것으로 보지 않고 끊임없는 사회학적 성찰의 대상으로 올려놓는다.[4] 사회학자와 사회학 지식을 대상으로 삼는 지식사회학이 '사회학의 사회학'이라면 한국의 사회학과 사회학자들을 지식사회학적 분석의 대상으로 삼는 이 글은 '한국 사회학의 사회학'이 될 것이다.[5]

---

1 리처드 왓모어, 이우창 옮김, 《지성사란 무엇인가?》, 오월의봄, 2021, 6쪽.

2 피터 버크, 이상원 옮김, 《지식은 어떻게 탄생하고 진화하는가?》, 생각의날개, 2017.

3 서양철학의 역사를 지식사회학적 관점에서 분석한 Randall Collins, *The Sociology of Philosophies-A Global Theory of Intellectual Change*(Cambridge: Harvard University Press, 1988)이 하나의 전범이 될 수 있다.

4 피에르 부르디외·로제 샤르티에, 이상길·배세진 옮김, 《사회학자와 역사학자》, 킹콩북, 2019, 87쪽. 부르디외의 사회학적 자기분석에 대해서는 정수복, 〈거울 앞의 사회학자: 피에르 부르디외의 사회학적 자기분석〉, 《응답하는 사회학: 인문학적 사회학의 귀환》, 문학과지성사, 2015, 172~226쪽 참조.

5 피에르 부르디외는 "사회학의 사회학이 사회학적 인식론의 근본적인 차원이라고 믿는다." 그에 따르면 사회학의 사회학은 사회학 안의 여러 전공 영역 가운데 하나가

일반적으로 학계의 구성원들은 학계에서 통용되는 연구의 규범을 있는 그대로 따른다. 그러나 지식사회학적 입장에서 한국 사회학의 역사를 해석할 때 그 규범은 상대화된다. 사회학은 성찰성이 매우 높은 학문이다. 지식사회학의 한 분야인 '사회학의 사회학'은 사회학적 연구 활동 자체를 연구 대상으로 삼는다.[6] 사회학의 사회학은 사회학이라는 학문공동체와 그 안에서 활동하는 사회학자들의 활동에 영향을 미치는 사회적 조건들을 분석 대상으로 삼는다. 사회학의 사회학은 사회학이라는 학술장의 제도와 자원의 배분, 지배적 이론과 연구방법의 형성, 학자들 사이의 경쟁, 학회의 운영 방식과 학술지의 편집 방향, 논문과 저서의 내용 등에 작용하는 사회적 요인들을 밝혀내는 작업이다.

2. 학술장의 권력구조

'한국 사회학의 지성사'라는 제목을 단 이 연구는 1권에서는 세계 사회학의 역사와 그 안에서 전개된 한국 사회학 100년의 역사를 정리하고,

---

아니다. 그것은 "그 어떤 사회학적 실천에도 필수적인 선행 조건이다." 피에르 부르디외·로익 바캉, 이상길 옮김, 《성찰적 사회학으로의 초대: 부르디외 사유의 지평》, 그린비, 2015, 134쪽.

6 자기 학문의 성찰성 증진을 위해서는 사회학의 사회학뿐만 아니라 정치학의 정치학, 경제학의 경제학, 심리학의 심리학, 인류학의 인류학, 역사학의 역사학도 가능하다.

2권에서는 해방 이후 대학 내에 주류 아카데믹 사회학이 자리잡고 발전하는 과정을 이상백, 배용광, 이만갑, 이해영, 김경동의 사회학을 통해 밝혔다. 1970년대 후반부터 주류 사회학에 대한 비판과 도전이 제기되면서 1980년대에는 비판사회학과 역사사회학이라는 두 흐름이 형성되었다. 3권에서는 이효재, 한완상, 김진균의 비판사회학을 다루었고, 4권에서는 최재석, 신용하, 박영신의 역사사회학을 분석 대상으로 삼았다. 《한국 사회학의 지성사》 2~4권이 한국 사회학의 흐름을 세 갈래로 구별하여 다루긴 했지만 그 속에 포함되는 11명의 학자들을 개별적으로 다루었기 때문에 그들 사이의 관계에 대한 분석과 학술장의 내부 구조와 변동 과정 분석에는 소홀한 감이 없지 않다. 아래에서는 11명의 사회학자들의 사회적·지적 배경을 비교하면서 한국 사회학계라는 학술장에서 이루어지는 아카데믹 사회학, 비판사회학, 역사사회학이라는 세 학파 사이의 관계를 분석해보려고 한다.

분석을 위해 피에르 부르디외의 '장champ 이론'을 참조한다.[7] 사회는 상대적으로 자율성을 갖는 장들의 느슨한 연결로 이루어진다. 장이란 "위치들 간의 객관적 관계망"이다. 장에 참여하는 행위자들은 그곳에서 활동하는 데 필요한 아비투스habitus를 체화한 사람들로서 행위자들의 위치는 그들이 가지고 있는 자본의 양과 분포구조와 관련된다. 장

---

7 부르디외의 장 이론에 대해서는 피에르 부르디외·로익 바캉, 《성찰적 사회학으로의 초대》, 171~198쪽; 이상길, 《아틀라스의 발: 탈식민지 시대의 부르디외 읽기》, 문학과지성사, 2018, 191~254쪽; 이상길, 〈장 이론: 문제들, 구조 그리고 난점들〉, 양은경 외, 《문화와 계급: 부르디외와 한국 사회》, 동문선, 2002, 185~244쪽 참조.

은 마치 자기장처럼 그 안의 모든 행위자들에게 다양한 힘을 행사한다. 행위자들이 장으로부터 받는 힘은 그들의 자본 총량과 장의 구조가 결정하는 위치에 따라 달라진다. 장의 구조는 서로 대적하는 구체적 세력들 사이의 거리, 간격, 비대칭성으로 이루어진다.[8] 행위자들은 자신의 위치에 따라 장의 구조를 유지하거나 변화시키기 위해 경쟁한다. 장에서 행위자들의 상호작용은 게임에 비유될 수 있다. 장 안에서 행위자들은 자신의 자본을 활용하여 더 많은 자본을 확보하고자 '전략stratégie'을 사용한다.[9] 행위자들은 "개인적으로나 집단적으로 자신의 위치를 보호하거나 개선하고, 자기들의 생산물에 가장 유리한 위계화 원리를 부과하려고 애쓴다. 행위자들의 전략은 장 내, 달리 말해 특수한 자본 분포 내 그들의 위치에 달려 있으며 그들이 장에 대해 가지는 지각에 달려 있다."[10]

장이 유지되고 게임이 계속되기 위해서는 장의 행위자들이 게임의 '내기물enjeux'에 대한 이해 관심을 공유해야 한다.[11] 장에 따라 행위자에게 필요한 자본의 종류와 내기물이 다르다. 부르디외는 자신의 이론

---

8 피에르 부르디외·로익 바캉, 《성찰적 사회학으로의 초대》, 180쪽.
9 부르디외가 말하는 '전략'은 합리적 선택 이론에서 말하는 의도적인 계산의 산물이 아니다. 그가 말하는 전략은 "장의 특수한 국면과 아비투스의 만남"에 의해 추동되는 객관적으로 방향 지어진 행위노선을 뜻한다. 피에르 부르디외·로익 바캉, 《성찰적 사회학으로의 초대》, 220~221쪽.
10 피에르 부르디외·로익 바캉, 《성찰적 사회학으로의 초대》, 180쪽.
11 부르디외는 장의 내기물의 중요성을 인식하고 그것을 획득하기 위해 자신의 에너지를 투자하게 만드는 마음의 리비도를 '일루지오'라고 부른다.

을 활용하여 지식인장, 학문장, 문학장, 예술장, 종교장, 권력장, 사법장 등 다양한 장의 구조와 변동을 연구했다.[12] 이 글에서는 한국의 사회학자들이 한국 사회학의 발전이라는 내기물을 놓고 상호 협력하고 상호 각축하는 사회적 공간으로서의 '학술장'을 분석한다.[13]

학술장의 내기물은 '상징권력'이다. 학술장에 참여하는 행위자는 박사학위 등 상징자본을 소유하고 호기심, 탐구심, 지구력, 논리적 사고, 언어 감각, 수리 능력 등 학자 생활에 필요한 아비투스를 체화하고 학술장에서 자신의 위치를 높이기 위해 경쟁한다. 모든 장에는 보유 자본의 양에 따라 위치가 정해지고 그에 따라 위계질서가 생기고 권력이 작동한다. 한 사람의 학자가 학술장에서 행사하는 권력은 그가 학술장에서 차지하는 위치와 사회적 인정, 가용한 상징자본에 달려 있고 그것은 다시 그의 가족적 배경, 출신 지역, 출신 학교 등 사회적 조건에 의해 영향을 받는다.

한 학자가 행사하는 권력을 상징권력이라고 한다면 상징권력은 유명 학술지에 논문을 게재하는 능력, 단행본을 출간할 수 있는 힘, 대학이나 연구소의 교수나 연구원 충원에 자기 사람을 심을 수 있는 힘, 언론

---

12 한국 학계에서 장 이론을 사용한 분석의 보기로 이상길, 〈1990년대 한국 영화 장르의 문화적 정당화 과정 연구: 영화장의 구조변동과 영화 저널리즘의 역할을 중심으로〉, 《언론과 사회》 13권 2호, 2005, 63~116쪽 참조.

13 학술장academic field을 학자에 따라 지식장, 과학장, 학문장 등으로 부른다. 지식장은 너무 범위가 넓고 과학장은 자연과학만 포함하는 느낌을 주기 때문에 학문장과 학술장이 적합하다. 이 글에서는 학술상, 학술원 등의 표현에서 보듯이 우리 어감에 가장 자연스럽게 들리는 학술장이라는 용어를 사용한다.

매체에의 접근성과 여론 형성 능력, 정부나 기업의 자문 역할, 학계 외부에서 프로젝트 연구를 수주할 수 있는 능력 등으로 표현된다. 정부·공익재단·국제기관에서 받은 수상 경력, 학회 회장 역임, 학술원·예술원 회원으로 선임됨으로써 얻게 되는 공적 승인 등이 학술장에서 활용할 수 있는 상징권력의 기반이 된다.

상징권력을 기반으로 지도적 위치에 선 학자일수록 무엇이 중요한 연구 주제이며 무엇이 정당한 연구방법이며 어떤 연구가 탁월한 연구인지를 결정하는 힘이 크다. 상징자본이 많을수록 교수나 연구원 자리, 연구비 책정, 학술논문 게재 여부, 해외 학회 참여자 선정, 학술상 수상자 선정 등 학계의 희소자원을 권위적으로 배분하는 일에 더 큰 영향력을 행사한다. 한국 사회학이라는 학술장도 예외가 아니다. 거기에도 암암리에 경쟁의 구도가 작동한다. 1958년 이효재는 한국 사회학 초창기 학계의 경쟁에 대해 이렇게 썼다.

학계에 있어서도 학자들 사이에는 은근한 경쟁이 계속되고 있다. 그들 사이의 경쟁은 개인의 실력에만 의하는 듯이 생각하기 쉬우나 실은 선구자들이 발전시켜 놓은 지식의 축적이 그들의 학식의 기반이 된다. 경쟁은 또한 새로운 것을 발견하는 데 필요한 자극제의 역할을 하고 있다.[14]

---

14 이효재, 〈협력과 경쟁〉, 《한국평론》 6호, 1958, 158쪽.

3. 학술장의 위계구조

모든 사회에는 위계가 존재한다. 학술장에도 위계질서가 있다. 학술장의 자율성이 낮을수록 학술장 밖의 기준이 학술장의 위계에 강한 영향력을 발휘한다. 한국 사회학 학술장에는 '학벌주의'와 '서울 중심주의'가 크게 작용한다. 학벌은 서울대 학부 졸업과 미국 엘리트대학 박사 선호로 나타난다. 수도권 중심주의는 수도권 대학 교수 우위로 표현된다. 그에 따라 한국 사회학 학술장에는 암암리에 다음과 같은 서열구조가 작동하고 있다.[15]

정상에는 서울대 출신으로 미국 엘리트대학에서 박사학위를 받고 서울대 교수가 된 사람들이 자리한다. 그 다음에는 고려대, 연세대 출신으로 미국 엘리트대학에서 박사학위를 받고 모교의 교수가 된 사람들이 자리한다. 그 다음에는 서강대, 이화여대, 성균관대, 중앙대, 한양대, 경희대 등 서울 소재 대학 출신으로 미국 대학에서 박사학위를 받고 모교나 서울 소재 대학에 교수가 된 사람들이 있다. 그 다음에는 서울대 사회학과 출신으로 미국이나 유럽에서 박사학위를 받고 지방대학 교수가 된 사람들, 연고대 출신으로 해외에서 박사학위를 받고 지방대학의 교수가 된 사람들, 지방대학 출신으로 해외 유학을 거쳐 모교의 교수가 된 사람들 등으로 이어진다. 그 다음에는 대학 밖 정부 출연 연

---

15 이런 위계의 서열은 김종영의 분류를 다소 변형시킨 것이다. 김종영,《지배받는 지배자—미국 유학과 한국 엘리트의 탄생》, 돌베개, 2015, 111쪽.

구소나 기업연구소 등에 소속된 박사급 연구원들과 겸임교수, 연구교수 등의 계약직 교수들, 국내외 대학 박사학위 소지자로 BK, HK, SSK 등의 연구 프로젝트에 종사하는 시간강사들, 연구조교로 활동하는 석·박사 과정 학생들이 있다.

학계의 주류 세력은 학계의 과거, 다시 말해 학계의 역사와 당면과제와 미래를 정의하는 일에도 상징권력을 행사하며 관여한다. 그러나 학술장의 권력구조도 조건에 따라 변화한다. 학계 밖의 정치적 변화가 학계에 영향을 주기도 한다. 1960년대 미국 사회학계나 1980년대 한국 사회학계에서 볼 수 있듯이 정치사회적 변동 상황에서 주류 학계를 비판하는 흐름이 만들어지고 새로운 문제와 이론과 방법으로 쓴 논문과 저서가 발표된다. 비주류 학자들은 그렇게 상징자본을 축적하면서 학계의 희소 자원 배분에 적극적으로 참여한다. 그런 과정에서 비주류 세력의 상징자본이 증가하면 학계의 권력구조에 변화가 일어난다.[16]

한국 사회학계의 구조와 변동을 설명하기 위해서는 연구 대상으로 선정된 11명의 학자들이 학술장 내부에서 차지하는 위치와 그들 사이의 관계에 대한 분석이 필요하다. 부르디외의 관점을 따르면 학술장은 서로 대립적인 위치에 있는 구성원들 사이의 관계로 이루어진다.[17] 학

---

16 이런 설명은 토마스 쿤의 패러다임 변동에 대한 설명에서 유추한 것이다. 토마스 쿤, 김명자·홍성욱 옮김, 《과학혁명의 구조》, 까치글방, 2013.

17 부르디외의 학술장에 대한 논의로는 Pierre Bourdieu, "The Specificity of Scientific Field and the Social Condition of the Progress of Reason", *Social Science Information*, No. 14, 1975, pp. 19~47과 Pierre Bordieu, "Le champ scientifique", *Actes de la recherche en sciences sociales*, No. 2~3, 1976, pp. 88~104 참조

술장에 참여하는 학자들은 각자 자신의 상징자본을 축적하여 학계의 경쟁 관계 속에서 자신의 영향력을 증진시키기 위해 알게 모르게 전략을 구사한다. 그에 따라 학술장의 구조가 유지되며 변화한다. 부르디외의 관점에서 보면 한국 사회학 학술장은 한국 사회의 현실을 서술하고 이해하고 설명하는 담론을 생산하고 그것을 정당화하기 노력하는 학자들 사이의 경쟁의 장이다.

그러나 부르디외의 장 이론은 두 가지 문제점을 지닌다.[18] 첫째, 학술장의 구성원들 사이의 연대와 협력의 측면을 무시한다는 점이다. 학술장은 경제장이나 정치장과 구별되는 학술장의 목표가 있다. 진리의 탐구나 학문의 발전이라는 목표는 학술장 고유의 목표이다. 학술장의 구성원들은 내부의 목표 달성을 위해 협력하고 연대한다. 정치권력과 경제권력의 개입으로부터 학계의 자율성을 확보하는 것은 학계 구성원 공동의 이해관계이다. 둘째, 부르디외의 이론은 학문의 주체성과 학술장의 상대적 자율성이 높은 프랑스 학계를 대상으로 연구하면서 만들어진 것이어서 외국 학계의 영향을 크게 받고 학술장의 자율성이 상대적으로 낮은 한국 학계를 연구하는 데 한계가 있다.[19] 한국 사회학이라는 학술장에 대한 연구는 미국과 유럽 등 외국 학계에서 오는 영향력

---

18 프랑스 학계 내에서 장 이론의 한계를 지적하는 논의로 스테판 올리브지, 이상길 옮김, 《부르디외, 커뮤니케이션을 말하다》, 커뮤니케이션북스, 2007, 42~48쪽의 〈발견에 도움이 되면서도 한계를 지니는 '장'이라는 범주〉 참조.

19 선내규, 〈한국 사회학장의 낮은 자율성과 한국 사회학자들의 역할 정체성 혼란〉, 《사회과학연구》, 서강대학교 사회과학연구소, 18권 2호, 2010, 126~176쪽.

(타율성)을 줄이고 내부의 상호작용을 통해 스스로의 학술장을 유지하는 능력(자율성)을 높이려면 어떤 조건이 필요한가라는 문제에도 초점을 맞추어야 한다.

4. 학술장의 구조변동

학술장은 학계 밖 전체 사회의 영향을 받으며 내부의 경쟁에 의해 변화를 경험한다. "장은 세력 관계의 진원지이며, 그것을 변형시키는 투쟁의 진원지이며 따라서 끊임없는 변화의 진원지이다."[20] 반공과 경제개발의 당위성이라는 이념적 틀 안에서 움직인 한국의 주류 아카데믹 사회학은 1970년대 이후 점차 비판에 직면했다. 1970년대는 산업화와 도시화가 심화되고 정치적 억압이 강화되던 시기였다. 1980년대에도 권위주의적 정권의 억압이 계속되고 자본주의의 진전과 더불어 불평등이 가시화되자 젊은 사회학자들은 마르크스주의로 기울면서 급진화하기 시작했다. 자본주의적 계급구조의 분석과 노동계급을 변화의 주체로 만들기 위한 사회학적 연구가 그들의 중심 과제가 되었다. 민주화를 추구하던 학생운동은 노동운동과의 결합을 추구하면서 자본주의의 모순 해소를 주요 목표로 설정했다. 북한과의 적대적 관계를 청산하고 미국에 대한 의존

---

20 피에르 부르디외·로익 바캉, 《성찰적 사회학으로의 초대》, 183쪽.

도를 줄이려는 움직임도 일어났다. 그 과정에서 독재와 반공의 틀을 벗어나고 자본주의와 분단의 문제점을 파헤치는 비판사회학이 등장했다.

1970년대까지 한국의 주류 사회학은 기존 체제의 틀 속에서 산아제한, 새마을운동, 노사관계, 미디어와 사회개발 등의 영역에서 기존 질서를 유지하고 강화하면서 경제성장을 계속하고 정치적 질서를 유지하는 데 기여했다. 1980년대에 태동한 비판사회학은 학생운동의 확산에 기여했으며 민주노총과 진보정당의 형성에도 일정 부분 힘을 보탰다. 그 과정에서 비판사회학은 한국 사회학이라는 학술장에서 주류 사회학과 경쟁하는 관계가 되었다.

다른 한편 현실에 대한 비판의식을 공유하지만 비판사회학과 구별되는 또 하나의 흐름이 형성되었다. 현실참여를 자제하고 한국의 고유한 역사적 맥락을 강조하는 역사사회학이 등장한 것이다. 역사사회학과 비판사회학은 주류 사회학에 대한 비판에서 출발했다는 공통점을 갖는다. 하지만 역사사회학은 비판사회학과 달리 현실에 적극적이고 직접적으로 개입하지 않는다는 점에서 주류 사회학과 같은 입장을 취했다.

주류사회학, 비판사회학, 역사사회학은 1990년대 이후 한국 사회학계의 학술장에서 서로 다른 지향성을 가지고 경쟁하고 대립하는 관계에 있다. 그러나 2020년대 들어 한국 사회학계의 자율성을 높이고 독창성을 만들기 위해 세 가지 흐름 사이에는 경쟁과 대립 못지않게 대화의 협력관계 형성이 필요하게 되었다. 한국 사회학계를 관류하는 세 가지 흐름은 경쟁하고 협력하면서 한국 사회와 한국 사람들의 삶을 더 낫게 만드는 일에 기여해야 한다. '한국 사회학의 사회학'이라는 제목의 이 글은 분석에 이어 그 방안을 탐색한다.

2.

한국 사회학 학술장의
주요 행위자들

역사를 쓰기 위해서는 부분과 전체를 오가며 전체의 윤곽을 잡고 그 안에서 부분이 갖는 의미를 생각해보는 작업이 필요하다. 《한국 사회학의 지성사》는 이상백에서 박영신에 이르는 사회학자 11명의 삶과 학문적 성과를 한국 사회의 변동과 한국 사회학의 전개라는 큰 틀 안에서 검토했다. 11명 모두 식민지 시대, 해방, 전쟁, 분단시대를 경험했다. 1966년에 작고한 이상백과 1979년에 세상을 떠난 이해영을 제외한 9명은 권위주의 정치체제, 경제성장, 민주화, 사회주의 체제 붕괴, 세계화, 정보화를 두루 경험했다. 11명의 사회학자는 정치적 소용돌이와 경제성장과 문화적 변동의 시기를 거치면서 사회학이라는 학문을 통해 역사적 상황을 이해하고 설명하려고 했다. 그들은 각자 한국 사회학계라는 학술장에서 자신의 위치를 설정하고 사회학이라는 학문을 통해 현실에 대응했다.

이 책에서 다룬 11명의 사회학자를 세대로 나누면 이상백(1904~

1966), 이만갑(1921~2010), 배용광(1921~2010), 이효재(1924~ 2020), 이해영(1925~1979), 최재석(1926~2016)이 1세대 학자에 속하고, 김경동(1936~), 한완상(1936~), 김진균(1937~2004), 신용하(1937~), 박영신(1938~)을 2세대 학자라고 볼 수 있다.[21] 1세대 학자 6명이 일제 시대와 한국전쟁의 체험에 깊게 침윤되어 있는 세대라면 2세대 학자 5명은 한국전쟁 이후 4·19와 경제성장 그리고 민주화 과정을 체험한 세대라고 할 수 있다.

1세대와 2세대는 해방 이후 전개된 한국 사회학의 형성 과정에서 주역을 담당했다. 1세대 사회학자 가운데 이상백 한 사람만 1900년대생이고 나머지 다섯 사람은 모두 1920년대생이다. 이 책에서 직접 다루지는 않았지만 사회학과 교수였다가 서울대 상대 학장을 거쳐 총장이된 최문환(1916~1975)이 1910년대생이었다. 한국 사회학 초창기의 학자들 대부분은 일제강점기에 태어나 식민지 체제에서 교육을 받았으며해방과 한국전쟁을 거치면서 성인기에 도달했다. 이들의 학문 활동은한국전쟁 이후 1950년대를 거쳐 4·19혁명 이후 1960년대와 1970년대에 본격화되었다.

---

21 참고로 행정학 분야를 보면 "제1세대 학자들은 행정학의 탄생 시점인 1950년대 중반부터 약 10년간 신생 학문인 행정학을 미국으로부터 수입하는 데 온 힘을 쏟았다. 다투어 미국의 행정학 이론이나 제도를 소개하기에 바빴다. 따라서 이들이 한국 행정에 적실성이 있는지를 따질 겨를이 없었다." 제2세대 학자란 "제1세대 학자로부터 수학하고 1970년대와 1980년대에 활발한 연구 활동을 수행한 사람으로 규정한다." 김병섭, 〈한국 행정학의 토착화: 제2세대 학자들의 역할〉, 김현구(편), 《한국 행정학의 한국화론: 보편성과 특수성의 조화》, 법문사, 2013, 387~388쪽.

2세대 사회학자에 속하는 김경동, 한완상, 김진균, 신용하, 박영신은 모두 1930년대 후반에 태어났다. 사회학 1세대와 2세대 사이에는 어떤 차이가 있는가? 어떤 변화가 일어났는가? 1세대와 2세대 사이의 가장 큰 차이점은 학술언어이다. 1세대 사회학자들 가운데 이상백, 배용광, 이만갑, 이해영은 일제하에서 일본식 근대교육을 받은 사람들이었다. 1세대 학자들 가운데 이효재는 교육 배경이 앞사람들과 다르다. 이효재는 식민지 시대에 선교사들이 운영하는 미션스쿨을 다니면서 일찍부터 서양문명을 접촉했고 1947년 미국 유학을 떠나 1957년 컬럼비아대학에서 석사학위를 받고 귀국했다. 이상백, 배용광, 이만갑, 이효재, 이해영, 최재석 등 1세대 사회학자들은 1900년에서 1930년 사이에 태어난 세대로서 일본어로 교육받고 일본어로 사유한 세대이다.[22] 이효재를 제외한 다섯 명의 학자들은 일상에서는 우리말을 했지만 지식인으로서 고급 지식과 교양은 전부 일본어를 통해 습득하는 이중언어 상황 속에서 살았다. 일제강점기에 고등교육을 받은 사람들은 조선어가 아니라 "일본어로 자아와 학문을 형성한" 세대이다. 이들 세대에 속하는 학

---

22 이상백과 이만갑은 청소년 시절부터 일본에서 교육을 받았기 때문에 일본어에 더욱 친숙했을 것이고 이효재는 기독교 계통의 학교를 다녔기 때문에 일본어에 덜 익숙했을 것이다. 일제강점기에 국내에서 수학한 이해영과 최재석은 이효재보다는 이상백과 이만갑 쪽에 가까울 것이다. 그러나 우리말 글쓰기에서 이상백은 뛰어난 능력을 보였는데 이는 형 이상화(시인)의 영향 등 가족적 배경에서 비롯된 개인적 노력의 결과로 보인다. 이상백은 3·1운동 이전 대구에서 이상화, 백기만 등과 함께 동인지 《거화》를 발행했고 훗날 《한글의 기원: 훈민정음 해설》(통문관, 1957)을 펴내기도 했다. 권보드래, 《3월 1일의 밤》, 돌베개, 2019, 513쪽.

자와 지식인들은 일제 말기에 이르러서는 "시와 소설을 등 가장 예민한 정서를 표출하는 문학도 일본어로 표현하기 시작했다."[23] 해방이 되고 "일본 제국이 한반도에서 물러갔을 때 10대 및 20대의 청년기에 이르렀던 이들 세대에게 닥친 가장 큰 어려움은 다름 아닌 '한글로 읽고 쓰기'였다. 일본어를 국어로 익히고 교육받은 이들에게 새로운 국어로 등장한 한국어는 외국어에 다름 아니었다."[24] 1929년생인 리영희의 다음과 같은 고백은 이 세대의 약점을 잘 보여준다.

> 나는 자기의 약점을 검증하고, 그것을 보완할 방법을 연구해야 했다. 가장 큰 약점은 우리말의 서투름이었다. 일제하에서 국민학교 4학년까지 '조선어'를 배웠을 뿐, 일본인이 다수인 중학교에서 일본말로 공부하다 해방을 맞아 정확한 우리말을 익힐 기회가 별로 없었다. (통역관으로 지낸–필자의 첨가) 군대 생활 7년간은 영어와 우리말을 절반씩 사용하는 틀 속에서 '쓰는 한국어'를 연마할 기회가 없었다.[25]

이 세대 학자들은 "일본어의 세계로부터 한국어의 세계로의 급작스런 이동이 초래한 혼란과 정신적 트라우마"를 겪었지만 그것을 드러내 놓고 말하기 어려운 상황이었다. "일본어를 비롯한 '일본적인 것'의 흔

---

23 정종현, 《제국대학의 조센징》, 휴머니스트, 2019, 233쪽.
24 김철, 《우리를 지키는 더러운 것들》, 뿌리와이파리, 2018, 141쪽.
25 리영희, 《歷程—나의 청년시대》, 창작과비평사, 1988, 251쪽. 리영희는 군대에서 통역장교로 복무했다.

적과 기억을 깨끗이 지우고 말소하는 동시에 그 자리를 민족 순수성의 신화로 대체하는 작업은 해방 이후 국가적 기획으로서 가차 없이 진행되었다. 자신의 기원에 새겨진 식민지적 혼종성과 굴절을 정면으로 직시하는 지적 용기는 이런 상황에서는 생겨날 수 없었다."[26]

반면 김경동, 한완상, 김진균, 신용하, 박영신 등 1930년대 후반에 태어난 한국 사회학 2세대는 해방을 맞이하여 우리말로 교육을 받았다. 첫 '한글세대'에 속하는 2세대 사회학자들은 이전 세대가 겪은 갑작스런 언어 교체로 생긴 정신적 혼란을 겪지 않았다. "이 새로운 세대는 '일제 잔재 청산'이라는 구호 앞에서 어떤 자기모순이나 자기분열을 겪을 필요가 없었다. 그들은 국어에 대한 어떤 콤플렉스도 가질 이유가 없었고 식민지의 기억으로부터도 자유로웠다. 그들에게 주어진 역사적 행운은 그뿐만이 아니었다. '한글세대'라는 명칭을 얻은 그들은 20대가 되었을 때 4·19혁명의 주역이 되었다. 독재와 부패로 얼룩지고 '친일분자'들로 이루어진 이승만 정권은 새로운 '민주국가'에서 자라난 이 세대에 의해 붕괴되었다. 한국의 역사에서 이러한 승리와 영광을 체험한 세대는 오직 한글세대뿐이었다."[27]

---

26 김철, 《우리를 지키는 더러운 것들》, 144쪽.

27 김철, 《우리를 지키는 더러운 것들》, 149쪽. 한글세대는 해방 이후 어문정책의 산물이다. 해방이 되면서 외솔 최현배는 미군정청 학무국의 편수국장이 되어 교과서 편찬을 주도했다. 그의 주도로 모든 교과서는 모두 한글로 하되, 필요에 따라 한자는 괄호 안에 넣었고, 일제 시대의 세로쓰기 방식을 버리고 가로쓰기로 통일되었다. 그 원칙에 따른 첫 결과가 1945~1946년에 나온 《한글 첫걸음》과 《초등국어교본》이다. 미군정청은 이 책들을 전국의 국민학교에 무상으로 공급했다. "이것이 곧

이상백은 1세대 학자임에도 한글을 잘 구사했지만 다른 1세대 학자 대부분은 한글로 학문적 글을 쓰기에 어려움을 겪었을 것이다. 반면 2세대 학자인 김경동과 한완상은 고교시절 '작가'가 되겠다는 꿈이 있을 정도로 한글로 글을 쓰는 일에 뛰어났고 박영신 역시 최현배와 김윤경의 영향을 받아 고유한 한글 문체를 구사했다. 2세대 학자들은 미국 유학 여부와 관계없이 영어 텍스트를 읽는 능력에서 전前세대를 능가했으며 자신들의 체험을 학문과 연결시켜 한글로 표현했다는 점에서 이전 세대와 구별된다. 한글세대는 일본어로 교육받고 일본문화에 침윤된 이전 세대의 콤플렉스로부터 벗어나 완벽한 모국어를 구사하면서 1970년대 들어 새로운 학문의 길을 열어나갔다.

학술언어의 문제는 미국 사회학과의 관계로 이어진다. 1955~56년 이만갑과 이해영의 미국 연수 이후 한국 사회학은 미국 사회학을 적극적으로 수용하기 시작했다. 2세대 사회학자들은 1세대 학자들과 달리 미국 사회학을 직접 수용한 사람들이 대세를 이루었다. 그러나 2세대 학자 5명 모두 각자 자기 방식으로 한국 사회학의 현실적합성, 정체성을 모색했다는 점에서 지향성을 공유했다. 2세대 학자들이 활발하게 활동한 1970년대와 1980년대를 거치면서 한국 사회학계는 토착화, 독창적 사회학, 우리의 문제를 우리답게 고민하고 해결해가는 우리다운 사회학, 지식인과 사회학자의 역할, 자생적 이론의 구성 등에 대한 논의를 본격화했다.

'한글세대의 씨뿌림이요, 한글세대 형성의 주춧돌이 된 것이다." 김석득, 《외솔 최현배, 학문과 사상》, 연세대학교출판부, 2000, 109쪽.

학문의 역사가 일천한 상황에서 1세대 학자들은 특정 분야의 스페셜리스트가 되기보다는 여러 분야를 두루 다루는 제너럴리스트가 되어야 했다. 서울대 사회학과를 만든 이상백과 경북대 사회학과를 주도한 배용광은 여러 분야에 두루 관심을 보였다. 이상백은 사회사, 사회학 이론, 사회학사, 정치사회학, 사회계층론 등 다양한 분야에서 글을 남겼고 배용광은 산업사회학, 사회학 이론, 종교사회학, 농촌사회학, 사회계급론, 스포츠사회학, 법사회학 등 광범위한 영역에 관심을 보였다. 이만갑은 조사방법과 농촌사회학, 사회학 이론에 집중했고, 이효재는 가족사회학과 여성사회학, 이해영은 인구학과 인류학, 최재석은 농촌사회학과 가족사 분야에 관심을 집중했다. 그러나 2세대로 가면서 한정된 전공을 강조하는 분위기가 생겼다. 김경동은 사회발전론과 노사관계론, 한완상은 사회학 이론과 정치사회학, 신용하는 사회사, 김진균은 산업사회학과 사회계급론, 박영신은 사회학 이론과 역사사회학 등에 연구 관심을 집중했다. 그러나 2세대의 경우에도 김경동은 사회학 안의 여러 전공 분야를 가로지르는 제너럴리스트의 면모를 보였다.

1세대 학자들과 2세대 학자들 사이의 또 다른 차이점은 1세대의 경우 자신의 삶과 학문이 다소 분리된 상태에 있었지만 2세대 학자들은 자신들의 체험을 학문과 연결시키려고 노력했다. 그들은 1세대 학자들이 마련한 대학 내 사회학과라는 제도적 기반 위에서 자기 세대의 체험을 바탕으로 한국 사회학의 정체성을 확립하려고 노력했다.

1930년대에 출생한 9명의 한국 건축가들의 구술사 작업을 진행한 연구자의 다음과 같은 언급은 2세대 사회학자를 이해하는 데 도움이 된다.

우리는 이제야 비로소 전 세대의 건축가를 갖게 되었다. 1945년 제2차 세계대전의 종전과 함께 해방을 맞이하였지만, 해방 공간의 어수선함과 곧이어 터진 한국전쟁으로 인해 본격적인 새 국가의 틀 짜기는 1950년 대 중반으로 미루어졌다. 건축계도 예외는 아니어서, 1946년 서울대학 교에 건축공학과가 설치된 이래 1950년대 중반에 이르러서야 비로소 전 국의 주요 대학에 건축과가 설립되어 전문인력의 배출 구조를 갖출 수 있었다. 1950년대에 대학을 졸업하고 사회로 진출한 세대는 한국의 전 후 사회체제가 배출한 첫 번째 세대이며, 지향점의 혼란 없이 이루어지 는 고도 경제 성장기에 새로운 체제의 리더로서 왕성하고 풍요로운 건 축 활동을 할 수 있었던 행운의 세대라고 할 수 있다. 이들이 은퇴기로 접어들면서, 우리의 건축계는 학생부터 은퇴 세대까지 전 세대가 현 체 제 속에서 경험과 인식을 공유하는 긴 당대를 갖게 되었다. 실제 나이에 무관하게 그 앞선 세대에 속했던 소수의 인물들은 이미 살아서 전설이 된 것에 반하여, 이들은 은퇴를 한 지금까지 아무런 역사적 조명도 받지 못하고 있다. 단지 당대라는 이유, 또는 여전히 현역이라는 이유로 그들 은 관심의 대상에서 벗어나 있다. 우리의 건축사가 늘 전통의 시대에서 좀 더 나아가더라도 근대의 시기에서 그치고 마는 것도 바로 이 때문이 다. 빈약한 우리나라 현대건축사를 구성하기 위해서는 이들 전후 세대 에서 출발하여야 한다. 무엇보다도 이들은 현재의 한국 건축계의 바탕 을 만든 조성자들이다. 이들은 수많은 새로운 근대 시설들을 이 땅에 처 음 만들어 본 선구자이며, 외부의 정보가 제한된 고립된 병영 같았던 한 국 사회에서 스스로 배워나가지 않으면 안 되었던 창업의 세대이다. 또 한 설계와 구조, 시공과 설비 등 건축의 전 분야가 함께 했던 미분화의

시대에 교육을 받았고, 비슷한 환경 속에서 활동한 건축일반가의 세대이기도 하다.[28]

사회학자는 아니지만 2세대 사회학자들과 같은 세대에 속하는 철학자 박동환의 다음과 같은 고백도 2세대 사회학자들을 이해하는 데 도움이 된다.

그러니까 과거를 돌이켜볼 때, 현재의 상태에 깊은 영향을 끼친 일들로는 아마, 우리 세대가 다 그렇겠지마는, 1945년 일제 통치로부터의 해방이라는 것과 1950년 한국전쟁이라는 것이 가장 컸던 것 같습니다. …… 철학을 학습만 하는 게 아니고, 물론 실천 행동으로 사회에 참여하지는 않지마는, 1945년 일제로부터의 해방과 1950년 한국전쟁이라는 상상밖의 현실을 경험한 자에게는 아직 끝나지 않은 철학적 과제가 남은 거죠. 그 시대의 체험이 나에게 어떤 역사관, 존재론, 운명관으로 다가오는 것인지 하는 과제가 남아있는 겁니다. 얼마나 그것이 빠져나오기 어려운 수렁이었는지, 지금 공부하는 분들은 실감할 수가 없는 겁니다. 하여튼 그러한 역사의 급변사태를 통과하면서 겪는 체험과 그 후에 철학 교수님들이 하는 순수철학이라는 게 나는 어떻게든 연결되어야 한다고 생각했어요.[29]

---

28 전봉희, 〈살아 있는 역사, 현대건축가 구술집 시리즈를 시작하며〉, 유걸, 《유걸 구술집》, 마티, 2020, 9쪽.

29 박동환, 《X의 존재론》, 사월의책, 2017, 457쪽과 465~466쪽.

한완상, 김경동, 신용하, 김진균, 박영신 등 2세대 사회학자들은 미국 사회학을 수용하면서도 한국의 역사적·문화적 상황을 염두에 두고 한국 사회를 설명하는 한국 사회학을 발전시키려고 했다. 한완상이 미국 사회학의 현실적합성 부재를 비판하며 현실 비판과 실천 활동으로 나아갔다면 신용하는 서구 사회학 이론과 거리를 유지하고 한국의 근현대사 연구에 몰두했다. 한완상이 독재권력 비판과 민주화를 일차적 과제로 삼았다면 김진균은 자본주의와 분단 상황이 초래한 근본적 문제와 정면으로 마주섰다. 김경동과 박영신은 서구 사회학에 대한 폭넓은 이해를 바탕으로 한국 사회학의 길을 모색했다. 김경동이 미국 현대 사회학 이론의 소개에 주력하다가 유교를 중심으로 '문화적으로 독립적인 사회학'을 주창했다면 박영신은 베버와 뒤르켐 등 고전사회학 이론의 현대적 의미에 천착하면서 파슨스의 구조기능주의, 블루머의 상호교섭론, 코저와 다렌도르프의 갈등론 텍스트를 번역 소개하고 알튀세르와 하버마스를 비롯하여 여러 비판이론가들과 비판적 대화의 방식으로 유럽 사회이론도 소개했다. 그러면서도 두 사람은 한국 사회에 대한 분석을 계속했다. 김경동이 양적 연구방법을 활용한 조사 연구에 강조점을 둔 반면 박영신은 역사사회학과 질적 방법에 기초한 성찰적 비판사회학의 길을 열었다. 국내에서 미국 사회학을 통해 사회학에 입문한 김진균은 1980년대 이후 급진화되면서 자본주의를 비판하는 마르크스주의 분석틀을 받아들였다. 그는 젊은 세대 학자들과 연대하여 이전의 사회학과 구별되는 비판사회학의 길을 열었다.

3.

한국 사회학의
지식사회학

한 사람의 학자가 학계에서 행사하는 권력은 그 사람의 학문적 업적과 지적 능력에만 달려 있는 것이 아니다. 피에르 부르디외가 프랑스 대학 교수들로 이루어진 학술장을 분석하면서 말했듯이 "학술장에서 일어나는 일들을 이해하려면 학술장을 지배-피지배 관계가 존재하는 권력장으로 보아야 한다. 그렇게 하지 않으면 학술장에서 일어나는 수많은 일들을 이해할 수 없다."[30] 한 사람의 학자가 보유한 권력의 양은 학문적 능력뿐만 아니라 학계의 위계질서에서 그가 차지하는 위치에 따라 달라진다. 거기에는 가족적 배경, 출신 지역, 출신 학교 등 개인적 요소가 암암리에 작동하고 소속 대학의 위치와 직위 등이 좀 더 실질적으로

---

30 Pierre Bourdieu, "Les Professeurs de l'Université de Paris à la veille de mai 1968", C. Charle et R. Ferré éd., *Le personnel de l'enseignement supérieur en France aux XIXe et XXe siècle*(Paris: Edition du CNRS, 1985), p. 177.

작동한다.《한국 사회학의 지성사》2~4권에서는 11명의 사회학자 각자의 삶과 학문적 업적을 살피기 위해 전기적 접근biographical approach을 사용했다. 그러나 한국 사회학계라는 학술장을 분석하기 위해서는 지식사회학sociology of knowledge적 접근이 필요하다.[31] 아래에서는 먼저 사회학자 11명의 연구 작업에 영향을 미친 가족 배경, 출신 계층, 언어, 출신 지역, 출신 학교, 종교적 배경, 유학 체험, 학계 진입 과정 등을 분석해본다. 이것은 각자의 학문 활동과 학술장 내에서의 행위 지향성—부르디외의 용어를 사용한다면 아비투스—을 이해하려는 하나의 기초적 시도이다.[32]

---

31 한국 사회학자의 지식사회학 연구로 전태국,《지식사회학: 지배, 이데올로기, 지식인》, 한울아카데미, 2013 참조.

32 이런 작업은 한국 사회학의 성찰성을 높이기 위한 시도이다. 부르디외에 따르면 성찰성은 "연구자의 자기 위치와 관점, 이해관계에 대한 객관화 작업"을 요구한다. "이때 객관화의 대상은 연구자 개인이 속한 학문장의 특징, 그가 거기서 차지하는 위치와 이해관계, 그의 궤적, 그가 취한 관점에 새겨진 편향 등이다." 학술장의 성찰성을 높이기 위해서는 주요 행위자들의 출신 배경, 교육 과정, 아비투스, 이해관계 등이 연구 주제, 사고 범주, 분석 도구의 선택에 어떤 영향을 미치는가를 탐구해야 한다. 이상길, 〈용어해설: 부르디외 사회학의 주요 개념〉, 피에르 부르디외·로익 바캉, 이상길 옮김,《성찰적 사회학으로의 초대》, 그린비, 2015, 501~502쪽.

1. 사회계층적 배경

19세기 전반 사회학을 시작한 콩트, 스펜서와 19세기 후반 사회학을 본궤도에 올려놓은 마르크스, 베버, 뒤르켐 등은 귀족이 아닌 교육받은 부르주아 출신이었다. 19세기 후반 영국, 프랑스, 독일 등은 자본주의가 발달하면서 민족국가별로 관료화된 행정조직이 발전하고 노동운동이 형성되면서 계급갈등이 표출되던 시기였다.[33] 한국 사회의 경우 미군정기의 좌우 이념 갈등과 한국전쟁을 거쳐 분단상황이 고착되면서 냉전 반공 이데올로기가 지배적인 상황에서 사회학이라는 학문이 형성되었다.

이런 상황에서 사회학자가 된 사람들은 어떤 배경을 가진 사람들이었을까? 그들의 사회적 배경은 한국 사회학이라는 학문의 성격에 어떤 방식으로 영향을 미쳤을까? 물론 학자들의 사회적 출신 배경이 학문의 성격 변화에 미치는 영향은 기계적이지 않다. 지배계급 출신으로 비판적 학문을 하는 사람도 있고 피지배계급 출신으로 지배계급을 위한 학문을 하는 사람도 나온다. 그럼에도 불구하고 해방 후부터 1960년대까지 남한의 학계는 지배계급 출신이 주도하다가 이후 상대적으로 출신 계급이 다양해졌다. 김채윤은 1964년 서울시에 거주하는 대학교수 378명을 대상으로 조사한 자료를 바탕으로 다음과 같이 썼다.

---

33 Alvin Gouldner, *Coming Crisis of Western Sociology*(New York: Basic Books, 1970), p. 116.

40대 이상의 교수는 비교적 제한된 범위(상류 계층)에서 충원되었으나 40대 이하의 교수는 비교적 광범위하고 각 계층으로부터 충원되는 경향이 있다. 이와 같이 교수가 각 계층으로부터 충원되는 경향은 앞으로 더욱 뚜렷해질 것으로 생각된다. 그렇게 되면 한국의 대학교수의 사회적 성격, 또는 대학의 성격도 많이 변모할 것으로 생각되는 것이다.[34]

1964년에 40대 이상의 교수라면 1920년대 이전에 태어난 사람들이다. 초창기 사회학자 1세대가 여기에 속한다. 그들의 가족적 배경을 보면 부친의 직업이 사업가(이상백), 왕족(이해영), 변호사(이만갑), 목사(이효재), 미상(배용광, 최재석)이다.[35] 2세대 사회학자의 경우 부친 직업은 기업가(김진균), 교사(한완상), 목사(박영신), 미상(김경동, 신용하) 등이다.[36] 김채윤의 예상대로 1세대에서 2세대로 가면서 출신 배경이 상류층에서 중류층으로 다양화되는 경향이 보인다.

식민지 시대 지배층은 대체로 지주층이었는데 11명의 사회학자 가

---

34 이상백·김채윤, 《한국 사회계층 연구: 사회계층의 예비적 조사》, 민조사, 1966, 185~186쪽.

35 배용광이 경성제국대학을 다닌 것을 보면 부친이 대구·경북 지역에서 상당한 재력과 지위를 가졌던 것으로 짐작된다. 최재석의 경우 부친이 일찍 사망해서 형님이 아버지 역할을 했는데 군청 직원이었던 것을 보면 교육받은 중간층이었던 것으로 짐작된다.

36 김경동의 부친은 안동의 교회 장로였다고 하는데 이는 일정한 사회적 지위를 반영한다.

운데 지주층 출신은 한 명도 없다.[37] 그 대신 사업가, 변호사, 목사, 교사 등 근대적 분야의 직업을 가진 사람이 다수를 이루고 있다. 이는 근대적 학문인 사회학의 성격과 어울리는 것이라고 볼 수 있다. 상류층 출신이 법학이나 의학을 전공하는 경우가 많고 사회학 전공자는 중하층 출신이 많다는 고영복의 가설을 참조해볼 수 있다.

2. 출신 지역적 배경

한국 사회에는 지연이 크게 작용한다. 학계에서도 마찬가지다. 어느 지역 출신인가가 학계 활동 무대의 배면에서 중요하게 작용한다. 크게 봤을 때 한국 사회학은 대구·경북 강세의 학문이다. 11명 사회학자의 출신 지역을 보면 평북 신의주 출신의 이만갑과 서울 출신의 이해영, 제주 출신의 신용하를 제외하고 나머지 8명이 모두 영남 출신이다. 그 가운데 이상백, 배용광, 최재석, 김경동, 한완상, 박영신이 대구와 경북 출신이고 이효재와 김진균은 경남 출신이다. 8명의 영남 출신 가운데 6명이 대구·경북 출신이므로 한국 사회학은 TK가 주류를 이룬 학문이었다고 볼 수 있다. 좀 더 자세한 조사를 해봐야겠지만 오늘날에도 TK

---

37 이해영의 부친이 서울 종로구에 넓은 토지를 소유하고 있었다고 하나 지주층이었는지는 분명하지 않다. 신용하의 부친은 일정한 직업이 없이 풍수지리에 밝은 재야 지식인이었던 것 같다.

강세는 계속되고 있는 듯 보인다.

사실 일제강점기에는 호남 출신 사회학자들이 여럿 있었다. 도쿄제국대학에서 박사학위를 받은 윤리학자였지만 한국 가족을 연구한 김두헌(전남 장흥), 하버드대학에서 박사학위를 받은 하경덕(전남 보성), 독일 라이프치히대학에서 박사학위를 받은 김현준(전남 나주) 등이 그 보기이다. 그렇다면 사회학계에 왜 호남 출신학자가 적은가?[38] 해방 이후 좌우 대립 시기와 한국전쟁을 거치면서 호남 출신 지식인들 가운데 다수가 좌익의 입장에 섰다가 월북했거나 아니면 뜻하지 않게 비운에 사망했거나 공식적 활동이 불가능해서 침묵했기 때문일 수도 있다. 영남 출신들 가운데 사회학을 공부한 사람들의 숫자가 많았기 때문일 수도 있다. 하지만 가장 직접적인 이유로는 교수 충원에 연고주의가 작용하는 한국 사회에서 사회학과를 처음 만든 이상백과 최문환이 대구 출신이었다는 점과 관련되었을 법하다. 박정희 대통령 이후 대구·경북 출신이 한국의 정치권력과 재계의 중요한 자리를 차지했듯이 학계에서도 전반적으로 대구·경북 출신들이 중요한 자리를 차지했을 가능성이 크고 특히 사회학계에서는 위와 같은 이유에서 대구·경북이 확실하게 주도적인 위치를 차지했다. 물론 대구·경북 출신이라고 같은 입장을 취하는 것은 아니다. 보기를 들자면 대구·경북 출신의 한완상은 자신의 출신 지역과 관련하여 다음과 같이 말했다.

---

38 서울대 교수를 지내다가 전북대에서 은퇴한 양회수도 전북 출신이었다. 이후 서울대 사회학과 교수로 호남 출신은 한상진, 정근식 등이 있다.

나에게 김대중 씨는 전라도 사람이 아니었다. 이 땅의 인권, 민주주의, 평화, 그리고 정의를 위해서 함께 싸운 동지요, 또 경륜 있는 정치인이었다. 원칙을 소중히 여길 줄 아는 스테이츠맨Statesman이었다. 나 또한 스스로 경상도 사람으로 행세한 적 없다. 나는 TK다. 대구에서 성장했고 그곳의 경북고등학교를 나온 사람이지만, TK가 군사권력에 기식했음을 통탄했던 나로서, 한 번도 내가 그 지역성을 그 어떤 특권의 수단으로 여겨본 적도 사용한 적도 없다. 이미 지역성은 계층성과 함께 나의 삶에서는 사라져 버린 것이다. 이런 뜻에서 나는 계층과 지역과 성性의 장벽을 뛰어넘으려 했던 이른바 부동浮動하는 자유인이요, 지식인이었다.[39]

3. 출신 학교와 학술자본

11명의 사회학자들 가운데 이효재와 박영신을 제외하면 9명이 모두 서울대 교수였거나 서울대 출신이다. 1946년 서울대에 사회학과가 처음 생긴 후 1956년에 경북대에 사회학과가 생겼고 1958년에 이화여대에 사회학과가 생겼다. 따라서 그 후에 생긴 다른 대학 사회학과에도 서울

---

39 한완상, 〈서울의 짧은 봄, 긴 겨울, 그리고…〉, 이문영 외 엮음, 《김대중 내란음모의 진실》, 문이당, 2000, 245~265쪽. 인용은 255쪽. 한완상이 대구·경북이라는 지연 활용을 의식적으로 자제했다 하더라도 그의 정치 활동과 공직 생활에서 대구·경북이라는 지역성이 크게 작용했다는 사실은 부인하기 어렵다.

대 출신들이 교수 자리를 차지하는 경우가 많았다. 경북대와 이화여대는 물론 1963년에 생긴 고려대 사회학과에도 서울대 출신들이 교수로 임용되었다. 1972년에 생긴 연세대에는 사회학을 전공한 연세대 출신과 서울대 출신이 반씩 교수로 충원되었다. 1980년대 이후 여러 대학에 신설된 사회학과 교수직도 당연히 서울대 출신들이 다수를 차지했다. 1990년대 이후 연세대, 고려대, 이화여대, 서강대 출신들이 미국에서 박사학위를 받고 귀국하면서 대학마다 자기 대학 출신을 교수로 임용하는 관행이 뿌리내리면서 서울대 중심주의는 약화되었지만 여전히 한국 사회학계의 기본틀은 서울대 중심으로 이루어져 있다.

서울대 사회학과 출신이 주류로 형성된 결과 한국 사회학계는 어떤 특성을 갖게 되었는가? 서울대학교의 전신인 경성제국대학 법문학부는 식민지 시대 관료 양성을 위해 만들어진 학교였다. 관학으로서의 경성제대 졸업생들은 해방 이후 사회의 요직을 차지했다. 그 인맥은 서울대로 이어져 오늘날 한국 사회 각 영역의 엘리트층의 다수는 서울대 출신들로 구성되어 있다. 경성제대와 달리 일제 시대 전문학교 시절부터 연세대와 이화여대는 기독교 대학으로서 미국과 더 긴밀한 관계를 맺으면서 관학官學이 아닌 민학民學의 전통을 추구했다. 일제 시대 보성전문으로 시작한 고려대는 민족대학으로서의 자부심을 고취하면서 서울대 학풍과는 다소 다른 학풍을 보였다. 이화여대의 이효재, 고려대의 최재석, 연세대의 박영신은 각기 다른 방식으로 자기가 소속한 대학에서 서울대 사회학과의 전통과는 구별되는 학풍을 형성했다. 이효재와 박영신은 국가 중심의 관학 학풍이 강한 서울대와 결이 다른 시민사회 지향의 민학풍 사회학을 추구했고 최재석도 서울대 출신이지만 서울대

학풍과 비판적 거리를 두고 중심부 지향이 아니라 주변부에서 주체적인 학문 활동을 전개했다.

해방 직후 한국에서 대학교수 임용을 위한 요건은 학사학위였다. 고등학교에서 교사 생활을 하던 사람들이 대학교수로 자리를 옮긴 경우가 많았다. 그러나 1960년대에 대학체제가 정비되고 1970년대 후반 대학원제도가 체계화되면서 석·박사학위 과정의 학생들을 지도하기 위해 박사학위가 필수 요건이 되었다. 이러한 추세에 따라 이상백과 이만갑은 서울대에서, 배용광은 경북대에서 구제 박사학위를 받았고 신용하도 서울대에서 박사학위를 받았으며 최재석은 고려대에서 박사학위를 받았다. 반면 이효재, 이해영, 김진균은 끝까지 박사학위를 받지 않은 상태에서 학문 활동을 계속했다.[40]

1970년대에는 미국 대학에서 받은 박사학위가 중요한 상징자본으로 작용했다. 미국 남부의 에모리대학에서 박사학위를 받은 한완상은 *ASR*과 *AJS*에 논문을 발표함으로써 상징자본을 축적하고, 귀국하여 서울대

---

40 박사학위가 없는 교수들은 1980년대 들어 국내 대학원 교육이 확대되면서 박사 과정 학생을 지도할 수 있는 권한을 갖지 못해 제자 양성에 어려움을 겪었다. 프랑스의 경우 사회과학고등연구원EHESS에서 피에르 부르디외Pierre Bourdieu와 롤랑 바르트Roland Barthes 등이 박사학위 없이 교수 생활을 했다. 그들은 연구업적을 바탕으로 박사 과정 학생을 지도할 수 있는 권한이 있었다. "사회과학고등연구원은 여러 가지 면에서 유일무이한 기관이었는데, 다학문적 지향성이 강했고 외국의 지적 조류에 열려 있었을 뿐만 아니라 전후 시기 가장 권위 있던 프랑스 사회과학자 트리오, 즉 레비-스트로스, 페르낭 브로델, 그리고 레이몽 아롱의 후원을 통해 보호받았던 것이다." 피에르 부르디외·로익 바캉, 《성찰적 사회학으로의 초대》, 103쪽.

교수가 됨으로써 국내 학계에서 활동하는 데 권위를 확보했다. 박영신은 미국 서부의 명문대 버클리에서 로버트 벨라를 지도교수로 삼아 박사학위를 받음으로써 나름의 상징자본을 확보하고 연세대 교수로 부임했다. 이미 미시간대학에서 석사학위를 받고 귀국해서 서울대 전임강사로 발령받은 김경동은 다시 미국 유학을 떠나 동부의 아이비리그에 속하는 코넬대학에서 박사학위를 받음으로써 상징자본을 축적한 후 귀국하여 서울대학교에 자리잡았다.

4. 종교적 배경

미국 사회학의 경우 1850년과 1870년 사이에 태어나 19세기 말에서 20세기 초에 활동한 1세대 사회학자들은 대체로 유복한 프로테스탄트 토착 중간계급 출신 아니면 프로테스탄트 빈곤층에서 중간계급으로 상승한 집안의 자제들이었다. 스몰과 기딩스를 비롯하여 많은 사람들이 목사의 아들이거나 손자였다.[41] 노르웨이 농업 이민자의 아들이었던 소스타인 베블런은 예외적인 인물이었다. 1905년에 태어나 제2차 세계대전 후 미국 사회학계의 대표적인 학자가 된 탈코트 파슨스도 목사의

---

41 미국 사회학 초창기의 학자들은 대부분 기독교인이었다. 스몰은 침례교 목사의 아들이었고 기딩스는 조합교회Congregational Church 목사의 아들이었다. 도로시 로스, 백창재·정병기 옮김,《미국 사회과학의 기원》, 나남, 2008, 197쪽.

아들이었다. 초창기 미국 사회학자들은 기독교 도덕을 바탕으로 사회 개혁의 의지를 가진 사람들이었다.

1882년 조미수호통상조약 체결 후 미국의 기독교 선교사들은 근대적 교육기관과 의료기관을 설립하면서 한국 사회에 미국 문화를 전파하기 시작했다. 개신교는 미국 문화와 동일시되었고 윤치호와 서재필, 이승만과 안창호를 비롯한 개화파 지식인들과 독립운동가들이 기독교인으로 개종했다. 해방 후 사회학이라는 학문의 수용에도 기독교가 매개가 되었다. 이 책에서 다룬 11명의 사회학자 가운데 이효재, 한완상, 박영신이 기독교인이다. 김경동도 젊은 시절에는 기독교인이었다. 이효재와 박영신의 부친은 목사였으며, 이효재, 한완상, 박영신은 모두 한때 신학을 공부하기도 했고 김경동도 한때 신학을 할까 고민한 적이 있다. 김경동과 박영신은 기독교 계통의 미션스쿨인 대구 계성고교를 나왔다. 이효재는 이화여대, 박영신은 연세대라는 기독교 계통의 대학을 다녔다. 이효재, 한완상, 김경동, 박영신, 네 사람 모두 미국에 유학했다는 점은 기독교와 미국 유학 사이의 친화성을 떠올리게 한다.

초창기 사회학자들을 유교에 대한 태도와 관련하여 구별해볼 수 있다. 이상백은 기독교인은 아니었지만 근대 지향적 의식이 강했으며 유교에 대해 비판적이었다. 그는 서얼차대, 노비종모법 등의 조선 시대의 전근대적 제도에 대해 연구하기도 했다. 이효재와 박영신이 유교에 대해 비판적인 반면 김경동은 후기로 가면서 문화적으로 주체적인 한국적인 사회학을 추구하면서 유교 친화적인 입장으로 돌아섰다. 민족 주체의 입장을 강조하는 신용하도 유교에 대한 친화성을 보인다. 박영신과 한완상은 은퇴 후 신학에 관심을 보이면서 각기 목사와 장로로서 교회 활동에 헌신하고 있다. 이효재, 한완상, 박영신 세 사람이 각자의 방식으로 한국 사회학계의 주류를 비판하고 대안적 사회학을 추구한 것과 기독교적 삶의 지향성 사이에 '선택적 친화성'이 있는 듯하다.

5. 정치권력과의 관계

프랑스혁명 후 유럽에서 탄생한 사회학은 근대 지향적이고 개혁적인 성격을 갖는 학문이었다. 그러나 해방 후 냉전 상황에서 한국의 초창기 사회학자들은 반공 입장을 분명히 했고 5·16 이후에는 정부 주도의 근대화 정책 수립에 기여했다.[42] 이상백은 젊은 시절 여운형과 함께 중도 좌파 정치운동을 한 적도 있었지만 사회학과 창설 이후에는 대한체육회 활동을 위해 이기붕 등과 친분을 유지했으며 이만갑과 이해영은 박정희 정권의 인구정책과 농촌정책 형성에 기여했다. 배용광과 김경동을 포함하여 아카데믹 강단사회학자들의 경우는 모두 권위주의 정권에 직간접적으로 협력하는 입장을 취했다.

1972년 유신체제 수립 후 사회학계에서 비판적인 목소리가 나오기 시작했다. 1970년대에는 한완상이, 1980년대에는 이효재와 김진균이 권위주의적이고 억압적인 정치권력과 부딪치며 비판적 활동을 전개했

---

42 '민족주의비교연구회' 사건으로 구속된 황성모 같은 경우는 예외적이었다.

다. 이효재, 한완상, 김진균 세 사람의 비판사회학자는 모두 학교에서 해직되는 고통을 감수했다. 1987년 민주화 이전 한국 대학에는 학문 연구의 자유가 없었다. 그런 상황에서 비판사회학을 추구하는 일은 늘 박해받을 위험성을 안고 있었다.

배용광, 이만갑, 이해영, 김경동이 체제 내에서 사회학 연구를 계속했고 이효재, 한완상, 김진균이 체제를 비판하는 사회학을 전개하며 기존의 정치체제를 넘어서려고 했다면 최재석은 현실 정치 참여를 뒤로하고 학문에 전념했다. 신용하는 1960년대에는 진보적 입장이었지만 이후 정치 참여를 자제하고 학문에 전념했다. 박영신은 억압적인 정권을 비판하는 지식인 서명 등에는 참여했지만 적극적인 비판 활동은 자제하고 학문에 헌신했다.

6. 인접 학문과의 관계

사회학은 사회심리학을 통해 심리학과 대화하고 정치사회학을 통해 정치학과 대화하고 종교사회학을 통해 종교학과 대화하고 교육사회학을 통해 교육학과 대화할 수 있다. 사회학은 인문학과 사회과학의 어떤 분야와도 대화할 수 있는 잠재력을 가지고 있는 기초학문이고 종합학문이다.

한국 사회학의 초창기에는 사회학의 '과학'으로서의 정체성이 분명하지 않았다. 이상백의 사회사와 사회학사, 최문환의 사회사상사 과목은 역사학, 정치학, 경제학, 철학 등과 대화하는 분야였다. 초창기 한국 사회학은 종합학문으로서의 사회학의 흐름이 강했다. 그러나 1950년대 후반으로 가면서 조사방법론이 도입되고 현지 조사 연구가 실시되면서 사회학은 '과학'이라는 자기 정체성을 강화시켰다.

한국 사회학의 초창기에 사회학과를 지망한 사람들은 막연하게나마 사회학이 '좋은' 사회를 만드는 데 필요한 학문이라고 생각했다. 이효재, 한완상, 박영신 등 기독교인들은 말할 것도 없고 이만갑도 일제 식민지 시대에 민족의식을 가지고 더 나은 사회를 만들기 위해 사회학을 공부했다. 이효재, 김경동, 한완상, 박영신 등은 젊은 시절 실존주의에 관심을 가졌으며 한완상과 김경동은 청소년 시절 '작가'가 되고 싶다는 바람을 가진 사람들이었다. 이효재, 한완상, 박영신 등은 사회학 외에 신학에도 관심을 가졌다. 이상백은 거의 역사학자였고 최재석, 신용하, 박영신은 사회사 또는 역사사회학을 발전시키면서 역사학과 밀접한 관련을 맺었다. 사회학자들은 인접 학문과의 교류를 통해 스스로를 풍부하게 만들었다.

한국 사회학이 발전하는 과정에서 주류 아카데믹 사회학의 영향력이 커지자 사회학과 인문학 사이의 대화가 줄어들었다. 초창기에는 사회학이 포괄하고 있던 인류학, 사회심리학, 신문방송학, 사회복지학 등이 독립해 나가면서 사회학의 전문화와 고립화 경향이 강화되었다. 그러나 다른 한편 1980년대 들어 비판사회학은 철학, 역사학, 정치학, 경제학 등 인접 학문 분야의 비판적 흐름을 주도하며 활발하게 교류했고 사회사와 역사사회학 분야의 학자들도 역사학과 대화하지 않을 수 없었다. 이론사회학자들도 사회철학, 정치사상, 경제이론 등의 인접 분야에 관심을 기울였다.

7. 연구비와의 관계

오늘날 학문 연구의 양과 질은 연구비가 결정한다는 의견이 일반적이다. 영향력이 있는 교수가 연구비를 확보하고 연구비를 확보하는 교수가 학계에서 영향력을 행사한다. 물론 전국적 규모의 조사 연구를 장기적으로 수행하려면 많은 연구비가 필요하다. 그러나 연구를 위해 연구비를 받는 것이 아니라 연구비를 받아 쓰기 위해 연구를 하는 경우도 있다. 연구비가 없으면 연구를 하지 않는다. 이런 풍토는 문제가 아닐수 없다. 정부, 기업, 공익재단 등 특정 기관의 연구비 제공은 연구의 주제나 방법에 암암리에 영향을 미칠 수도 있다. 돈을 주는 사람은 돈을 받는 사람에게 일정한 성향의 연구를 원하기 때문이다.[43]

---

43 연구비와 관련하여 한 미국 사회학자는 다음과 같은 증언을 남겼다. "교수가 되어 몇 년이 흐르고 연구비를 원하는 평범한 사회학자에게 이론과 성공적인 연구지원서의 다른 요소들 간의 관계는 그리 문제되지 않는다. …… 모든 이가 가장 우선시하는 문제는 어떻게 연구비를 얻는가라는 점을 알고 있다. …… 결국 (연구)기법을 팔 수 있는 것이다. …… 연구비를 얻기 위해서라면 우리는 자기 간도 빼주게 된다." Alan Sica, "Social Theory's Constituency", *The American Sociologist*, Vol. 20, No. 3, p. 228, 230, 231. 피에르 부르디외·로익 바캉, 《성찰적 사회학으로의 초대》, 86~87쪽에서 재인용.

1950년대 말과 1960년대에는 하버드대 옌칭연구소, 포드재단, 아시아재단, 미국인구협회 등을 비롯한 해외 기관들이 한국 사회 연구를 위한 연구비를 지원했다. 미국은 한국 사회에 대한 정보와 지식이 필요했기 때문에 한국 사회 조사 연구에 연구비의 대부분을 지원했다. 연구의 주제는 가족, 농촌, 도시, 인구 등에 집중되었으며 연구방법은 실증적인 조사방법을 선호했다. 이상백은 이런 연구비의 혜택을 받았으며 연구비의 배분에도 관여했다. 이해영은 미국인구협회의 지원으로 인구 및 발전문제연구소를 설립하고 현장 연구를 진행하는 한편 많은 후학들을 양성하는 거점으로 활용했다. 1963년 이후 경제개발 5개년 계획의 수립 과정에도 사회과학적인 조사 연구가 필요했다. 이만갑과 이해영을 중심으로 하는 사회학자들은 1960년대 이후 경제성장을 위한 인구정책과 농촌개발 정책 수립에 적극적으로 호응하는 연구를 진행하게 된다. 이만갑은 이러한 정책 지향적인 사회학 연구의 필요성을 다음과 같이 주장하기도 했다.

나는 한국 사회가 착실하게 발전하려면 정책이나 계획을 직관에만 의존하지 말고 가급적 실증적인 지식에 입각해 수립해야 한다고 굳게 믿고 있었다.[44]

1970년대 이후로는 국내 연구비가 점차 증가했다. 경제학이나 정치

44　이만갑, 〈삶의 뒤안길에서〉, 《세계일보》 2004년 6월 3일 자. 정종현, 《제국대학의 조센징》, 휴머니스트, 2019, 267쪽에서 재인용.

학에 많지 않긴 했지만 사회학자들에게도 연구비가 늘어났다. 이 책에서 분류한 한국 사회학의 세 갈래 흐름 가운데 아카데믹 사회학에 속하는 학자들이 연구비 지원을 가장 많이 받았고 역사사회학도 약간의 지원을 받았지만 비판사회학자들은 연구비 대신 탄압과 해직이라는 어려움을 겪었다.

연구비 지원을 받기 위해서는 연구재단이 제시한 가이드라인을 따라야 하고 엄격한 관리를 받지 않을 수 없다. 사실 연구하기 나름이지만 대학교수가 되고 나면 외부 연구비 지원이 없어도 얼마든지 자기가 하고 싶은 연구를 할 수가 있다. 1970~80년대에 최재석은 일체의 외부 연구비를 받지 않고 자신의 인적·물적 자원을 활용하여 농촌 현지조사를 실시하면서 독자적인 연구를 수행했다.

4.

한국 사회학 학술장
내부의 작동 기제

한국 사회학의 학술장에 속하는 사회학자라면 누구라도 한국 사회학의 역사 속에 자신이 하고 있는 작업의 지적 계보를 찾아보는 작업이 필요하다. 아니 사회학이라는 학문의 길에 들어선 순간 그런 작업이 필요하다. 한국에서 사회학과 학부나 대학원을 마치고 외국에 유학했다가 귀국하면 곧바로 한국 사회학의 학술장의 자장 안에서 활동하지 않을 수 없다. 그때야말로 학술장의 구조를 알아야 자기 나름의 위치를 잡고 자기만의 학문을 할 수 있는 자율의 영역이 생긴다. 한국 사회학 학술장 분석은 한국 사회학계 전체의 성찰성을 높이는 작업이기도 하다.

한국 사회학계는 1970년대까지 서울대학교 사회학과 출신의 사회학자들이 학술장의 주류를 형성했다. 1980년대에 여러 대학에 사회학과가 만들어지면서 서울대는 물론 고려대와 연세대에서 석사학위나 박사학위를 받은 사람들이 대학에 자리잡고 한국 사회학계 학술장에 진입했다. 1990년대에는 해외에서 박사학위를 받은 학자들이 속속 귀국하면서 한국 사회학계의 학술자원이 크게 증가했다. 연세대학교 사회학과는 시카고대학에서 박사학위를 받은 사람들이 하나의 학풍을 이루고 있으며 서울대와 고려대, 이화여대, 서강대 등에도 하버드대학과 시카고대학 등 미국 명문대학 학위 소지자들이 자리를 잡았다. 그럼에도 불구하고 한국의 사회학계는 서울대학교 사회학과가 만든 자장과 많은 부분 겹친다. 그에 따라 한국 사회학의 학술장에는 두 차원의 경쟁이 존재한다. 서울대 사회학과 출신들 사이의 경쟁이라는 차원과 서울대 출신과 비서울대 출신의 경쟁이라는 차원이 동시에 작동한다.

1. 아카데믹 사회학과 비판사회학

한국 사회학이라는 학술장의 구조변동을 살펴보기 위해 학술장의 주요 행위자들의 아비투스를 분류해볼 필요가 있다. 《한국 사회학의 지성사》에 등장하는 11명의 주요 행위자들은 각자의 가족 배경과 교육 배경을 포함하여 학자로의 형성 과정에서 일정한 유형의 아비투스를 형성했을 것이다. 그들의 아비투스를 지배 성향–추종 성향–반골 성향 차원으로 구분해볼 수 있다. 주류에 속하는 학자일수록 지배 성향을 보이고 비주류에 속할수록 반골 성향을 보일 것이다.

이런 분류틀을 사용할 때 반골 성향을 보이는 강신표는 1982년 한국사회학회에서 〈김경동과 한완상의 사회학 비교〉라는 논문을 통해 한국 사회학 학술장의 갈등을 처음으로 드러냈다. 강신표는 김경동의 사회학은 '매판사회학'이라고 매도하고 한완상의 민중사회학을 한국 사회의 맥락에서 나온 의미 있는 사회학이라고 내세웠다. 김경동과 한완상 두 사람은 서울대학교 사회학과 동기동창으로 한국 사회학 2세대에 속하며 미국 유학을 통해 사회학을 본격적으로 공부했고 1970년대와 1980년대 한국의 대학과 사회에서 사회학이 하나의 학문으로 자리잡고 대중들에게 널리 인식되는 데 각기 다른 방식으로 중요한 역할을 담당했다.

두 사람의 사회학을 비교함으로써 한국 사회학의 역사를 관통하는 두 흐름을 읽을 수 있다. 이제 강신표가 〈김경동과 한완상의 사회학〉을 발표한 지 40년이 다가온다. 오늘날 젊은 사회학자들 가운데 김경동과 한완상의 옛 저작을 읽는 사람은 거의 없을 것이다. 2020년대에 입학한 사회학과 학생들은 김경동과 한완상의 이름도 대부분 모를 것이다. 그러나 그 두 사람이 펼친 아카데믹 사회학과 비판사회학이라는 두 갈래의 흐름은 현재의 학술장에도 여전히 영향을 미치고 있다.

김경동과 한완상의 사회학 비교는 두 사람의 개인적 경쟁관계가 아니라 한국 사회학 역사에서 중요한 분기점을 이룬다. 두 사람 다 학창 시절부터 뛰어난 사회학도로서 이상백과 이만갑, 최문환과 이해영 등 1세대 사회학자들의 총애를 받고 미국에 유학하여 박사학위를 받고 그곳에서 가르치다가 서울대 사회학과 교수가 되어 활동했다. 그 과정에서 두 사람 다 사회학자로서 널리 읽히는 저서를 출간하고 논문을 발표하는 등 중요한 업적을 남겼다. 두 사람 다 빼어난 글쓰기와 설득력 있는 강연 능력을 보여 사회학자로서 대중적 인지도가 가장 높았다.

김경동이 《현대의 사회학》이라는 사회학 개론서와 고등학교 사회교과서를 집필해서 제도권 내의 사회학 교육에 영향력을 행사했다면 한완상은《민중과 지식인》,《지식인과 허위의식》등의 저서를 통해 대학생을 비롯하여 비판적 시민 일반에게 널리 알려졌고《저 낮은 곳을 향하여》를 비롯한 교회 개혁을 위한 서적들은 기독교인들에게 널리 읽혔다. 사회학계에 한정해서 보면 김경동과 한완상은 다음 세대 사회학자들에게 가장 많은 영향을 미친 두 사람이라고 볼 수 있다.[45] 두 사람 다한국사회학회 회장을 역임하면서 사회학 학술장의 발전을 위해 중요한역할을 했으며 두 사람의 제자들이 서울대 사회학과를 비롯하여 여러대학에서 사회학을 연구하고 가르치고 있다. 그러나 두 사람의 활동은사회학계를 넘어 타 학문 분야와 언론과 정치 영역에도 영향력을 미쳤다. 두 사람은 프랑스 지성계의 두 인물과 비교하자면 마치 사르트르와레이몽 아롱 사이의 관계와 같다.

　1960년대 이후 한국 사회는 TK 출신들이 주도했는데 김경동과 한완상 두 사람은 모두 대구에서 고등학교를 다녔고 졸업 후 서울대학교 사회학과에 입학했다. 사회학자라면 자신의 지역성을 넘어서 한국 현실을 직시해야 한다. 그럼에도 불구하고 학자로서의 활동 과정에서 지역성이 작동한다. 한완상이 학계를 떠나 정계에 입문하는 과정이나 그 후의 활동에서도 경북고 출신이라는 지역성이 작용했고 김경동의 학자 생활에도 지역성이 작용했다. 박정희 이후 전두환, 노태우에 이르기까지 한국 사회 곳곳에는 TK 인맥이 작동했기 때문이다.

---

45 필자 개인적인 경우를 보더라도 1970년대 말 두 사람의 저서를 읽으면서 사회학이라는 학문에 매력을 느꼈다.

연고주의라는 사회적 힘은 행위자의 의식, 의도, 의지와 관계없이 작동한다. 한완상은 "나는 TK다. 대구에서 성장했고 그곳의 경북고등학교를 나온 사람이지만, TK가 군사 권력에 기식했음을 통탄했던 나로서, 한 번도 내가 그 지역성을 그 어떤 특권의 수단으로 여겨본 적도 사용한 적도 없다"[46]고 밝혔다. 하지만 그건 자기기만 아니면 오인에 불과하다.[47] 한완상뿐만 아니라 김경동도 자신이 한국 정신문화의 고향 안동 출신이라는 것에 자부심을 표명하긴 했지만 TK 출신이라는 점을 드러낸 적은 없다. 그러나 그들이 의식적으로 대구·경북이라는 지연을 활용하지 않았더라도 그들의 활동에 지역성이 크게 작용했다는 것을 부인하기는 어렵다. 두 사람이 한국 사회학계의 학술장에서 미친 영향력은 한국 사회학계의 지역성과 한국 사회 전체의 지역성이 맞물려 생성된 무의식적 결과라고 해석할 수 있다.

---

46 한완상, 〈서울의 짧은 봄, 긴 겨울, 그리고…〉, 이문영 외 엮음, 《김대중 내란음모의 진실》, 문이당, 2000, 245~265쪽. 인용은 255쪽.

47 한완상과 통일원에서 같이 일했던 고위직 공무원의 증언에 따르면 자신이 뒤늦게 경북 출신이라고 밝히자 한완상은 "아이 참, 빨리 말했어야지!"라는 반응을 보였다고 한다.

2. 역사사회학과 비판사회학

김경동과 한완상이 1955년 서울대 사회학과 입학 동기이면서 평생의 라이벌이었다면 신용하와 김진균은 1957년 서울대 사회학과 입학 동기이고 같이 서울대 상대 교수를 지내다가 1975년 사회학과 교수로 소속을 옮겼다. 신용하가 사회사 또는 역사사회학적 접근으로 한국 사회의 현재가 만들어진 과정을 탐색했다면 김진균은 조직론과 사회변동론으로 현실의 문제에서 출발하여 바람직한 미래사회를 모색했다는 차이점을 보인다. 서울대 사회학과 홈페이지에는 사회학과의 역사가 여섯 시기로 구분되어 요약되어 있는데 제5기에 해당하는 1980~1989년의 역사는 다음과 같이 약술되어 있다.

> 80년대는 한국 사회가 지적으로나 정치적으로 매우 동적인 변화를 경험한 시기였다. 정치적 변화와 함께 한국 사회학의 비주체성과 지나친 해외 의존성이 반성되고 독자적인 패러다임을 추구해보려는 시도들이 매우 활발하게 이루어졌다. 사회학과는 언제나 치열한 토론의 장이었고 대학원에는 실천적이고 진보적인 사회변화를 가져올 수 있는 한국 사회학을 추구하려는 노력들이 심화되었다.

이어서 1980년 '한국사회사연구회'와 '한국산업사회연구회'가 발족했다는 사실을 기록하고 있다. 한국사회사연구회는 신용하가, 산업사회연구회는 김진균이 주도한 것이다. 그렇다면 두 사람을 1980년대 서울대 사회학과에서 주체적인 한국 사회학을 추구한 두 인물로 볼 수 있을 것이다. 그러나 두 사람 사이에는 주체적 사회학을 추구한다는 공통점에도 불구하고 커다란 차이점이 존재한다. 2013년 한국사회사학회로 이름을 바꾼 한국사회사연구회가 펴내는 학술지 《사회와 역사》 100호 발간 기념 좌담에서 한 참석자는 신용하와 김진균의 학문적 지향성의 차이를 다음과 같이 언급했다.

> 시기를 거슬러 올라가서 말하자면, 서울대 사회학과에서 '사회학의 토착화'의 양대 흐름을 대표하셨던 김진균, 신용하 두 분 선생님이 출발점에서부터 갈린 지점이 있지 않은가. 김진균 선생님은 산사연을 중심으로 한 진보적 학술운동을 통해 현실 문제와 직접 대면하면서 오늘날의 비판사회학의 흐름을 형성하셨고, 신용하 선생님은 '역사사회학'과 구분되는 사회사 영역을 개혁함으로써 당시 일종의 학문적 공백 상태였던 근대사 분야를 선점하시고자 했다고 볼 수 있다.[48]

신용하는 사회학과로 소속을 옮긴 후 제자들을 키우고 사회사연구회를 만들어 사회사 연구가 다음 세대로 이어지게 했다. 사회사 전공자들이 서울대를 비롯하여 전국 여러 대학 사회학과와 교양학부 등에 자리 잡음으로써 한국 사회학 학술장에 하나의 흐름으로 존재하게 되었다.

---

48 김백영·정준영·강성현·김민환·손애리·채오병 외, 〈한국사회사·역사사회학의 미래를 말한다: 100집 기념 집담회〉, 《사회와 역사》 제100집, 2013년 겨울, 103~152쪽. 인용은 140~141쪽.

1980년에 해직되고 1984년 복직된 김진균은 사회학과 내에서 다른 교수들과 좋은 관계를 유지하면서 산업사회학회를 중심으로 비판적 사회학의 흐름을 일구어냈다. 이로써 서울대 사회학과에는 김경동이 중심이 된 아카데믹 사회학의 흐름과 한완상의 뒤를 이어 김진균으로 이어지는 비판사회학의 흐름, 신용하가 중심이 된 역사사회학의 흐름이 상호 경쟁하는 구도가 형성되었다. 한완상과 김진균이 학교 밖 실천 활동을 통해 현실에 개입했다면 신용하는 연구실을 지키면서 아카데믹 사회학이라는 흐름과 함께 학계에 머물렀다. 크게 보면 김경동과 신용하 사이에는 현실참여를 자제하고 학문의 영역을 지키자는 느슨한 연대가 형성되어 있었다. 서울대 사회학과에서 고영복의 학맥을 잇는 한상진은 '중민'이라는 개념으로 한완상이나 김진균과는 구별되는 자기 나름의 비판사회학을 만들었다.

1975년은 서울대 사회학과의 역사에서 매우 중요한 해였다. 1975년 봄 서울대학교 종합화 10개년 계획이 실현되면서 문리대에 소속되어 있던 사회학과는 사회과학대학으로 이전했다. 대학 전체의 구조가 바뀌면서 상대의 신용하와 김진균, 교양학부의 최홍기, 신문대학원의 김일철과 오갑환이 모두 사회학과로 집결했다. 그에 따라 사회학과 교수진의 규모가 커졌다. 당시 사회학과는 이해영과 이만갑이 주도했으며 고영복과 김채윤이 중진으로 활동했고 1969년 부임한 한완상이 자리잡고 있었으며 권태환이 인구학을 맡고 있었다. 김경동은 1977년 서울대 사회학과 교수로 다시 부임했다. 한국 사회학의 역사를 연구하는 김필동은 1975년 학번을 대표하여 쓴 글에서 1970년대 후반 김경동, 신용하, 김진균이 각각 나름대로 한국 사회학을 새롭게 만들기 위해 노력했음을 다음과 같이 증언했다.

특히 세 분이 더 많이 기억되는 것은 아마도 70년대 후반의 시점에서 세 분이 상대적으로 젊었고 따라서 감수성이 강한 젊은 청년들에게 좀 더 가깝게 여겨졌기 때문이었을 것이다. 세 분 선생님은 전공과 개성이 모두 달랐지만, 당시 한국 사회학을 어떻게 건설할 것인가란 문제의식을 공유하고 계셨다는 공통점이 있었다. 한국 사회학은 이제 외국이론의 단순한 수입과 적용에서 벗어나, 역사와 현실에 대한 비판적 안목을 갖고 한국 사회의 구체적 사실과 특징에 기초한 경험적 연구를 쌓아 나가고, 이를 바탕으로 한국 사회에 적합한 이론 구성에로 나아가야 한다는 것이었다.[49]

김경동이 이만갑과 이해영이 터를 잡아놓은 주류 아카데믹 사회학을 발전시켰다면 신용하는 역사사회학이라는 분야를 개척했고 김진균은 비판사회학의 길을 열었다. 1980년대에는 주류 사회학과 비주류 사회학 사이에 긴장이 있었으나 세 사람은 서울대학교 사회학과 안에서 상호 견제하면서 공존하고 있었다. 주류 사회학의 흐름 안에 있던 홍두승의 증언에 따르면 김진균은 "성품이 점잖으신 분이니까 내색은 않으셨지만" 이해영이 만들어 한국 주류 사회학의 인큐베이터 역할을 한 인구 및 발전문제연구소의 "오리엔테이션 자체에 대해 문제를 제기"했고

---

49 김필동, 〈75학번의 수업시대〉, 서울대학교 사회학과 60년 편집위원회, 《다시 출발선에 서서: 동문들이 쓰는 사회학과 60년》, 선인, 2006, 300쪽.

신용하는 자기 연구에 몰두하면서 인구 및 발전문제연구소 일에 관여하지 않는 입장을 취했다.[50]

역사사회학의 경우 신용하는 서울대 사회학과 안에 사회사 연구의 흐름을 확실하게 자리잡게 했다. 최재석은 고려대 사회학과에서 도제식으로 이창기, 안호용, 김흥주 등 몇 명의 제자를 키웠지만 고려대 사회학과에서 사회사 또는 역사사회학의 흐름은 매우 약세였고 안호용의 퇴임 이후 거의 사라질 상태에 있다. 연세대의 경우 박영신은 역사사회학 분야에서 김중섭, 조성윤, 이준식, 김동노, 채오병 등으로 이루어지는 흐름을 만들었지만 박영신 스스로가 역사사회학 분야 연구에 집중하기보다는 가족주의와 경제주의를 비판하는 성찰사회학, 사회학 이론과 동유럽 연구 쪽 여러 분야로 관심을 확장했다. 박영신은 연세대 사회학과를 다른 대학의 사회학과와는 다른 특별한 학풍의 학과로 만들려고 했으나 1990년대 이후 사회학과 안에서 점차 소수파가 됨으로써 그 꿈을 이루지 못했다.

반면 신용하의 경우 스스로 사회사 연구에 방대한 연구업적을 쌓음으로써 학문적 정당성을 확보하고 서울대 사회학과 내의 이만갑, 이해영, 김경동으로 이어지는 주류와 조화로운 관계를 유지함으로써 사회학과 내에 일정한 흐름을 형성할 수 있었다. 그 결과 신용하는 이상백, 고황경, 최문환, 이만갑, 홍승직, 임희섭, 김경동에 이어 사회학 분야를 대표하는 대한민국학술원 회원으로 선출되었다. 이는 주류 아카데믹

---

50 김인수, 〈홍두승 교수 인터뷰〉, 《서울대학교 사회발전연구소 50년사: 1965~ 2015》, 한울, 2015, 344쪽.

사회학에 이어 역사사회학에 대한 학술적 공인이 이루어진 것으로 볼 수 있다.[51]

3. 한국 사회학 학술장의 분화

한국 사회학 학술장은 각 대학 사회학과 내부의 장으로 분할되어 있다. 그렇기 때문에 각 대학 사회학과 내부의 주류-비주류 관계를 잘 분석해야 한다. 한국 대학 사회학과의 교수 구성을 보면 서울대 출신이 주도하는 단계에서 각 대학 사회학과 출신 학자들로 구성되는 단계로 이행했다. 제일 먼저 설립된 서울대 사회학과가 1980년대까지 한국 사회학계를 주도했다. 1954년에 경북대에, 1958년 이화여대에, 1963년에 고려대에 사회학과가 설립되었지만 사회학자를 빨리 배출하지 못했다. 이화여대는 이화여대를 다니다 미국 유학을 하고 돌아온 이효재가 있었지만 김대환, 강신표, 조형 등 서울대 출신들이 다수를 이루다가 조성남 이후 김정선, 함인희, 이주희, 최샛별 등 이대 사회학과 출신으로 미국 대학에서 박사학위를 받은 사람들이 사회학과 교수로 영입되었다. 고려대는 학과 초창기에 홍승직, 최재석, 이순구, 임희섭, 양춘

---

51 신용하 다음으로 임현진이 학술원 회원으로 선임되었다. 종속이론, 세계체계론, 복수의 자본주의론 등 비판적 사회학 이론을 섭렵한 임현진은 일정 정도 비판사회학의 흐름을 대표한다고 할 수 있다.

등 모두 서울대 출신들이 교수직을 차지했고 고대 사회학과 대학원을 나온 김문조 이후 박길성, 윤인진, 조대엽, 김철규, 김수한 등 고려대 출신들이 자리잡기 시작했다. 1972년에 설립된 연세대학교에는 초창기부터 전병재, 박영신 등 연대 출신들과 안계춘, 송복 등 서울대 출신이 공존하다가 김용학, 류석춘 이후 김동노, 김호기 등 연대 출신들이 주류를 이루고 있다. 서강대학교도 박상태, 조옥라, 조혜인 등 서울대 출신들이 다수를 이루다가 김경만 이후 김무경, 전상진 등 서강대 출신이 다수를 이루고 있다. 그러나 지방대학 사회학과에는 자기 대학 출신 학자들을 배출하지 못하고 서울의 엘리트대학 출신 학자들이 대부분인 상황이다. 교육부가 자기 대학 출신 학자들의 교수 임용에 제한을 두고 있지만 서울의 엘리트대학들이 자기 대학 출신의 동종교배 단계를 넘어 여러 대학 출신의 학자들이 공존하는 이종교배의 단계로 진입할지는 의문이다.

한국 사회학 학술장 전체에서 서울대 사회학과의 역사가 가장 길고 그에 따라 연구자 수도 가장 많기 때문에 서울대 사회학과 네트워크의 영향력이 가장 크다. 1980년대까지만 해도 그러한 경향은 지배적이었다. 그러나 1990년대 들어 연세대, 고려대, 이화여대, 성균관대, 서강대 등 여러 대학 사회학과 출신들이 국내외에서 박사학위 과정을 마치고 신설된 사회학과에 자리잡게 되면서 사회학 학술장은 점차 다원화되었다. 그럼에도 불구하고 한국 사회학 장이 여전히 서울대 네트워크에 의해 지배되고 있음을 부인하기는 어렵다. 이 책에서 한국 사회학의 역사에서 중요한 흐름을 형성한 11명의 사회학자를 다루었는데 그 가운데 9명이 서울대 출신(배용광은 서울대 전신인 경성대학 출신)이고 8명이 서울대학교 사회학과 교수였다는 점은 한국 사회학의 장이 서울대 사회학과 중심으로 구성되었음을 말해준다.[52]

경성제국대학 출신의 배용광은 경북대 사회학과 교수를 지냈지만 서울대 사회학과와 밀접한 관계를 유지하면서 한국 사회학 학술장의 주류에 가담했고, 서울대 사회학과 출신이지만 고려대 교수를 지낸 최재석은 서울대 사회학과와 거리를 유지하면서 한국 사회학 학술장에 비판적으로 참여했다. 그는 한국 사회학 학술장에서는 이만갑과 갈등관계에 있었고 고려대 사회학과 내에서는 홍승직과 대립관계에 있었지만 늘 소수파에 머무르면서 홀로 연구에 몰두했다. 이만갑과 홍승직이 학술원 회원의 영예를 누렸지만 최재석은 네 번이나 후보에 오르고도 선임되지 못했다.[53]

김진균이 서울대 사회학과 안에서 주류 사회학에서 벗어나는 비판사회학의 노선을 열었다면 이효재와 박영신은 이화여대 사회학과와 연세대 사회학과를 거점으로 주류 사회학의 흐름을 벗어나 독자적인 노선을 개척했다. 이효재는 사회학과에 여성사회학 커리큘럼을 만들고 동료 교수들과 협력하여 이화여대 전교생을 대상으로 여성학 과목을 개

---

52 이 책에서 다룬 11명의 사회학자 중 9명이 한국사회학회 회장직을 역임했다. 박영신은 부회장을 역임했다. 김진균은 회장 및 부회장 직 아무것도 맡지 않았다.

53 흔히 학술원을 '학계의 양로원'이니 "끼리끼리 존경을 주고받는 소집단 패거리들" 이라고 폄하하는 사람들이 있지만 대한민국학술원 회원으로 선임되는 것은 피에르 부르디외의 표현을 빌리자면 학문적 업적과 활동 전체를 공인받는 일종의 학술장 내부 경쟁의 '내기물'이라고 할 수 있다.

설했다. 여성학 대학원 창설에도 기여했다. 그 결과 많은 여성운동가를 양성하여 한국 여성운동의 대모가 되었다. 박영신은 사회학을 중심으로 철학, 정치학, 경영학, 영문학 등 여러 인문사회과학 분야의 학자들과 교류하면서 인문학적 사회학의 길을 열었다. 박영신은 학술지를 중심으로 학술장에 영향력을 행사했다. 그는 연세대 사회학과의 학회지 《연세사회학》창간을 주도했으며 동인들과 함께 《현상과 인식》을 창간하여 1970년대 후반 한국 인문사회과학 학술장 전체에 큰 자극을 주었다. 박영신은 학술지 《사회학연구》와 《사회이론》의 창간에도 앞장서고 편집에도 관여했다.[54]

한국 사회학 학술장은 오랫동안 주류 사회학이 지배했지만 1970년대 후반 비판사회학이 등장하면서 변화를 경험했다. 이효재, 한완상, 김진균 세 사람은 모두 사회학자로서의 형성기와 학자 생활 초창기에 주류 사회학의 흐름에 속했지만 한국 현실에 대한 비판적 인식에 기초해서 비판사회학자로 전환했다. 한국 사회학 학술장에서 소수자의 위치에 있던 세 사람은 모두 학교에서 해직되는 불운을 겪었다. 이효재와 김진균이 복직 후 대학에서 비판적 실천 활동을 계속하면서 사회학 학술장에 영향력을 행사했다면 한완상은 정치권으로 영입되어 학계를 떠남으로써 학술장에 대한 영향력은 크게 감소했다.

이효재와 한완상의 사회학에서 싹튼 비판사회학 흐름은 김진균을 중심으로 이루어진 산업사회연구회를 거점으로 주류 사회학과 구별되는

---

54 박영신도 한국사회학회 추천으로 대한민국학술원 회원 후보에 올랐으나 선임되지 못했다.

하나의 흐름으로 형성되었다. 비판사회학자들은 학회를 중심으로 한국 사회를 비판적 시각에서 연구하면서 이론과 실천의 결합을 추구하는 방향으로 나아갔다. 비판사회학회는 학술지《경제와 사회》를 발간하고 사회학 개론서《사회학: 비판적 사회 읽기》를 비롯해 사회학 여러 분야의 교과서를 출간하면서 대안 네트워크를 형성했다.

신용하가 중심이 된 한국사회사학회는 주류 사회학계의 몰역사성과 서구 의존성을 비판하고 우리 근현대사 역사 연구에 근거한 우리 나름의 사회이론 구성을 지향하면서 주류 사회학과 다른 흐름을 만들었다. 김진균을 중심으로 태동한 비판사회학 흐름이나 신용하가 중심이 된 역사사회학 흐름 역시 한국 사회학 장의 기본 논리인 서울대 중심주의의 자장 안에서 진행되었다는 공통점을 갖는다.

신용하와 박영신은 학자 생활 초기에 한국 사회의 근대적 사회변동에 대한 관심을 공유했다. 그러나 1980년대 이후 신용하가 사료에 근거한 사회사 연구로 나아간 반면 박영신은 사회학 이론을 중심으로 성찰적 사회학의 길을 걸었다. 사료를 직접 다루면서 사회사 분야를 개척한 최재석과 신용하는 정년퇴임 후 사회학의 테두리를 자유롭게 벗어나 역사학자에 가까워졌다. 최재석이 조선 시대를 넘어 고려 시대와 통일신라 시대까지 내려가 한국 가족제도사를 연구하면서 고대 한일관계사 연구로 나아갔다면 신용하는 식민지 시대 독립운동사를 거쳐 고대 문명사 연구로 나아갔다. 퇴임 후의 학문 활동을 보면 박영신이 계속 사회학자라는 정체성을 지키는 반면 최재석과 신용하의 학문적 관심사는 사회학보다는 역사학 쪽으로 기울었다고 볼 수 있다.

한국 사회학의 역사 초창기에 중점을 둔 이 책《한국 사회학의 지성사》에서 미처 다루지 못했지만 1990년대 이후 다양한 분과학회가 만들어졌고 2005년에는 한국문화사회학회The Korean Association for Cultural Sociology가 창립되었다.[55] 문화사회학회는 분과학회가 아니라 비판사회학회와 한국사회사학회에 이어 또 하나의 사회학을 지향하는 대안의 흐름으로 형성되었다. 사회학의 분과로서의 문화사회학sociolgy of culture이 아니라 문화라는 관점으로 사회 모든 현상을 이해하고 설명하는 새로운 연구 패러다임으로서의 문화사회학cultural sociology을 제창한 문화사회학회는 2006년 《문화와 사회》라는 학회지를 창간하고 총서 발간, 월례 콜로키움을 비롯하여 다양한 학술 활동을 계속하고 있다. 주류 사회학과 거리를 두고 2세대 사회학자들과도 구별되는 제3세대 사회학자들인 박선웅, 최종렬, 최샛별, 천선영 등이 주도하고 김무경을 회장으로 선임한 이 학회의 초기 활동에는 주은우, 이기현, 박해광, 전상진, 김홍중, 김은하, 강은주, 하홍규, 이나영, 이현서, 이수안, 박창호, 박정호, 윤명희 등 여러 대학 출신의 젊은 사회학자들이 참여했다.[56] 문화사회학회는 문화와 상징 차원을 강조하면서 양적 방법론으로 환원되지 않는 사회적 삶의 의미 차원을 연구하기 위해 질적 방법론

---

55 한국사회학회 회장 취임 강연 논문인 양종회의 〈사회학의 문화적 지향을 위하여〉
    《한국사회학》 39권 1호, 2005, 1~19쪽)와 프랑스 문화사회학의 흐름을 소개한 김무
    경의 〈상상력과 사회: 질베르 뒤랑의 '심층사회학'을 중심으로〉《한국사회학》 41권
    2호, 2007, 304~338쪽)는 한국 사회학의 문화적 전환이라는 분위기를 반영한다.
56 문화사회학의 창립과 초창기 10년의 활동을 정리한 박선웅, 〈문화연구의 사회학
    화: 한국문화사회학회가 걸어온 길〉, 《문화와 사회》 제20권, 2016, 7~33쪽 참조.

을 발전시키고 있다. 이들은 학회 활동 초창기에는 제프리 알렉산더와 피에르 부르디외의 문화사회학을 참조했지만 이후 한국 사회의 다양한 경험적 현상을 설명하는 데 적절한 이론적·방법론적 전망을 모색하고 있다.

4. 학술장의 대학 간 경쟁구도

한국 사회학의 학술장은 몇 개의 주요 흐름으로 분화되었지만 교수 충원 과정, 연구비 확보, 사회적 명예 등 여러 영역에서 여전히 서울대학 중심의 서열구조가 지속되고 있다. 재계, 언론계, 정계, 법조계 등 사회 각 분야에서 서울대 네트워크가 강력하게 작동하고 있기 때문이다. 서울대학교에 이어 두 번째로 사회학과가 창설된 경북대학교가 서울대와 경쟁하며 특색 있는 사회학과를 만들 가능성이 있었으나 실현되지 못했다. 한림대, 연세대, 고려대, 중앙대의 사회학과 등이 특색 있는 교수 구성을 통해 사회학계의 대학별 서열구조에 변화를 일으킬 가능성이 있긴 했지만 그 힘이 커지지 못하고 있는 상황이다.

이는 사회학계만이 아니라 인문사회과학 및 자연과학 분야에서도 일반적으로 관찰할 수 있는 현상이다. 한국 학계의 발전을 위해서는 비슷한 지위의 대학들이 서로 경쟁하는 관계가 만들어질 필요가 있다. 미국의 경우, 하버드, 예일, 프린스턴, 시카고, 스탠퍼드, 버클리 등 여러 대학이 학문 분야에 따라 영향력의 정도가 다르고 시기에 따라 각 대학의 자체 노력에 의해 학문적 탁월성의 순위에 변화가 일어난다.[57] 일본의 경우에도 자연과학의 경우에는 교토대학이 도쿄대학을 앞서며 영국의 경우 옥스퍼드와 케임브리지대학이 각 분야에서 경쟁관계를 유지하고 있다. 중국의 경우에도 공학과 자연과학 분야는 칭화대학이 베이징대학을 앞선다.

반면 한국의 경우에는 전 분야에서 서울대가 중심적 역할을 하고 있다. 서울대학교는 해방 직후 미군정하에서 이루어진 국립대학 설립안을 통해 경성제국대학과 10여 개의 전문학교를 합쳐 거대한 대학으로 만들어졌고 1975년 '서울대 종합화 10개년 계획'으로 그동안 흩어져 있던 단과대학들이 광활한 관악캠퍼스로 집결되면서 다시 한번 거대한 규모의 대학으로 변신했다.[58] 이런 변신은 국립서울대학교를 한국을 대표하는 대학으로 만들려는 정부의 고등교육 정책의 결과였다. 이후 서울대학교는 교수 충원, 우수학생 선발, 연구비 지원, 대학 밖의 동문 네트워크 등에서 지방의 다른 국립대학이나 사립 명문대학들이 넘볼 수 없는 독점적 지위를 누리게 되었다.

그러나 다른 모든 분야가 그렇듯 학술장에서도 공정한 경쟁이 학문

---

57 하버드대학, 예일대학, 프린스턴대학 등 미국 엘리트대학 간의 경쟁관계가 각 대학 내부에 일으킨 변화에 대한 연구로 Jerome Krabel, "Status Group Struggle, Organizational Interests and the Limits of Institutional Autonomy: The Transformation of Harvard, Yale and Princeton, 1918~1940", *Theory and Society*, Vol. 13, No. 1, 1984, 1~40쪽 참조.

58 역사적으로 보면 서울대학교의 우위는 일제강점기에 경성제국대학이 누리던 최고의 위상이 역사적 관성으로 작용한 결과다.

의 발전에 더 유리할 수 있다. 지금이라도 무의식적으로 당연하게 받아들이고 있는 서울대 중심의 단극체제가 갖는 장점과 단점을 세밀히 따져보고 만약에 단점이 더 많다면 각 학문 분야에서 서울대와 경쟁할 수 있는 2~3개의 대학을 키우는 방안을 정책적으로 모색해야 한다. 이것은 쉬운 일이 아니다. 학계만이 아니라 정계·관계·재계·언론계·법조계 등 각 영역에서 '서울대 중심주의'가 똬리를 틀고 있기 때문이다.[59]

그럼에도 불구하고 사회학계만이라도 앞장서서 사회학 학술장의 자율성을 높이고 대학 간 공정한 학문적 경쟁을 제도화하여 한국 사회의 성찰적 자기이해에 기여하는 사회학 지식을 생산하기 위한 방안을 모색하기를 기대한다. 학술장의 위계는 끊임없는 경합의 대상이 되며, 장의 구조를 뒷받침하는 원리들은 도전받고 변화될 수 있다.[60] 1980년대에 새로 만들어진 "지방의 각 대학 사회학 교육이 서울 시내 주요 대학의 교과 과정을 그대로 모방하여 소위 표준사회학이 나타나게 되었다."[61] 그러나 앞으로는 전국 30여 개 대학의 사회학과 교수들은 각자 특색 있는 사회학과를 만들기 위해 고유한 커리큘럼을 개발하고 이 책에서 다루고 있는 선배 학자들처럼 학문에 헌신하는 능력 있는 학자들을 충원하여 한국 사회학의 역사를 풍부하게 만들기를 기대한다.

---

59 강준만은 '서울대 중심주의'가 아니라 '서울대 패권주의'라고 부른다. 강준만, 《서울대의 나라》, 개마고원, 1996, 15~46쪽.
60 피에르 부르디외·로익 바캉, 《성찰적 사회학으로의 초대》, 171~198쪽.
61 김영모, 〈한국에 있어서 사회학 교육의 과제〉, 《한국사회학》 24권 1호, 1990, 2쪽.

5.

한국 사회학의
미래를 위하여

1. 한국 사회학의 위기?

지난 70여 년 동안 한국 사회학은 변화와 부침을 겪으며 크게 성장했다. 한국사회학회의 회원 수가 1,200여 명으로 늘어나면서 《한국사회학》은 1년에 국문 6호, 영문 2호의 학회지를 발간하게 되었다.[62] 사회학내부 전공에 따라 20여 개의 분과학회가 만들어졌다. 그러나 사회 전체적으로 사회학에 대한 관심이 저하되기 시작했다. 한국 사회의 민주화, 공산권 붕괴, 외환위기를 차례로 겪으면서 한국 사회가 빠른 속도로 재구조화되는 과정에서 사회학은 독자적인 연구 영역에서 심화된

---

[62] 투고 논문 수가 줄어들면서 2018년 《한국사회학》은 1년 4회 발간으로 바뀌고 영문학회지 *Korean Journal of Sociology*는 휴간되었다. 2020년부터 《한국사회학》은 온라인 저널로 전환되었다.

지식을 생산하지 못하고 기존의 연구 영역까지 타 분과 학문에 내주는 상황이 되었다.

학부제가 실시되면서 사회학은 경제학, 경영학, 정치학, 사회복지학, 언론정보학 등 다른 사회과학 분야에 비해 실용성이 떨어지고 졸업생들의 취업률이 상대적으로 낮다는 이유로 사회학과를 지망하는 학생 수가 줄어들었다. 1980~1990년대 교양과목으로 인기 있던 사회학 강좌도 크게 줄어들었다. 사회학에 대한 열기가 수그러들고 사회학과를 지망하는 학생 수가 줄어들자 대학 내에서 사회학과가 축소되고 사회학자들의 사기도 떨어져갔다.[63] 이런 분위기에서 대다수의 사회학자들이 사회현실과의 긴장 속에서 치열한 문제의식을 유지하지 못했고 연구에 대한 열정도 잃어갔다. 그와 반면에 교수업적 평가제가 실시되면서 논문 편수를 늘려야 살아남는다는 '생존주의' 의식이 강화되었다. 사회를 위한 지식 생산보다는 사회학자의 생존을 위한 논문 생산이 더 절박하게 되었다.

2000년대 이후 사회학자들 사이에서 사회학의 '위기'가 논의되기 시작했다.[64] 2019년 한국사회학회 회장 박길성은 한국사회학회의 과거와

---

63 오찬호의 풍자적 픽션에 따르면 사회학과는 머지않아 서울대를 마지막으로 완전 폐지될 것으로 예상된다. 오찬호, 《진격의 대학교: 기업의 노예가 된 한국 대학의 자화상》, 문학동네, 2015, 11~15쪽.

64 1990년대 이후 사회학 위기설은 한국만이 아니라 거의 세계적인 현상이다. 하나의 보기로 1989년 울리히 벡이 독일의 주요 사회학자들에게 독일 사회학의 현황 진단을 요구했을 때 그 결과는 대체로 "독일 사회학은 끝났다!"였으며 20년 후인 2009년의 조사 결과도 거의 비슷했다. Dinç, Cüneyd, "German Sociology After

현재에 대해 다음과 같이 말했다.

저는 최근 우리 학회 60년사를 보면서 우리 학회의 남다른 궤적과 열정을 확인하였습니다. 그것은 시대의 요청에 끊임없이 화답하는 여정이었으며, 사회학의 학문적 성숙함을 완성하려는 부단한 노력이었으며, 동시에 회원들의 유대를 도모하기 위한 방책을 진솔하게 만들어가는 과정이었습니다. …… 그러나 안타깝게도 언제부터인가 사회학의 쓸모, 사회학의 필요를 둘러싼 지적 위상이 흔들리고 사회학자의 자긍심이 약화되는 위기의 상황이 지속되고 있습니다. 더욱 안타까운 일은 학회의 미래인 학문 후속 세대가 마음껏 상상력을 발휘하기에 점점 더 어려운 환경으로 치닫고 있다는 것입니다.[65]

사회학자이자 칼럼니스트인 송호근은 사회학계의 변화를 이렇게 진단했다.

한국에서 사회학의 전성시대는 갔다. 대중적 관심도 하락했으며, 학생들의 지원율도 줄었다. 사회학은 비판의식을 필요로 하는 발전 단계에서 수요가 급증하는 경향이 있는 반면, '비판'보다 '적응'이 요구되는 발전 단계에서는 보다 더 전문성을 띤 학문영역이 각광을 받게 마련이다.[66]

Reunification", *Socyoloji Dergisi*, 3. Dizi, 20. sayi, 2010/1, p. 74.

65 박길성, 〈2019년 한국사회학회장 출마의 변〉, 2017년 11월.

66 송호근, 〈학문의 후진성에 대한 지성사적 고찰─사회학 또는 사회과학의 역사적 굴

그의 진단은 이렇게 이어진다. "인상적 판단이지만, 사회학은 억압적 정치체제하에서 움텄다가 민주화 이행 기간에 대중적 관심이 증폭되고, 이후 민주화가 공고화되는 과정에서 대중적 관심은 서서히 감소하는 경향을 보인다고 할 수 있다."[67]

오늘날 한국 사회학은 대중적 인기 하락 속에 아카데미아로 회귀하여 거시적 관심을 버리고 비교적 작은 연구 주제들을 엄밀하게 분석하는 방향으로 진화하고 있다. 사회학에 대한 대중적 관심이 낮아지고 학문 후속 세대의 재생산과 학생 충원의 차원에서는 어려움을 겪고 있다. 그러나 사회학 연구의 학문적 수준은 높아지고 있다는 평가도 존재한다. 연구자의 수가 양적으로 증가했고 교수업적 평가제가 실시되면서 한국연구재단 등재지로 인정된 학술지에 논문을 게재하기 위해서는 동료 학자들의 엄격한 심사를 거쳐야 하기 때문이다. 사회학의 경우 명확한 근거, 이론적 적합성, 세련된 방법론, 적절한 조사자료와 엄밀한 분석, 논리적 명증성 등이 논문 평가의 기준으로 설정되면서 총체적·추상적·이론적 거시 담론들이 후퇴하고 미시적 주제를 실증적인 자료를 가지고 분석하는 연구 경향이 강화되었다.

그런 상황에서 한국 사회학의 위기를 타개하기 위해 사회학의 현실 적합성을 높이고 사회적 유용성을 알리기 위한 노력이 계속되었다.

레와 출구〉, 일송기념사업회 엮음, 《한국 인문·사회과학 연구, 이대로 좋은가》, 푸른역사, 2013, 121쪽.

67 송호근, 〈학문의 후진성에 대한 지성사적 고찰—사회학 또는 사회과학의 역사적 굴레와 출구〉, 122쪽.

2000년에는 '21세기 한국 사회학의 새로운 탐구 영역'을 주제로 한국 사회학회가 열렸다. 2006년에는 '변화하는 한국 사회: 한국 사회학 무엇을 할 것인가'라는 주제로 사회학회가 열렸고 원로 교수 김경동의 〈격변하는 시대에 한국 사회학의 역사적 사명을 묻는다〉라는 글이 《한국사회학》 제40집 4호(2006)에 실렸다. 2007년에는 한국사회학회 창립 50주년을 맞이하여 '한국 사회학 50년: 정리와 전망'이라는 주제로 한국사회학회가 개최되었다. 2009년 한국사회학회 회장으로 취임한 김문조는 '코즈모폴리턴 사회학'을 제창하며 '새로운 사회학 선언Neo-Sociological Manifesto'을 했다.[68] 김문조는 사회학의 위기를 전문성의 위기, 적합성의 위기, 실용성의 위기, 소통성의 위기, 정당성의 위기로 구별했다.

한국 사회학의 임무는 세계 사회학계의 동향에 열려 있으면서 우리다운 사회학 연구로 한국 사회의 문제 해결에 기여하고 한국 사회의 긍

---

68 김문조는 구조적 복잡성과 과정적 가변성이 증가되고 '사회적인 것the social'의 실체가 묘연해지는 상황에서 사회학은 쓸모없는 '비호감' 지식으로 기피되는 경향이 있다고 관찰하면서 사회학은 '대중화' 같은 안이한 방식이 아니라 분석적·해석적·비판적 관심을 종합하는 메타사회학적 통찰력으로 현실이 요구하는 새로운 지식을 만들어내야 한다고 주장했다. 그는 사회학이 '사회과학의 여왕Queen of social sciences'의 자리를 회복하기 위해서 오랫동안 쌓아온 사회학 지식과 타 학문과의 통섭을 통해 사회를 총체적이며 종합적으로 사고하는 역량을 강화해야 한다고 주장했다. 그래야만 사회학은 '희망의 학문'이 되어 사회발전에 기여할 수 있다는 것이다. 김문조, 〈복합전환 시대의 한국 사회학〉, 《한국 사회학의 미래—고려대학교 사회학과 창립 50주년 기념 특별 심포지엄 자료집》, 고려대학교 사회학과, 2013, 11~17쪽.

정적 변화 방향을 제시하는 일이다. 그것은 사회학의 전문성과 대중성, 분석력과 현실적합성을 동시에 높이는 작업을 통해 이루어진다. 그러나 한국 사회학은 아직 만족할 만큼 제구실을 하지 못하고 있다. 이런 상황에 대해서는 "현실 한국 사회와 한국인에 대한 엄밀한(혹은 이론적으로 유의미한 실증적) 분석이 충분치 못한 상황에서 서구 학문을 '처방적' 지식으로 기계적 혹은 권위주의적으로 적용해온 책임은 학계 전반이 져야 한다."[69] 그렇다면 앞으로 한국 사회학계에는 어떤 변화가 필요한 것일까?

2. 소통하는 사회학으로

한국 사회학은 스스로의 언어로 한국 사회와 그 안에서 살아가는 사람들의 삶을 설명함으로써 한국 사회의 자기 인식과 자기 창조 능력을 높이는 비판적 학문이다.[70] 그러기 위해서는 먼저 한국 사회의 상황에 대한 진지한 문제의식이 필요하다. 한국 사회의 문제를 연구하는 한국

---

69 장경섭, 《내일의 종언終焉?—가족자유주의와 사회재생산 위기》, 집문당, 2018, 237쪽.

70 참고로 이화여대 사회학과의 교육 목표는 "첫째, 인간과 사회에 대한 체계적이고 통합적인 전문지식을 배양한다. 둘째, 사회현상을 비판적으로 분석할 수 있는 연구능력을 배양한다. 셋째, 건설적인 사회변화에 기여할 수 있는 실천의식과 리더십을 배양한다"로 되어 있다. 이화여대 사회학과 홈페이지 참조.

의 사회학자들은 한국인들의 삶에 의미 있는 연구 결과를 산출해야 한다.[71] 그러기 위해서는 연구의 전문성을 높이면서도 대학 밖의 시민들과 소통하는 사회학이 되어야 한다. 정부의 정책 수립에 도움이 되는 정책사회학을 발전시키면서 그와 동시에 시민의 주체성을 고양시키는 공공사회학으로 나아가야 한다.

사회학의 가치를 의심하는 사람들은 사회학에 분명한 연구 대상이 없다고 비판한다. 그러나 사회학의 연구 대상은 소집단에서 세계체계에 이르기까지 다양하고 광범위하다. 그렇기 때문에 사회학은 다른 분과학문에 비해 자유로운 상상력을 발휘할 수 있다. 사회학은 인접 사회과학은 물론 인문학과도 대화하며 연구의 폭을 넓이고 깊이를 심화시키는 종합학문의 성격을 갖는다. 사회학은 인간과 사회를 다루는 다른 학문들과 대화할 때 종합학문으로서의 역량을 강화할 수 있다. 원로 국문학자 김흥규의 다음과 같은 관찰은 사회학자들에게도 절실하게 들린다.

한국 사회에서 인문학의 위기라는 말이 쓰인 지는 한 10년쯤 되는 것 같습니다. 그런 상황에서 이런저런 지원 대책이 나와서 시행되기도 했습니다. 그렇게 연구비가 증액되고 이런저런 프로젝트가 마련이 되어 더 연구할 기회가 만들어지면 그것으로 인문학은 행복해지는 것이냐? 이런 문제를 생각하면서 저는 근래에 '꼭 그렇지는 않다'는 생각을 가지게 되

---

71 임현진, 〈한국 사회학의 해부: 자아정체성과 유관적합성을 중심으로〉, 《사회과학논평》 제19집, 한국사회과학협의회, 2000, 41~68쪽.

었습니다. 요점은, 인문학자들에게 적절한 환경이 제공되는 것도 중요하지만 무엇보다도 우리가 과연 인문적 질문과 토론의 공통된 공간을 가지고 있느냐 하는 것입니다. 문학 하는 분이 철학 하는 분한테, 역사 하는 분이 문학이나 다른 인문학을 하는 분한테 또는 인문학을 넘어서 다른 전공을 하는 분들과 인문적 질문을 주고받고 그 속에서 서로의 학문을 비춰보고 또 서로의 학문 영역을 넘어 무엇인가를 주고받는 교류가 과연 지금의 우리 학계에서 이루어지고 있느냐? 저도 30여 년 동안 교수 생활을 했습니다만 그런 소통은 점점 줄어들고 있고, 연구 또한 굉장히 협소해지고 있다는 생각을 하게 됩니다. …… 과연 우리가 인문학 내부의 문사철이라고 하는, 전통적으로 거의 울타리가 없이 소통되었던 그런 담론 공간이 이제는 나뉘고 담이 높아지게 된 이런 상황이 과연 바람직한 것이냐? 이런 문제를 최근에 절실하게 느꼈습니다. 그런 점에서 '한국 인문·사회과학 연구, 이대로 좋은가'라는 질문 속에 이 문제도 고려해볼 필요가 있지 않을까 생각합니다.[72]

콩트가 사회학을 제창한 이후 사회학의 종합적이고 총체적인 성격은 학제 간 연구와 융합학문의 시대에 창조적 역할을 할 수 있는 소중한 자원이다. 20세기 말 냉전 시대의 종언과 함께 '거대 서사'의 종말이 학계를 지배했다. 하지만 오늘날 지구적 위기의 시대를 맞이하여 사회학의 장기적이고 종합적 안목이 필요해졌다. 지구환경 위기와 전 지

---

72 김홍규, 〈종합토론〉, 일송기념사업회 엮음, 《한국 인문·사회과학 연구, 이대로 좋은가》, 푸른역사, 2013, 257~259쪽.

구적 차원의 불평등이 심화되고 민주주의가 위협받는 상황에서 인간적인 삶을 살 수 있는 지속가능한 사회를 위한 지식의 창조야말로 사회학에 부여된 본연의 임무이다. 세계체제 안에서 동아시아의 중요성이 날이 갈수록 커지는 상황에서 한국 사회학은 전 지구적 안목과 동아시아적 문제의식을 유지하면서도 일차적으로는 한국의 동료 시민들이 세상을 투명하게 인식하도록 설명하고 지금보다 더 인간적인 사회로 만들어나가는 데 도움이 되는 미래 지향적 지식을 창출해야 할 임무를 부여받고 있다. 그렇다면 한국의 사회학자들은 앞으로 어떤 방향으로 변화를 모색해야 할 것인가? 원로 사회학자 김문조는 한국 사회학의 위기 돌파 가능성을 다음과 같이 말했다.

한국 사회학이 "복합적 위기상황을 돌파할 수 있는 지적 소임을 다하기 위해서는 공공성과 종합적 사고 역량의 온축이 필수적이다. 그러나 '경쟁력 강화'를 앞세워 국내외 저명 학술지 등재 논문 수효만 헤아리는 기존의 성과 중심적 학술지원 체제는 상기 두 가지 요건 모두와 대척적 입장에 놓여 있다. 시한부 게재 가능성을 우선시하게 되면 창의적 착상을 기대할 수 있는 종합적 사유 공간이 허용되지 않을 뿐 아니라, 공공적 가치를 외면한 쪼잔한 연구물들이 전문성이라는 미명하에 양산될 가능성이 높다.[73]

---

73 김문조, 〈복합전환 시대의 한국 사회학〉, 《한국 사회학의 미래—고려대학교 사회학과 창립 50주년 기념 특별 심포지엄 자료집》, 고려대학교 사회학과, 2013, 17쪽.

그러나 사회학자들에게 주어진 상황은 녹녹치 않다. 대학은 '시장의 논리'에 길들여져 진정한 학문의 추구가 쉽지 않고 학자들은 학문의 권위는커녕 학자로서의 품위를 추스르기도 힘겨운 상황이다.[74] 그러나 사회학은 학문의 속성상 돈과 명예와 관습에 길들여지지 않고 독자적으로 "생각하고 질문하고 권위에 저항하고 자치권을 행사하는 공간"으로서의 학문공동체를 지향한다.[75]

학계의 변화를 위해서는 대학의 운영 방식과 정부나 기업의 학술 지원정책이 달라져야 한다. 그러나 밖으로부터의 변화를 기대하기 전에 학계 내부로부터의 변화가 이루어져야 한다. 사회학계의 연구 풍토가 달라져야 하고 사회학자의 삶 자체가 달라져야 한다. 사회학과의 커리큘럼이 달라져야 하고 학문적 능력과 열정을 겸비한 젊은 교수들이 공정한 절차를 거쳐 대학에 자리잡아야 한다. 국내 박사, 미국 박사, 프랑스 박사, 독일 박사, 일본 박사 등 학문적 배경이 다른 사회학자들 사이에 상호 교류를 촉진하고 확대해서 세계 사회학계의 동향을 종합적으로 파악하고 여러 나라의 사회학자들과 대등하게 대화하면서 우리 나름의 독창적 사회학을 발전시켜야 한다.

지식 재생산 구조와 연구자 재생산 구조는 밀접하게 연관되어 있다.[76] 한국의 학계는 서울대나 연고대 학부와 대학원 석사 과정을 마치

---

74 오찬호, 《진격의 대학교: 기업의 노예가 된 한국 대학의 자화상》, 문학동네, 2015, 16~19쪽.

75 오찬호, 《진격의 대학교: 기업의 노예가 된 한국 대학의 자화상》, 18쪽.

76 한국 학계의 학자 재생산 구조에 대해서는 윤상철, 〈미국 사회학의 지적·인적 지배

고 미국의 유수한 대학에 유학하여 박사학위를 받고 귀국한 사람들이 주류를 형성하고 있다.[77] 시카고대학 사회학과 정교수로 근무했던 이철승은 미국 학계와 한국 학계를 비교하면서 미국에서는 "시험성적이 낙제점을 간신히 넘는 점수로 입학했지만, 학계의 패러다임을 바꾸는 기념비적인 논문을 쓰고 여러 아이비리그 대학으로부터 오퍼를 받으며 저명한 교수로 성장하는 학생들을 수없이 보았다. (다른 한편) 명문대를 졸업하여 GRE와 SAT 만점에 가까운 점수로 대학원에 들어왔지만, 새로운 아이디어와 발견 하나를 만들어내지 못하고 남들이 이미 해놓은 연구를 성실하게 주워섬기다가 학계에서 사라지는 경우를 수없이 보았다"고 증언했다.[78] 그러나 한국에서는 전자의 경우도 찾아보기 어렵지만 후자의 경우도 찾아보기 어렵다. "전자는 학위를 끝내고 학계에 데

와 한국 사회학의 지체〉, 한국학술단체협의회 엮음, 《우리 학문 속의 미국: 미국적 학문 패러다임 이식에 대한 비판적 성찰》, 한울, 2003, 184~206쪽과 한국학술단체협의회 엮음, 《해방 60년의 한국사회》, 한울아카데미, 2005, 3부 〈학문의 재생산과 학문 주체화〉 참조.

77 스스로를 비주류라고 느끼는 사람은 많지만 "사실 주류란 말이 있을 뿐이지 실제로 주류에 속하는 사람, 적어도 자신이 주류에 속했다고 느끼는 사람이 별로 없다는 것이 주류의 아이러니이기도 하다." 정영목, 〈해설: 유대인의 꿈, 미국의 꿈〉, 필립 로스, 정영목 옮김, 《미국의 목가》, 문학동네, 2014, 293쪽. 그럼에도 불구하고 사회학 분야에서 주류로 활동하는 한국의 사회학자들은 서울대와 연·고대 사회학과를 졸업하고 시카고, 하버드, 컬럼비아, 버클리, 위스콘신-메디슨, 미시간, 예일, 노스캐롤라이나, UCLA, 펜실베이니아, 워싱턴 대학 등에서 박사학위를 받은 사람들이라고 볼 수 있다.

78 이철승, 《쌀 재난 국가》, 문학과지성사, 2021, 352쪽.

뷔해도 이름 없는 학자로 살아갈 가능성이 크지만, 후자는 선후배들의 네트워크 속에서 승승장구하며 명망 있는 대학에 자리를 잡고 …… 동문 네트워크가 물어다 준 실적과 자리 덕에 승승장구할 것이다."[79]

학벌이 교수 임용을 비롯하여 학문 활동 전반에 지대한 영향을 미친다는 것은 내놓고 말하지 않아도 누구나 다 아는 잘 알려진 사실이다. 이는 스승—제자 관계, 선후배 관계의 연결망을 통해 재생산되는 구조를 갖는다.

김종영의 진단에 따르면 "한국 대학은 몇몇 대학에 명성과 자원이 집중되어 있고 학벌체제로 인한 폐쇄성을 특징으로 한다. 이러한 중앙집중적 체제는 …… 경쟁을 제한하고, 연구 활동의 창조성과 생동성을 저해한다. 이러한 대학구조는 폐쇄적인 학벌 중심 또는 파벌 중심의 학문 문화를 낳고, 학문공동체의 신뢰를 현격하게 떨어뜨린다."[80] 김규원은 지방 사회학자의 입장에서 "출신별로 순서지우는 서울대와 비서울대, 지역별로 나누는 중앙과 지방, 또 연령 세대별로 구분지우는 제1, 2세대와 제3세대 따위의 대조 방식은 어떻게 보면 성취적 지위 개념의 한 응용이라 할지 모르나, 실은 현대판 한국적인 귀속적 지위를 뜻한다"면서 사회학 공동체의 변화를 주장했다.[81] 김동춘 또한 "학연, 정치적 입장 차이, 위계질서, 남녀차별에 의해 교수 충원이 공정하지 않게

---

79 이철승, 《쌀 재난 국가》, 352쪽.
80 김종영, 《지배받는 지배자—미국 유학과 한국 엘리트의 탄생》, 돌베개, 2015, 29쪽.
81 김규원, 〈한국의 사회학과 지방 사회학의 자리매김을 위하 하나의 주장〉, 《우리사회연구》 1호, 1993, 15쪽.

이루어진다면 학문 생태계는 붕괴할 것이다"라고 예언했다.[82] 2000년대 들어 교수 충원 과정에 객관적 기준이 적용되고 교육부의 출신 대학 다양화 정책에 따라 소수의 엘리트대학 중심주의는 과거에 비해 다소 약화되었다. 서울대학교에 제일 먼저 사회학과가 만들어졌기 때문에 서울대 출신들이 한국 사회학 초창기에 교수로 충원된 것은 당연한 일이었다. 그러나 이제 서울과 지방의 여러 대학 사회학과 출신들이 국내외에서 박사학위를 받고 사회학자로 활동하고 있는 마당에 과거의 인맥과 학맥으로 학계가 움직이는 경향은 학계의 발전을 위해 바람직하지 않다. 여러 대학의 사회학과가 각자 고유한 학풍을 만들고 그에 따라 학문 후속 세대를 양성하여 다양한 흐름이 공존하는 한국 사회학계를 만들어나가야 한다.[83]

사회학은 하나의 패러다임이 지배하는 '정상과학normal science'이 아닙니다.[84] 사회학계에는 여러 개의 패러다임이 동시에 공존한다. 사회학은 단수sociology가 아니라 복수sociologies로 존재한다. 하나의 사회학이

---

82 김동춘, 〈고등사회과학원 설립 필요성과 그 운영방안〉, 《정신문화연구》 43권 3호, 2018, 22~23쪽.

83 한 학교에 여러 대학 출신들이 모여 있어야 연고주의와 선후배 관계도 약화된다. 서울대 출신의 건축가 유걸은 자기가 설립한 건축사무소의 인원 구성을 의도적으로 그런 방식으로 했다. "그래서 아이아크 구성원을 보면 신입사원도 학교가 다 다르다고. …… 학연, 지연 이런 것을 의도적으로 배제했지. …… 사실은 의도적으로 좀 그랬어요. 동창 등 모여 갖고 '형, 아우' 그러는 걸 난 아주 싫어했다고. 그래서 파트너들이 다 달랐잖아요. 숭실대학, 연세대학, 성균관대학, 한양대학 ……." 유걸, 《유걸 구술집》, 마티, 2020, 282쪽.

84 토마스 쿤, 김명자·홍성욱 옮김, 《과학혁명의 구조》, 까치글방, 2013, 90~105쪽.

지배하지 않고 여러 개의 사회학이 공존하는 상태에서 사회학의 창조적 힘이 나온다. 여러 이론, 여러 방법론, 여러 지향성, 미시와 거시, 양적 방법과 질적 방법, 역사적 접근과 현상학적 접근, 일반 이론, 중범위 이론, 특수 이론이 공존해야 한다.[85] 그러면서 고전사회학자들이 보여준 통합 이론적 작업의 전통을 이어가야 한다. 그러기 위해서는 사회학자들 사이의 대화와 토론이 활발해야 한다. 주제별로 세분화된 분과학회의 회원들은 각자 자신의 전공 영역에서 새로운 지식을 산출하면서도 타 전공 분야 학자들과 소통할 수 있어야 할 것이다. 각 분과학회나 지향성이 다른 학회들 사이에 대화와 협력을 통해 한국 사회를 설명할 수 있는 고유한 개념과 이론을 만들어내기 위해 노력해야 한다. 파편화된 경험적 지식을 통합하여 세계체제 속의 한국 사회를 설명할 수 있는 총체적 시각을 구성해야 한다. 한국의 사회학자들은 상호 존중과 상호 협력을 통해 한국 사회를 살아가는 사람들에게 유용한 사회학적 지식을 만들어 그들과 소통하면서 한국 사회를 바람직한 방향으로 변화시키는 데 기여해야 한다. 그것이 한국 사회학이 살고 한국 사회도 사는 길이다.

85　원로 사회학자 김일철은 이제 한국 사회학에서 양적 자료 수집과 통계학적 접근이 정상궤도에 올랐다고 보면서 "물론 모든 학생들에게 그걸 다 요구할 수는 없지. 경험적인 것, 이론적인 것, 역사적인 것, 질적인 연구, 이런 것들도 다 가능성이 있으니까"라는 말을 남겼다. 김인수, 〈김일철 교수 인터뷰〉, 《서울대학교 사회발전연구소 50년사: 1965~2015》, 한울, 2015, 314쪽.

3. 한국 사회학의 자율성 증진을 위해

이제 지난 10년의 연구를 마치면서 마지막 질문을 던져본다. 과연 오늘날 한국 사회학의 과제는 무엇이고 한국의 사회학자들은 거기에 어떻게 응전할 것인가? 그것은 아카데믹 사회학을 통해 학문적 분석 능력을 높이고 역사사회학을 통해 현재 우리 사회의 역사적 경과에 대한 분석을 심화시키면서 비판사회학의 입장에서 더욱 민주적이고 평등한 사회, 개인이 존중받는 사회를 만드는 일에 기여하는 것이다. 경험과학으로서의 사회학은 비판적 이성과 역사적 이성에 기초하여 인간사회의 지배와 불평등, 억압과 부패, 부당한 사회적 관계를 정당화하는 지배 담론들의 허구성과 자의성을 드러내고 이성적 대화와 합리적 의사소통을 통해 인권을 존중하고 정의롭고 평등하고 민주적이며 모든 사람의 인간적 삶이 보장되는 사회를 만드는 일에 기여하는 학문이다. 한국의 사회학은 한국의 현실 상황을 고려하면서 그러한 지식을 풍부하게 창조하고 그것을 동료 시민들과 공유해야 한다.

한국 사회학은 한국인들에게 그들이 살고 있는 한국 사회가 어떤 역사적 과정을 거쳐서 오늘날에 이르게 되었는가를 설명할 수 있어야 한다. 그것은 조선 시대, 식민지 시대, 건국과 경제성장의 시대, 냉전과 분단의 시대, 사회운동과 민주화의 시대를 거치면서 한국 사회의 제도와 이념이 어떤 특성을 지니게 되었으며 그로 인해 한국인의 사회적 삶이 어떻게 억압받고 왜곡되었는가를 밝히는 작업이다. 한국 사회학은 한국 사회와 그 속에 사는 한국인의 삶의 모습을 한국인 스스로 성찰할 수 있는 지식을 창조하고 건전한 사회와 건강한 삶을 만들어가는 과정에 도움이 되는 성찰적 지식을 풍부하게 창조하고 널리 전파해야 한다.

그러나 사회학의 할 일은 거기서 끝나지 않는다. 변화하는 세상에서 사회학이 할 일은 늘어만 가고 있다. 인공지능, 정보과학, 유전공학, 나노기술, 환경기술 등 과학기술의 발전이 사회변동에 미치는 영향이 점점 더 커지면서 과학, 기술, 환경에 대한 사회학적 연구들이 많이 나와야 하고 계층, 계급, 세대, 젠더, 지역 간 불평등이 심해지는 상황에서 불평등 현상을 설명하고 그것을 해소하기 위한 정책 방안을 제시해야 한다. 또한 세계 최고의 자살률을 기록하고 있는 한국 사회의 병리현상을 연구하고 100세 시대 새로운 삶의 양식과 생애 주기의 재구성을 위한 연구도 필요하다. 남북협력의 시대를 이루기 위해 북한 사회에 대한 이해를 높이는 연구가 긴급하고 동아시아 평화를 위한 한·중·일 상호 이해와 협력의 길을 모색하기 위한 사회학적 연구도 필요하다. 한국의 사회학자라면 이 모든 문제들 밑에 숨어 있는 한국인 개개인의 삶의 의미와 복지의 문제, 고통과 행복의 문제를 잊어버릴 수 없다. 한 개인의 탄생, 성장, 교육, 취업, 사랑, 결혼, 이혼, 비혼, 퇴직, 노화, 질병, 건강, 죽음 등 개인적 삶의 전 과정을 사회적 차원에서 연구해야 한다. 한국 사회학계는 그런 지식을 창조함으로써 한국 사회와 동아시아, 나아가서는 글로벌 사회의 바람직한 변화에 기여해야 할 것이다.[86]

사회학이 그런 임무를 제대로 수행하기 위해서는 의식 있고 능력 있

---

86 Dong No Kim, "Toward Globalization of Korean Sociology", *Korean Journal of Sociology*, Vol. 42, No. 8, 2008, pp. 1~11.

는 사회학자를 양성해야 한다. 장기적으로는 국내 대학원에서 주체적으로 문제의식을 가지고 연구할 수 있는 학자를 길러내야 한다.[87] "박사 과정 교육의 강화는 유능한 사회학자의 양성을 위해서도 긴요하지만 박사학위의 해외 의존성과 해외박사의 선호성을 제동 걸기 위해서도 필요하다."[88]

그러나 앞으로도 미국 유학을 주로 하는 해외 유학은 계속될 전망이다. 그렇다면 우리 문제의식을 가지고 한국 사회학의 발전을 위한 해외 유학이 되는 방법을 모색해야 한다. 해외 학계의 흐름에 따라 사회학 이론과 방법론과 연구 주제가 달라지는 것이 아니라 해외 사회학의 동향을 파악하고 참조하면서도 우리의 상황에 맞는 연구방법을 개발하여 한국 사회를 제대로 설명하는 우리 나름의 이론을 만들어야 한다.

해외 유학이 한국 사회학의 종속성을 강화시키는 방향이 아니라 한국 사회학의 자율성을 증진시키는 방향으로 이루어지려면 유학국을 다변화할 필요가 있다. 미국만이 아니라 영국, 독일, 프랑스, 이탈리아, 스웨덴, 스페인, 러시아, 헝가리, 폴란드, 체코 등 유럽 여러 나라로 유학을 가서 그 나라 사회학과 더불어 사회와 문화와 역사를 깊이 있게

---

[87] 신정완, 〈주체적 학자 양성의 필요성과 방안〉, 학술단체협의회 편, 《우리 안의 미국 학문: 미국 학문 패러다임 이식에 대한 비판적 성찰》, 한울, 2003, 371~392쪽. 미국 사회학자들은 1920년대까지도 독일로 유학을 갔지만 1930년대에 이르러 자국에서 학자를 양성하게 되었고 오스트레일리아 사회학의 경우, 1930년대에는 영국으로 유학을 갔고 1945년 이후 미국 유학을 했지만 오늘날 대부분의 사회학도들은 국내의 멜버른대학과 시드니대학에서 박사학위를 받고 학자 생활을 시작한다.

[88] 한상진, 〈사회학 대학원 교육의 문제점〉, 《한국사회학》 17집, 1983, 43쪽

연구하는 사람이 나와야 한다. 서발턴 연구Subaltern Studies를 위해 인도로 유학 갈 수도 있고 '남반구 이론Southern Theory'을 연구하기 위해 오스트레일리아나 라틴아메리카로 유학을 갈 수도 있으며 유색인종 차별 정책Apartheid을 연구하기 위해 남아공으로 유학갈 수도 있다.

미국 유학도 꼭 엘리트대학으로만 갈 필요가 없다. 아카데믹 사회학에 깊게 침윤되어 있는 상층 엘리트대학보다 특색 있는 비엘리트대학 사회학과에 유학한 사람이 창조적인 사회학을 할 가능성이 크다. 이효재는 1976년 아무도 가지 않는 미국 남부의 흑인대학 피스크대학에 연구교수로 가서 새로운 사회학 연구를 위한 영감을 받았지만 아예 그런 범주의 대학에서 박사학위를 받는 것도 생각해볼 수 있다.

이런 방식의 유학 가능성은 귀국 이후 취직 문제에 달려 있다. 미국의 유명 엘리트대학의 박사학위를 선호하는 한국 사회학계의 풍토가 바뀌지 않는다면 아무리 문제의식이 있고 관심이 있어도 인도나 브라질, 미국의 비엘리트대학으로 유학을 가려고 하지 않을 것이다. 그러나 취직을 염두에 두고 유학을 가기보다는 자기만의 학문을 하기 위해 유학을 가는 것이 학자의 길임은 분명하다.

한국의 사회학계는 국내 대학원 교육을 내실화하면서 해외 유학국을 다변화하여 자율적이고 주체적인 지식을 창조해야 할 과제를 안고 있다. 한국 사회학계의 해외 유학파는 미국에 유학했던 이효재, 한완상, 박영신과 후기의 김경동이 그러했듯이 미국 주류 사회학의 한계를 비판적으로 인식하고 한국 상황에서 비롯된 문제의식으로 자기 학문의 길을 개척해야 한다. 유학을 가지 않고 국내에서 수학한 김진균이 비판 사회학의 길을 열고 국내에서 박사학위를 받은 최재석과 신용하가 역사사회학의 길을 내었듯이 국내에서 수학한 한국의 사회학자들은 더욱 깊어진 문제의식으로 우리다운 사회학을 발전시켜야 한다.

《한국 사회학의 지성사》1~4권을 마치며

1970년대 말 사회학이라는 학문에 입문한 이후 40년이 지났다. 1989년 프랑스에서 유학을 마치고 돌아와 사회학자로서 활동한 지 30년이 넘었다. 내가 사회학의 역사에 어렴풋한 관심을 갖기 시작한 것은 대학원 시절이다. 프랑스 유학 기간에도 프랑스 사회학의 역사에 관심을 가지고 자료를 수집하여 귀국한 후 처음 쓴 글 가운데 하나가 〈프랑스 사회학의 지성사〉다.

한국 사회학의 역사 연구에 본격적으로 착수한 것은 2012년이다. '자발적 망명'이라고 부를 수 있는 10년 동안의 파리 체류를 마감하고 막 귀국했을 때였다. 그 무렵 우연히 만난 양영진 교수의 초청으로 한국이론사회학회에 참여하게 되었다. 어느 날 학회를 마치고 뒤풀이 자리에서 학회장이었던 양영진 교수를 중심으로 몇몇 사람들이 모여 한국 사회학계 초창기에 활동한 교수들에 대한 이런저런 에피소드를 나누면서 한국 사회학의 공식·비공식 역사에 구체적인 관심을 갖게 되었다.

이후 기회가 있을 때마다 선배학자와 동료 학자들로부터 초창기 사회학계의 원로 교수들에 대한 에피소드와 야사를 수집했다. 이야기들을 모으다 보니 점차 한국 사회학계가 어떻게 만들어졌고 어떻게 움직이고 있는가를 짐작할 수 있게 되었다. 파편적 정보를 통해 생긴 지적 호기심을 가지고 매일 서초동 국립중앙도서관에 출근하여 초창기 사회학자들의 저서와 논문을 비롯하여 전기적 사실에 관한 글들을 찾아 읽기 시작했다.

그러다가 2015년 6월 진주 경상대학교에 '한국 사회학의 사회학'이라는 주제로 열린 한국 사회학대회에서 '한국 사회학의 역사와 전통 만들기'라는 주제로 기조 강연을 하게 되었다. 특별세션에서는 이상백의 사회학에 대해 발표했다. 이후 한국 사회학의 역사 연구에 가속도가 붙기 시작했다. 2016년 한국사회학대회에서는 '김경동의 사회학'과 '한완상의 사회학'을 발표했다. 2017년 한국사회학대회에서는 '신용하의 사회학'과 '박영신의 사회학'을 발표했다. 이상백의 사회학에서 시작하여 김경동, 한완상, 신용하, 박영신 이렇게 다섯 학자에 대한 글을 마치고 나니까 힘이 빠지고 지치기 시작했다.

이쯤에서 한국 사회학의 역사 연구 작업을 마무리하고 책으로 출간할 생각을 가지게 되었다. 다행인지 불행인지 한 출판사에 초고를 보냈는데 출판하기 어렵다는 의견을 보내왔다. 다른 출판사를 찾아볼까 하다가 생각을 바꿔서 초고를 확대하고 보완하는 작업에 들어갔다.

우선 사회학이라는 근대 학문의 역사를 다루는 마당에 우리나라 근현대 학문 전체의 역사를 개괄하는 작업을 시작했다. 한국 사회학의 역사라는 본론으로 들어가기에 앞서 한국에서 근대적 학문이 어떻게 시작되고 발전해왔는가를 개략적으로 정리해 조감도를 그려보았다(이 작업은 2022년 단행본으로 출간할 예정이다). 그 일을 거의 마무리하고 나자 아직 소묘 상태에 있던 이효재, 이만갑, 이해영, 김진균, 최재석 이렇게 다섯 명의 학자들에 대한 연구를 하나하나 완성해서 갈래를 나누고 체계적인 한국 사회학의 역사를 써야겠다는 생각이 들었다.

2018년 무더운 여름에 책의 제목을 '한국 사회학의 지성사'로 정하고 매일 국립중앙도서관으로 가서 연구에 박차를 가했다. 서초동의 국립중앙도서관이 내부 공사를 위해 휴관한 기간에는 여의도 국회도서관을 찾아 오래된 자료들을 읽고 정리했다. 어느 기관의 연구비 지원을 받은 것도 아니어서 연구계획서나 중간보고서를 낼 의무가 없었고 엄격하게 정해진 마감 시간도 없었지만 꾸준히 연구를 계속했다. 작업은 예상보다 품이 더 들었고 쉽사리 끝나지 않았다. 언젠가는 터널의 끝이 보일 거라는 막연한 기대 속에서 인내심을 발휘하여 자료를 찾아 읽고 정리하면서 계속 써나갔다. 하루에 한 줄이라도 쓰지 않은 날은 없었다.

이상백, 한완상, 김경동, 신용하, 박영신에 이어 최재석의 사회학을 완성했다. 최재석의 사회학을 완성해서 이미 써놓은 신용하의 사회학, 박영신의 사회학과 함께 묶어 역사사회학의 줄기를 세웠다. 뒤이어 남성 사회학자들만의 역사에서 벗어나기 위해 이화여대 교수였던 이효재의 저서와 논문들을 분석·정리하여 이효재의 사회학을 완성했다. 이효재의 사회학을 마친 후에는 김진균의 사회학을 집필하여 이미 발표한 한완상의 사회학과 함께 묶어 비판사회학의 갈래를 만들었다. 그리고 나자 정작 주류 아카데믹 사회학의 역사가 부족하다는 사실에 눈길이 갔다. 미완의 초고 상태에 있던 이만갑의 사회학과 이해영의 사회학을 완성해서 이미 발표한 이상백과 김경동의 사회학과 합쳐 아카데믹 사회학의 줄기를 만든 건 그래서이다.

　부족하나마 아카데믹 사회학, 비판사회학, 역사사회학이라는 세 갈래로 한국 사회학의 지성사를 완성했다. 그러나 너무 서울 중심의 역사가 되어버렸다는 생각에 1954년 우리나라에서 두 번째로 창설된 경북대 사회학과의 제도적 틀과 학문적 기반을 다진 배용광의 사회학을 집필하여 아카데믹 사회학의 갈래에 덧붙였다. 그러고 나서 이 책에서 다룬 11명의 사회학자들을 중심으로 한국 사회학이 형성되는 과정에 작용한 여러 사회학적 요인들을 지식사회학적으로 검토하는 글을 썼다.

　그런데도 무언가 빠진 느낌이 들었다. 한국 사회학의 역사에 큰 영향을 준 미국 사회학의 역사를 개괄적으로나마 다루어야겠다는 생각이 들었다. 이어서 제2차 세계대전 이후 영국, 프랑스, 독일 사회학의 역사를 정리하고 비서구 주변부 사회학의 역사를 연구하기 위한 기본 틀을 마련했다. 이렇게 해서 한국 사회학의 역사를 세계 사회학의 맥락 속에 위치시켰다. 한국 사회학 통사와 세계 사회학의 역사를 합쳐《한국 사회학과 세계 사회학》이라는 제목을 붙여《한국 사회학의 지성사》 1권으로 배치했다. 1권 끝에 〈한국 사회학의 지형도〉를 추가했고 3권에 부록으로 〈대중과 소통하며 응답하는 사회학〉을 덧붙였다. 이것으로 이 책의 집필작업이 끝났다.

***

이 책을 쓰면서 마주하게 된 이상백, 이만갑, 이해영, 배용광, 이효재, 최재석 등 거의 이름만 알고 있던 한국 사회학 초창기 1세대 학자들의 삶과 학문 세계를 파고 들어가는 일은 마치 '고고학적 탐사'와 같았다. 파슨스는《사회적 행위의 구조》에서 "누가 오늘날 스펜서의 글을 읽는 가?"라고 썼지만 누가 오늘날 1950~1960년대에 발표된 선배학자들의 글을 읽는단 말인가? 내가 대학생과 대학원생 시절에 직간접으로 배운 박영신, 김경동, 한완상, 신용하, 김진균 등은 그런대로 익숙했다.[89] 다섯 분 다 개인적으로 친분이 있어서 거리를 두고 객관화하려고 노력했다. 서울대 사회학과에서 가르친 김경동과 한완상은 책으로 먼저 접했고 학회 활동이나 개인적인 접촉을 통해서 배웠다. 박영신은 연세대학교 재학시절 은사이다. 신용하의 강의는 대학원 시절에 들었다. 김진균의 글은 유학시절 프랑스에서 읽었고 귀국하여 산업사회연구회에서 뵙곤 했다. 다섯 분 모두에게 감사드린다.

이상백, 이만갑, 배용광, 이효재, 이해영, 최재석을 1세대 사회학자라고 한다면 김경동, 한완상, 신용하, 김진균, 박영신은 2세대 사회학자이고 나는 3세대 사회학자에 속한다고 볼 수 있다. 1세대와 2세대에

---

89 내가 1970년대 후반에 사회학이라는 학문으로 접어들게 된 데는 한완상의《지식인과 허위의식》(1977), 김경동의《인간주의 사회학》(1978), 신용하의《독립협회연구》(1978), 박영신의《현대사회의 구조와 이론》(1978)이라는 네 권의 책이 중요하게 작용했다.

속하는 사회학자 11명의 삶과 학문을 3세대 사회학자가 살피는 작업이라 개별 사회학자를 종합적으로 이해하고 균형 있게 평가하기 위해 중립적 자세를 유지하려고 애썼다.

***

역사 서술은 우리는 누구이고, 나는 누구이고, 어디서 왔으며, 어디에 있고, 어디로 가야 하는가에 대한 나름의 해답을 모색하는 과정이다. 한 사람이 일관된 의미를 가지고 자신의 삶을 창조하려면 자신의 삶의 궤적에 대한 자기 나름의 서사가 있어야 하고, 하나의 삶의 단위로서의 가족이 이어지려면 가족의 역사가 있어야 한다. 한 나라의 국민이 공동의 정체성을 갖고 미래를 건설하기 위해서는 나라의 역사가 있어야 하고, 지구화 시대 글로벌 차원의 불평등과 환경위기를 극복하기 위해서는 인류 전체를 아우르는 글로벌 히스토리가 필요하다. 마찬가지로 한국 사회학 공동체의 구성원들이 힘을 모아 한국 사회를 이해하고 설명하는 사회학 지식을 발전시키기 위해서는 한국 사회학의 역사와 계보에 대한 이해가 필요하다.

역사는 지난날의 이야기로 그치는 것이 아니라 현재를 설명해주고 새로운 미래를 주체적으로 기획하는 힘을 제공한다. 한국 사회학의 역사가 정리되고 공유되어야 한국 사회학의 미래를 창조할 수 있다. 사회학사 연구는 사회학 이론과 사회학 방법과 더불어 사회학을 공부하는 사람이 알아야 할 세 가지 전공 필수 분야의 하나라고 할 수 있다. 이책을 기초로 여러 대학 사회학과에 '한국 사회학사' 과목이 개설되기를 기대한다. 아니면 기존의 '사회학사' 과목이 유럽 고전사회학의 역사를 넘어 미국 사회학의 역사를 포함하고 현대 유럽 사회학의 역사와 비서구 사회학의 역사를 포괄하면서 한국 사회학의 역사를 중점적으로 다루기를 기대한다.

마지막으로 한국 사회학계의 구성원 모두에게 하고 싶은 말이 있다. 뒤늦게 찾아 읽어본 권태환의 2000년 한국사회학회 회장 취임 강연, 〈내가 걸어온 길, 우리가 걸어갈 길〉에는 내가 하고 싶은 말이 너무나도 생생하게 표현되어 있었다. 그는 외국의 학자들은 자신의 연구물에 관심을 갖고 인용도 하는 데 비해 정작 동료와 제자들이 자신의 연구를 무시하는 상황을 두고 이렇게 썼다.

외국에서는 논문에 대한 반응이 심심치 않게 온다. 처음 만나는데 네 글을 읽었다고 반가워하는 사람도 있다. 한번은 호놀룰루 회의에서 이름 있는 학자가 다가와 나에게 혹시 한국 인구학자 중에 Kwon이라는 사람을 아느냐는 것이었다. 나라고 하니까 반갑다고 하면서 물어볼 것이 있다면서, 바로 내 책을 펼치는 것이었다. 그러나 이러한 경험은 국내에서는 한 번도 없었다. '내가 읽어주기를 바라는 사람들이 별로 읽지 않는 것을 내가 왜 써야 하는가?' 하는 질문을 너무도 많이 반복했다. 읽지 않은 것은 그래도 참을 만하다. 내가 애써 바로잡아 놓은 것, 내가 가장 체계적으로 정리해 놓은 것, 또는 증명해 놓은 것은 찾아보지도 않고, 내가 볼 때 틀리거나 근거가 매우 불투명한 내용을 인용하고 주장을 반복할 때 암담한 마음을 지키기란 쉬운 일이 아니었다. 자기 선생, 자기 동료의 글을 무시하고 인용하지 않는 풍토가 어디서 생긴 것인가? 그러나 놀라

운 것은 내 것이 외국학자들을 통해 다시 소개되면 그것이 그 사람의 것
으로 인용 소개된다는 사실이다. 정말 진지한 학문의 풍토가 형성되어
가고 있는지 묻고 싶다. …… 내 주위의 사람은 시시해 보이고 멀리 보이
지 않는 곳에 있는 사람은 훌륭해 보여서 그렇게 하는 것인가? 우리가
서로 존중하고 격려하고 아끼지 않는다면 이 땅에서 어떤 열매가 맺어
질까?[90]

'한국 사회학의 지성사'를 마무리하면서 하고 싶은 말은 한국 사회
학계의 선배, 동료, 후배 사회학자의 논문과 저서를 진지하게 읽고 인
용하고 토론하면서 바깥바람에 휘둘리지 않는 자율적인 학문공동체를
만들자는 것이다.

**

네 권의 책으로 연구 프로젝트를 마치고 난 지금, 한편으로는 안도의
마음이 들지만 다른 한편으로는 무언가 석연치 않은 느낌이다. 내가 없
는 곳에서 독자들이 이 책들을 읽고 있을 모습을 떠올리면 불안감이 싹
트기도 한다. 나로서는 최선을 다했지만 어떤 연구라도 그 자체로 완결
되었다는 종지부를 찍을 수 없다. 부족한 점은 보완되어야 하고 잘못된
점은 교정되어야 하며 새로운 관점이나 새로운 자료로 또 다른 연구가

---

90 권태환, 〈내가 걸어온 길, 우리가 걸어갈 길〉, 《한국사회학》 34권 1호, 2000, 2~
   3쪽.

나와야 한다. 그것이 학문 세계의 엄정한 논리이다. 앞으로 한국 사회학사 연구의 부족한 부분뿐만 아니라 이 연구에서 거칠게 스케치한 미국 사회학과 유럽 사회학, 비서구 주변부 국가들의 사회학 역사에 대한 연구가 후학들에 의해 계속되기를 기대한다. 글로벌 시대에 글로벌 한국 사회학을 만들려면 다른 나라 사회학자들과의 대화와 소통이 필요하고 그러기 위해서는 그들의 사회학 역사를 알아야 한다. 또 이 책에서 다루지 못한 학자들에 대한 연구가 계속되면서 더욱 촘촘한 한국 사회학의 계보와 전통을 만들어나갈 수 있기를 기대한다.

끝으로 나름 나 자신의 위치를 생각하면서 최대한 균형 잡힌 시각을 유지하려고 노력했지만 한국 학계의 풍토상 후학으로서 선배학자들의 삶과 학문 세계를 정리하고 평가하는 작업이 그리 마음 편하지는 않았음을 밝혀둔다. 그럼에도 연구 과정 내내 한국 사회학계를 '참여 관찰 participant observation'하면서 늘 나의 위치를 객관화하는 '참여 객관화 participant objectification' 작업을 계속했음도 밝혀둔다.[91]

안과 밖의 여러 가지 어려움 속에서 이 연구를 끝낼 수 있었던 것은 사회학사 연구 작업의 의미를 공유하며 지지와 격려를 아끼지 않은 주위의 여러분들 덕분이다. 연구를 마치며 눈앞에 선명하게 떠오르는 그 모든 분들께 감사의 말씀을 올린다. 특히 이 연구의 시작에서 출판에 이르기까지 온갖 우여곡절을 곁에서 지켜보며 지지해준 아내 장미란과

---

91 Pierre Bourdieu, "Sur objectivation participante: Réponse á quelques objections", *Actes de la recherche en sciences sociales*, No. 23, 1978, 67~69쪽.

이 연구의 결과가 책으로 출간되어 사회학계를 포함한 한국 학계에 지적 자극과 활력을 제공할 수 있기를 기원하는 '영혼의 형제' 김기석 목사의 이름을 적어둔다.

2021년 초여름
서귀포에서 바다를 바라보며
정수복

참고문헌

1부

□ 최재석의 저서

최재석, 《한국인의 사회적 성격》, 민조사, 1965(재판, 개문사, 1976; 3판, 현음사, 1994).

_____, 《한국 가족 연구》, 민중서관, 1966(개정판, 일지사, 1982).

_____, 《한국 농촌사회 연구》, 일지사, 1975.

_____, 《한국의 친족용어》, 민음사, 1978.

_____, 《제주도의 친족조직》, 일지사, 1979.

_____, 《현대 가족 연구》, 일지사, 1980.

_____, 《한국 가족제도사 연구》, 일지사, 1983.

_____, 《한국 고대사회사 방법론》, 일지사, 1987.

_____, 《한국 농촌사회 변동 연구》, 일지사, 1988.

_____, 《백제의 야마토 왜와 일본화 과정》, 일지사, 1990.

_____, 《일본 고대사연구 비판》, 일지사, 1990.

_____, 《통일신라·발해와 일본의 관계》, 일지사, 1993.

_____, 《정창원 소장품과 통일신라》, 일지사, 1996.

_____, 《고대 한일 불교관계사》, 일지사, 1998.

_____, 《일본 고대사의 진실》, 일지사, 1998(수정증보판, 경인문화사, 2010).

_____, 《고대 한국과 일본열도》, 일지사, 2000.

_____, 《고대 한일관계와 일본서기》, 일지사, 2001.

_____, 《한국 초기 사회학과 가족의 연구》, 일지사, 2002.

_____, 《한국 사회사의 탐구》, 경인문화사, 2009.

_____, 《한국의 가족과 사회》, 경인문화사, 2009.

_____, 《고대 한일관계사 연구》, 경인문화사, 2010.

_____, 《역경의 행운—파란 많은 고난을 헤쳐온 한 노학자의 회고록》, 다므기, 2011.

_____, 《일본서기의 사실 기사와 왜곡 기사—고대 한일관계를 중심으로》, 집문당, 2012.

_____, 《역경의 행운—한국 사회학과 고대 한일관계사 연구에 몰두한 50년 학문을 회고한다》, 만권당, 2015.

_____, 《삼국사기 불신론 비판》, 만권당, 2016.

Choi, Jae Seok, *Ancient Korea-Japan Relations and the Nihonshoki*(Oxford: The Bardwell Press, 2011).

_____, *Social Structure of Korea*(Jimoondang, 2011).

□ 최재석의 논문들

최재석, 〈신앙촌락의 연구〉, 《아세아연구》 2권 1호, 1959, 143~182쪽.

_____, 〈한중일 동양 삼국의 동족 비교〉, 《한국사회학》 1집, 1964.

_____, 〈한국 가족의 전통적 가치의식〉, 《아세아연구》 7권 2호, 1964.

_____, 〈현대 사회에 있어서의 전근대적 가족의식〉, 《학술원논문집》(인문사회과학편) 4
집, 1964.

_____, 〈한국 가족의 근대화 과정〉, 이상백 박사 회갑기념논총 편집위원회, 《이상백 박
사 회갑기념논총》, 을유문화사, 1964, 139~166쪽.

_____, 〈한국 가족의 주기〉, 김두헌 박사 회갑기념논문집 간행위원회, 《김두헌 박사 회
갑기념논문집》, 어문각, 1964.

_____, 〈사회학 관계문헌 목록(1945~1964)〉, 《한국사회학》 제1권, 1964, 115~126쪽.

_____, 〈한국인의 가족의식의 변용〉, 《진단학보》 28호, 1965.

_____, 〈서평: 홍승직 저 《지식인과 근대화—한국인의 태도 조사》〉, 《한국사회학》 3호,
1967, 87~90쪽.

_____, 〈한국의 친족집단과 유구琉球의 친족집단: 주로 그 유사점과 전파를 중심으로〉,
《고대논문집》 15집, 1969.

_____, 〈한국가족제도사〉, 《한국문화사대계》 IV권, 고려대학교 민족문화연구소,
1970, 423~530쪽.

_____, 〈한국 사회의 윤리규범 문제〉, 《한국사상》 10호, 한국사상연구회, 1972.

_____, 〈한국 가족제도의 문제점〉, 《교양》 10호, 고려대 교양학부, 1973.

_____, 〈동서양 가족제도의 장단점〉, 《새가정》 216호, 1973.

_____, 〈한·중·일 동양 삼국의 동족비교시론(일문)〉, 《기타노 세이이치 박사 고희기념
논문집》, 1973.

_____, 〈변질하는 부자유친〉, 《여성중앙》 1974년 4월호, 1974, 82~85쪽.

_____, 〈한국 사회윤리와 그 사회적 배경〉, 《한국인의 사상》, 태극출판사, 1974.

_____, 〈한국의 초기 사회학: 구한말-해방〉, 《한국사회학》 9집, 1974, 5~29쪽.

_____, 〈해방 30년의 사회학〉, 《한국사회학》 10집, 1976, 7~46쪽.

_____, 〈1930년대의 사회학 진흥운동〉, 《민족문화연구》 12호, 1977, 169~202쪽.

_____, 〈제주도의 첩제도〉, 《아세아여성연구》 13호, 1978.

_____, 〈조선 시대의 족보와 동족의식〉, 《역사학보》 8집, 1979, 37~80쪽.

_____, 〈1980년대 한국 사회학의 발전을 위하여: 1960년대, 70년대의 한국 사회학 연구 태도의 반성〉, 《한국사회학》 13집, 1979, 91~102쪽.

_____, 〈소년 비행과 가족 유형〉, 《행동과학연구》 4호, 1979.

_____, 〈가족 해체와 아동의 가출〉, 《현대사회문제론》, 한국사회복지정책연구소, 1981.

_____, 〈한국 무속신앙의 초기 연구〉, 《행동과학연구》 6권, 1981, 11~18쪽.

_____, 〈미혼모의 문제〉, 《인문논집》 21호, 고려대학교 문과대학, 1981, 151~155쪽.

_____, 〈한국에 있어서의 윤락여성 연구의 전개〉, 《아세아여성연구》 20호, 1981.

_____, 〈가족문화 연구의 성과와 방향: 사회학 연구 분야〉, 《가족문화연구의 성과와 방향》, 한국정신문화연구원, 1981.

_____, 〈고려조에 있어서의 토지의 자녀 균분상속〉, 《한국사연구》 35호, 한국사연구회, 1981.

_____, 〈한국 가족의 해체에 관한 연구: 도시 가족의 이혼을 중심으로〉, 《복지사회의 본질과 구현》, 한국정신문화연구원, 1982.

_____, 〈한국 도시 접대부의 연구〉, 《아세아여성연구》 22호, 1983.

_____, 〈신라 시대 여자의 토지 소유〉, 《한국학보》 40호, 1985.

_____, 〈사회사에서 여女, 서壻, 외손外孫의 사회적 지위와 변화〉, 《학술원논문집》(인문사회과학편) 24집, 1985.

_____, 〈조선 중기 이전 가족에 있어서의 여자의 지위〉, 《가정법률상담소 창립 30주년 심포지엄》, 한국가정법률상담소, 1986.

_____, 〈한국 전통가족의 특성〉, 《현대사회와 가족》, 아산사회복지사업재단, 1986.

_____, 〈농촌 여성의 사회·경제적 지위와 의식의 변화추세〉, 《농촌생활과학》 12권 4호, 1990.

_____, 〈조선시대의 가족과 친족제〉, 《한국의 사회와 문화》 16집, 1991.

_____, 〈한국 고대의 가족제도 연구〉, 《국사관논총》 24호, 1991.

_____, 〈조선 중기 가족·친족의 재구조화〉, 《한국의 사회와 문화》 21호, 한국정신문화

연구원, 1993.

_____, 〈조선초기 가족제도〉,《한국사》25권, 국사편찬위원회, 1994.

_____, 〈조선의 가족제도〉, 정창수(편),《한국사회론》, 사회비평사, 1995, 321~345쪽.

_____, 〈도이힐러의《한국사회의 유교적 변환》(이훈상 옮김, 아카넷, 2003)에 대한 비판〉,
《사회와 역사》 67호, 2005.

Choi, Jai-Suk, "A Comparative Study on the Traditional Families in Korea, Japan and
China", R. Hill & R. Konig eds., *Families in East and West*(Paris: Mouton, 1970).

_____, "Etude comparative sur la famille traditionnelle en Corée au Japon et en Chine",
Revue de Corée Vol. 7, No. 2, 1975.

□ **최재석의 번역서**

최재석 편역,《영미의 풍물》, 대영출판사, 1961.

존 비티, 최재석 옮김,《사회인류학》, 일지사, 1978.

□ **그 밖의 참고문헌**

강성민,《학계의 금기를 찾아서》, 살림출판사, 2004.

강신표,《한국문화연구》, 현암사, 1985.

강진연, 〈구조분석과 거시사 연구〉, 김백영 외,《사회사·역사사회학》, 다산출판사,
2016, 110~141쪽.

고철환,《나의 학문과 인생》, 고철환 교수 정년퇴임회 준비모임, 2012.

고황경·이효재·이만갑·이해영,《한국 농촌가족의 연구》, 서울대학교출판부, 1963.

권태환, 〈내가 걸어온 길, 우리가 걸어갈 길〉,《한국사회학》 34권 1호, 2000, 1~9쪽.

김경만, 〈세계 수준의 한국 사회학을 위하여〉,《한국사회학》 제35권 2호, 2001, 1~28쪽.

김덕영,《게오르그 짐멜의 모더니티 풍경 11가지》, 길, 2007.

김두헌, 《한국 가족제도 연구》, 서울대학교출판부, 1969.

＿＿＿, 〈서평: 최재석의 《한국 가족 연구》(민중서관, 1966)〉, 《아세아연구》 10권 1호, 1967, 113~117쪽.

김백영, 〈한국 사회사/역사사회학의 토착화를 위하여〉, 김백영 외, 《사회사·역사사회학》, 다산출판사, 2016, xiii~xx쪽.

김주환, 《회복탄력성: 시련을 행운으로 바꾸는 마음 근력의 힘》, 위즈덤하우스, 2019.

김필동, 〈일제 말기 한 젊은 사회학자의 초상: 신진균론 (1)〉, 《한국사회학》 51집 1호, 2017, 437~489쪽.

＿＿＿, 〈강단사회학자에서 맑스레닌주의 이론가로: 신진균론 (2)〉, 《사회와 역사》 118집, 2018, 213~272쪽.

김홍주·김철규, 〈최재석 교수의 농촌사회 연구: 궤적과 업적, 그리고 계승〉, 《농촌사회》 27집 1호, 2017, 177~217쪽.

김홍주·정수복, 〈2019년 2월 8일, 서울시청 시민청 대담 자료〉, 2019.

민문홍, 《사회과학과 도덕과학》, 민영사, 1993.

문은희, 《한국 여성의 심리구조》, 도서출판 니, 2011.

박미해, 《유교 가부장제와 가족, 가산》, 아카넷, 2010.

박영신, 《우리 사회의 성찰적 인식》, 현상과인식, 1995.

부르디외, 피에르, 김현경 옮김, 《언어와 상징권력》, 나남출판, 2014.

선우현, 〈김두헌의 가치론적 변증법: 친일 독재정권을 옹호 정당화하는 실천철학적 논변체계〉, 《철학연구》 145집, 2018, 271~296쪽.

왕한석 등, 《한국사회와 호칭어》, 역락, 2005.

왕한석 편저, 《한국어와 한국사회》, 교문사, 2008.

왕한석 편저, 《한국어, 한국문화, 한국사회》, 교문사, 2010.

윤선태, 〈가야伽倻, 우리 안의 오리엔탈리즘〉, 노태돈 교수 정년기념논총 간행위원회 엮음, 《한국 고대사 연구의 시각과 방법》, 사계절, 2014, 366~388쪽.

이문웅·김홍주, 〈최재석 교수의 농촌사회학 연구〉, 《농촌사회》 2집, 1992, 11~35쪽.

참고문헌

이만갑, 《한국농촌의 사회구조: 경기도 6개 촌락의 사회학적 연구》, 한국연구도서관, 1960.

__ __, 《한국 농촌사회의 구조와 변화》, 서울대학교출판부, 1963.

_____, 《한국 농촌사회 연구》, 다락원, 1981.

_____, 《공업 발전과 한국 농촌》, 서울대학교출판부, 1984.

이병혁, 《한국 사회와 언어사회학》, 나남출판, 1993.

이상백, 〈효도에 대하여: 지나 사상의 사회학〉, 《春秋》 4권 8호, 1943년 9월호, 100~102 쪽과 104~107쪽.

_____, 〈한국인의 사고방식의 연구방법론〉, 《한국사회학》 2호, 1966, 9~20쪽.

이창기, 〈최재석 교수의 농촌사회 연구방법〉, 2018년 5월 12일 한국농촌사회학회 발표 논문, 2018, 1~6쪽.

이한우, 《한국의 학맥과 학풍》, 문예출판사, 1995.

장경섭, 《미래의 종언?: 가족자유주의와 사회재생산 위기》, 집문당, 2018.

정수복, 《한국인의 문화적 문법》, 생각의나무, 2007.

_____, 〈거울 앞의 사회학자―피에르 부르디외의 사회학적 자기분석〉, 《응답하는 사회학》, 문학과지성사, 2015, 172~226쪽.

정향진 편, 《한국 가족과 친족의 인류학》, 서울대학교출판문화원, 2018.

채오병·전희진, 〈인과성, 구조, 사건〉, 김백영 외, 《사회사·역사사회학》, 다산출판사, 2016, 142~168쪽.

최재석 교수 정년퇴임기념논총 간행위원회 편, 《한국의 사회와 역사》, 일지사, 1991.

티마셰프, 니콜라스, 이만갑 옮김, 《사회학이론》, 수도문화사, 1961.

함인희, 〈가족사회학 연구 60년: 연구 주제 영역의 변화와 이론적 패러다임의 교차〉, 대한 민국학술원, 《한국의 학술연구: 정치학·사회학》, 대한민국학술원, 2008, 492~528쪽.

_____, 〈가족사회학 연구―쟁점의 희소화, 영역의 주변화〉, 이화여자대학교 한국문화 연구원 편, 《사회학 연구 50년》, 혜안, 2004, 311~381쪽.

Bourdieu, Pierre, "Célibat et condition paysanne", *Études rurales*, No. 5/6, 1966, 32~136쪽.

_____, *Le bal des célibataires: Crise de la société paysanne en Béarne*(Paris: Seuil, 2002).

Mendras, Henri, *Les Sociétés paysannes*(Paris: Armand Colin, 1976).

Deuchler, Martina, *The Confucian Transformation of Korea: A Study of Society and Ideology*(Cambridge, Massachusetts: Council on East Asian Studies, Havard University, 1992).

_____, *Under the Ancestors' Eyes: Kinship, Status and Locality in Premodern Korea*(Cambridge, Massachusetts: Council on East Asian Studies, Harvard University, 2015).

Lee, Man Gap, *Sociology and Social Change in Korea*(SNU Press, 1984).

2부

□ 신용하의 저서 및 논문

신용하, 〈서평: Neil J. Smelser 산업혁명에 있어서의 사회변동—랑카셔 면방직 공업에의 이론의 적용〉, 《한국사회학》 제7집, 1972, 103~108쪽.

_____, 〈한국 사회학의 발전과 방향〉, 《사회과학논문집》 제1집, 서울대학교 사회과학연구소, 1976, 43~60쪽.

_____, 〈서평: 《한국 근대농업사 연구》(김용섭 저)〉, 《한국사연구》 13호, 1976, 139~153쪽.

_____, 《독립협회와 개화운동》, 세종대왕기념사업회, 1976.

_____, 〈한국 사회사의 대상과 '이론'의 문제점〉, 《한국학보》 25집, 1981, 2~24쪽 또는 신용하 편, 《사회사와 사회학》, 창작과비평사, 1982, 561~585쪽.

_____, 《조선 토지조사사업 연구》, 지식산업사, 1982.

_____, 《박은식의 사회사상 연구》, 서울대학교출판부, 1982.

_____ 편, 《한국 현대 사회사상》, 지식산업사, 1984.

_____, 〈민족형성의 이론〉, 《한국 사회학 연구》 제7집, 서울대학교 사회학연구회, 1984, 7~53쪽 또는 신용하 편, 《민족이론》, 문학과지성사, 1985, 13~58쪽 또는 신용

하, 《한국 민족의 형성과 민족사회학》, 지식산업사, 2000, 315~363쪽.

_____, 《신채호의 사회사상 연구》, 한길사, 1984.

_____, 《한국 민족독립운동사 연구》, 을유문화사, 1985.

_____ 편, 《공동체이론》, 문학과지성사, 1985.

_____, 《한국 근대사회사 연구》, 일지사, 1987.

_____, 《한국 근대 사회사상사 연구》, 일지사, 1987.

_____, 《한국 근대 민족주의의 형성과 전개》, 서울대학교출판부, 1987.

_____, 〈나의 학문, 나의 저작, 《독립협회 연구》 이후 나의 민족운동 연구〉, 《사회평론》 1991년 10월호, 128~139쪽.

_____, 〈독창적 한국 사회학의 발전을 위한 제언〉, 《한국사회학》 28집, 1994, 1~15쪽.

_____, 《한국 근대사회의 구조와 변동》, 일지사, 1994.

_____, 《한국 근대의 선구자와 민족운동》, 집문당, 1994.

_____, 《세계체제 변동과 현대 한국》, 집문당, 1994.

_____, 《21세기 한국과 최선진국 발전전략》, 지식산업사, 1995.

_____ 엮음, 《안중근 유고집》, 역민사, 1995.

_____, 《조선 후기 실학파의 사회사상 연구》, 지식산업사, 1997.

_____, 《독도 영유권 자료의 탐구》 1~3권, 독도연구보전협회, 1998.

_____, 〈연민 선생 《조선문학사》 독후감〉, 《연민학지》 제7집, 1999, 346~350쪽.

_____, 《초기 개화사상과 갑신정변 연구》, 지식산업사, 2000.

_____, 《한국 근대사회변동사 강의》, 지식산업사, 2000.

_____, 《일제강점기 한국 민족사 (상)》, 서울대학교출판부, 2001.

_____, 《한국 민족의 형성과 민족사회학》, 지식산업사, 2001.

_____, 《한국 근대의 민족운동과 사회운동》, 문학과지성사, 2001.

_____, 《갑오개혁과 독립협회운동의 사회사》, 서울대학교출판부, 2001.

_____, 《3·1운동과 독립운동의 사회사》, 서울대학교출판부, 2001.

_____,《독도 영유권에 대한 일본 주장 비판》, 서울대학교출판부, 2001.

_____,《일제강점기 한국 민족사(중)》, 서울대학교출판부, 2002.

_____,《한국과 일본의 독도 영유권 논쟁》, 한양대학교출판부, 2003.

_____,《의병과 독립군의 무장독립운동》, 지식산업사, 2003.

_____,《백범 김구의 사상과 독립운동》, 서울대학교출판부, 2003.

_____,《한말 애국계몽운동의 사회사》, 나남출판, 2003.

_____,《증보 신채호의 사회사상 연구》, 나남출판, 2004.

_____,《21세기 한국 사회와 공동체문화》, 지식산업사, 2004.

_____,《동학농민혁명운동의 사회사》, 지식산업사, 2005.

_____,《한국 근대지성사 연구》, 서울대학교출판부, 2005.

_____,《일제 식민지정책과 식민지근대화론 비판》, 문학과지성사, 2006.

_____,《한국의 독도 영유권 연구》, 경인문화사, 2006.

_____,〈'민족'의 사회학적 설명과 '상상의 공동체론' 비판〉,《한국사회학》40집 1호, 2006, 32~58쪽.

_____,《신간회의 민족운동》, 독립기념관 한국독립운동사연구소, 2007.

_____,《한국 근현대사와 국제환경—제국주의 시대 열강의 동아시아정책과 한국 민족》, 나남출판, 2008.

_____,〈일제의 식민지 공업정책과 한국 사회경제, 1930~1945: 일제의 '식민지근대화론', '산업혁명론', '시혜론' 비판〉, 신용하 외,《식민지근대화론에 대한 비판적 성찰》, 나남출판, 2009, 29~120쪽.

_____·서울대 기초교육원,《지구시대 민족을 말하다—사회학자 신용하의 삶과 학문》, 생각의나무, 2009.

_____,《한국 개화사상과 개화운동의 지성사》, 지식산업사, 2010.

_____,《신판 동학과 갑오농민전쟁 연구》, 일조각, 2016.

_____,《한국 민족의 기원과 형성 연구》, 서울대학교출판문화원, 2017.

_____,《고조선 문명의 사회사》, 지식산업사, 2018.

참고문헌

_____,《일제의 한국 민족 말살·황국신민화 정책의 진실》, 문학과지성사, 2020.

_____,《독도 영토주권의 실증적 연구》, 동북아역사문화재단, 2020.

Shin, Yong-Ha, "On the Process of the Growth and the Role of the Iron Industry in the British Industrial Revolution",《경제논집》9권 2호, 서울대학교 상과대학 한국경제연구소, 1970, 15~82쪽.

_____, *Formation and Development of Modern Korean Nationalism*(Seoul, Daekwang Munwhasa, 1989).

_____, *Korea's Territorial Rights to Tokdo*(Seoul, Tokdo Research Association, 1997).

_____, *Modern Korean History and Nationalism*(Seoul, Jimoondang, 2000).

_____, *Essays in Korean Social History*(Seoul, Jisik-Sanup, 2003).

□ 신용하의 번역 및 편역서

신용하 편역,《사회사와 사회학》, 창작과비평사, 1982.

신용하 편역,《혁명론》, 문학과지성사, 1984.

신용하 편역,《공동체이론》, 문학과지성사, 1985.

신용하 편,《민족이론》, 문학과지성사, 1985.

신용하 편역,《아시아적 생산양식론》, 까치, 1986.

아브람스, 필립, 신용하 옮김,《역사사회학》, 문학과지성사, 1986.

코저, 루이스, 신용하·박명규 공역,《사회사상사》, 일지사, 1978.

□ 그 밖의 저서 및 논문

강명구 외,《가르침에 대한 성찰―서울대 교수 40명의 학문한다는 것과 가르친다는 것》, 박영률출판사, 2003.

강진연·김경일 외,《사회사/역사사회학》, 다산출판사, 2016.

김구, 도진순 엮어 옮김, 《쉽게 읽는 백범일지》, 돌베개, 2005.

김기봉, 《히스토리아, 쿠오바디스: 탈근대, 역사학은 어디로 가는가》, 서해문집, 2016.

김대환, 〈민족사회학의 전개와 그 과제 (1)〉, 《한국사회학》 7호, 1972, 5~19쪽.

_____, 〈민족사회학의 전개와 그 과제 (2): 한국 민족주의의 사상적 고찰〉, 《한국사회학》 21호, 1987, 21~43쪽.

김동노, 〈서평: 신용하·박명규·김필동 엮음, 《한국 사회사의 이해(문학과지성사, 1995)》, 《한국사회학》 29집, 1995, 885~890쪽.

김두헌, 《민족이론의 전망》, 을유문화사, 1948.

_____, 〈민족과 국가: 민족적 도의국가론 서설〉, 《학풍》 10호, 1950, 1~38쪽.

김민환·박명규, 〈한국 사회사 연구의 형성과 발전〉, 한국사회사학회 엮음, 《사회사/역사사회학》, 다산출판사, 2016, 88~109쪽.

김백영, 〈사회과학과 역사학 사이의 한국학: 한국사회사학회, 역사문제연구소〉, 권보드래 외, 《지식의 현장, 담론의 풍경: 잡지로 보는 인문학》, 한길사, 2012, 293~322쪽.

_____, 〈한국 사회사/역사사회학의 토착화를 위하여〉, 김백영 외, 《사회사·역사사회학》, 다산출판사, 2016, xiii~xx쪽.

김상준, 《맹자의 땀, 성왕의 피: 중층 근대와 동아시아 유교 문명》, 아카넷, 2011.

_____, 《붕새의 날개, 문명의 진로: 팽창 문명에서 내장 문명으로》, 아카넷, 2021.

김용섭, 〈서평: 《독립협회연구》(신용하 저)〉, 《한국사연구》 12호, 1976, 151~156쪽.

김용섭 교수 정년기념 한국사학논총 간행위원회 편, 《한국 근현대의 민족문제와 신국가 건설》, 지식산업사, 1997.

김필동, 〈서평: 신용하, 《한국 근대사회사 연구》〉, 《한국학보》 50집, 1988, 323~327쪽.

_____, 〈최근 한국 사회사 연구의 성과와 과제〉, 《한국사회사연구회논문집》 24집, 1990, 11~43쪽.

_____, 《한국 사회조직사 연구: 계 조직의 구조적 특성과 역사적 변동》, 일지사, 1992.

_____, 〈한국 사회사를 어떻게 이해할 것인가〉, 신용하·박명규·김필동 엮음, 《한국 사회사의 이해》, 문학과지성사, 1995, 13~40쪽.

_____, 〈해방 후 한국 사회사 연구의 전개〉, 《한국학보》 80집, 1995, 2~28쪽.

_____, 《차별과 연대—조선사회의 신분과 조직》, 문학과지성사, 1999.

_____, 〈한국 사회이론의 과제와 전략—'토착화론'을 넘어서〉, 《한국사회학》 36집 2호, 2002, 23~49쪽.

_____, 〈75학번의 수업시대〉, 서울대학교 사회학과 60년 편집위원회, 《다시 출발선에 서서: 동문들이 쓰는 사회학과 60년》, 선인, 2006, 290~301쪽.

나인호, 《개념사란 무엇인가—역사와 언어의 새로운 만남》, 역사비평사, 2011.

도면회, 〈옮긴이의 글: 탈민족주의 관점에서 바라본 식민지 시기 역사〉, 신기욱·마이클 로빈슨, 도면회 옮김, 《한국의 식민지 근대성—내재적 발전론과 식민지 근대화론을 넘어서》, 삼인, 2006, 5~23쪽.

민문홍, 〈실증철학강의/콩트〉, 김진균 외, 《사회학의 명저》, 새길, 1994, 9~26쪽.

박명규, 〈한국 사회사 연구 40년—사회학계의 연구 성과를 중심으로〉, 《한국사회학》 19집, 1985, 27~48쪽.

_____, 〈서평:《동학과 갑오농민전쟁 연구》, 신용하 지음, 일조각 펴냄, 1993〉, 《한국사회학》 28호, 1994, 208~213쪽.

_____, 〈민족사회학—국제화시대의 민족과 민족문제〉, 한국사회학회 엮음, 《21세기의 한국 사회학》, 문학과지성사, 1994, 376~405쪽.

_____, 〈한국 사회사 연구의 최근 동향과 이론적 쟁점〉, 《역사비평》 75호, 2006, 76~91쪽.

_____, 〈한국 사회학과 사회사 연구〉, 대한민국학술원, 《한국의 학술연구: 정치학·사회학》, 대한민국학술원, 2008, 468~491쪽.

_____, 〈신용하 교수론: 학자의 열정과 실사구시〉, 《사회사상과 문화》 19권 3호, 2016, 39~60쪽.

박명규·김필동, 〈화양 신용하 교수의 학문 세계〉, 화양 신용하 교수 정년기념논총 간행위원회 편, 《한국 사회사 연구》, 나남, 2003, xvii~xcvviii.

백승욱, 〈동아시아 자본주의의 기원과 중국 자본주의 역사의 쟁점들: 19세기 말 20세기 초의 경험을 중심으로〉, 한국사회학회, 《동아시아 발전주의의 역사사회학》(세미나 자료집), 2017, 13~29쪽.

손세일, 《한국논쟁사》 3권(정치·경제·법률편), 청람출판사, 1976.

송호근, 《인민의 탄생: 공론장의 구조변동》, 민음사, 2011.

_____, 《시민의 탄생: 조선의 근대와 공론장의 지각변동》, 민음사, 2013.

_____, 《국민의 탄생: 식민지 공론장의 구조변동》, 민음사, 2020.

서울대학교 사회학과, 《서울대학교 사회학과 50년사, 1946~1996》, 서울대학교 사회학과, 1996.

신기욱·마이클 로빈슨, 도면회 옮김, 《한국의 식민지 근대성—내재적 발전론과 식민지 근대화론을 넘어서》, 삼인, 20066.

신용하·박명규·김필동 엮음, 《한국 사회사의 이해》, 1995.

앤더슨, 베네딕트, 윤형숙 옮김, 《상상의 공동체: 민족주의의 기원과 전파에 대한 성찰》, 나남, 2002.

에커트, 카터, 〈헤겔의 망령을 몰아내며: 탈민족주의적 한국사 서술을 향하여〉, 신기욱·마이클 로빈슨 엮음, 도면회 옮김, 《한국의 식민지 근대성—내재적 발전론과 식민지 근대화론을 넘어서》, 삼인, 2006, 504~524쪽.

연세대학교 문과대학, 《연세대학교 문과대학 100년, 2: 학술사, 인물》, 연세대학교출판문화원, 2015.

유승무·최우영, 〈신용하의 민족사회학: 독창적 한국사회학의 전범〉, 《사회사상과 문화》 19권 3호, 2016, 61~89쪽.

윤건차, 장화경 옮김, 《현대 한국의 사상 흐름: 지식인과 그 사상, 1980~2000》, 당대, 2000.

이영훈, 《한국경제사 1: 한국인의 역사적 전개》, 일조각, 2016.

_____, 《한국경제사 2: 근대의 이식과 전통의 탈바꿈》, 일조각, 2016.

_____, 〈토지조사사업의 수탈성 재검토〉, 김홍식 외, 《조선토지조사사업의 연구》, 민음사, 1997, 505~548쪽.

이한우, 《우리의 학맥과 학풍—한국 학계의 실상》, 문예출판사, 1995.

임지현, 《민족주의는 반역이다: 신화와 허무의 민족주의 담론을 넘어서》, 소나무, 1999.

_____, 《역사를 어떻게 할 것인가: 어느 사학자의 에고 히스토리》, 소나무, 2016.

_____, 《희생자의식 민족주의: 고통을 경쟁하는 지구적 기억전쟁》, 휴머니스트, 2021.

정근식·공제욱, 〈현대 한국사회와 사회사적 연구〉, 《한국학보》 80집, 1995, 99~123쪽.

정근식, 〈한국 사회사학 30년의 성과와 과제〉, 《사회와 역사》 100집, 2013, 9~37쪽.

성수복, 〈우물 밖으로 나온 사회학: 송호근의 한국 근대 탐색〉, 《사회와 역사》 104집, 2014, 403~445쪽.

_____, 〈이상백과 한국 사회학의 성립〉, 《한국사회학》 50집 2호, 2016, 1~39쪽.

_____, 〈신용하 면접 자료: 2017년 11월 15일, 프레스센터〉, 2017.

정일준, 〈최문환과 한국 사회학의 문제틀: 민족주의와 자본주의를 넘어〉, 《한국사회학》 51집 1호, 2017, 399~453쪽.

정학섭·유승무 외, 〈화양 신용하 교수와의 대담: 민족 연구와 한국 사회학의 성립을 중심으로〉, 《사회사상과 문화》 19권 3호, 2016, 1~38쪽.

주경철, 《히스토리아: 주경철의 역사에세이》, 산처럼, 2012.

주진오, 〈사회사상사적 독립협회 연구의 확립과 문제점―신용하, 《독립협회연구》를 중심으로〉, 《한국사연구》 149집, 2010, 321~352쪽.

진덕규, 《한국의 민족주의》, 현대사상사, 1976.

_____, 《현대 민족주의의 이론구조》, 지식산업사, 1983.

차기벽, 《한국 민족주의의 이념과 실태》, 까치, 1978.

_____, 《민족주의 원론》, 한길사, 1991.

채오병, 〈이행과 번역: 한국 사회사의 역사사회학〉, 《한국사회학》 45권 5호, 2011, 168~196쪽.

최문환, 《민족주의의 전개과정》, 백영사, 1958.

최재석, 《역경의 행운》, 만권당, 2015.

최재현, 《유럽의 봉건제도》, 역사비평사, 1992.

_____, 《열린 사회학의 과제》, 창작과비평사, 1992.

코저, 루이스, 신용하·박명규 옮김, 《사회사상사》, 한길사, 2016.

한국사회사연구회 편, 《서구 사회사 이론의 조류》, 문학과지성사, 1987.

_____, 《사회사 연구의 이론과 방법》, 문학과지성사, 1988.

_____, 《노동계급 형성이론과 한국 사회》, 문학과지성사, 1990.

_____, 《사회사 연구의 이론과 실제》, 문학과지성사, 1990.

_____, 《사회사 연구와 사회이론》, 문학과지성사, 1991.

한국사회사학회 편, 《한국현대사와 사회변동》, 문학과지성사, 1997.

한국사회학회 편, 《21세기의 한국 사회학》, 문학과지성사, 1995.

한국사회학회 편, 《2012 한국사회학회 회원명부》, 한국사회학회, 2012.

화양 신용하 교수 정년기념논총 간행위원회 편, 《한국사회사연구》, 나남, 2003.

_____ 편, 《한국사회상사사연구》, 나남, 2003.

_____ 편, 《한국민족운동사연구》, 나남, 2003.

_____ 편, 《한국사회발전연구》, 나남, 2003.

Arnaud, Pierre, *Sociologie de Comte*(Presse Universitaire de France, 1969).

Hartog, François, *Régimes d'historicité: Présentisme et expériences du temps*(Paris, Seuil, 2003).

Merton, Robert, *Social Theory and Social Structure*(New York: Free Press, 1968).

3부

□ 박영신에 관한 전기적 자료들

김영선(박영신 대담), 〈열린, 윤리 공동체를 꿈꾸는 성찰하는 '지성인'의 초상: 사회학자 박영신의 삶과 학문〉, 《동방학지》 150호, 2010, 355~427쪽.

박영신, 〈나의 길 다 가기 전에〉, 《철학과 현실》 57호, 2003, 158~172쪽.

_____, 〈믿음의 세계와 학문의 세계―우리 사회에서 학문을 한다는 것에 대한 토막 이야기〉, 박영신·정재영, 《현대 한국 사회와 기독교》, 한들출판사, 2006, 325~335쪽.

_____, 〈우리 대학은 관학이 아닙니다. 민학입니다〉, 문과대학 100주년 기념 뿌리·맥 위원회 엮음,《연세대학교 문과대학 100년의 뿌리와 맥》, 연세대학교 대학출판문화원, 2015, 132~147쪽.

장호진(박영신 대담), 〈한국 사회의 실천적 변형과 초월성의 시민의식: 사회학자 박영신 의 삶과 학문〉, 연세대학교 사회학과 편,《연세대학교 사회학과 40년, 1972~2012》, 연세대학교 사회학과, 2012, 219~266쪽.

정수복, 〈어느 사제 관계 이야기—배움의 길 위에서〉,《응답하는 사회학》, 문학과지성 사, 2015, 139~171쪽.

□ 박영신의 저서와 논문들

박영신, 〈선교 교육과 한국 근대화의 한 연구: 선교 교육의 기능적 접근, 1884~1934〉, 연세대학교 대학원 석사학위 논문, 1966.

박영신, 〈현상과 인식 노우트: 학문에의 마음 가짐〉,《현상과 인식》1권 2호, 1977년 여 름, 198~201쪽.

_____,《현대사회의 구조와 이론》, 일지사, 1978.

_____,《변동의 사회학》, 학문과사상사, 1980.

_____,《역사와 사회변동》, 학문과사상사, 1980(《역사와 사회변동》, 민영사, 1990).

_____,《사회학 이론과 사회현실》, 민영사, 1992.

_____, 〈체제적 사회주의에서 도덕적 사회주의로〉,《현상과 인식》16권 1/2호, 1992년 봄·여름호.

_____,《동유럽의 개혁운동: 폴란드와 헝가리의 비교》, 집문당, 1993.

_____,《우리 사회의 성찰적 인식》, 현상과인식, 1995.

_____,《새로 쓴 변동의 사회학》, 학문과사상사, 1996.

_____, 〈영국의 윤리 사회주의 전통과 노동당의 새로운 정치〉,《현상과 인식》21권 2 호, 1997, 59~80쪽.

_____, 〈공동체주의 사회과학의 새삼스런 목소리〉,《현상과 인식》21권 2호, 1998,

93~125쪽.

_____, 《실천도덕으로서의 정치: 바츨라브 하벨의 역사참여》, 연세대학교출판부, 2000.

_____, 〈정복자와 노예―'시장 유추'에 묶인 대학의 운명〉, 《현상과 인식》 25권 4호(통권 85호), 2001, 55~84쪽.

_____, 《외솔과 한결의 사상》, 연세대학교출판부, 2002.

_____ · 정재영, 《현대 한국사회와 기독교: 변화하는 한국사회에서의 교회 역할》, 한들출판사, 2007.

_____, 〈뒤르켐과 지성인〉, 한국이론사회학회 엮음, 《뒤르켐을 다시 생각한다》, 동아시아, 2008, 16~45쪽.

_____, 〈인식 분절화가 낳은 '도덕 비극'에 대해서: 학문의 현실 왜곡 비판〉, 《현상과 인식》 34권 1/2호, 2010, 15~35쪽.

_____ · 이승훈, 《한국의 시민과 시민사회: 사사로운 개인에서 공공의 시민으로》, 북코리아, 2010.

_____, 〈사회구조, 통일, 사회통합: 탈북인을 어떻게 이해할 것인가〉, 박영신 · 박종소 · 이범성 · 정재영 · 조성돈, 《통일 · 사회통합 · 하나님 나라》, 기독교서회, 2010, 13~40쪽.

_____, 〈나의 사회학―우리 사회의 구조와 변동에 대한 관심 하나〉, 《본질과 현상》 23호, 2011, 18~30쪽.

_____, 〈로버트 벨라, 나의 선생을 기림〉, 《현상과 인식》 37권 3호, 2013, 169~181쪽.

_____, 〈삶의 이론: '물음 행위'의 풀이〉, 《사회이론》 33권 1호, 2013, 3~36쪽.

_____, 〈나의 학문의 길에서 (1): 공부 길로 부름 받다〉, 《본질과 현상》 45호, 2016, 50~63쪽.

_____, 《어떤 국민인가―우리가 걸어온 산업화와 민주화의 길목에서》, 여울목, 2017.

_____, 《하벨의 정치철학과 한국의 시민사회》, 경희대학교출판문화원, 2017.

_____, 〈개신교 정신, 조직, 그리고 시민〉, 《사회이론》 52호, 2017, 1~31쪽.

_____, 〈무정한 시대의 '상상 지평'에 대한 몇 가지 생각〉, 《사회이론》 53호, 2018,

1~28쪽.

_____, 〈아메리카의 시민종교는 어떻게 살아 움직이는가?〉, 《현상과 인식》 135호, 2018, 153~174쪽.

_____, 〈어떤 맑스인가?〉, 《현상과 인식》 136호, 2018, 15~29쪽.

_____, 〈우리에게 '정치'는 무엇인가?〉, 《현상과 인식》 139호, 2019, 19~44쪽.

_____, 〈'날마다의 삶', 그 뜻의 발자취—베버의 풀이에 잇대어〉, 《현상과 인식》 142호, 2020, 17~42쪽.

_____, 〈민주주의의 조건—지배 계급의 문자('漢字')에서 인민의 글자('한글')로〉, 《현상과 인식》 143호, 2020, 19~50쪽.

_____, 〈역사는 우리에게 무엇인가?—삶에 대한 생각, 그리고 나의 '나됨'〉, 《현상과 인식》 144호, 2020, 279~296쪽.

_____, 〈베버의 '민주주의' 생각〉, 《현상과 인식》, 145호, 2020, 21~49쪽.

_____, 〈베버의 그늘 밑에서—'굴대 문명' 관심의 되살림과 그 쓰임〉, 《사회이론》 58호, 2020, 1~34쪽.

_____, 〈가치의 비극: '경제주의'와 '민주주의'의 역사 경험〉, 《현상과 인식》 148호, 2021, 17~42쪽.

Park, Yong-Shin, "Protestant Christianity and Social Change in Korea", University of California, Berkeley, Ph.D Dissertation, 1975.

□ **박영신의 번역서들**

굴드너, 앨빈, 박영신 옮김, 《지성인의 미래와 새 계급의 성장》, 이화여자대학교출판부, 1983.

불루머, 허버트, 박영신 옮김, 《사회과학의 상징적 교섭론》, 까치, 1982.

스멜서, 닐, 박영신 옮김, 《사회변동과 사회운동: 사회학적 설명력》, 경문사, 1981.

보토모어, 톰, 박영신 옮김, 《정치사회학》, 한벗, 1981.

벨라, 로버트, 박영신 옮김, 《사회변동의 상징구조》, 삼영사, 1981.

벨라, 로버트, 박영신 옮김, 《도쿠가와 종교》, 현상과인식, 1994.

스카치폴, 테다, 박영신·이준식·박희 공역, 《역사사회학의 방법과 전망》, 한국사회학연구소, 1997.

존슨, 벤튼, 박영신 옮김, 《사회과학의 구조기능주의: 탈콧트 파아슨스 이론의 이해》, 학문과사상사, 1978.

코저, 루이스 외, 박영신 엮어 옮김, 《갈등의 사회학》, 까치, 1980.

쿨슨, 마가렛·데이비드 리들, 박영신 옮김, 《사회학에의 접근》, 민영사, 1990.

프로이트, 지그문트, 박영신 옮김, 《집단심리학》, 학문과사상사, 1980.

□ 그 밖의 글들

김무경, 〈상상력과 사회: 질베르 뒤랑의 '심층사회학'을 중심으로〉, 《한국사회학》 41집 2호, 2017, 304~338쪽.

김백영, 〈한국 사회사/역사사회학의 토착화를 위하여〉, 김백영 외, 《사회사·역사사회학》, 다산출판사, 2016, xiii~xx쪽.

김상준, 《맹자의 땀 성왕의 피: 중층근대와 동아시아 유교문명》, 아카넷, 2011.

김성국, 〈서평: 한국사회학회 편 《한국사회 어디로 가고 있나》(현대사회연구원, 1983)〉, 《한국사회학》 제17집, 1983, 168~171쪽.

김윤경, 〈한글 전용에 대한 나의 주장〉, 《한결 김윤경 전집》 5권, 연세대학교출판부, 1985, 302~306쪽.

김일철 외, 〈한국 사회학 어디로 가야 하나: 토론〉, 《한국사회학》 22호, 1988, 205~227쪽.

김중섭, 《사회운동의 시대: 일제 침략기 지역 공동체의 역사 사회학》, 북코리아, 2012.

김필동, 〈해방 후 한국 사회사 연구의 전개〉, 《한국학보》 80집, 1995, 2~28쪽.

류석춘, 《유교와 연고: 대한민국 발전의 사회·문화적 동력》, 북앤피플, 2020.

모스코비치, 세르주, 문성원 옮김, 《다수를 바꾸는 소수의 심리학》, 뿌리와이파리, 2010.

문영금·문영미 엮음, 《기린갑이와 고만네의 꿈: 살아 오는 북간도 독립운동과 기독교운
　　동사》, 삼인, 2006.

박선웅·이황직, 〈파슨스 이론과 한국의 근대성 비판: 박영신의 비판담론〉, 《현상과 인
　　식》 27권 4호, 2003, 9~33쪽.

부르디외, 피에르·바캉, 로익, 이상길 옮김, 《성찰적 사회학으로의 초대: 부르디외 사유
　　의 지평》, 그린비, 2015.

연세대학교 문과대학, 《연세대학교 문과대학 100년, 2권》, 연세대학교출판문화원,
　　2015.

연세대학교 사회학과 편, 《연세대학교 사회학과 40년, 1972~2012》, 연세대학교 사회학
　　과, 2012.

이황직, 〈한국 사회의 가족주의: 개념 설정 및 개념사 연구〉, 김철 외 엮음, 《사회운동과
　　우리사회》, 푸른사상, 2003, 331~360쪽.

_____, 〈박영신의 사회학: 가족주의 비판과 한국 사회변동 이론의 정립〉, 《한국사회
　　학》 50집 2호, 2016, 95~121쪽.

_____, 《군자들의 행진: 유교인의 건국운동과 민주화운동》, 아카넷, 2017.

_____, 《서재필 평전》, 신서원, 2020.

정수복, 《한국인의 문화적 문법》, 생각의나무, 2007.

조돈문, 〈계급론자, 연구자·활동가로 살아가기〉, 《경제와 사회》 123호, 2019, 445~468
　　쪽.

최재석, 〈1930년대의 사회학 진흥운동〉, 《민족문화연구》 12호, 1977, 169~202쪽.

최정훈, 〈40년 전 이야기: 사회학과의 창립〉, 연세대학교 사회학과 편, 《연세대학교 사
　　회학과 40년, 1972~2012》, 연세대학교 사회학과, 2012, 18~20쪽.

최종렬, 《지구화의 이방인들》, 마음의거울, 2013.

_____, 《복학왕의 사회학》, 오월의봄, 2018.

한국농어촌선교회, 《목민, 목사다운 목사》, 북코리아, 2009.

Abbott, Andrew, *Department and Discipline: Chicago Sociology at one Hundred*(Chicago
　　and London: The University of Chicago Press, 1999).

Bellah, Robert, *Religion in Human Evolution*(Cambridge, Massachusetts: The Belknap Press of Harvard University Press, 2011).

Bortolini, Matteo, *A Joyfully Serious Man: The Life of Robert Bellah*(Princeton: Princeton University Press, 2021)

Eisenstadt, S. N. ed., *The Origins and Diversity of the Axial Ages*(Albany: SUNY Press, 1986).

Lew, Seok-Choon, *The Korean Economic Developmental Path: Confucian Tradition, Affective Network*(New York: Palgrave—Macmillan, 2013).

Moscocici, Serge, *Psychologie des minorité active*(Paris: PUF, 1979).

4부

강준만, 《서울대의 나라》, 개마고원, 1996.

권태환, 〈내가 걸어온 길, 우리가 걸어갈 길〉, 《한국사회학》 34권 1호, 2000, 1~9쪽.

김경만, 〈세계 수준의 한국 사회학을 위하여〉, 《한국사회학》 제35집 2호, 2001, 1~28쪽.

_____, 《글로벌 지식장과 상징폭력: 한국사회과학에 대한 비판적 성찰》, 문학동네, 2015.

김석득, 《외솔 최현배, 학문과 사상》, 연세대학교출판부, 2000.

김영모, 〈한국에 있어서 사회학 교육의 과제〉, 《한국사회학》 24권 1호, 1990, 1~6쪽.

김종영, 《지배받는 지배자—미국 유학과 한국 엘리트의 탄생》, 돌베개, 2015.

김철, 《우리를 지키는 더러운 것들》, 뿌리와이파리, 2018.

김필동, 〈75학번의 수업시대〉, 서울대학교 사회학과 60년 편집위원회, 《다시 출발선에 서서: 동문들이 쓰는 사회학과 60년》, 선인, 2006, 290~301쪽.

로스, 도로시, 백창재·정병기 옮김, 《미국 사회과학의 기원》, 나남출판, 2000.

리영희, 《歷程—나의 청년시대》, 창작과비평사, 1988.

박동환, 《X의 존재론》, 사월의책, 2017.

박선웅, 〈문화연구의 사회학화: 한국문화사회학회가 걸어온 길〉, 《문화와 사회》 제20 권, 2016, 7~33쪽.

버크, 피터, 이상원 옮김, 《지식은 어떻게 탄생하고 진화하는가?》, 생각의날개, 2017.

부르디외, 피에르·샤르티에, 로제, 이상길·배세진 옮김, 《사회학자와 역사학자》, 킹콩북, 2019.

부르디외, 피에르·바캉, 로익, 이상길 옮김, 《성찰적 사회학으로의 초대: 부르디외 사유의 지평》, 그린비, 2015.

서규환, 〈한국 사회과학사연구 서론─한국 사회과학사 연구의 과제〉, 서규환 엮음, 《한국 사회과학사연구 1》, 인하대학교출판부, 2006, 13~27쪽.

선내규, 〈한국 사회학장의 낮은 자율성과 한국 사회학자들의 역할 정체성 혼란〉, 《사회과학연구》 18권 2호, 서강대학교 사회과학연구소, 2010, 126~176쪽.

신정완, 〈주체적 학자 양성의 필요성과 방안〉, 학술단체협의회 편, 《우리 안의 미국 학문: 미국 학문 패러다임 이식에 대한 비판적 성찰》, 한울, 2003, 371~392쪽.

왓모어, 리처드, 이우창 옮김, 《지성사란 무엇인가?》, 오월의봄, 2021.

양종회, 〈사회학의 문화적 지향을 위하여〉, 《한국사회학》 39권 1호, 2005, 1~19쪽.

유걸, 《유걸 구술집》, 마티, 2020.

이상길, 〈장 이론: 문제들, 구조 그리고 난점들〉, 양은경 외, 《문화와 계급: 부르디외와 한국사회》, 동문선, 2002, 185~244쪽.

_____, 〈1990년대 한국 영화 장르의 문화적 정당화 과정 연구: 영화장의 구조변동과 영화저널리즘의 역할을 중심으로〉, 《언론과 사회》 13권 2호, 2005, 63~116쪽.

_____, 《아틀라스의 발: 포스트식민 상황에서 부르디외 읽기》, 문학과지성사, 2018.

이상백·김채윤, 《한국 사회계층 연구: 사회계층의 예비적 조사》, 민조사, 1966.

이효재, 〈협력과 경쟁〉, 《한국평론》 6호, 1958, 156~159쪽.

전봉희, "살아 있는 역사, 현대건축가 구술집 시리즈를 시작하며", 유걸, 《유걸 구술집》, 마티, 2020, 8~10쪽.

전태국, 《지식사회학: 지배, 이데올로기, 지식인》, 한울아카데미, 2013.

정수복, 《응답하는 사회학: 인문학적 사회학의 귀환》, 문학과지성사, 2015.

정종현, 《제국대학의 조센징》, 휴머니스트, 2019.

한상진, 〈사회학 대학원 교육의 문제점〉, 《한국사회학》 17집, 1983, 35~43쪽.

한완상, 〈서울의 짧은 봄, 긴 겨울, 그리고…〉, 이문영 외 엮음, 《김대중 내란음모의 진실》, 문이당, 2000, 245~265쪽.

Bellah, Robert, *Habits of the Heart*(New York: Harper & Row Publishers, 1985).

Bourdieu, Pierre, "The Specificity of Scientific Field and the Social Condition of the Progress of Reason", *Social Science Information*, No. 14, 1975, pp. 19~47.

_____, "Le champ scientifique", *Actes de la recherche en sciences sociales*, No. 2~3, 1976, pp. 88~104.

_____, "Sur objectivation participante: Réponse á quelques objections", *Actes de la recherche en sciences sociales*, No. 23, 1978, pp. 67~69.

_____, "Les Professeurs de l'Université de Paris à la veille de mai 1968", C. Charle et R. Ferré éd., *Le personnel de l'enseignement supérieur en France aux XIXe et XXe siècle*(Paris: Edition du CNRS, 1985).

Collins, Randall, *The Sociology of Philosophies: A Global Theory of Intellectual Change*(Cambridge: Harvard University Press, 1998).

Gouldner, Alvin, *Coming Crisis of Western Sociology*(New York, Basic Books, 1970).

Hamilton, Peter, *Knowledge and Social Structure*(London: Routledge and Kegan Paul, 1974).

Kim, Dong No, "Toward Globalization of Korean Sociology", *Korean Journal of Sociology*, Vol. 42, No. 8, 2008, pp. 1~11.

Krabel, Jerome, "Status Group Struggle, Organizational Interests and the Limits of Institutional Autonomy: The Transformation of Harvard, Yale and Princeton, 1918~1940", *Theory and Society*, Vol. 13, No. 1, 1984, pp. 1~40.

참고문헌

찾아보기

【ㄱ】

찾아보기

찾아보기

찾아보기

역사사회학의 계보학 ― **한국 사회학의 지성사 4**

2022년 1월 9일 초판 1쇄 인쇄
2022년 1월 19일 초판 1쇄 발행
글쓴이   정수복
펴낸이   박혜숙
펴낸곳   도서출판 푸른역사
　우) 03044 서울시 종로구 자하문로8길 13
　전화: 02)720 – 8921 (편집부) 02)720 – 8920 (영업부)
　팩스: 02)720 – 9887
　전자우편: 2013history@naver.com
　등록: 1997년 2월 14일 제13–483호

ⓒ 정수복, 2022

ISBN 979–11–5612–212–8 94330
ISBN 979–11–5612–208–1 94330 (SET)